예술과 삶에 대한 물음

문화예술과 현실

3   문화의 안과 밖

시대 상황과 성찰

예술과 삶에 대한 물음

문화예술과 현실

유종호

김우창

김상환

배병삼

염무웅

마이클 S. 최

임현진

민음사

머리말

　『예술과 삶에 대한 물음』은 '문화의 안과 밖' 시리즈의 제3권이다. 책은 문학과 시장, 현실의 예술적 재구성, 철학과 삶, 출사와 은둔, 문학의 현실참여, 조직과 축제 그리고 군중과 지식인이라는 일곱 주제로 구성되어 있다. 어떤 글이든 우리 삶의 현재적 조건을 냉정하고도 객관적으로 검토하는 가운데 좀 더 합리적이고 공정하며 선한 공동체의 기율을 모색하는 데로 수렴된다.

　유종호 교수의 「무서운 복수의 허와 실」은 문학과 예술의 사회적 시장적 조건을 탐색하며 크게 세 가지 사항을 지적한다. 첫째, 근대 이후(18~19세기) 소설은 신흥 부르주아 중산 계급의 성공담과 생활관 그리고 가치관을 보여 주며, 이런 작품의 작가뿐만 아니라 독자도 여가가 가능한 중산 계급 출신이 대부분이었다는 것이고, 둘째, '새로운 문학 장르'로서의 소설에 대한 사회적 승인에는 무엇보다 시장이 결정적인 역할을 했으며, 그 때문에 시장에서의 성공이 곧 문학의 성공이었다는 것이고, 셋째, 바로 이런 시장의 원리는 작가와 독자의 자율성을 위태롭게 함으로써 비주체적이고 수동적인 존재를 양산하는데, 근대 이후 출현하는 대도시 군중은 이렇게 양산된, "모방에 능란한 비주체적 집단"으로 자리한다는 것이다.

계몽적 근대 시민이 자율성 아래 행동하는 존재라면, 군중은 비계몽적이고 비자율적인 존재다. 그리하여 저자는 우리에게 필요한 것은 유행 추수적이고 비주체적인 군중이 아니라, "안목 있는 소수"라는 결론을 내린다. 왜냐하면 이들 책임 있는 소수에 의해 정전(正傳)이 정전으로 전래되면서 마침내 위대한 작품으로 살아남기 때문이다. 근대 이후에 전개되어 온 문학과 시장의 착잡한 관계와 이런 관계가 지닌 불편하고도 곤혹스러운 사실을 정확히 인지하면서 삶의 더 높은 가능성을 추구하는 것이 성숙한 태도라고 그는 강조한다.

김우창 교수의 「현실과 형상」은 예술의 창조 행위가 갖는 의미를, 단순히 미학적이고 예술철학적인 차원에서가 아니라 그보다 더 포괄적이고 보다 근본적인 관점에서, 말하자면 인간과 자연, 문명과 도시, 과학과 미래의 관점에서 오늘의 생태 환경적 문제를 성찰하는 가운데 궁구하고 있다. 여러 가지 이질적 주제가 꼬리에 꼬리를 물고 다뤄지지만, 크게 다섯 가지로 줄일 수 있을 것이다.

첫째, 자연과의 관계에서 예술은 가장 큰 인공물인 도시와 문명의 일부로 이해된다. 이 모든 문명적 산물이 문제적인 것이라면, 예술의 의미도 생태 환경과의 관계에서 비판적으로 사고될 필요가 있다. "예술의 의미를 바르게 이해하는 것은 인간과 자연의 관계를 바르게 이해하는 것"이기 때문이다. 둘째, 고흐의 그림 「한 켤레의 구두」에 대한 하이데거의 해석을 둘러싸고 일어나는 이런저런 논자들의 생각이 서로 뒤얽힌 채 비판적으로 언급된다. 여기에서 핵심은 구두가 자연(동물)에서 온 것이면서 이 자연(흙)에 닳아 없어진다는 것이고, 그러는 한 구두는 자연과의 화해적/적대적 관계 속에서 살아가는 인간의 삶을 상징한다는 점이다. 그리하여 예술은 단순히 "삶의 장식이 아니라, 인간이 땅 위에 사는 방식의 한 표현"이 된다. 예술은 세상을 '재현'하거나 '모방'하는 데 그치는 것이 아니라, 그 전체성 속에서 참으로 '현존하게' 한다. 예술에 대한 이 같은 전체적 접근 방법은 건축물의 의미를 생각할 때도 적용된다. 셋째, 건축물의 의미는 그 자체에 못지않게 그 사이에 존재하는 유기적 공간에서 생겨난다. 그렇듯이 좋은 도시란 각각의 건물이 저마다 개성을 가지면서 무엇보다 서로 잘 어울릴 때, 비로소 아름답다. 넷째, 헤켈의 『자연의 예술 형태』가 보여 주듯이, 기하학적 균형은 인간의 몸이나 화석 그리고 식물에서부터 생명 현상 일반, 예술 작품, 건축물을 지나 천체에까지 광범위하게 나타난다. 그것은 사물과 로고스의 일치다. 생명의 아름다움은, 붓꽃이 보여 주듯이, 대칭적 균형을 기본으로 하면서도 이 균형에 어긋나는 비대칭성(asymmetry)을 허용한다. 그래서 더 유연하고 자연스러운 균형을 지향한다. 다섯째, 이데아는 형상이나 이념으로서 존재할 뿐만 아니라, 글리세린이나 물방울 모양에서 보이듯이, 일상적 지각 속에서도 포착될 수 있다. "형상적 구조는 추론되고 구성되기도 하지만, 지각과 사고에 직관적으로 나타난다."

김상환 교수는 다른 존재와 구분되는 인간 고유의 속성이 생각이라면, 이 생각이란 무엇인가, "철학의 고유한 과제이자 위대한 성취"로서 사유란 무엇인가라는 질문을 「사유란 무엇인가」에서 던진다. 이러한 물음을 통해 그는 서양적 사유의 본성과 한계는 무엇이고, 이 서양적 사유의 밖에 자리하는 동양적/동아시아적/중국적/한국적 사유의 고유한 특성을 탐색하고자 한다.

김상환 교수는『시경』에 나오는 쥐 노래에서 중국적 사유의 이미지를 읽어 내고자 한다. 그 사전 준비로 그는 우선 사고의 3단계(학습, 정신적 성숙, 창의적 사고)를 검토한 후, 정신의 탄생 과정을 밝히려 한다. 여기에 동원되는 것이 프로이트의 몇 가지 가설과 칸트의 표상 이론 그리고 헤겔의 습관 이론이다. 그 외에도『주역』이나『대학』,『중용』과『논어』에 들어 있는 어떤 생각들이 쥐 노래의 해석에서 논평된다.

여기에서 초점은 동아시아 사유의 어떤 특성들인데, 이런 특성들은 사유 자체와 그 탄생 조건 그리고 사유하는 사람에 대한 해체론적 독해를 통해 점차 드러난다. 이 특성들에도 물론 여러 가지가 있으나, 그 중요한 하나는 몸에 대한 동서 사유의 차이다. 저자에 따르면 플라톤적·기독교적 사유로 대표되는 서양의 형이상학이 '신체 없는 사유'를 지향해 왔다면, 동양적/중국적 사유는 '신체 내적이거나 신체 수반적 사유'다. 예를 들어 동양적 사유에서 수신(修身)은 '몸'을 닦는 것일 뿐만 아니라 무엇보다 '마음'을 닦는 것이다. 그리하여 몸은 동아시아적 사유에서 육체와 영혼, 감성과 이성이 상호 삼투하는 공간이다. 심신의 이러한 상호 삼투성은 서구의 사유에서는 20세기에 와서야 심각하게 자각된다. 이 일련의 논의를 통해 김상환 교수는 결론적으로 '아리랑'의 의미, 한국의 지정학적 위치 그리고 '한(恨)'에 기대어 서양의 사유뿐만 아니라 중국의 사유와도 구분되는 한국적 사유의 궤적을 그리고자 한다.

「절망의 시대, 선비가 걸어가는 길」에서 배병삼 교수는 동아시아 전통 사회에서 은둔과 출사의 정치 문화가 중요한 주제였다고 전제한 후, 이것은 인치(人治)와 현세주의적 세계관 그리고 학문 중시의 인문주의적 사고에서 나온 것이라고 진단한다. 그는 맹자에 기대어 은둔 출사의 길을 세 가지로 정리한다.

첫째는 현실에 적극적으로 참여하는 이윤(伊尹) 모델이고, 둘째는 정치에 비판적인 백이(伯夷) 모델이며, 셋째는 은둔과 출사를 자유자재로 구사하는 공자 모델이다. 여기에 대응하는 조선의 지식인은 출사의 경우 이이이고, 은둔의 경우는 조식이며, 이 둘 사이에서 시의 적절하게 대응하는 경우가 이황이다. 하지만 출사만이 정치적인 행위인 것은 아니다. 은둔 역시, 그것이 야만적 당대 정치에 대한 불복일 수 있다는 점에서, 정치적이기도 하다. 핵심은 어떻게 "권력의 마성에 무릎 꿇지 않으면서 또한 개인의 존엄을 유지"할 수 있는가에 있다. 결론적으로 저자는 이황이 보여 준 "퇴로 개척의 길"을 지금의 "절박한 요청"으로 받아들인다. "다양한 가치를 인정하는 민주 의식을 함양하고 더불어 사는 사회적 공공성을 북돋는 학교의 건설이 오늘날 시민(지식인)의 책무"라는 것이다.

염무웅 교수의 「압축 진행된 우리 문학사의 이곳/저곳」은 문학이 어떻게 현실에 관여하는가라는 물음을 만해 한용운과 이인직 그리고 이광수가 등장하는 우리의 근대문학 초기에서부터 일제 시대와 해방 이후 그리고 1960년대를 거쳐 1970~1980년대에 이르기까지 역사적으로 고찰한다. 그러면서 문학의 현실참여라는 주제는 한국 근대문학의 출발 이후에 한 번도 우리 곁을 떠난 적이 없다는 것, 그 주제는 시대를 달리하면서 여러 형태로 변주되어 왔고, 따라서 추상적으로 일반화하기 어렵다고 진단한다. 또 정치참여라는 주제가 중요하긴 하지만, 참여의 강렬도가 문학적 우월성의 기준이 될 수는 없는데, 그 이유는 문학 예술이란 "삶의 일부이되 삶으로 환원되지 않는, 본질적으로 개별성과 구체성 그리고 특수성을 특징으로 하는 독자적 영역이기 때문"이다.

「의례와 공유 지식의 생성」에서 마이클 S. 최 교수는 공공 의례나 의식(儀式)이 '공유 지식(common knowledge)'을 만들어 낸다고 지적한다. 마치 결혼식에서 나타나듯이, 어떤 사실이나 사건은 "그것이 모든 사람에게 알려진 지식이 되었을 때, 이 지식이 다시 모든 사람에게 알려진 지식이 되었을 때, 이 지식에 대한 지식이 다시 모든 사람에게 알려진 지식이 되었을 때" 공유 지식이 된다. 이런 공유 지식 이론을 그는 의례나 광고 그리고 금융 위기, 아니면 '아랍의 봄' 혁명에서의 SNS 역할 등 다양한 사회 정치적 경제적 현상을 이해하는 데 적용해 보인다.

시위 집회에 참여하는 개인은 단순히 정치적 열정이나 시민 의식에 의해 움직이는 것이 아니라, 다른 사람도 이 집회에 참여한다는 것, 그래서 시위대가 일정 규모에 이른다는 것을 '알게 될 때', 말하자면 집회 사실이 '공유 지식화'될 때 참여할 가능성이 높아진다. 또 매킨토시 컴퓨터 사용자는 그저 그것이 필요해서가 아니라, 무엇보다 이 컴퓨터가 많이 팔린다는 것, 그래서 다른 많은 소비자도 이 컴퓨터를 '안다'는 사실로부터 구매를 결정한다. 즉 공유 지식을 통해, 혹은 지식의 공유를 통해 일정한 의례나 행위가 생겨난다는 것이다. 정치가는 권력의 연장을 위해 이런 의례를 적극적으로 활용한다. 예를 들어 고대 아테네의 민주주의에서 의례화된 공공 행사가 빈번하게 일어났고, 프랑스 혁명 당시 원형 극장이 관중에게 개개인의 감정을 집단적으로, 또 상호 관계 속에서 공유하게 하는 데 유리하기 때문에 널리 애용되었다는 사실에서도 입증된다. 그러니까 많은 사회 정치적 경제적 행위의 성공 여부는, 저자의 테제에 따르자면, 그것이 얼마나 공유 지식을 잘 만들어 내는가에 달려 있다.

임현진 교수는 지금까지 한국의 사회과학계가 '대중과 엘리트' 또는 '민중과 지식인'이라는 주제는 자주 논의해 왔지만, '군중과 지식인'이라는 주제는 흔치 않았다는 지적으로부터 「변화하는 지식인의 모습과 역할」을 시작한다. 그는, 리스먼의 『고독한 군중』에 의지하여, 현대의 군중은 타인의 평가를 지나치게 의식하고 그에 따라 행동함으로써 자기의 개성과 자율성을 잃어 가는 '타인 지향적 인간'이 된다고 지적한다. 현대의 '고독한 군중'이란 자율성과 내면성이 고갈된 이런 수동적 인간을 지칭한다. 이 수동적 인간은 인터넷과 스마트폰 그리고 SNS로 지배되는 지금의 디지털 시대에 와서는 "모니터 시민"으로 재탄생되고 있다.

이어 임현진 교수는 군중(crowd)이란 어휘와 유사한 명칭들, 이를테면 '대중(mass)'과 '공중(public)' 그리고 '민중(people)'을 개념적으로 구분한 뒤, 해방 이후 1980년대까지의 권위주의 정권과 1987년 민주화/세계화 이후의 보수-진보 정권 교체기에 지식인의 현실 기여와 그 한계는 어떠했는지를 검토한다. 이런 역사적 조감 속에서 1950~1960년대의 지사형 지식인이나 1970~1980년대의 투사형 지식인이 사라지면서 "지식인의 프티화가 진행 중에 있다"는 것, 그리하여 이제는 지식과 권력의 관계를 단순히 일원적으로 볼 것이 아니라 복합적으로 봐야 하고, 이 복합적 지식-권력의 관계 아래 지식인은 "바로 공론장에서 거버넌스에 대한 성찰 작업을 수행"함으로써 "자신의 정체성을 잃지 않으면서도 사회 참여를 할 수 있"다고 결론을 내린다. 그것은 "당파성을 넘어 공공성과 책임성 아래 사회 정의를 추구하면서 사회 성원을 묶어세울 연환계(連環計)를 제시하는 지식인의 소통자적 역할"이다.

이 일곱 편의 글은 공론장에서의 공적 담론이 그리 합리적이지 못하고, 값싼 유행과 열풍에 자주 시달리며, 근거 없는 풍문이나 정치적 이념 공세가 그치지 않는 지금의 우리 사회를 좀 더 냉정하게 진단하는 데, 그래서 납득할 만한 규범과 상호 이해의 토대를 세우는 데 어떤 의미 있는 계기가 될 수 있을 것이다. 문화란 공동체의 물질적 토대와 정치 제도적 조건, 그리고 무엇보다 이 조건을 부단히 돌아보는 각 시민의 내면적 성찰 속에서 비로소 조금씩 성숙해지는 까닭이다.

문화의 안과 밖 자문위원 문광훈

차례

무서운 복수(複數)의 허와 실

문학과 시장

유종호
전 연세대학교 석좌교수

문학과 시장(市場)은 얼마쯤 낯선 대칭이다. 인간이 발명한 가장 정교한 컴퓨터라는 시장 예찬자의 말을 수용하든 않든 시장 경제 체제 아래서 문학도 상품으로 생산되고 유통되고 소비된다. 이 자명한 사실을 모르는 이는 없지만 시장이 문학에 가하는 막강한 형성력, 영향력, 파괴력에 대해서 우리는 대체로 무심하다. 어두운 등잔 밑의 하나일 것이다. 문학의 내재적 논리나 엘리트 독자의 암묵의 합의에 의존한 것으로 검토 없이 수용되고 있는 장르의 위상 설정이나 부침이 대체로 시장 논리로 결정되었다는 사실은 문학이 가지고 있는 전통적 후광을 탈신비화한다. 시장과의 관련 속에서 검토할 때 노출되는 불편한 사실들은 또 우리를 우울하게 한다. 그러나 가령 사실주의 흐름의 걸작들이 드러내는 삶의 국면은 대체로 불편하고 곤혹스럽고 불결하기까지 하다. 이 불편한 사실들을 인지하고 감내하면서 삶의 가능성을 추구하는 것이 성숙한 태도요 가까스로 우리에게 허여된 선택지다. 불편한 사실의 적정한 인지와 확인은 언제나 중요하다.

1　시인과 시장

—그대는 누구를 가장 사랑하는가? 수수께끼 같은 사내여. 아버지

　　　　　　　　　　　　　무서운 복수의 허와 실

인가, 어머니인가, 누이인가 아니면 아우인가?

— 내게는 아버지도 어머니도 누이도 아우도 없다.

— 친구는?

— 그대는 지금껏 내가 그 뜻도 모르는 말을 쓰고 있다.

— 조국은?

— 내 조국이 어느 위도 아래 있는지조차 모른다.

— 미인은?

— 불멸의 여신이라면 기꺼이 사랑하련다.

— 황금은?

— 그대가 신을 증오하듯 난 그것을 증오한다.

— 그렇다면 그대는 무엇을 사랑하는가? 불가사의한 이방인이여?

— 난 구름을 사랑한다…… 저기 저 지나가는 구름을…… 저 신묘한 구름을!

보들레르의 산문시집 『파리의 우울』 맨 앞에 실려 있는 산문시 제1호다. 더 쉽게 쓸 수 있을 터인데 그러지 않은 계획적인 모호성의 소산이라고 톨스토이가 『예술이란 무엇인가』에서 전문 인용하고 비판한 작품의 하나다.[1] 정말 톨스토이가 이 시를 이해하기 어려운 난해시라고 생각한 것일까? 베토벤의 교향곡 9번을 두고 자기의 호불호를 떠나서 결코 좋은 예술 작품이 아니라고 역설하는 입장에서 보면 이 시편은 일탈적 철부지 불량자의 치기(稚氣)만만한 자기 현시일 것이다. 개종 이후의 톨스토이가 설파한 단순성 숭상이나 근대 정치 이론이 기획하는 공동선으로의 집단적 강제 연행에 저항하거나 동의

하지 않는 독자들에게 이 작품은 아주 매혹적이다. 가족과 친구와 조국과 종교와 시장의 굴레에서 해방되어 미의 여신에 대한 동경과 흘러가는 구름에 대한 사랑만으로 살고 있는 이 이방인은 얼마나 멋있고 근사한가? 구름은 매임 없는 자유 방랑의 표상이 아닌가? 근대 담론의 중요 주제의 하나는 인간 해방인데 해방된 자유인의 구상적 이미지는 바로 이런 것이 아닌가? 그런데 이 이방인의 모델은 과연 누구일까? 20세기의 살인범인 뫼르소를 예언한 것은 아닐 것이다. 우리는 이방인이 바로 시인 자신이며 시편이 보들레르의 자화상이라고 추측하게 된다. 이방인은 바로 19세기 유미주의적 시인의 자화상이다. 그리고 모든 초상화가 그렇듯이 보비위 초상화이기도 하다. 그러나 이것은 어디까지나 문학과 시인의 거죽이요 '밖'일 뿐이다. 그 '안'에 대해서 발터 베냐민은 이렇게 말한다.

일찍부터 그는 아무런 환상 없이 문학 시장을 관찰했다. 1846년에 그는 적었다. "아무리 아름답다 하더라도 한 가옥은 일차적으로는 아름다움이 문제되기 이전에 몇 미터의 높이와 몇 미터의 폭을 가지고 있다. 마찬가지로 가장 측량할 길 없는 실체인 문학은 무엇보다도 먼저 행수(行數)를 채우는 일이다. 그리고 자기 이름만으로 이득을 기대할 수 없는 문학의 건축가는 어떤 가격으로라도 팔지 않으면 안 된다." 최후까지 문학 시장에서 보들레르의 지위는 낮았다. 그가 전 작품을 가지고 번 돈은 1만 5000프랑도 안 된다고 계산한 이도 있다.[2]

이어서 베냐민은 보들레르가 문인을, 그리고 무엇보다도 자기 자

무서운 복수의 허와 실

신을, 흔히 창녀와 비교하였음을 지적하고 『악의 꽃』에 수록하지 않은 극히 초기의 시편이 창녀를 다루고 있다면서 그 2연을 적고 나서 말한다.

> "구두가 갖고 싶어 그녀는 영혼을 팔았다.
> 하지만 신은 웃으시리라.
> 만약 이 비루한 여인 곁에서 내가 위선자 되어 고상한 척한다면.
> 나 또한 사상을 팔아 작가가 되고 싶으니까."
>
> 보들레르는 문인의 실제 상황을 잘 알고 있었다. 즉 문인은 건달(flâneur)로서 시장엘 간다. 본인은 시장을 구경하기 위해서라고 말하지만 사실은 구매자를 찾기 위해서다.[3]

실제 『악의 꽃』 첫머리에는 「몸을 파는 시의 여신」이란 소네트가 보이기도 한다. 뮤즈나 자신을 창녀에 비유하는 것은 그의 자학적 위악적 포즈와 연관된 충격 어법이란 측면이 없는 것은 아니다. 또 창녀 애인을 가지고 있던 그에게 창녀는 그리 비하적인 대상이 아니었을 것이다. 그러나 출판사라는 포주가 독자라는 고객을 상대하는 창녀로서 자신들을 고용하고 있는 게 문학 시장의 현실이란 자의식은 아주 생소한 것은 아니다. 명사 prostitute가 동사로 쓰이면서 prostitute one's pen으로 쓰이기도 하는 것은 타자에 대한 비방의 문맥에서만 쓰이고 있지도 않다. 구매자를 찾기 위해 시장에 간다는 베냐민의 진단이 옳다면 보들레르의 유명한 댄디즘도 사실은 판촉 행위의 일환으로 채택한 생산자의 브랜드일 것이다. 예술가의 많은 기행이나 습관도 마찬가지이다. 문학의 안은 밖과 달리 한결 음울하고 음침하다.

2 승리의 역설

문학과 시장이라는 대칭 구조는 당연히 근대 문학과 시장이라는 것으로 귀결된다. 그러면 근대는 어떻게 왔는가? 시장 지향에서 오는 단순화와 과장의 혐의가 없지 않은 최근의 한 해석은 추리 소설 같은 서사로 전개된다. 학문도 심층적으로는 시장을 의식하지 않을 수 없다는 것이 오늘의 난경이다. 얼마 전 우리나라에서도 『1417년, 근대의 탄생』이란 표제로 번역 상재된 스티븐 그린블랫의 『진로 전환: 세계는 어떻게 근대가 되었는가』는 흥미진진하게 읽히는 사상사요 문화사이다. 인문학의 쇠퇴와 몰락이 흡사 주문처럼 끊임없이 울려오는 풍토에서 문학과 인문학의 시계(視界)와 그 물리칠 길 없는 매혹을 실감케 하는 역사 서사이다. 『진로 전환』 서사의 구심점이 되어 있는 이탈리아인 포지오 브라치올리니는 글씨 솜씨가 뛰어나 필사자(筆寫者)로 성공하여 역대 교황 중 최고 흉물이란 평가를 받고 있는 요한 23세의 비서가 된 인물로서 14명의 사생아를 낳고 56세에 18세 신부와 결혼하여 5남매를 두고 피렌체의 최고 명예직에 오른 수직적 신분 상승의 인문학자이다. 그가 1417년에 독일의 어느 수도원 도서관에서 루크레티우스의 『사물의 본성에 관하여』를 발견한 것이 르네상스의 기원이며, 역사 진행에서 진로 전환의 계기가 되어 근대 세계가

성립되었다는 것이 이 책의 명제이다.[4]

유럽 전통에서 교훈시로 분류되는 루크레티우스의 『사물의 본성에 관하여』는 7400행이 넘는 장시로서 여러 가지 정황으로 보아 미완의 작품이라고 간주되고 있다. 이 시에는 통상적인 의미에서의 등장인물과 플롯이 없고 우주, 자연, 인간, 종교에 관한 운문으로 된 논문이라는 뼈대를 가지고 있으며 라틴말 원시는 심미적으로도 빼어나다는 평가를 받고 있다.

만물은 보이지 않는 입자로 되어 있다는 '원자론'을 비롯해서 "영혼은 죽으며 내세는 없다.", "인간 사회는 고요와 풍요의 황금시대가 아니라 생존을 위한 원시적 투쟁에서 시작되었다.", "종교는 미신적인 망상이며 항시 잔혹하다."라는 등의 수다한 도전적인 명제를 담고 있다. 이러한 유물론의 시각과 "인간 생활의 최고 목표는 쾌락의 고양이고 고통의 감소다."란 명제에서 독자들이 눈치챌 수 있듯이 전개되는 많은 논의가 루크레티우스의 창의가 아니라 에피쿠로스 사상에 의존한 것이라는 게 정설이다.

브라치올리니가 1417년에 발견한 필사본은 9세기에 어떤 수도승이 필사한 것으로 그것이 연원이 되어 활판 인쇄술 발명 이후 『사물의 본성에 관하여』는 유럽 각지에서 간행되어 널리 읽히게 된다. 1580년에 나온 몽테뉴의 『수상록』에는 루크레티우스로부터의 직접적인 인용이 거의 100번 나오고 그의 주장과 궤를 같이하는 에세이가 허다하다. 여기서부터 루크레티우스가 유럽 각지에서 읽히는 과정을 추적하는 그린블랫의 필치는 책 전체가 그렇긴 하지만 특히 추리 소설을 읽는 것 같은 진진한 박진감을 준다. 시와 책의 마력이 세계를 변화시키고 근대를 탄생하게 했다는 그린블랫 명제의 서사는 토머스 제퍼슨과 미국의 독립 선언서에 이르러 정점에 도달한다. 제퍼슨은 최소 5종의 라틴어판과 영어, 프랑스어, 이탈리아어판 『사물의 본성에 관하여』를 소장하고 있었고 미국 건국 당시 독립 선언서 작성에 참여하였다. "생명과 자유와 행복의 추구가 조물주가 부여한 양도할 수 없는 권리"라는 행복 추구권의 명기는 제퍼슨의 발상이었으며 우리는 거기서 루크레티우스의 명제를 확인하게 된다는 것이 그의 결론이다.

조지 슈타이너는 『사상시: 헬레니즘에서 첼란까지』에서 "루크레티우스의 시에선 다른 어디에서보다도 전근대의 사상이 근대의 사상에 바짝 근접해 있는 것으로 보인다."라는 리오 스트라우스의 말을 동조적으로 인용하고 있다.[5] 근대 사상에 근접해 있는 전근대의 사상이 바로 근대 사상의 기원이며, 거기서 똑바로 근대 사상이 이어져 왔다고 생각하는 것은 원자가 맹목적인 진로 전환으로 좌충우돌하면서 만물이 생성과 분해를 계속한다는 루크레티우스의 세계상에 걸맞지 않아 보인다. 루크레티우스의 발견은 근대화 과정에서의 하나의 삽화적 현상일 뿐 변화의 빅뱅으로 간주하는 것은 자기 착상에 대한 그린블랫 자신의 과대평가가 아닌가, 하는 의혹은 물리칠 길이 없다. 그가 펼쳐 보이는 유럽이 역사적 사실에 부합하지 않는다는 비판이 특히 가톨릭 학자 사이에서 거세다. 그러나 이 문학 위상의 끝없는 전락 시대에 하나의 시편이 역사를 변경시켰다는 명제는 그 자체로서 벌써 매혹이요 극히 고무적이다. 시도 역사를 만들었다는 생각은 문학과 인문학 회의론자들에게 커다란 위안이 될 것이다. 어쨌거나 우리

무서운 복수의 허와 실

가 그린블랫의 명제를 전폭적으로 수용하여 루크레티우스가 근대 세계 형성의 큰 계기가 되었다는 것을 시인할 때 우리는 하나의 커다란 역설적 사실과 마주치게 된다. 그것은 역사와 근대를 만들었다는 시의 승리가 그대로 시의 위상 하락과 산문 문학의 융성으로 이어지기 때문이다. 근대에 와서 현저한 위상 추락을 겪는 운문시는 문학에서의 윗자리를 산문 문학으로 넘겨주게 된다. 사실 근대는 산문의 시대이며 소설의 시대이다. 아마 범세계적인 현상이라 해도 좋을 것이다.

3 운문·시의 쇠퇴와 소설의 융성

행복한 결말로 끝나는 그린블랫의 역사 서사의 정점이랄 수 있는 행복 추구권의 미국 독립 선언서 명기 이후 한나 아렌트가 혁명이라는 이름에 값하는 진정한 성공 사례라며 높이 평가하는 미국 혁명이 일단의 완결을 보게 된다. 그보다 40여 년 앞선 1740년에 영문학사가 최초의 근대 소설이라고 기술하는 리처드슨의 『패멀라』가 나온다.[6] 고전 공부를 한 바 없는 한 인쇄업자가 돈벌이로 구상했던 모범 편지투 모음집을 준비하던 중 쉰 살의 나이에 서간체로 쓴 이 소설이 시장적 성공을 거두자 그는 몇 해 뒤에 역시 서간체로 된 가장 긴 영어 소설 『클래리사 할로』를 출간한다. 세 번째 작품인 『찰스 그랜디슨 경』 역시 서간체로 되었으나 남성 주인공을 내세웠다는 점이 다르며 독자나 시장 쪽의 반응은 별로 신통치가 못하였다. 미천한 소목장의 아들로 태어나 인쇄소 견습공으로 시작해서 런던 유수의 인쇄업자와 작가로 성공한 그는 한창때 30명의 직원을 두었고 2349권의 서적을 인쇄해 냈다. 의회 출판물 인쇄로 1만 2000파운드의 거금을 수령한 적도 있는 그는 72세의 나이로 세상을 뜰 때 장례식에 30파운드 이상 쓰지 말고, 아내와 미혼인 세 딸의 명의로 사업을 계속하라는 유언장을 남겼다.

우리가 그의 삶에 주목한 것은 '부르주아의 서사시'인 근대 소설의 시조가 중산층의 성공담을 실현한 전형적인 중산 계급 인물이기 때문이다. 읽기 쓰기와 기초 셈법을 배운 뒤에는 오로지 창의성과 근면으로 자아 성취를 이룬 그는 중산 계급 가치관을 완벽하게 보여 주는 여성을 그려 냈고 소속한 사회의 긴장과 이상을 구현한 소설을 창출해 내었고 독자로 하여금 작중 인물의 감정과 생각에 몰입하게 하는 데 전례 없는 성공을 거두었다. 실제 편지 대필을 통해 통찰을 얻게 되었다는 여성의 심리나 여성에 가해지는 압력의 서술 또한 전례 없는 것이어서 현대 독자들의 인내 한계를 넘어서는 줄거리에도 불구하고 그 사회사적 의미는 여전히 연구 대상이 되고 있다. 『패멀라』는 거의 모든 유럽어로 번역되었고 그 영향은 루소의 『새 엘로이즈』, 괴테의 『젊은 베르테르의 괴로움』과 같은 서간체 소설에 흔적을 남기고 있다.

리처드슨의 동시대인으로 서머싯 몸이 세계 10대 소설로 꼽은 『톰 존스』를 쓴 헨리 필딩, 러시아 형식주의에서 가장 소설다운 소설이라고 정의한 『트리스트램 샌디의 생활과 의견』을 쓴 목사 로렌스 스턴, 스코틀랜드의 외과 의사인 스몰렛과 같은 작가의 연이은 등장으로 18세기 영국 소설은 풍요한 다양성을 획득한다. 흔히 최초의 영

무서운 복수의 허와 실

국 소설가로 분류되는 앞의 네 작가는 모두 실무가로 당대의 삶에 정력적으로 관심을 가져 세상사에 정통하였고 각계각층 인물의 세심한 관찰자이기도 하였다. 이들의 작품 세계는 근대 소설을 최초로 창출해 냈다는 영국인의 문화적 긍지를 어느 정도 정당화해 준다.

고전 교육을 받지 못한 리처드슨의 작품과 인물에 대한 풍자적 반응으로 필딩은 『조지프 앤드루스』를 썼는데 작가는 이 작품을 "산문으로 된 희극적 서사시"라고 스스로 규정했다. 산문으로 된 서사시란 말은 사실상 근대 소설에 대한 평범하나 정확한 정의가 된다. 거기에 헤겔을 추가하여 "산문으로 된 부르주아의 서사시"라고 한다면 소설에 대한 가장 간결하고도 적정한 정의가 성립한다. 흔히 문맥에서 떼어 인용하는 "소설은 신에게 버림받은 세계의 서사시"란 루카치의 정의는 한결 시적으로 들리긴 하지만 산문으로 돼 있다는 점이 누락되어 엄밀성에서는 소루하다고 하지 않을 수 없다.

초기 근대 소설이 중산 계급을 그리면서 그들의 열망과 가치관을 구현한 것 말고도 리처드슨의 경우에 보았듯이 작가 또한 대부분이 중산 계급 출신이다. 레이먼드 윌리엄즈는 1470년에서 1920년 사이에 태어난 약 350명의 시인 작가들의 출신 성분, 교육 정도, 생계의 방법 등을 조사하여 "영국 문인의 사회사" 기술을 시도하였다. 대충 50년간을 한 단위로 묶어서 시대별 통계를 내고 간략한 개관을 시도한 것이다. 18세기 작가들이 포함된 시기인 1680년에서 1730년 사이의 출생자로는 19명이 선택되어 있다. 이 중 2명이 귀족 및 신사 계층 출신, 13명이 중산 계급의 전문직 집안 출신, 여타 4명이 상인 및 장인 집안 등 하층 중산 계급 출신으로 되어 있다.[7]

작가와 함께 독자들도 대체로 중산층으로 되어 있었다. 문자 해독자의 수효는 획기적으로 증가해 갔지만 현재로선 상상하기 어려울 정도의 비싼 책값과 독서의 전제 조건이 되는 여가나 프라이버시의 결핍 때문에 독서 인구는 제한적일 수밖에 없었다. 그런 중에 단일한 직업 집단으로서는 가장 큰 집단을 이루고 있었던 종복과 하녀가 견습생, 상업과 생산업에 종사하는 유복한 신흥 계급과 함께 소설의 독자층을 형성하고 있었다. 다시 말해 작자, 독자, 작중 인물들이 대체로 중산 계급이고 작품의 에토스는 중산 계급의 생활관 및 가치관이었다는 사실은 중산 계급의 서사시란 정의를 다시 뒷받침해 준다.

그렇다면 "산문으로 된 서사시"란 정의에 내포된 의미는 무엇인가? 마르크스가 여전히 "규범과 도달할 수 없는 모범"이 돼 있다고 한 호메로스에서 시작해서 서사시는 당연히 운문으로 되어 있었다. 서사시나 비극은 물론이요 소설 이전의 중세 로맨스 또한 운문으로 돼 있었다. 14세기쯤엔 벌써 쇠퇴기로 접어들어 산문으로 쓰인 경우도 있으나 월터 스콧의 경우에 볼 수 있듯이 19세기 초반까지 운문으로 된 로맨스가 많은 독자를 얻는 일도 있었고 스페인에선 독자적인 장르로 발전하여 17세기까지 이어졌다. 이러한 운문 주도의 문학은 소설의 대두와 함께 사실상 역전된다. 산문이 주도권을 잡게 된 것이다.

운문과 산문 또 시와 산문의 엄격한 구별은 쉽지 않다. 그러나 시인은 언어를 이용하기를 거절한 사람이란 사르트르의 정의는 여전히 설득력을 갖고 있으며 그것을 넘어서는 통찰은 별로 찾아지지 않는다.[8] 산문에서 말은 목적을 성취하는 유용한 도구이나 시에서 말은 그 자체가 목적이 된다. 산문은 보행이요 시는 무도라는 말과 함께 상

무서운 복수의 허와 실

징주의 전통에서 시를 익힌 프랑스인다운 발상이다. 상징주의 시가 보여 주는 자폐적 폐쇄적 질서는 극단적인 것이기 때문에 도리어 시의 특징을 밝혀 주는 데 유효하다고 할 수 있다. 규칙과 관습과 거추장스러운 제약이 많은 운문을 버리고 산문을 채용함으로써 소설은 현실과 인물 묘사에서 현장 고유의 사실성과 직접성을 얻을 수 있었다. 또한 알아보기 쉽게 동어 반복적으로 씀으로써 교육 수준이 낮은 독자들에게 쉽게 호소할 수 있었다. 시장의 유통 구조와 자유 경쟁 속으로 뛰어든 작가들에게 보수를 주는 것은 후원자가 아니라 이제 서적 판매상이 된다. 속도와 많은 분량이 경제적 미덕이 되는 것을 아는 작가들이 산문의 효율성을 선택하고 숭상한 것은 당연한 일이다.

여기서 근대극의 경우를 상기하는 것은 우리의 시계를 넓혀 준다. 고전 비극은 물론이요 영국의 경우 엘리자베스 여왕과 제임스 1세 시대의 극은 운문으로 돼 있었다. 19세기의 주요 낭만주의 시인들이 시극을 시도했으나 실패한 선례 때문이기도 하겠지만 19세기 말에서 현대에 이르기까지 예이츠, 엘리엇 같은 소수 시인들의 고독한 시도 이외엔 산문극이 주류가 되어 버렸다. 소설의 산문 채용과 그 성공을 본 근대의 극작가들이 운문을 버리고 산문극을 선택한 것은 자연스러운 추세였다. 입센 이후의 근대극은 산문 도입을 통해서 당대의 문제적 국면을 제시하여 극예술에 새로운 전기를 마련했다고 할 수 있다.

소설이 다수 독자를 획득하여 러시아 형식주의에서 말하는 변두리 형식의 주류화의 한 사례가 된 것은 중층적 결정의 소산이다. 모리스 슈로더에 따르면 소설의 주제는 돈키호테 이후 비교적 단순하다. "소설은 순수의 상태에서 경험의 상태, 축복이랄 수 있는 순수에서 실제로 세상 돌아가는 것에 대한 깨달음으로의 추이를 기록한다."[9] 따라서 소설은 본래 넓은 의미의 형성 소설(Bildungsroman)이라 할 수 있다.[10] 봉건 질서 아래서의 신분 고정성이 무너지고 지리적 이동을 수반한 수직적 신분 이동이 극히 유연해진 활발한 사회 이동(social mobility)의 시대에 독자들이 소설에서 어떻게 살아야 할 것인가 하는 실제적 지혜와 조언을 구한 것도 극히 중요하다. 그러나 그 가장 큰 원인은 운문에 비해서 상대적으로 읽기 쉽고 알기 쉽고 쓰기 쉬우며 접근 용이한 산문의 채택에서 찾아야 할 것이다.

4 시장과 장르의 순위

영국의 경우 18세기에 대두한 소설이 사회에서 사실상 문학으로 수용된 것은 1814년에 익명으로 간행된 월터 스콧의 『웨이벌리』가 계기가 되었다는 설명은 설득력이 있다.[11] 그 놀라운 성공에 힘입어 이미 유명한 대중적 시인이었던 작자는 본명을 걸고 연작 소설을 발표하기 시작하였다. 어마어마한 시장적 성공이 새 문학 장르의 확실한 사회적 승인을 가능케 한 것이다.

오늘날 대중적 상상력 속에서 문학은 곧 소설을 뜻하며 소설은 문학의 대명사가 된 감이 있다. 가장 많이 읽히는 문학 장르는 소설이요 시장에서 독자 선호의 지표가 되는 베스트셀러는 단연 소설이 차지하고 있다. 유럽이나 미국에서 베스트셀러를 열거할 때 '허구와 비허구'로 분류하는 관행 자체가 소설의 위력을 말해 준다. 소설의 번창

무서운 복수의 허와 실

은 상대적으로 시의 위축과 동시적으로 진행된다. 소설의 융성과 다수 독자의 획득에 따라 작가의 사회적 위상도 크게 상승한다. 물론 개인차는 현격하지만 많은 독자를 가진 작가들의 사회적 위상은 대체로 소수 독자밖에 갖지 못한 시인의 그것에 비해서 현격하게 높다. 결국 시장에서의 수요와 작가의 사회적 위상은 함수 관계에 있다. 독자가 많다는 것은 그대로 작자의 수익이 많다는 것을 의미하기도 하기 때문에 시인에 비해 소설가의 사회적 지위는 더욱 상승하게 된다.

그 평가 기준보다는 수상자의 지명도 향상과 시장에서의 독자 증가 때문에 늘 지대한 관심의 대상이 되는 노벨 문학상의 경우 수상 작가가 수상 시인보다 월등히 많다. 20세기 이후 21세기까지 100명이 넘는 수상자 가운데 작가 수상자는 시인 수상자의 2배가 훨씬 넘는다. 엄격한 문학적 기준에 의거해 선정한 것이라는 공식적 견해야 어쨌건 시장의 동향에 크게 영향받고 있다는 혐의를 지울 수 없다. 한편 수상자를 시나 극작보다 다수 배출했다는 이유 때문에 작가의 사회적 위상은 더욱 향상되기 마련이다. 토마스 만과 릴케, 프루스트와 발레리, 제임스 조이스와 딜런 토마스, 헤밍웨이와 월리스 스티븐스를 비교하여 그 문학적 성취는 높낮이를 가늠할 수 없지만 사회적 위상은 작가들 쪽으로 무게가 실리게 될 것이다.

카를 만하임의 지식사회학에 대해서 극히 비판적인 아도르노는 "문화적 산물의 사회적 가치는 그 산물을 만들어 낸 생산자의 사회적 지위와 함수 관계에 있다는 것이 사회학적 법칙"이라는 만하임의 주장을 잘못된 일반화의 모범 사례라며 혹평하고 있다. 그러면서 음악의 사회적 가치가 의심의 여지없이 소중하였던 18세기 독일의 예를 거론하며 궁정에 속해 있던 명장이나 프리마 돈나 혹은 거세된 남성 가수(castrati)를 제외하고는 음악가의 사회적 지위가 낮았음을 지적한다. 바흐는 교회의 하급 직원이었고 젊은 날의 하이든은 하인이었다. 그들의 생산품이 즉각적인 소비에 적절하지 못하게 되고 작곡가 스스로 독립된 개인으로서 사회와 맞섰을 때 사회적 지위를 획득하게 되었음을 지적하면서 베토벤을 예로 들고 있다.[12] 그러나 아도르노가 말하는 18세기 독일에서의 음악의 사회적 가치가 교회와 종교에 의존한 부분이 무거운 만큼 그의 판단을 일반화할 수는 없다. 시장 경제가 더욱 공고해지고 근대화가 진척될수록 카를 만하임이 말하는 사회학적 법칙도 굳어지는 것을 볼 수 있다. 대상으로서 눈에 보이는 사회 현상이 하나의 과정이라는 인식은 이 경우에도 중요하다.

아도르노가 비판한 만하임의 사회학적 법칙은 중국 문학의 경우 현저해 보인다. 중국 시의 사회적 가치와 시인의 사회적 지위는 높았으며 서로 함수 관계에 있다. 이에 비해서 소설과 소설가의 위상은 현격하게 낮았다. 문학이란 말의 경우에도 그렇지만 '소설'이란 말은 본시 문학 장르를 가리키는 것이 아니다. 이 말의 최초의 용례는 『장자(莊子)』「외물(外物)」편에 나오는 "소설(小說)을 꾸며 가지고 높은 벼슬을 구하는 것은 큰 도(道)에 통함에는 먼 짓이다."이며 이때 소설은 '쓸데없는 작은 말'의 뜻이다. 이것이 문학 장르를 가리키는 말이 되었으니 소설이 어엿한 사회적 가치를 지닌 것으로 대접받았을 리가 없다. 뒷날 중국 소설은 당대(唐代)의 전기(傳奇) 소설을 거쳐 명대(明代)에 이르러 많은 독자를 가진 사대 기서(四大奇書)를 갖게 된다. 그중 우리나라나 일본에서 가장 많이 읽힌 중국 소설은 『삼

무서운 복수의 허와 실

국지연의(三國志演義)』이다. 일반적으로 원말 명초(元末明初)의 나관중의 소작으로 알려져 있지만 긴 전사(前史)가 있다. 어쨌건 14세기 사람인 나관중이 이전의 대본과 여러 작품에 나오는 얘기를 집성하여 『삼국지통속연의』를 썼는데 현존하는 가장 이른 판본은 1494년에 간행된 것이다. 그 후 17세기의 청대(淸代)에 모종강이 나관중본을 다시 개작하였고 오늘 우리가 읽고 있는 것은 이 모종강본이라 한다. 그런데 나관중에 대해선 가령 당시(唐詩)를 남긴 시인과 달리 그 생애가 잘 알려져 있지 않다. 또 『평요전(平妖傳)』을 위시해서 그 밖의 몇 권을 더 쓴 것으로 알려져 있지만 그 원본은 하나도 전해지지 않고 있다. 뿐만 아니라 그의 집안이 벌을 받아 손자 대까지 벙어리가 생겼다는 전설은 소설과 소설가의 위상이 낮았기 때문에 야기된 결과임에 틀림없다.[13]

오늘날 시장 수요에서의 우위로 상위 장르로 부상하고 이에 따라 작가의 사회적 지위도 상승한 소설과 소설가의 경우 소설의 사회적 가치와 소설가의 사회적 지위의 함수 관계는 계속적인 순환 관계에 있다. 만약 독자의 계속적인 감소로 이른바 하이브라우 문학 위상의 하락이 결정적인 것으로 된다면 그 생산자들의 사회적 지위도 회복할 수 없게 하락할 것이다. 이에 따라 대중 문학 생산자의 사회적 지위는 그의 수입에 비례해서 상승할 것이다.

위에서 말한 것을 요약해 보면 이렇게 된다. 많은 독자를 갖게 되자 자연히 소설 장르의 위상도 향상한다. 낭만주의 시대에 일시적 부상을 겪었던 서정시를 누르고 소설이 그 위로 부상한 것은 전혀 시장 수요와 이에 따른 작가들의 수입 향상에 따른 것이다. 장르의 순위는 문학적인 혹은 심미적인 기준이 아니라 사실상 시장이 결정해서 우위와 하위를 결정해 준 것이다.

5 문학성과 시장성

문학성과 시장성이 평행하지 않는다는 것은 누구나 알고 있다. 문학성과 시장성은 대체로 엇나가면서 반비례 관계에 있다는 견해는 거기서 파생한 것으로 보인다. 그 관계는 어떠한 것인가? 구체적인 사례를 통해 검토해 보기로 한다. 막강한 다수의 선호와 후원을 얻은 20세기의 작가로는 누구를 들 수 있을까? 외국에 알려지지 않아서 그렇지 나라마다 기록적인 판매고와 독자를 가진 국민적 대중 작가가 있을 것이니 그것을 가려내기는 어려운 일이다. 세계적으로 알려진 대형 작가가 수다하다. 가령 매그레란 인물을 앞세운 추리 소설로 유명한 조르주 심농은 86세의 생애에 장편 200권과 중단편 150권을 써냈다. 그 밖에도 많은 변성명으로 수많은 소설을 써냈는데 그가 낸 책의 총수는 약 5억 5000만 권으로 추산된다고 한다.[14] 체코의 카렐 차페크는 추리 소설이 본질적으로 표적을 포획하는 사냥이며 그 기원은 멀리 구석기 시대 동물 벽화에 보이는 사냥 장면으로 소급한다고 말하고 있다.[15] 인류의 원초적인 생존 투쟁에 연결되어 있으며 흥미진진한 추리 게임을 보여 주는 추리 소설의 매혹을 한 번쯤 경험하지 않은 사람은 없을 것이다. 추리 소설은 도처에 중독 수준의 애독자를 가지고 있으며 아이젠하워 같은 이도 그 대표적인 사례이다. 심지

무서운 복수의 허와 실

어 버트런드 러셀 같은 철학자도 작품을 시도했을 정도다. 그렇지만 미메시스와는 거리가 먼 특정 관습으로서의 추리 소설 전문 작가를 다수 독자를 가진 대표적 작가로 검토하는 것은 적절치 않아 보인다.

그런 맥락에서 영국의 서머싯 몸이 유력한 후보자로 떠오른다. 우선 언어 사용자와 해독자 수가 가장 많다고 생각되는 영어로 쓴 작가라는 사실을 간과할 수 없다. 우리나라에 적지 않은 독자가 있다는 것도 호조건을 제공해 준다. 그러나 91세의 장수를 누리는 동안 장편 소설, 단편 소설, 희곡, 에세이, 여행기 등 여러 장르에서 많은 생산고를 올린 것이 가장 중요하다. 젊어서 처녀작 『램버스의 라이자』를 낸 후 호평을 받았으나 이후 주로 단편과 극작에 주력하여 성공을 거두었다. 34세 되던 1908년엔 런던에서 네 편의 희곡이 동시 상연되어 일거에 부와 명성을 얻게 되고 사교계의 총아가 되어 윈스턴 처칠과 친해져 평생 교우 관계를 유지하게 된다. 같은 해에 65세 된 작가 헨리 제임스는 작품 상연을 위해 필사적인 노력을 하지만 뜻을 이루지 못했다. 미국의 명문 부잣집 아들로 태어나 소설 쓰기에 바빠 결혼을 못했다고 말할 정도로 창작에 몰두한 이 정전 귀속의 거장은 늘그막에 뮤즈에의 배타적 헌신에서 비롯되는 인과의 된맛을 톡톡히 맛본 셈이다. 몸과 헨리 제임스의 대조는 이른바 대중 문학과 본격 문학의 차이를 보여 주는 사례라 할 것이다.[16]

몸의 대표적인 단편의 하나인 「비」는 사화집에 많이 오르고 다수 언어로 번역되고 영화화되어 무려 100만 불의 수입을 올렸다고 그의 전기에 나온다. 단편 하나로 100만 불을 벌어들인 경우는 달리 유례가 없을 것이다. 1923년의 계약서에 따르면 허스트 계열의 잡지에서 몸에게 보증한 액수는 단편 소설 한 편에 2500불이다. 90년 전의 2500불이 막대한 금액임은 말할 것도 없다. 1915년에 출간된 그의 반자전적인 소설『인간의 굴레에서』는 출간 50년 후에 1000만 권 판매 기록을 세웠다. 70세 되던 1944년에 출간된『면도날』은 곧 베스트셀러가 되었고 그 자리를 오래 지켜 모두 500만 권이 나갔다 한다. 주인공을 위시해서 주로 미국인이 작중 인물로 나온 탓이겠지만 특히 미국에서 많이 나갔다. 그의 작품으로 영화화된 것도 40편에 가까우며 책과 영화의 시장에서의 상승(相乘) 작용은 그치지 않고 계속되었다. 앞에 얘기한「비」를 위시해서「사중주」,「앙코르」,「분노의 그릇」등은 단편인데「비」는 세 번이나 영화화되었다.『인간의 굴레에서』도 세 번이나 영화화되었고 베티 데이비스, 엘리너 파커, 킴 노백 등 들어 본 옛 이름들이 밀드레드 역으로 나온다. 몇 해 전 우리나라에도 들어온『채색된 베일』의 1934년판 영화에는 북유럽의 전설적인 여배우 그레타 가르보가 주연으로 등장한다. 그의 저작 전체의 판매고를 계산해 낸 호사가는 없지만 그의 많은 소설이 모두 잘나갔다는 사실을 감안할 때 이 또한 천문학적 숫자에 이를 것이다.

이렇듯 억수로 쏟아지는 수입으로 돈방석에 앉은 그는 세계 각지를 여행하고 고가 미술품을 사들이고 남프랑스 리비에라에 호화 주택을 마련하여 파티를 열었다. 72세 때는 스위스에서 양의 태아 세포를 인체에 주사하는 회춘 시술을 받았는데 84세까지 지속된 그의 집필 생활과 무관하지 않을 것이다. 단발성 동성애 파트너에게 순금 담배 케이스를 선사했다는 일화는 호화 생활의 일단을 말해 준다. 다수 독자를 겨냥한 흥미와 오락 제공이 막대한 부 그리고 과자와 맥주(셰

익스피어에서 따온 인유로 삶의 재미 혹은 삶의 환락을 가리킨다.)로 돌아오는 문학 시장의 뿌듯한 인과를 그는 포기하지 못했을 것이다. 황금알을 낳는 거위 모가지를 비트는 광기가 아무에게나 허락되는 것은 아니다. 『달과 6펜스』는 달을 등진 자가 달을 사모하는 자에게 보내는 일변 선망 일변 경원의 이중주일 것이다. 작품이 비극의 충격을 주지 않고 재미있게만 읽히는 것은 그 때문일 것이다.

서머싯 몸의 대척점에 있는 것이 영국 작가 제임스 조이스일 것이다. 그는 시장성에 등을 돌리고 오직 문학 창작에 몰두한 20세기 최고 작가의 한 사람이란 비평적 동의를 얻고 있다. 윌리엄 요크 틴달은 몸의 『인간의 굴레에서』가 조이스의 『젊은 예술가의 초상』과 함께 영국의 사춘기 소설 중 최상의 작품이며 영국 리얼리즘의 가장 음울한 걸작이라고 평가하고 있다.[17] 몸이 의사 면허증을 따고 의사의 길을 포기한 데 반해 조이스는 의사를 지망했으나 여러 이유로 단념하였다. 이러한 삶의 삽화에서 잠깐 접근할 뿐 두 사람의 삶과 문학은 전혀 딴 길을 가게 된다. 몸이 굉장한 다작임에 반해서 조이스는 과작이다. 조이스는 꾸준히 애독자를 가지고 있으나 16년에 걸쳐 집필한 『피네간의 밤샘』은 난해함으로 유명할 뿐 통독한 사람이 유럽 전체에서 몇십 명이 있을 뿐이라는 말이 있을 정도다. 피아니스트이자 음악학자인 찰스 로젠은 이 작품을 통독했다고 얘기하는 사람을 두 사람 보았을 뿐이라고 적고 있다. 가족과 나라와 종교를 등지고 유럽에서 생활한 조이스는 스스로 문학에 헌신하는 "세속 사제"로 자처하였다. 트리에스테 등에서 영어를 가르치며 창작에 정진하다 취리히에서 사망한 그는 예술의 순교자로 널리 수용되고 있다. 시장을 의식하지 않고 자신의 문학 이상에 따라 창작에 전념한 작가의 표본이 되어 있다. 그러나 최근에 이러한 문학사적 고정 관념을 파괴하는 글이 나와 있어 요약해 보면 이렇게 된다.

그는 40대 이후 녹내장과 백내장으로 고생했다. 딸을 정신 병원으로 보내는 아픔을 겪었으나 그것은 여느 아버지나 겪음 직한 아픔이었고 예술에의 정진과 관련된 것은 아니란 것이다. 잠시 의학을 공부했던 20대 초의 파리에서 그가 호의호식 못한 것은 사실이나 비참한 수준은 아니었다. 그의 식단이던 완숙 계란, 햄, 버터 바른 빵, 마카로니, 무화과와 코코아는 결코 기아선상의 식사가 아니다. 가난에 시달리기는커녕 후원자의 복을 누렸다. 1923년 한 해에만 해리엇 위버는 순전히 그의 재능에 대한 경의로 2만 1000파운드를 증여했는데 요즘의 100만 불에 상당하는 액수였다. 사실상 그는 위버 가문의 투자 수익으로 사는 대영 제국의 작은 금리 생활자인 셈이었다. 그 밖에 영국 정부, 에디스 록펠러 매코믹을 비롯해 친구와 가족 특히 불행한 동생에게서 돈을 받았다. 『율리시스』의 판매 금지가 해제되기 이전에 출판사 실비아 비치에서 12만 프랑의 인세를 받았는데 그것은 파리에서 쓸 만한 아파트를 6년간 빌릴 수 있는 액수였다. 조이스가 때때로 곤궁에 시달렸다면 예술가의 극기 때문이 아니라 어처구니없는 낭비 때문이었다. 호화판 식사, 고급 포도주, 과도한 팁, 택시, 고급 호텔, 샤넬 의상, 그리고 모피 외투 때문이었다는 것이다.[18] 40세 이후 빈곤에 시달린 바 없지만 예술의 순교자란 자못 극화된 낭설이 그림자처럼 따르게 된 것이다. 재능 비호와 보호가 조이스 문학의 하부 구조로서 시장의 구매력을 보상해 준 것이다.

몸과 조이스의 경우 시장과 후원이 그들로 하여금 호화판 내지는 준호화판 생활을 가능하게 했음을 알 수 있다. 시장의 독자가 사실상 익명의 집단적 후원자임을 생각할 때 문인은 여전히 후원자에 의해서 생활이 보장된다고도 할 수 있다. 몸과 조이스는 미들브라우 및 하이브라우 독자들의 압도적인 선호를 받은 문인이고 그 점 대척적인 입장에서 정점에 선 작가들이다. 조이스의 문학적 성취에 대해선 이념적 차원에서 역사적 전망의 부재를 비판하는 국면을 제외한다면 대체로 이론이 없다. 몸에 대해선 그런 비평적 일치가 보이지 않는다. 몸의 언어가 상투 어구의 조직으로 일관되어 있다며 에드먼드 윌슨이 혹평하고 있음에 반해서[19] 특정 작품을 두고 몸을 높이 평가하는 사례는 허다하다. 독자 많은 작가, 에세이스트, 텔레비전 탤런트로서 "에드먼드 윌슨 이후 최상의 전방위적인 미국 문인"이란 성가를 얻었던 고어 비달은 영어권의 최고 얘기꾼이고 서사에 타고난 재능을 가지고 있다고 몸을 고평한다. 또 그가 에세이의 대가로서 해즐릿과 몽테뉴의 후예라 하면서 그를 절반 허드레이나 절반은 소중하고 고전에 속한다고 균형 잡힌 평가를 내리고 있다. 몸의 경우 시장성이 반 허드레라는 오명을 주었으나 그것으로 그의 평가가 탕진되는 것은 아니다.

대척적인 자리에 서 있으나 조이스와 몸은 노벨 문학상 수상 작가의 명단에 오르지 못했다는 공통의 무안(無顔)함을 가지고 있다. 이 사실의 검토는 노벨상 신화의 정체를 밝혀 줄 것이다. 같은 영어권 작가인 미국의 펄 벅은 1938년 노벨 문학상을 받았다. 20여 출판사에서 퇴짜를 맞은 처녀작 『동풍, 서풍』이 출판된 것은 1930년의 일이다. 제법 잘나가서 존 데이 출판사의 요청으로 쓴 것이 1931년에 출간된 『대지』인데 곧 베스트셀러가 되어 200만 부가 나갔고 퓰리처상을 받았다. 중일 전쟁 탓에 국제 문제로 부상한 중국에 대한 관심이 노벨상 수상으로 이어졌다는 게 정설이다. 그녀의 수상은 미국 내에서 조롱과 야유의 대상이 되었다. 수상 소식에 당사자는 "믿기지 않는다. 우스꽝스러운 일이다. 노벨상은 드라이저에게로 갔어야 했다."라는 반응을 보였다. 당시 미국에서 노벨 문학상 수상에 값하는 인물로 거론된 이는 생존 여부와 관계없이 펄 벅이 언급한 드라이저 이외에도 마크 트웨인, 헨리 제임스, 셔우드 앤더슨, 윌라 캐더, 존 더스패서스 등이었다.[20]

　　그녀가 그린 중국에 대해 중국 쪽 반응은 부정적이어서 노벨상 수상식 초청을 국민 정부나 연안 정부나 모두 거절하였다. 공산주의 정부가 수립된 후에는 펄 벅의 중국 입국을 허용하지 않았다. 어쨌건 펄 벅 수상이 판매 부수 200만 부라는 시장의 위력 때문이라는 것은 분명해 보인다. 펄 벅의 소설은 동양 무대 탓에 우리나라에서도 많이 읽힌 적이 있지만 내구성이 전혀 없는 수준의 것이다. 수상 소식을 듣고 펄 벅이 상이 마땅히 갔어야 할 작가로 지목한 드라이저가 『인간의 굴레에서』가 출간되던 해에 이를 격찬하는 서평을 썼다는 것은 유의할 필요가 있다.

　　낯설게 굶주린 영혼의 경험, 꿈, 희망, 두려움, 환멸, 황홀, 그리고 사색으로 가득 찬 이 소설은 방황하는 자의 길잡이가 될 수 있는 봉화의 불빛이다. 빼놓은 것이라곤 없다. 작가는 사랑의 노동인 양 쓰고 있다.

마음속에 있는 것을 진실 되게 말하려는 간절하고 거의 열렬한 욕망의 흔적을 지니고 있다.[21]

1938년이면 고어 비달이 고전이라고 한 『과자와 맥주』, 『변방』이 벌써 나왔고 에세이스트로서의 몸의 면모를 보여 주는 『요약』이 출간된 해이다. 그럼에도 진지한 독자가 아무도 읽지 않는 펄 벅에게 노벨상이 돌아갔다. 톨스토이, 프루스트, 조이스, 릴케, 발레리 등등 최상급의 시인 작가를 별난 이유를 붙여 물리친 노벨상은 시장의 소음에 현혹되는 수상한 안목의 심사가 특징이다.

6 시장의 허실

루스번은 그의 『비평의 가설』에서 프랑스의 문학사회학자인 로베르 에스카르피의 연구를 인용하고 있다. 에스카르피의 계산에 따르면 인쇄된 책의 경우 출판물의 80퍼센트는 1년 안에 잊히고 99퍼센트는 20년 안에 잊힌다. 그리고 20년을 지나서도 잊히지 않는 희귀한 1퍼센트 안에는 『소복한 여인』, 『벤허』 같은 허드레가 끼어 있다는 것이다.[22] 전자는 1860년 영국에서 나온 추리 소설 흐름의 책이고 후자는 영화가 되어 널리 알려진 미국의 역사 소설로 1880년에 나왔다. 100년이 지나서도 잊히지 않았다고 해서 허드레가 허드레임을 그치는 것은 아니다. 독자의 많고 적음이 문학 가치의 징표가 될 수 없다는 가정은 정당하지만 독자의 적음이 가치를 보증하는 것도 물론 아니다. 한 작품이 위대한 문학이냐 아니냐 하는 것은 문학적 기준만으로 가늠할 수 없지만 무던한 문학이냐 아니냐 하는 것은 문학적 기준으로 가늠된다는 것은 한때 문학적 공리이다시피 통용되었다. 그러나 문학적 가치의 문제가 사실은 이데올로기나 취향의 문제라는 논의가 전파되면서 사정은 달라졌다. 시장 가치가 엄청날 때 즉 독자의 수가 엄청날 때 은연중 그것이 문학적 평가에 영향을 끼치게 되는 것이 눈앞에서 전개되는 오늘의 사태다.

> 돈은 사물의 모든 다양성을 균일하게 하고, 모든 질적 차이를 양적 차이로 표현하며, 무미건조하고 무관심한 성질을 빙자하여 모든 가치의 공통분모임을 자처함으로써 아주 섬뜩한 수평화 기계가 된다. 돈은 이로써 사물의 핵심과 특유의 고유성, 특별한 가치, 유일성, 비교 불가능성을 돌이킬 수 없는 방식으로 도려내 없애 버린다.[23]

이러한 돈의 논리가 문학 시장에서도 작동하여 그 위세 앞에 평준화된 작품들이 양적 차이로 표현된다. 그것이 전횡적이라 할 수는 없지만 막강한 힘을 발휘하는 것만은 부정할 수 없다. 이것이 펄 벅의 노벨상 수상의 배경이며 그것은 그녀의 경우만은 아니다.

7 군중으로서의 독자

운명으로부터 인간사에서의 선택으로 옮겨 가는 거대한 운동이

무서운 복수의 허와 실

야말로 근대화의 가장 근본적인 특징이라고 피터 버거는 말한다. 근대의 과학 기술은 자신의 환경을 관제할 수 있는 인간 능력을 크게 증가시킴으로써 이전엔 불가변의 운명이라고 경험되고 인지되었던 삶의 국면을 현격하게 감소시켰다.[24] 이러한 운명으로부터의 해방이 그대로 축복으로 이어지는 것은 아니다. 선택의 자유가 주는 고뇌는 허약한 개인에게 감당하기 어려운 중하가 된다. 근대화와 함께 대가족제, 촌락, 길드 등 인간 상호 간의 직접적 유대에 기초한 집단이 해체해 간다. 새로 선택한 생활 영역은 타자 간의 편의와 타산에 의해 접촉하고 이산하는 냉랭한 사회 공간이다. 운명에서 선택으로 옮겨간 것은 분명 자유이지만 그 결과 마주친 것은 고독이다. 근대화는 그러므로 개인에겐 고향 상실이기도 하다. 근대적 삶은 타향살이다. 선택을 제한하는 온갖 굴레로부터의 해방은 근대성의 강력한 영감이요 기획이긴 하지만 그 대가는 선택의 고뇌요 불안이다. "자유로부터의 도피" 현상이 일어난다. 그러므로 근대성의 큰 드라마는 해방과 재예속(再隷屬) 사이의 역동적 긴장이라고 피터 버거는 말한다.[25]

이러한 고향 상실로서의 근대화 과정은 동시에 세속화 과정이기도 하다. 그 과정 한복판에 놓인 고독한 근대인에게 기분 전환은 각별한 의미를 갖게 된다. 문학사회학자 레오 뢰벤탈을 따르면 근대인의 오락 추구 경향을 문제시한 최초의 사람은 16세기의 몽테뉴였다. 그는 중세 문화가 붕괴한 뒤 개인이 마주친 조건에 관심을 기울였고 신앙이 쇠퇴한 시대에 살고 있는 사람들이 마주치게 되는 고독에 주목하였다. 시대가 개인에게 과하는 압력을 피하고 파멸에서 벗어나기 위해 또 고독의 끔찍함을 피하기 위해서 기분 전환 혹은 오락이 필요하다고 보았다. 또 기분 전환의 조건으로서의 여가가 필요하다고 보았다.[26] 여기에 반론을 제기한 것은 17세기의 파스칼이다.

비참함

우리의 비참함을 위로해 주는 유일한 것은 기분 전환이다. 하지만 이것이야말로 가장 큰 우리들의 비참함이다. 우리들이 우리 자신에 관해 생각하는 것을 방해하고 우리를 부지중에 파멸로 몰아가는 것이 기분 전환이기 때문이다. 그것이 없다면 우리는 권태에 빠지고 이 권태를 피하기 위해 보다 단단한 방법을 찾게 될 것이다. 그러나 기분 전환은 시간이 잘 가게 하면서 부지중에 우리를 죽음으로 이르게 한다.[27]

인간이 인간의 본래적인 비참함 혹은 불가피한 죽음의 문제를 생각할 때의 끔찍함을 피하기 위한 기분 전환은 일시적인 위로를 주기는 하나 궁극적으로는 파멸로 이끈다는 것은 신에 의한 구제라는 생각에 기초한 것이다. 우리는 몽테뉴와 파스칼의 대립에서 회의론자와 신앙인의 대립을 본다. 그러나 근대의 세속화 과정에서 몽테뉴의 생각이 현실로 나타난 것이 사실이다. 여러 가지 형태의 기분 전환이 발견 내지는 발명되면서 근대인은 그만큼 공허하게 분주한 나날을 보내게 되었다.

실은 소설 읽기도 근대인이 발명한 기분 전환 혹은 오락의 한 형태다. 다만 그것은 몽테뉴가 인지한 필요성과 파스칼이 우려한 폐해의 절충 지점에서 이루어졌다. 파스칼은 인간의 불행의 대부분은 자기 방에 가만히 있지 못하는 데서 비롯한다고도 적고 있다. 소설 독서

무서운 복수의 허와 실

는 대체로 파스칼이 말하는 자기 방에서 이루어졌다. 중산 계급이 누릴 수 있는 여가와 프라이버시의 공간에서 기분 전환으로 읽은 것이다. 기분 전환 혹은 오락의 요소는 모든 소설이 가지고 있는 일면이다. 그러나 특히 음악, 미술에서 위대했던 19세기는 소설에서도 그릇 큰 작가를 다수 배출하여 소설의 위상을 크게 올려놓았다. 마르크스가 부르주아 사회에 대해 많은 것을 배웠다고 실토한 발자크, 니체가 심리학자라고 칭송한 도스토옙스키, 고리키가 신을 닮았다고 생각했다는 톨스토이, 보바리즘이란 말을 낳고 시의 필요조건을 소설에 도입한 플로베르 등등 기라성 같은 작가들이 소설 장르를 "달콤함과 빛"이 어울리는 높은 진지성의 문학으로 끌어올렸다. 20세기 초엔 소설가이기 때문에 성인, 과학자, 철학자, 시인보다도 우월함을 자부한다고 말하는 작가도 생겨났다. 기분 전환은 극히 작은 일부이고 소설 읽기는 이제 지적 모험이자 정체성 정립과 자기 성취 과정의 오리엔테이션이기도 하였다.

그러나 20세기 말에 이르러 컴퓨터 게임, 스포츠, 영화, 텔레비전 연속극, 팝 음악, 환각제 등과의 경쟁이 불가피해지면서 문학 시장의 정세도 확연히 달라졌다. 다수자에게 호소하기 위해서 소설은 높은 진지성을 자진 포기하여 무장 해제 하고 공공연히 대중 지향을 표방하게 된다. 그리고 이에 따라 글로벌 시장에서 유례없이 많은 구매자를 획득하는 작가와 작품이 생겨나게 된다. 이때의 독자는 이미 파스칼 흐름의 독방에서 정독하는 진지한 독자가 아니다. 그들은 도시의 광장을 메우고 함성을 지르는 군중과 같은 독자들이요 하나의 컬트 현상이기도 하다.

군중의 대두는 대도시 출현 이후의 현상이다. 베냐민은 보들레르를 얘기하면서 "누구도 타인에게 눈길을 주려 하지 않는 잔혹한 무관심과 사적 관심에 사로잡힌" 군중을 다룬 엥겔스 집필의 1845년의 글을 인용하고 있다.[28] 엥겔스가 영국에서 관찰한 이러한 군중은 정치적 목적으로 집합할 때 구성원 모두가 상호 격려하며 영웅적 집단행동을 감행한다. 국가 폭력 기구의 간담을 서늘하게 하는 혁명적 군중으로 변모할 수 있는 잠재성을 항시 가지고 있다.

동시에 그들은 권력 과시 혹은 적대 세력에 대한 협박 수단으로 독재자가 광장으로 동원하는 자동인형이 되어 고함칠 잠재성도 항시 가지고 있다. 이러한 군중들은 다수 속에 함몰함으로써 특유의 안정감을 느낄 것이다.

특이한 군중론을 펴고 있는 엘리아스 카네티는 군중 속의 사람들이 편안한 안도감을 느낀다고 적고 있다. 모르는 사람의 '접촉'처럼 사람이 두려워하는 것은 없는데 군중 속에 섞이면 그러한 두려움이 사라지기 때문이라 한다. 사람들이 주위에 거리를 두고 간격을 마련하는 것도 "접촉 공포" 때문이라는 것이다.[29] 먹이를 위한 경쟁을 세력권(territory) 경쟁으로 대체한 것은 '자연'이 발전시킨 관습 가운데서 가장 정교한 것이라고 한 공격성 연구자는 말한다. 세력권은 개체 서식지의 거리를 두게 함으로써 각자가 충분한 먹이를 확보하게 되는 효과가 있기 때문이다.[30] 카네티의 소견은 이러한 세력권 이론과 상충하는 것이긴 하나 지속성이 길지 않은 현상으로 파악한다면 군중 속에서 안도감을 느낀다는 설명은 설득력이 있어 보인다.

군중으로서의 독자도 다수에 휩쓸리면서 어떤 안도감을 느끼는

무서운 복수의 허와 실

게 사실이다. 주변의 입소문이나 타자의 모방, 직간접 광고에 현혹되어 충동구매를 하는 다수는 결국 유행을 좇는 사람들이다. 한마디로 그들은 모방에 능란한 비주체적 군중이다.

의존적인 성향을 가지고 있으나 그의 자의식이 어느 정도의 뛰어남과 주목과 독자성을 필요로 하는 개인들에게 유행은 이상적인 장을 제공해 준다. 유행은 하치않은 개인조차 치켜세운다.[31]

군중의 일원이 됨으로써 느끼는 특유의 안도감과 유행을 따름으로써 신분 향상 성취의 자의식을 갖게 되는 것이 군중으로서의 독자 대두의 심리적 기반이다. 유행은 다수자의 타인 주총과 모방을 통해 가능하다. 추종과 모방은 근대 계몽주의의 제일 원리인 자율성의 포기를 의미한다. 군중으로서의 독자가 비주체적인 고독한 개인의 집단이라는 것을 다시 확인하게 된다. 전체주의가 쉽게 동원하고 활용하는 군중도 이러한 군중이다. 문화적 포퓰리즘은 정치적 포퓰리즘과 전체주의로 가는 함성으로 요란한 그리고 아마 장미도 뿌려진 탄탄대로일 것이다. 그러면 자율성의 포기는 단수로는 무력하나 복수가 됨으로써 위협적인 군중에게 한정된 것일까? 정상급 작가의 실토가 있다.

1968년과 1969년 사이에 『농담』이 모든 유럽어로 번역되었다. 그러나 깜짝이야! 프랑스에서는 나의 문체를 장식해서 번역자가 소설을 다시 썼다. 영국에서는 출판사가 사색하는 모든 대목을 지우고 음악론

이 나오는 장을 제거하고 부분적으로 순서를 바꿔서 소설을 재구성했다. 다른 나라에선 체코 말을 한마디도 모르는 번역자를 만나게 된다. "그러면서 어떻게 번역을 했습니까?" "내 심장으로." 그리고 그는 지갑에서 내 사진을 꺼내었다. 그는 너무나 마음이 잘 통해 심장의 텔레파시로 번역하는 것이 실제 가능한 것이라고 나는 믿을 뻔하였다. 실제로는 다시 쓴 프랑스어판에서 번역한 것이었다. 아르헨티나에서도 마찬가지였다.[32]

쿤데라는 같은 책에서 세미콜론을 마침표로 바꾸려 하는 단 한 가지 이유 때문에 출판사와 헤어진 일이 있다고 적고 있다.[33] 1993년에 나온 『농담』 영어판의 서문에는 그것이 역자와 저자가 검토해서 내는 다섯 번째 판본으로서 아마 여섯 번째 판본은 없을 것이라고 적혀 있다.[34] 독자의 기대에 호응하련다는 구실로 출판 산업이 작가에게 가하는 내정 간섭은 가지각색이다. 쿤데라처럼 다수 독자를 획득하고 국제적 명성을 누리고 있는 작가니까 그런 고집이 통했지 그렇지 않은 작가들은 어떻게 대처할 것인가? 독자뿐 아니라 저자의 자율성마저도 위태롭게 만드는 것이 시장의 논리다. 출판 산업은 독자들의 호응을 받기 위한 조처라고 자기변명에 급급하지만 독자들의 취향이나 소망이라는 것도 사실은 출판 산업이 사실상 유도하고 육성하고 조련한 것의 결과이다.

그러면 문학에서도 시장이 만능인가? 군중으로서의 독자가 작가와 안목 있는 이에게 위협적인 것은 사실이다. 줄곧 비판적인 입장을 취하다가 범세계적인 군중 독자 바람에 위축되어 다수 독자를 당기는 작가는 상응하는 미덕을 가지고 있을 것이라고 슬며시 꼬리를 내

무서운 복수의 허와 실

리는 사례를 본 적이 있다. 충격이었다. 그러나 유행 추수의 산물인 군중 독자는 모든 유행이 그렇듯이 바람이 지나면 흩어져 사라진다. 그래서 유행은 죽음의 어머니란 말도 있다. 이에 반해서 한정된 소수 애독자를 꾸준히 당기는 문학도 있다. 고전에 대한 한 유력한 정의는 '항시 유행으로 남아 있는 유행'이 될 것이다. 그런 맥락에서 피아니스트이자 음악학자이고 인문학자이기도 한 걸출한 인물의 말은 우리에게 가냘픈 희망을 준다.

1810년대만 하더라도 파리에서 모차르트의 교향곡과 오페라는 청중에게 터놓고 배척받았다. 그럼에도 그의 음악은 연주 프로그램에 으레 올라 있었고 그것이 일반 청중들의 수용에 크게 기여하여 모차르트의 궁극적인 승리를 초래했다는 것이다. 연주가의 삶은 고되고 단조하였다. 좋아하는 음악을 연주하지 못한다면 그들의 삶은 견딜 수 없는 것이고 따라서 이들의 요구는 연주 프로그램에 반영되게 마련이었다. 안목 있는 소수의 존재는 막강하게 중요하다. 그러면서 그는 쇤베르크를 현대의 사례로 들고 있다. 그는 널리 수용되지는 않지만 광적인 팬이 있고 그의 연주를 고집하는 중요 음악가들이 있어 늘 충분한 청중을 갖게 된다는 것이다. 그러므로 대중적 인기는 누리지 못하지만 충분히 살아남는다고 말한다.[35] 음악뿐 아니라 모든 예술 부문에 해당하는 얘기일 것이다. 안목 있는 소수에 의해서 정전이 정전으로 전래되어 온 역사적 사실을 외면하는 것은 편향된 정신이 갖게 되는 일탈적 색맹 현상이다. 역사나 정치에서나 다수가 중요하다. 그러나 유행에 휩쓸리지 않는 안목 있는 소수도 시간적으로 누적될 때 강력한 다수 또는 '무서운 복수(複數)'가 될 것이다.

현실과
형상

현실의 예술적 재구성

김우창

고려대학교 명예교수

1 회의적인 서론: 인간이 만드는 세계/동물의 왕

1 자연과 시공간 그리고 인간의 질서

많은 사람에게 아직은 절박한 일상적인 삶의 문제가 되어 있는 것은 아니지만, 오늘날 인류가 부딪치고 있는 가장 큰 문제는 지구에 일어나고 있는 생태계의 훼손이다. 우리가 느끼기 시작한 기후 변화는 그중의 한 현상이다. 지구 위에서의 인류의 삶을 위협하고 있는 생태계의 변화는, 그에 대한 다른 원인이 있다는 설명들이 없는 것은 아니지만, 인간 스스로가 저지른 일들로 인한 것이다. 이 잘못의 원인을 간단히 말하면, 인간의 삶이 너무 번창하여 그것을 지구가 감당할 수 없게 된 것이다. 원래 생물학적 존재로서의 인간은 도구를 만들어서 생존의 편의를 도모하는 존재이다. 그러면서 그것에서 한발을 더 나아가 주어진 자연환경을 자신의 삶의 필요와 요구에 따라서 변형하고자 한다. 그리하여 인간이 살고 있는 자리, 살았던 자리에는 그 삶의 자국이 남고, 경우에 따라서는 그것은 자연의 상처가 된다.

원하는 바에 따라서 사람이 주어진 환경을 바꾸는 데에는 거기에 일정한 질서를 부여하는 원리들이 있다. 이것이 자연의 상처를 치유하기도 하고 또 사람의 삶과 자연이 어울리는 새로운 질서를 만드는

현실과 형상

데 도움이 되기도 한다. 자연과 물질적 자료를 변형하려고 도구를 만드는 일은 저절로 정도를 달리하여 사물이 내장하고 있는 합리적 원리를 따르는 일이 된다. 그러나 거기에는 동시에 대체로 미적인 기준이 작용하게 마련이다. 미적 원리는 형상의 원리이기 때문에 저절로 질서의 원리가 된다. 그리하여 도구적 목적은 새로운 질서에 통합될 수 있다.

어떤 것이 주된 원리로 작용하든, 그 근본적인 바탕은 자연 자체가 가지고 있는 원리 곧 인과 법칙과 공간적 원리이다. 인과 법칙은 다른 차원에서는 시간의 한 특성으로서 이해될 수 있는 법칙이다. 그리하여 자연의 원리는 시간과 공간의 원리 또는 시공간의 원리로 옮겨 볼 수 있다. 이렇게 옮기는 것은 그것을 거의 절대적인 존재의 테두리로서 확인하는 일이 된다. 그러나 이러한 존재론적 범주를 사람이 만드는 가공물에 구현할 수 있다는 것은 아니다. 인공적 질서는 위에 말한 바와 같이 심미적인 원리에 따라 이루어지고 또 평가된다. 그러면서도 심미적 원리는 새로운 질서에 작용하는 원리의 전부가 되는 것은 아니다. 그것을 넘어가는 보다 큰 테두리를 상기하는 것은 심미적 원리가 전부는 아니라는 것을 상기하는 일이다.

인간이 가공하는 새로운 질서가 어떤 깊이에서 이루어지든지 간에, 이러한 질서가 쉽게 실현되지는 않는다. 궁극적인 테두리는 시공간의 원리라고 하더라도 또 하나 고려해야 할 것은 자연의 질서이다. 현실적으로 인간의 삶의 전체적인 환경을 이루는 것은 자연이다. 시공간의 원리는 모든 현상 속에 배어들어 있으면서, 그것을 넘어가는 전체성이다. 그것은 작은 감각적인 현상에도 들어 있고, 자연에도 들어 있다. 감각을 일정한 형상 속에 파악할 수 있게 하는 것은 시공간이 가지고 있는 형상적 잠재력이다. 인간의 인식 능력에 의하여 파악되는 것이 이 시공간의 형상적 잠재력의 현현(顯現)이라고 할 수 있다. 자연의 어떤 현상은 그 숭고함으로 하여, 이 전체성을 암시한다. 그것은 자연에 의하여 암시되면서, 그것을 초월하는 전체이다. 그러나 이러한 추상적 범주를 넘어, 자연이야말로 현실적 전체성이다. 그것은 인간의 지각이나 작용에 그리고 삶의 필요 전체에 반응한다. 그것은 보다 큰 시공간의 테두리의 하위에 있으면서, 도구적인 관점에서, 삶의 관점에서, 또 심미적인 관점에서 접근될 수 있는 삶의 환경의 전체이다. 인간의 가공의 작업은 시공간의 형상에 따르는 것이면서, 보다 직접적으로 또 현실적으로 자연에 의하여 제한된다. 그러면서 이 제한은 인간의 힘에 유연하게 반응한다. 그것은 그것을 손상하는 것까지도 허용한다고 할 수 있다.

그리하여 자연에 대한 인간의 가공 행위는 당초부터 문제적인 것이 될 수 있다. 그러나 그것의 규모가 커짐에 따라, 그것은 참으로 문제적인 것이 된다. 가공이 거대한 변형의 작업이 되게 하는 것은 과학 기술의 발달에 따른 산업화이다. 물론 산업적 변화는 환경 혼란의 원인이 되기도 하지만, 환경 질서의 향상에 동인이 되기도 한다. 그러나 이 향상 그것이 다시 문제가 된다. 산업화를 추동하는 과학 기술은 합리성의 원칙을 일반화한다. 그러나 산업화의 단적인 표지가 되었던 공장 단지 또는 산업 단지에서 금방 볼 수 있듯이, 극도로 단순화된 합리성의 원리에 따라 조성되는 산업 단지는, 인간의 감성의 관점에서 또는 현실적 삶의 조건이라는 관점에서, 사람에게 만족과 균형의

현실과 형상

질서가 되지는 못한다. 이것은 다른 원리의 경우도 마찬가지이다. 합리성이든 심미성이든 하나만이 지나치게 강조될 때, 그것은 삶과 자연의 본래적인 질서에 왜곡을 가져오게 마련이다. 문명을 하나의 이상적 이념으로 생각할 때, 그것은 이러한 왜곡을 최소화하고 삶의 전체적인 균형을 정의하는 개념이라고 할 수 있다.

2 문명과 예술

문제와 왜곡이 있는 것은 사실이지만, 과학 기술로 하여 가능하여진 산업 발전은 인간의 삶에 풍요의 느낌을 일반화하였다. 그것으로 하여 삶의 이기들이 일상화되고, 삶의 물질적 하부 구조가 구축되고, 위생 수준 등이 향상되었다. 식량의 생산이 용이해진 것도 다분히 산업 기술의 발전에 힘입은 것이다. 이러한 발전의 결과를 단적으로 보여 주는 것은 시각적으로 확인할 수 있는 도시의 발달일 것이다. 세계 인구의 절반 이상이 이제 도시에서 산다는 통계들이 나온다. 이러한 변화를 다시 한 번 하나로 종합하면, 이것은 인간의 삶이 문명화되어 간다는 것을 나타낸다고 할 수 있다. 문명은 예로부터 주로 도시에 자리를 잡았다. 넓게 이해하여 문명을 인간의 집단적 운명의 큰 동기라고 한다면, 도시의 발달은 긴 인간 역사에 존재하던 오래된 동기의 가속화를 의미한다고 할 수 있다. 문명을 서구어로 말하면, 대체로는 civilization의 여러 변조로 옮겨진다고 하겠는데, 이것은 어원적으로 라틴어의 civil, civis에서 나오고, 다시 civitas, 즉 도시에 이어진다. 도시에 사는 사람들의 일정한 관습, 곧 주로 보다 세련된 삶의 양식을 나타내는 것이 문명이라고 할 수 있다. civilization을 더 좁혀서 civility/civilite와 같은 말에 이어서 생각하면, 그것은 예의 바르고 세련된 행동을 말하고 라틴어 어원으로 소급해 올라가, 자주 쓰이지는 않은 말 같지만, civilitas는 좋은 통치의 방식을 말한다. 이것은 공자(孔子)가 정치에서의 정(政)이 바른 것, 정(正)과 같은 말이라고 한 것에 일치한다.(정자정야(政者正也)) 다만 동양에서는 정치가 도시에 또는 거대화된 도시에 이어졌다고 할 수는 없을는지 모른다. 그러나 정치는 그 물리적 중심을 필요로 하고 그로 인하여 도시가 아니라면, 적어도 도성(都城)을 가질 수밖에 없다고 할 수 있다. 그 경우에 정치의 공간으로서의 도시에는 처음부터 질서와 권위를 상징하는 도시 계획이 있게 마련이다. 그리고 이와 더불어 거기에는 권위를 상징하는 건축물, 조각 또는 그림이 따른다. 상징적 동물 또는 존재로서의 인간에게 권위는 단순히 폭력으로만 확보되지는 아니한다. 권위는, 정치적 권위이든 다른 어떤 권위이든, 상징물이 나타내는바 정신적 영향의 뒷받침을 필요로 한다. 서양 중세 미술의 연구서에 『영상의 힘, 힘의 영상』이란 제목의 책이 있다.[1] 이 제목이 함축하고 있는 영상과 힘의 교환 관계는 미술의 한 기능을 단적으로 표현한 것이다. 그러나 이 관계는 물론 다른 매개체를 통하여서도 표현된다. 건축물의 구도, 그 배치, 또는 모임에서의 공간 배열 등도 권력과 권위의 표현이다. 위에서 말한 예의 작법으로서의 civility도 그 표현의 하나라고 할 수 있다. 다만 그것은 권위의 관계가 극단적으로 부드러운 미적 관계로 변화된 것인데, 조각이나 그림 또는 음악이나 시도 질서와 권위의 심미적 승화에서 나온다고 할 수 있다. 그러나 도시는 정치의 중심이면서, 그 말에서도 알 수 있듯이 저자, 시(市)를 포함한다. 도시의 중요성은 정치에 못지않게 경제 활동의 중심이라는 데에 있다. 이 경제 활동은 심미적 상징물들을 생산하는 것을 포함한다. 오늘날에 올수록 심미적 상징물들은 상업적 거래의 대상으로서의 의미를 갖는다. 그리하여 그것은 소비재가 되거나 소비재 판촉의 수단이 된다. 많은 소비재의 디자인 그리고 소위 문화 콘텐츠라고 불리는 문화의 소산물이 여기에 속한다.

이렇게 말한다고 하여 심미적 상징물, 달리 말하여, 예술 작품들이 정치나 경제의 종속물로서만 존재한다는 것은 아니다. 다만 여기에서 문명과 도시와 관계하여 이것을 언급하는 것은 예술도 인간 현실의 한 부분으로서의 인공적 구조물의 범주로 구분될 수 있는 것이라는 것을 인정하자는 것이다. 예술은, 다시 말하여, 자연과 지구와의 관계에서 인공물의 가장 큰 결과인 도시와 문명의 일부이다. 오늘날에 와서 그 의미도 이와 관련하여 평가될 수 있다.

도시가 문명의 소산이고, 또는 역으로 문명이 도시의 소산이라고 한다면, 문명이라는 말은 그에 관계된 많은 것을 긍정적으로 받아들이게 한다. 그러나 도시와 문명의 거대화는 이제 문제적인 현실이 되고, 그와 함께 이 거대화의 일부가 되었다. 이에 따라 그것에 관계되는 인공적 창조물들을 간단하게 긍정적으로 볼 수만은 없게 되었다. 자연과의 관계에서, 문명을 반드시 긍정적으로만 볼 수 없다면, 이에 관련하여, 그 한 부분을 구성하는 예술은 어떻게 보아야 하는가? 흔히 우리가 예술을 말할 때, 그 원래의 뜻이 어떤 것이든지 간에, 그것은 독자적 존재 이유를 가진 상상력과 작업의 결과인 것으로 이해된다. 그러면서도 자연과의 관계에서, 모든 인공물이 문제적인 것이 된다면, 예술은 참으로 긍정적 의미를 가질 수 있는가? 예술은 도시나 문명에 비하여서도 대체적으로 긍정적인 것으로 생각하는 것이 우리의 사고의 관습이다. 그러나 역사적으로 볼 때, 이 긍정이 절대적인 것은 아니었다. 예술에 대한 존중에도 불구하고, 예로부터 현실 실천의 우선순위에서는 예술은 뒤로 밀리는 것이었다. 위에 말한 대로, 권력의 영상을 제공하는 것이 예술이었다는 것은 더욱 넓게 일반화할 수 있는 사실이다. 근대에 들어, 예술이 이데올로기 또는 국가나 어떤 집단적 사회 이념에 봉사하여야 한다거나 그에 반대하여 예술 지상주의를 주장하는 것과 같은 일도 이러한 사정을 말한다. 어쨌든 예술의 의미는 언제나 새로이 생각되어야 하는 어떤 것이고 지금의 시점에서 그것은 도시 문명 그리고 — 이 문명이 인공적 생산의 결과라고 할 때 — 그것이 갖는 생태 환경과의 관계에서 생각되어야 한다고 할 수 있다. 뿐만 아니라 그것이 권력이나 소비주의의 시종이 되면서 환경 파괴에 도움을 준다고 한다면, 예술이 반드시 그 자체로 존중될 만한 것인가를 다시 생각해 보지 않을 수 없다고 할 것이다.

그러나 인공물이 자연에 대한 위협이 되지 않을 수 없는 지점에 이른 것이 오늘의 현실이라고 하더라도 또 다른 하나의 가능성은 예술의 의미를 바르게 이해하는 것이 인간과 자연의 관계를 바르게 이해하는 데 기여할 수 있다는 점이다. 결국 자연에 작용하여 삶의 수단을 강구할 수밖에 없는 것이 인간의 조건이다. 그렇다면, 이러한 자연에 대한 인간의 침해는 어떻게 하여야 일정한 균형을 유지할 수 있겠는가?

중요한 것은 삶의 전체적인 환경과 조건을 잊지 않고 생각하는 것이다. 미국의 대중 과학 잡지 《사이언티픽 아메리칸》 2013년 11월호에 「동물의 왕(*King of the Beasts*)」이라는 글이 실렸다.[2] 이 글은 아프리카에 인간이 등장함과 동시에 아프리카의 동물들의 종의 균형 그리고 생태계가 어떻게 변화하였는가에 관한 것이었다. 수백만 년 전의 유골들에 대한 연구는, 원래 채식을 하던 인간의 선조(homo)가 육식으로 그 생존의 수단을 바꿈으로부터 시작된 일이지만, 특히 그 후손인 인간(homo sapiens)이 등장함으로부터는 가속적으로 많은 다른 육식 동물이 사라지게 되었다는 것을 확인하였다. 다시 말하여, 인간이 '동물의 왕'이 됨으로써 동물 먹이 사슬에 대변혁을 가져온 것이다. 이 동물의 왕의 지배는 그 후로도 계속되어, 이제는 단지 동물 생태계만이 아니라 모든 생물의 생태계는 물론 하늘과 땅을 바꾸어 놓았다. 오늘날 큰 문제가 되어 있는 기후 변화는 이 대변혁의 한 부분이다. 오늘의 많은 문제는 이러한 지구 환경의 대변혁과의 관계에서 생각되는 것이 마땅하다. 지나치게 큰 테두리를 생각하는 것일 수도 있으나, 문명과 도시, 예술과 인공 제조물 등, 그리고 인간의 많은 공작(工作) 행위를 이 테두리와의 관련 속에서 생각하지 않을 수 없는 것이 오늘의 지구와 역사의 상황이다.

예술은 물론 그 자체의 원리에서 생각되어야 하는 것이면서, 여러 차원에서의 인간의 인식 행위이고 창조 행위이다. 그리고 오늘의 현실에서 특히 중요한 것으로 고려해야 하는 것은, 그것이 자연환경 내에서의 인간 행위라는 점이다. 그리하여 그것은 특히 이 테두리에 비추어 다시 평가되어야 하는 인간 행위라 할 수 있다.

다시 묻건대, 인간의 삶에 예술이 왜 필요한 것인가? 간단한 답은 물론 심미적 만족을 위하여 존재하는 것이 예술이라고 하는 것이다.

심미적 만족은 무슨 의미를 가지고 있는가? 예술에서 얻는 만족은 지각되는 사실들의 조화에서 온다. 이 조화는 부분들이 전체 속에 안정되어 있음을 느끼게 한다. 이 전체는 공간과 시간 안에서의 형상적 균형을 말한다. 이것은 지각되는 것이면서, 그것을 초월하는 형상의 차원을 가리킨다. 다른 한편으로 지각, 인식 그리고 조형의 차원에서의 이러한 형상적 만족이 삶의 조화에 대한 요구가 되는 것은 극히 자연스러운 일이다. 그것은 자신의 삶에 또 사회적 삶에도 적용되면서, 최종적으로 자연 그리고 초월적 세계에서의 조화에 대한 요구일 수 있다. 다음에서 생각해 보고자 하는 것은 이러한 여러 차원에서의 예술의 의미이다.

2 그림과 그 틀(격자)/반 고호의 구두 읽기

1 세계와 지구 — 농촌 여성의 구두

독일 쾰른의 발라프(Wallraf) 미술관에서는 2009년 9월부터 이듬해 정월까지 「빈센트 반 고호: 한 켤레의 구두(*Vincent Van Gogh: Ein Paar Schuhe*)」라는 표제 아래 고호의 구두 그림을 중심으로 한 전람회가 열렸다. 그것은 그 그림이 여러 철학자들의 주목을 받았기 때문에, 그림과 함께 철학자들의 논의들을 개관할 수 있게 하려는 전람회였다고 한다. 가 보지는 못하였기 때문에, 그림과 철학적 논의를 어떻게 전시할 수 있었는지 짐작이 가지 않는다. 이 그림을 논한 사람들은 하이데거를 비롯하여, 마이어 샤피로, 자크 데리다, 이언 쇼(Ian

Shaw), 스티븐 멜빌(Stephen Melville) 등을 포함한다. 정물(靜物)의 대상이 되는 것은 대체로 꽃이라든지 화병이라든지 아름다운 것으로 되어 있는 물건들인데, 구두는 특히 아름답다고 할 수 있는 것도 아니고 또 그려지기 전부터 미적인 대상으로 지목된 것이라기보다는 실용적이고 일상생활의 장비라는 점에서도 그림의 대상으로는 조금 기이한 선택이기 때문에, 그림에 그려진 다음에 그것이 주목의 대상이 되는 것은 자연스럽다고 할 수도 있다. 그러나 그것이 전람회의 주제가 된 것은 조금 전에 말한 바와 같이 철학자의 논의로 인한 것일 것이다. 정확히 그 순서를 알 수는 없지만, 고호의 이 그림이 논의의 대상이 된 것은 하이데거의 예술론에서 시작된 것일 것이다. 다른 논의들도, 적어도 보도된 것으로는, 하이데거에 대해 언급하는 것으로 시작한다. 다음에서 대표적인 철학자들의 논의를 살펴보고 이 구두와 그에 대한 논의의 의미를 다시 생각하기로 한다. 이것을 생각하는 데에 있어서, 의존하는 것은 위에 말한 전시회에 대한 보도 그리고 그에 대한 해설이다.

미국의 《하퍼스 매거진(Harper's Magazine)》에 이 전람회에 관한 기사를 쓴 스코트 호튼(Scott Horton)은 이 그림에 관한 논의를 간단히 소개하기 위한 목적으로 하이데거의 「예술 작품의 기원」에서 이 그림을 묘사하고 있는 부분을 인용하고 있다. 그것을 원문을 참조하여 재인용한다.(그림 2-1)

그늘이 드리워 있는 구두 목의 낡은 안 겹에, 일하는 사람의 발자국의 힘겨움이 엿보인다. 단단하게 굳어 있는 구두의 무게에는 바람 거친

그림 2-1 빈센트 반 고호, 「한 켤레의 구두」

들판의 단조롭고 편편한 두렁 위를 천천히 걸어가던 그녀의 끈질김이 쌓이고, 가죽 위에는 흙의 축축함과 걸쭉함이 놓여 있다. 구두 밑창에는 저녁 어스름이 내릴 때 들길을 걷던 고독이 스며들어 있다. 구두에는 말 없는 지구의 부름 —— 지구가 선물한 여물, 수확이 끝난 겨울 들판의 황막함 속에 들어 있는 불분명한 체념이 어른거린다. 이 구두라는 도구에는, 탄식은 없지만, 빵이 보장될 수 있는가에 대한 불안, 또 한 번 빈곤을 이겨 낸 데 대한 말 없는 기쁨, 배 속에 탄생이 가까이 온 아기의 움직임, 어디에나 있는 죽음의 전율이 지나간다. 이 도구는 지구에 속하고 그것을 농부 여인의 세계가 지킨다. 이 보호에 소속되어 들어감으로써 도구

현실과 형상

는 존재로 떠올라 스스로 안에 안정한다.[3]

호튼은 하이데거를 인용한 다음 그의 언어 놀이가 기이하고 접근이 어렵다고 말한다. 간단한 눈으로 보면, 사실 위의 구절과 같은 것은 단순한 느낌을 묘사하는 것으로서 그렇게 어려운 것이라고만은할 수 없다. 기이한 것은 묘사가 사실적인 그림을 직접적으로 말하기보다는 그려진 구두를 주제로 하여 하이데거 자신의 시적인 랩소디를 펼친 것 같다는 점이다. 그러나 다른 한편으로 어려움이 없는 것은아니다. 랩소디는 예술의 존재론적 의미에 대한 심각한 성찰을 담고있기 때문이다. 그것을 이해하는 데에는 하이데거의 철학적 사고에대한 보다 면밀한 주의가 필요하다.

하이데거는 앞에 인용한 묘사 직전에 물건(Ding)을 가지고 사람이 그 자신이 쓸 수 있는 도구(Zeug)를 만든다는 것의 의미를 설명한다. 도구는 대체로 사람이 익숙하게 사용하는 것이기 때문에, 그것을설명하라고 하면, 분명한 답을 대기가 쉽지 않다. 우리가 신고 다니는 구두의 경우에도 그 실체를 설명하기는 쉽지 않다. 다만 예술 작품의 경우, 현실의 구두를 알고 있기 때문에, 그 도움으로 우리는 그림을 구두의 그림이라고 의식한다. 반 고호의 구두 그림은 이러한 관계들을 생각하는 데에 도움을 준다. 하이데거의 묘사에서 그것은 인간의 삶의 한 부분으로 존재한다고 의식된다. 고호의 구두는 농부의 삶의 한 부분이다. 그것은 노동과 노동의 장소로서의 들판의 흔적을 지니고 있다. 말할 것도 없이 노동은 사람의 생존의 필요에서 반드시 하여야 하는 일이다. 그러나 생존은 빵을 먹어야 한다는 것을 말하기도 하지만, 계절의 순환 속에서 앞으로의 삶을 준비하고, 태어나고 죽고 하는 삶의 순환의 주기에 대비한다는 것을 말한다. 이러한 일들은 지상에 사는 사람들의 환경이다.(독일어의 Erde 또는 영어의 earth는 한국어 또는 한문으로 땅, 토(土), 지(地), 지구로 번역할 수 있다. 여기에서는 이것을 문맥에 따라 여러 가지로 쓸 수밖에 없다. 앞의 땅과 토는 체험적인 구체적 현실을 말하고 뒤의 지구는 그것을 추상화하여 전체적으로 말하고자 하는 양편에 걸친 말이라고 할 수 있다. 독일어와 영어는 두 의미를 다 포함한다.) 땅 또는 지구 위에서 살려면, 사람들은 자신의 세계(Welt)를 구축하여야 한다. 살 집을 짓고, 터를 일구어 내고 하는 일이 그 일의 일부이다. 이 일에서 한 부분을 이루는 것이 도구 또는 연장이다. 구두는 그러한 삶의 도구의 하나이다.

하이데거의 묘사에서 한결같이 주의의 대상이 되는 것은 농부의 일이 땅을 가는 일이고, 조금 확대해서 말하면 지구 위에서 작업하는 일이라는 사실이다. 구두의 본질은 이 테두리에 의하여 정의된다. 구두는 땅 위에서 먹이를 확보하고 살 자리를 만드는 일에서 하나의 보조 수단이다. 그런데 또 주목해야 할 것은 땅 또는 지구와의 관계에서 구두의 존재가 기이한 긴장의 관계에 있다는 사실이다. 말할 것도 없이 구두도 지구의 산물이다. 그러나 그것은 지구 환경 속에서 풍화하여 퇴락하고 닳아 없어진다. 다시 말하여 지구는 구두를 존재하게 하면서 동시에 그것을 오래 허용할 의도가 없다. 땅은 구두에 대하여 적대적인 관계를 가지고 있다. 구두는 오로지 보존의 노력을 통해서 보존된다. 이러한 인식은 하이데거의 묘사에 섬세하게 배어들어 있다. 인용의 마지막 부분이 말하는 것도 사람의 구두와 땅 또는 지구 사이

　　　　　　　　　　　　　　　　　　현실과 형상

에 존재하는 이러한 보완과 갈등의 관계이다. "이 (구두라는) 도구는 지구에 속하고 그것을 농부 여인의 세계가 지킨다. 이 보호에 소속되어 들어감으로써 도구는 존재로 떠올라 스스로 안에 안정한다."

이러한 긴장 관계를 비추는 문장에서 특히 주의해야 할 것은, 되풀이하건대, 지구(Erde)와 세계(Welt)의 대조이다. 구두는 지구에 속하지만, 농부 여성에 의하여 지켜져야 한다. 다시 주의하여 보면, 구두라는 도구를 지키는 것은 농부 여성이라기보다는 그의 "세계"이다. 구두는 조심스럽게 신지 않으면 오래가지 않는다. 그러나 그것을 만드는 것은 이 여성 자신이 아니다. 단순히 그것을 잘 보존하는 데에도 비를 막을 수 있는 지붕이 있어야 하고, 구두 장 같은 것이 있다면, 구두는 더 오래 보존될 수 있다고 할 수 있다. 물론 그에 선행하여 구두가 발명되어야 한다는 것도 생각할 수 있다. 그런 의미에서 구두의 보존은 그 여성이 살고 있는 사회의 생산과 노동의 협동적 조직으로 또 그 역사 속에서 가능한 것이 된다. 구두는 인간이 구축한 세계 속에 산다. 그것은 지구를 기반으로 하고, 지구의 가능성 속에서 구성되어 하나의 사물 또는 창조물로 존재한다. 그러면서도 지구의 적대적인 작용으로부터 완전히 자유롭지 못하여 그것으로부터 스스로를 지켜야 한다. 이 보완적이면서 적대적인 관계는 사람의 삶의 모습 자체를 규정한다. 사람은 이러한 모순 속에서 살아 버티어야 하는 모호한 존재이다.

앞의 묘사에서, 농부 여성이 구두의 밑창으로 고독을 느끼는 것은 바로 인간 실존의 지구로부터의 분리를 말한다. 그 고독은 들에서 길을 가야 한다는 사실에서 벌써 나타난다. (앞의 인용이 나온 예술론은

『나무길(*Holzwege*)』에 수록되어 있는데, 하이데거의 철학적 에세이들을 모은 책에는 그 외에 『들길(*Feldweg*)』 그리고 『길 표시(*Wegmarken*)』가 있다. 자연 가운데에서 사람이 골라 가는 길은 그에게 특별한 의미를 갖는다고 하겠다.) 들에서 일하는 농부 여성에게 구두 밑창으로 고독을 느끼는 것은 바로 밑창이 사람과 땅을 갈라놓는 것이기 때문이다. 이러한 유리(遊離)로 하여 힘겨움이 있고, 끈질긴 의지가 있고, 앞의 인용에 나오는 바와 같이, 괴로움과 견딤의 심정이 생겨난다.

이렇게 말하면, 구두는 자연히 인간이 세상에 사는 방식 전체를 상징하는 것이 된다. 그것을 그린 것이 고호의 그림이다. 이러한 그림의 독해가 조금 과장되는 느낌을 주는 것은 사실이지만, 예술이 단순히 삶의 장식이 아니라 인간이 땅 위에 사는 방식의 한 표현이라는 하이데거의 해석은 예술 작품이 세계에 존재하는 방식의 가장 넓은 테두리를 상기하게 하는 것이다. 예술 작품은, 하이데거의 생각으로는, 물건을 만들면서 사는 인간의 삶의 방식에서 나오는 행위의 결과이다. 그것은 세계가 만들어지는 과정의 일부이다. 지구라는 주어진 삶의 바탕으로부터 인간이 구성하는 것이 세계이다. 사람은 세계를 변형시켜서 살 수밖에 없기 때문이다.

세계는 지구 안에 열림(das Offene)이 생겨나게 함으로써 만들어진다. 이 열림은 사람이 존재한다는 사실의 조건이고 존재의 허용으로 가능해지는 조건이다. 예술 작품이 존재하려면 존재가 가능하여야 한다. 그것은 공간의 개념에 비슷한 열림을 전제로 한다. 이 조건은 물론 예술 작품보다 더 원초적인 단순한 작업(Werk)에 들어갈 때도 요구되는 것이다. "작업을 통하여, 손에 쥐듯, 환하게 작업에서 만드는 작품에 존재하는 것이 나타난다. 즉 그 존재(Sein) 속에 존재하는 것(das Seiende)이 열린다. 진리(Wahrheit)가 일어난 것이다."[4] 예술은 이러한 과정의 일부이다.

예술 작품은 그 나름으로 존재하는 것의 존재(das Sein des Seiendes)를 연다. [예술 작품의] 작업에서 열림(Eröffnung), 즉 드러남(Entbergen), 즉 존재하는 것의 진리가 일어난다. 예술 작품에서 진리가 작업 속으로 움직여 가게 한다. 예술은 진리가 스스로 작업 속에서 움직이게 하는 것이다.[5]

이미 앞에서 설명한 바와 같이, 고호의 구두에 관한 부분에서 그것이 지구와 세계, 존재와 사실의 관련 속에서 생겨난다는 것이 시사되어 있다. 그것은 갈등과 수용의 과정이다. 그리하여 그 과정에서 드러나는 진리는 늘 드러나는 것, 희랍어로 aletheia이다. 예술 작품은 이 과정의 일부이다. 하이데거가 이것을, 다른 예를 포함시키며, 설명하는 것을 또 한 번 인용한다.

농부의 구두를 보여 주는 그림, 로마의 분수를 말하는 시[앞에서 Conrad Ferdinand Meyer의 「Der Römische Brunnen」에 언급하였다.]가 알리려는 것은 하나로서 따로 있는 사물을 보이게 하는 것이 아니다.(엄밀하게 말하여 알린다는 생각 자체가 바른 것이 아니다.) 그보다는 "드러남(Unverborgenheit)"을 그 자체로 존재하는 것 전체와의 관계에서 드러나게 하는 것이다. 구두가 단순하게 그리고 진정으로 그 본질 속에 드러나면 드

러날수록, 분수가 자명하고 다른 꾸밈없이 순수하게 그 본질 속에 드러
나면 드러날수록, 모든 존재하는 것은 이들과 더불어 더욱 강하게 존재
하게 된다. 이렇게 하여 스스로를 감추는 존재에 빛이 비춘다. 이러한 빛
이 작품에 연결되어 삼투된다. 이 작품에 이어진 빛남은 아름답다. 아름
다움은 진리가 본질을 드러내는 하나의 방법이다.[6]

2 예술 작품과 인생의 역정 ── 반 고호의 삶의 구두

하이데거의 예술에 대한 설명은, 인간의 실존을 포함하여, 근본
적 존재론의 관점에서 예술의 위치를 자리매김하고자 하는 것이다.
그것은 진리의 압도감을 가지고 있다. 그리고 삶의 근본에 대한 통찰
이 사람의 마음에 불러일으키는 엄숙한 느낌을 감지하게 한다. 그러
나 앞에서 우리는 고호의 구두 그림에 대한 하이데거의 관찰이 하나
의 자의적인 시적인 랩소디의 느낌을 준다고 하였다. 이것도 부정할
수는 없다. 이것은 다른 관련, 곧 랩소디가 아니면서도 그러한 요소를
가진 다른 관련들을 생각할 수 있다는 것을 말한다. 모든 예술품이 그
러하듯이 고호의 그림은 여러 가지의 관점과 연상 속에서 재해석될
수 있다. 앞에 언급했던 스코트 호튼은, 발라프 미술관의 전시회를 보
도하면서, 하이데거에 이어 반 고호의 그림에 대한 마이여 샤피로의
글을 인용한다. 샤피로의 글은 하이데거의 견해를 논박하는 글이다.
그것은 하이데거의 해석이 사실적 범위를 벗어난 것임을 지적하고
이것을 다시 더 상식적인 차원으로 돌려놓으려 한다.

호튼이 인용하는 샤피로의 글은 단순하게 구두에 대한 하이데거
의 판단이 사실적으로 틀렸다는 것을 보여 주려는 것으로서, 그 구두

현실과 형상

는 여성 농부의 것이 아니고 구태여 말한다면, 반 고호 자신의 것이고 농촌을 떠난 도시인의 것이라는 사실이다. 샤피로의 주장은 전체적으로 이 점을 중심으로 전개된다. 그러나 뒤에서 보듯이 그것이 참으로 사실적인가는 확실치 않다. 사실 — 예술에서 사실이 무엇인가 또 무엇을 사실이라고 하는가는 고민의 대상이 될 수밖에 없다.

샤피로에게, 방금 말한 바와 같이, 문제의 많은 것은 그림의 사실적 기초를 간과한 데에서 연유한다. 고호의 구두 그림은, 호튼의 글에도 인용되어 있는 말로, "낡아 가는 구두의 진실된 초상화"이다. 샤피로에 의하면, 구두는, 남아 있는 작품으로 계산하건대, 여덟 번이나 고호의 그림의 주제가 되었다. 그는 하이데거에게 편지를 보내어 그가 본 그림이 어느 것인가를 확인하고자 하였다. 하이데거는 그의 편지에 답하여, 1930년 암스테르담의 전시회에서 본 그림이었다고 하였다. 이 답으로도 추측이 되는 것이지만, 다른 증거로 보아서도 하이데거가 화제로 삼은 그림은, 샤피로의 생각에는, 1888년의 구두 그림이고, 이것은 여성 농부의 구두가 아니라 반 고호 자신의 구두다.

샤피로가 강조하는 그림의 사실적 기초 가운데 중요한 것은 작품과 작가와의 관계이다. 그의 생각에 지나치게 형이상학적인 하이데거의 글은 사실을 등한히 하여 그 해석에 "예술가 자신의 모습"[7]이 보이지 않는다는 것이다. 샤피로가 사실 관계를 규명하면서 들고 있는 다른 증거는 고호가 동생에게 보낸 편지 그리고 한때 같은 숙소에서 머물렀던 폴 고갱의 회고담 등이다. 그중에도 폴 고갱의 회고는 감동적인 내용을 담고 있는데 그것은 구두를 고호의 자전적인 사실에 연결해 주는 역할을 한다. 고호의 아버지는 목사였고 아들이 목사가 되기를 원했다. 그러나 고호는 목사가 되지 못하고, 그림을 그리는 한편 이런저런 일로 생활을 꾸려 나갔는데, 신앙의 문제를 완전히 떠날 수는 없었고, 20대 중반에 다시 목사가 될 생각을 하고, 한때 벨기에의 어느 광산촌에서 선교사 노릇을 했다. 그러나 그는 그 일에도 실패하고 다시 브뤼셀을 거쳐 집으로 돌아갔다. 고갱에 의하면, 그가 고호의 방에서 낡고 헌 구두를 보고 무엇 때문에 쓰레기통에나 버려야 할 구두를 보관하고 있는가 하고 물었더니, 이러한 자신의 삶을 말하고, 아버지의 뜻에 따라서 임시 선교사까지 되었는데, "그 행로의 피로를 용기 있게 견디어 준 것이 저 구두"[8]라고 말했다고 한다.

광산촌에서 고호가 한 일의 하나는 화상을 입은 광부를 구하여 그를 40일이나 간호하여 다시 살아나게 한 것이었다. 고호는 광부의 이마에 난 자국을 보고 그가 예수의 모습을 그대로 닮았다고 생각하였다. 이런 이야기를 듣고, 고갱은 구두 그림을 그리고 있는 고호 자신도 예수를 닮았다고 생각하면서, 그의 초상화를 그렸다.

이런 사연이 고호의 그림에 그대로 나타나 있는지는 확실치 않다. 그러나 그것이 보는 사람으로 하여금 그림에서, 샤피로의 표현으로, "많은 이동, 피로감, 눌림의 느낌, 무거움" 등을 새삼스럽게 느낄 수 있게 할 가능성이 커지는 것은 사실일 것이다. 또 마르크스주의자였던 샤피로는 이러한 느낌에서, "사회적 존재로서의 운명적 조건들"[9]을 본다고 생각한다. 그런데 사회적 조건이라는 것을 넘어서, 이러한 전기적 보완(補完)은 그림이 표현하는 것도 인간의 삶의 어떤 행로라는 것을 느끼게 하고, 그림을 보다 감동적인 것이 되게 한다고 할 수 있다. 샤피로는 비슷한 주제를 다룬 화가들로서 밀레나 도미에 같은 사람을 들고, 또 작가로서 플로베르와 졸라를 들고 있다. 졸라가 사람의 삶을 "하나의 순력, 끊임없이 바뀌는 변화"의 과정이라고 한 것은 반 고호의 구두를 감상하는 데에 도움을 줄 수 있는 생각의 틀이라고 할 수 있다.

3 미술의 언어 ─ 구두의 짜임

샤피로는, 하이데거처럼 사실적 면밀함이 없이, 즉 그림의 대상, 작가의 전기적 사실, 그것을 규정하는 사회적 당대적 조건에 대한 면밀한 주의가 없이 그림을 본다면, 그 뜻은 구태여 그림이 아니라 현실의 구두를 가지고도 전달될 수 있을 것이라고 말한다. 그러나 샤피로의 반 고호론도 반드시 그림을 해석한 것이라기보다는 그것을 화가의 개인적 삶 그리고 그 삶의 사실적 조건에 비추어 보려는 것이라고 하여야 할 것이다. 그렇게 하는 것은 엄밀한 의미에서 사실을 말하는 것은 아니다. 그림은 사실이 아니라 캔버스나 종이 위에서 물감으로 형상을 추적한 것이다. 그리고 다른 사실들이 또 거기에 개입한다. 그것은 그림이라는 사실을 초월한 사실들이다. 그렇다는 것은 그림을 그림으로 성립하게 하는 문화적 사회적 관습의 소산으로서 존재하게 되는 것이 그림이기 때문이다. 여기에 더 붙인다면, 다시 그러한 문화적 사회적 창조물을 현실의 재현이나 구성으로 받아들이게 하는 인간의 인지 작용의 신비가 거기에 개입된다고 할 수 있다. 그리고 인지 작용은 인간이 거주하는 자연 조건과의 상호 작용 속에서 성립한다. 호튼이 언급하고 있는 다른 철학자인 자크 데리다는 바로 이러한 관점에서 반 고호의 구두를 논한다.

데리다 독해　데리다의 논의는 일단 구두 그림을 직접 논하기보다는 하이데거와 샤피로의 논의를 비교하는 데에 집중된다. 그리고 이 비교에서 그는 대체로 하이데거의 편에 있다고 할 수 있다. 그렇다고 그의 논의가 간단하게 하이데거를 옹호하거나 보충 해석하는 것은 아니다. 그의 해석은 말할 필요도 없이 하이데거를 추종하는 것이 아니라, 현대 서구의 철학계에서 그 나름의 위상을 가진 철학자로서의 자기 이론에서 나오고, 또 그것을 발전시킨 것이기도 하다. 그것은 데리다의 철학을 이해하는 데에 있어서나, 예술의 본질을 이해하는 데에 작지 않은 도움을 줄 수 있는 것이라고 할 수 있다. 그러나 여기에서 그것을 전체적으로 해석하고 평가할 수는 없다. 그것은, 그의 글이 대체로 그러하듯이, 너무나 섬세하고 착잡하여 난해하기 짝이 없다. (이 점은 우리의 사고를 심화하는 데에 도움을 주는 것이기도 하고 어떤 부분에서는 불필요한 사변의 유희로 비치기도 한다.) 하나의 방편으로 호튼의 데리다 인용을 재인용하고 그것을 해독(解讀)함으로써 예술에 대한 우리의 고찰에 도움을 청해 보기로 한다. (번역은 영문 번역을 다시 우리말로 번역한 것이다.)

특징을 잡아내는 또 하나의 선(線), 줄/특징을 분리해 내는 또 하나의 체계가 있다. 그것은 작업의 대상을 틀(액자) 속에 들어 있는 그림으로 보게 한다. 틀은 작업의 대상을 탈작업(脫作業, desoeuvrement)이 되게 한다. 틀은 잘라 내고 다시 꿰맨다. 보이지 않는 끈으로, 캔버스를 뚫어 가리키고 (구멍 뚫기/가리키기(pointure)가 종이를 뚫듯이) 작품으로 들어갔다 다시 나오고 그러는 사이에 그것을 그 환경에 다시 꿰매어 놓고,

그 내적인 세계와 외적인 세계에 접속하게 하는 것이다. 그로부터 시작하여 그 구두가 무용(無用)한 것이라고 한다면, 그것은 물론 벗은 발의 접속에서 분리되고 재접속하여야 하는 주체(주인, 익숙한 보유자, 그것을 신는 사람, 구두가 받드는 사람)로부터 분리되었기 때문이다. 그것은 동시에 그림으로 그려졌기 때문이다. 그림의 한계 속에서, (구두) 끈에 들어 있다고 하여야 할 한계 안에서 그렇다는 것이다. 본 작품(oeuvre)에 대한 전채(前菜)/첨가물(hors d'oeuvre), 다시 전채/첨가물로서의 본 작품이라 할 수 있는 연결의 끈이 구두끈의 구멍 — 쌍으로 되어 있는 — 으로 들어가고, 그리하여 보이지 않는 쪽으로 들어가는 것이다. 그리고 그 끈들이 다시 나올 때, 그것은 가죽의 다른 편 또는 캔버스의 다른 편으로부터 나오는 것인가? 그 쇠끝의 찌름은 쇠 가장자리를 지나 가죽과 캔버스를 동시에 뚫는다.[10]

호튼은 위의 글을 영문으로 인용하고, 거기에 사용된 구멍 뚫기 (pointure)라는 말에 대하여 데리다가 인용하는 사전의 정의를 재인용하고, 데리다가 하이데거를 능가하는 언어유희의 기교가라는 것을 칭찬하고 있을 뿐 인용문에 대하여 자세한 설명을 하지 않는다. 인용문은 쉽게 풀리지 않는 난해하고 기이한 글임에 틀림이 없다. 그러면서도 그것은 깊은 사고의 표현이다. 약간의 주석을 시도하는 것은 데리다의 사고를 여는 한 방안이 될 것이다.

위의 인용은 "또 하나의 선(線), 줄/특징을 분리해 내는 하나의 체계"를 언급하는 것으로 시작한다. "또 하나"라고 하면, 그 앞에 다른 것이 언급되었다는 것을 말한다. 인용문에 들어 있는 "또 하나의 체계"는 구두가 그림으로 표현된 것, 즉 구두와 그림의 관계를 구성하는 체계이다. 이에 대하여 그 이전에 언급된 체계는 구두 자체가 다른 사물들에 대하여 가지고 있는 여러 가지 관계를 보여 주는 체계이다. 구두라는 물건이 있으면, 어떻게 된 까닭으로 우리는 그것을 구두라고 생각하는가? 그것은 신발로서의 쓸모 때문이다. 그러나 쓸모가 없어진 것도 어떻게 하여 구두라고 ── 쓸모가 없어진 구두라고 하는가? 반 고호의 구두에 ── 그것이 실물의 구두를 지시하는 것이라고 한다면 ── 이 구두의 구두끈이 풀어져 있다고 본다면, 구두끈은 매는 것이라는 선입견과 관련시켜서 그것을 지각하기 때문이다. 실물 구두는 아무리 따로 떼어 놔도 이러한 연상을 통해서 파악된다. 그것은 옷, 의상과 비슷하다. 의상은 '입는다'는 것을 떠나서 생각하기 어렵다. 이렇게 사물은 따로 떼어 놓은 사물로서 이해되기가 어려운 것이다. 사물 자체를 작업 또는 작품, 곧 데리다가 희랍어에서 빌려와 사용하는 말로 '에르곤(ergon)'이라고 한다면, 거기에는 어떤 부차적인 것이 따르게 된다. 이것을 다시 데리다는 희랍어로 '파레르곤(parergon)'이라고 부른다. 가령, 어떤 사물에 따르는 미적 특성 곧 형식미와 같은 것도 파레르곤이라고 부를 수 있는, 부차적으로 추가되는 요소가 된다. 뿐만 아니라 어떤 사물을 말하고, 그것을 설명할 때 따르게 마련인 서술어(敍述語)와 같은 것도, 언어의 구조에서 오는 지각 구성의 요인이다. 사물을 지각하는 데에 언어가 그렇게 작용하는 것이다. 그것이 사물 자체에 본질적으로 따르는 것인지 아닌지는 확실치 않으면서, 그것은 우리의 사물 인식을 제한한다.[11] 앞의 인용에서 본 작품이나 첨가물/전채라고 한 것은 이것을 가리킨다. 여기에서

현실과 형상

의 식사에 대하여 전채, 본질적 사물에 대하여 첨가물 또는 장식이나 의상 — 이러한 부차적인 것으로 보이는 것들은, 다시 말하여, 본질이 아니면서 또 정확하게 개념화되지 않으면서, 개념 비슷하게 작용하여 미적 판단력에서 중요한 역할을 하고 작품 자체의 성격을 규정한다. 그리하여 전체가 말하자면 식단의 중심 음식이 되는 것이다.

이런 상호 작용은 실물을 볼 때도 작용하지만, 그림에서는 더 복합적으로 작용한다. 그림이 틀에 있다는 것은 사실적인 조건이기도 하지만, 틀은 그 외에도 다른 여러 그림의 조건에 의하여 한정된다는 것을 말한다. 구두가 그림에 그려져 있다면, 그것이 실재의 구두가 아닌 것은 말할 것도 없다. 그림의 틀은 실제의 액자이면서 그 존재를 규정하는 조건이다. 그리하여 틀은 그림과 그림의 구두를 그 사실적 환경으로부터 떼어 낸다. 그러면서 동시에 그것은 그림을 다시 여러 주변적인 조건에 접속, 결부 또는 부착한다. 그런데 다시 부착하는 것도, 사실적 구두의 경우와 마찬가지로, 사람이 발에 신는 도구적인 사물이라는 것을 보이는 것이 된다. 그것에 다른 사실들이 부착되는 것이다. 그러니까 그림(peinture)은 구멍을 뚫는 것(pointure), 그림을 다른 것으로 연결할 준비를 하는 것이고, 다른 것을 가리키는 행위이다.(pointure) 다시 그림으로 돌아와 생각하면, 그 안에서의 실물의 지각 과정이 되풀이된다. 끈이 있으면, 구멍이 있어야 한다. 이것들은 다시 그것을 연결하는 사람이 있어야 한다는 것을 가리킨다.(구멍이 쌍을 이루고 있다는 것은 — 실제 그렇게 그려져 있든 아니든 — 그것이 마주 있는 대칭을 이루면서 끼워진다는 것을 생각하게 한다. 인용된 것과는 다른 부분에서 문제가 되는 것이지만, 두 짝의 구두를 한 켤레의 구두로, 즉 다른 구두 한 짝씩 모아 놓은 것이 아니라, 한 쌍의 구두로 지각하는 것도 그림 자체에서보다도 우리의 일상적 습관에서 오는 것이다.) 그림에서나 현실에서나 사람이 없이 구두만 있는 경우가 있다. 그때도 사람들은 구두를 착용하는 주인공을 생각하지 않을 수 없다. 사실로서의 구두는 엄격한 의미에서 구두가 아니다. 사실은 현실의 구두라는 물건을 생각할 때, 가죽으로 되어 있는 어떤 물건일 뿐이다. 쓸모를 떠나서 그것은 구두가 아니다. 그런데 그것이 무용한 것이 되어 있는 것은 "벗은 발의 접속에서 분리되고 재접속하여야 하는 주체(주인, 익숙한 보유자, 그것을 신는 사람, 구두가 받드는 사람)로부터 분리되었기 때문이다." 이것은 그림의 경우에 더욱 그렇다. 그림의 구두도 실제의 구두를 연상하게 하여야 한다. 그리하여 그림은 캔버스의 안과 밖을 왔다 갔다 하면서 여러 가지 것을 하나로 연결한다. 이와 같이 그림의 구두가 그림이라고 알면서도 현실의 사람의 발과 분리하기 어려운 것은 데리다가 드는 마르그리트의 그림(그림 2-2)[12]에서 더욱 분명하게 볼 수 있다. 여기의 구두는 사람의 발에 부착되어 있다. 그러면서도 사람의 발은 신체로부터 분리되어 있다. 그리하여 우리에게 혐오감을 준다. 발은 신체의 일부로 있어야 비로소 온전한 것으로 생각되고, 우리에게 별다른 소외감이 없이 현실의 일부가 된다. 구두가 사람의 발에서 분리되어 있을 때, 그것이 신체에서 떨어져 나온 발처럼 혐오감이나 이질감을 일으키는 것은 아니지만, 그것이 당연히 발에 연결될 수 있다는 가능성 속에 있기 때문에 구두는 구두가 된다. 그림이라는 완전히 실용의 세계를 떠난 별도의 틀에서도 우리는 그렇게 느끼는 것이다. 모든 사물은 현실의 다른 부분에 이어져서, 끈이 맺어져서 비로소 자

현실과 형상

그림 2-2 르네 마르그리트, 「빨간 모델(*La Modéle rouge*)」
(© René Magritte / ADAGP, Paris – SACK, Seoul, 2014)

연스러운 사물이 된다.

예술과 지각의 언어 위의 해설로 앞에 인용하였던 것이 조금은 설명되었기를 희망한다. 지나치게 파고드는 언어의 유희, 지각의 놀이인 듯하면서도, 사실 그림과 현실과의 관련에서의 사람의 지각의 조건을 새삼스럽게 생각하게 하는 것이 데리다의 글이다. 우리의 지각은 현실에서이든 아니면 그것이 예술에 표현된 것이든 사실을 있는 그대로 재현하는 것이 아니라 그것을 구성해 내는 여러 관계망, 끈으로 확대되어 구성된다. 그림은 틀에 의하여 한정된다. 이 말은 실제의 틀이 회화를 액자로 만든다는 것이기도 하고 그림이라는 범주의 틀이 새로 정의되는 현실을 보여 준다는 말이기도 하다. 그러나 사실상 모든 사물의 지각은 이러한 틀에 의하여 한정된다. 위의 인용은 이러한 틀이 가능하게 하는 여러 가닥과 그 얽힘을 보여 주려 한 것이다.

데리다는 고호의 그림에 대한 하이데거와 샤피로 등 선행 이론가들의 해설을 논하면서 현실을 재현하는 것이 예술이라는 전통적 주장을 부정한다. 그러나 어떤 방식으로든지 예술 작품이 보여 주는 것이 현실에 관련이 없는 것은 아니고, 여러 조건하에 구성되는 지각의 대상도 일종의 현실의 새로운 재현이라고 할 수 있기 때문에 — 편의상 이 말을 다시 사용하여 — 위에 비친 얼크러짐을 다시 설명하건대, 이 재현은 몇 가지의 한정 조건 속에서 이루어진다고 할 수 있다. 이것이 어떤 것인가를 잠깐 살펴본다.

하나는 우리가 흔히 생각할 수 있는 대로, 예술가가 자기의 환상을 그대로 작품에 재현하는 것이다.(이 투사(投射, projection)는 어느 작품에나 작용하지만, 그것은 작품에 그대로 드러나는 것일 수도 있고, 예술가의 심리에 작용하는 심리적 동기에 그칠 수도 있다.) 다른 하나는 사람의 행동과 인식에 내재하는 규칙이다. 이것은 칸트의 철학과 같은 데에서 말하는 인식론적 제한과 비슷하다. 성질은 다르면서도 그것은 예술가의 그리고 인간 일반의 현실 인식에 작용하는 여러 제한과 조건을 형성한다. 규범적 강제성을 가지고 작용하는 이 제한 조건은 인식론적 제한이라고 하겠지만, 다시, 사회적 의무감, 언어의 인식 규범이 우리의 인식과 지각을 제한한다. 이러한 제약과 조건들은 사람의 삶과 그것의 지적인 그리고 예술적인 재현을 믿을 수 없는 것이 되게 한다고 할 수 있다. 그렇다는 것은 그 재현이 완전히 진리를 나타내지 않는다는 말이다. 그러면서 동시에 그것이 사람이 사는 세계의 진리를 드러내 주는 것도 사실이다. 말하자면 그 근본은 사람의 삶이 이 세상 내에서 영위된다는 사실에 있다. 이 사실은 인간 생존과 존재론적 일치를 상정하게 한다. 그리하여 데리다는 ― 그의 저작의 여러 곳에서 발견되는 허무주의적 또는 불가지론적인 발언에도 불구하고 ― 예술과 인간 인식의 존재론적 정당성을 시인한다고 할 수 있다. 이 점에서 그는 하이데거에 동의하는 것으로 말할 수 있다.

반 고호의 구두의 현실 재현과 그에 대한 철학적 논의와 관련하여 흥미로운 것은 데리다가 저질의 호기심에 자극되듯 탐정 역할을 하는 부분이다. 구두에 대한 관심은 프로이트와 페렌치의 정신분석학에 의존하여 성기에 대한 관심, 특히 어린아이들이 어머니의 성기의 결여와 관련하여 상기하는 성기에 관련되어 있을 수 있다고 그는 추측한다. 다만 데리다는 구두를 그것에 일치시키는 것이라기보다는 그것이 의미 전달의 수단으로 바뀔 수 있는 가능성을 생각하는 것이다. 성의 상징물들은 무의식의 성을 만족시키려는 데에서 나왔다고 하겠지만, 그것은 다시 다른 의미를 전달하는 수단이 될 수 있는 것이다. 달리 말하여, 의미를 만들어 내는 데에 성의 상징이 동원되는 것이다. 어떤 사물이 관심의 대상이 된다면 그것에 심리적 에너지가 투여된다는 것인데, 그것에 성적인 리비도가 부착되는 것은 자연스럽다 할 것이다. 그리고 그렇게 투사된 사물이 세계를 해석하는 의미 단위(semanteme)로서 중요한 역할을 하는 것도 당연하다. 정신분석학에서 구두가 성기에 관계된다면, 그것은 현실의 성기라기보다는 신령스러운 힘을 가진 물신(物神, fetish)이라는 것을 말한다. 그리고 그것은 리비도가 투사되어 있는 의미 전달의 수단이 된다. 의미는 물론 다른 것과의 서술적 관계에서 생겨난다. 그리하여 의미 단위로서의 물신은 "언제라도 쪼갤 수 있는 덩어리(ensemble)에서 쪼개어 낼 만한 부분"[13]이 된다. 어떤 부분을 전체에서 떼어 내는 것은 그것에 물신적 성격을 갖게 하는 것인데, 그것은 다른 맥락에 연결됨으로써 견해의 표현을 위한 수단이 될 수 있다. 이때 그것을 뒷받침하는 심리적 에너지는 성적인 것에서 나온다. 데리다가 구두의 성적인 의미를 언급하는 것이 어떤 의도인지를 분명히 한다고 할 수는 없지만, 방금 말한 것과 같은 것이 그 의도가 아닌가 한다. 그에게 모든 의미화는 성적인 뒷받침을 가지고 있다. 그러나 그것이 그림의 구두를 성의 상징이 되게 하지는 않는다. 데리다가 구두의 성적 함축을 말할 때, 그것은 단순히 에너지의 부하(負荷)를 가진 언어를 들추어내고 있을 뿐이다. 그러나 이러한 관련은 그만큼 언어로서 사물의 진실에 접근하는 것이 어렵다는 것을 나타낸다.

예술의 진리 부채(負債) 언어나 그림에서의 우발적인 연결은, 반 고호의 그림과 관련하여 또 하나의 탐정 행위에서 발견된다. 샤피로는, 다시 말하여, 하이데거의 잘못을 밝혀서 그의 반 고호론을 반박한다. 여기에 대하여 데리다는 하나의 중요한 동기가 있다고 생각한다. 샤피로가 하이데거의 반 고호론을 처음 알게 된 것은 쿠르트 골드슈타인을 통하여서였다. 여기에서 참고한 책『그림에 있어서의 진리(*La Vérité en peinture, The Truth in Painting*)』에 실린 「가리킴/그림에 있어서의 진리 복구(*Restitutions de la vérité en pointure, Restitutions of the Truth in Pointing(Pointure)*)」는 골드슈타인에 바치는 헌사(獻辭)를 첨부하여 잡지에 기고한 것이었다. 그렇게 한 것은, 데리다의 생각으로는, 빚을 갚기 위한 것이었다. 그는 이 빚을 매우 복잡한 관계에 있는 것으로 생각한다. 샤피로는 컬럼비아 대학에 봉직하면서 동료 교수였던 골드슈타인의 강의를 듣고서 처음으로 하이데거의 글 「예술 작품의 기원」의 존재를 알게 되었다. 그는 이 사실로 하여 그에게 빚을 지게 되었다. 그러나 그가 갚자고 생각한 빚은 이러한 개인적 빚만을 의미하는 것은 아니었다. 샤피로에게는 하이데거가 차지해 버린 고호의 구두를 적어도 자신의 생각에 정당한 자리 그리고 정당한 소유주에게 다시 되돌려 놓는 것이 하나의 의무였다. 골드슈타인은 유태계 독일인으로서 실레지아에서 태어나 하이델베르크, 브레슬라우 등에서 공부하고 결국은, 신경심리학의 새로운 분야를 개척하여 명성을 얻고 1930년에 베를린 대학의 신경과학 교수가 되었다가, 나치가 집권을 한 1933년에 교수직 박탈, 지하 감금, 해외 추방의 수난을 겪고 네덜란드를 거쳐 미국에 정착, 컬럼비아 대학의 교수가 되었다. 데리다가 지적하는 바로는 그가 이러한 유태인 박해의 희생자가 된 시기와 하이데거의 「예술 작품의 기원」이 집필되고 강연 원고가 된 시기가 거의 일치한다. 데리다가 지적하고 있지는 않지만, 같은 시기에 두 사람의 다른 경험을 하나로 연상하게 하는 데에는 나치 집권의 초기에 하이데거가 나치에 협력한 사실도 한 요인이 된다고 할 수 있다. 데리다의 지적으로는 하이데거가 강조하는 "땅/지구의 부름" 그리고 농민 중심의 이데올로기도 나치즘의 사상에 맞아 들어간다. (나치즘에서 중요한 키워드가 된 것은 '피와 토지(Blut und Boden)'이었다.) 그리하여 샤피로는 이러한 것들과 관련하여, 고호의 구두가 농촌 여성의 구두가 아니며, 농촌을 떠나 도시로 옮겨 간 사람의 구두라는 것을 밝힐 필요가 있다고 느낀 것이라는 것이다. (토지의 삶의 예찬은, 위에 말한 바와 같이, 나치즘과 유태인 학살의 문제가 연결되어 있을 것이다. 이것은 그 자체로 중요한 범죄적 의미를 가질 수 있는 일이지만, 여기의 그림 논쟁에 관계된 세 사람, 골드슈타인, 샤피로, 데리다가 모두 유태인이라는 사실로 하여 보다 깊은 개인적인 의미를 갖는 일일 것이다. 그러나 데리다가 그러한 개인적인 관점을 비추면서 이 문제를 다루고 있는 것은 아니다.)

그런데 요점이 되는 것은 이러한 사실적인 문제에 대한 해명이 아니다. 데리다가 밝히려 하는 것은 회화 주제의 선정과 해독과 그에 대한 이론적 설명을 규정하는 체제이다. 관련된 정치 상황은, 말하자면 물신화(物神化)된 성의 경우나 마찬가지로, 심리적 동력과 언어가 어디에서 오는 것인가 하는 문제를 밝히는 일을 할 뿐이다. 중요한 것은 전체 논의를 지배하는 논리이다. 그것이 따르지 않을 수 없는 사고와 사고의 흐름을 규제한다. 샤피로의 관심을 움직이고 있는 것은 정의감이다. 그의 동기에는 구두를 원소유주에게 돌려주는 것이 마땅하다는 정의감이 작용하고 있다. (여기에서 정의감은 사물이 정당한 사물의 관계, 의미 연관 속에 있어야 한다는 느낌이다. 이것은 모든 것이 제자리에 있어야 한다는 느낌이고, 이것이 어려워질 때, 사람은 부채감에 시달린다. 살 만한 삶을 살아야 한다는 것, 삶의 제자리를 찾아야 한다는 것, 그것이 이미 태어남이 사람에게 안겨 주는 빚이고 채무이다. 데리다가 언어 사용에 있어서의 의미 완성 자체를 그렇게 보는 것도 이러한 실존적 느낌에 연결된 것이라고 할 수 있다.)

다시 구두로 돌아가서, 구두는 사람의 착용을 위한 도구이다. 그것은 당연히 주인을 상정한다. 구두를 보는 마음에는 이 상정의 틀

현실과 형상

이 본능적으로 작용한다. 이것은 다른 각도에서 보면 보다 일반적으로 진리가 무엇인가를 밝히려는 마음이다. 구두의 진실이 무엇인가가 문제인 것이다. 관객이 그림이나 예술 작품을 보고 이것이 현실의 무엇을 그린 것인가 하고 물을 때, 그 아래에 들어 있는 사람의 느낌도 그림의 주제와 주체를 찾아야 한다는 의무감에 관계되는 정서이다. 데리다는 그림을 대할 때 그것을 보는 사람의 마음이 귀속(歸屬, attribution)이나 전유(專有, appropriation) 또는 ― 반 고호의 그림을 다루는 글의 제목에 들어 있는 특이한 용어로 ― 복원/상환(復元/償還, restitution)의 테두리 속에서 움직인다고 본다. 진리에 대한 물음은 카테고리적 분류를 향한 강박감을 일으킨다. 그리고 사람이 관계된 경우, 그것은 어떤 것을 소유주에게 돌려주어야 한다는 느낌이 된다. 그러니까 진리에 대한 물음은 이러한 연계 관계로 답하여질 수 있는 답을 향한다고 할 수 있다. 데리다의 글의 서두에는, 세잔의 편지에 나온 말, "나는 당신에게 그림의 진실(진리)에 대하여 빚을 지고 있습니다. 그래서 그것을 당신에게 말하고자 합니다."라는 것이 제사(題詞)로 인용되어 있다. 화가는 자신이 그린 것이 진실이나 진리에 맞는 것이어야 한다는 느낌, 강박감을 가지고 있다. 데리다의 생각에는 진리가 무엇인가, 진실이 무엇인가 하는 물음 자체가 어떤 강박에서 나오는 것인데, 그것은 세잔의 표현에 들어 있는 것처럼, 빚을 지고 갚아야 한다는 느낌에 이어져 있다. 그것은 부채에 대한 의무감과 같은 것이다.

그러나 이것은 그러한 심리적 강박이 그림이나 예술 작품으로 하여금 개인적인 집념을 투사하는 배설물이 되게 한다는 것은 아니다.

예술 작품은 이러한 여러 규제 속에서 움직이는 심리적 인식론적 틀 안에서 그 나름의 진리와 진실을 재현한다. 샤피로와 하이데거의 격투기 또는 힘겨루기에서 데리다는 대체적으로 하이데거의 손을 들어 준다고 할 수 있다. 그러나 지나치게 일방적으로 그렇게 한다고 할 수는 없다. 샤피로는 구두의 소유주를 밝히려 한다. 그러나 하이데거는 반 고호의 구두를 통하여 사실적인 귀속 관계를 밝히려 하는 것이 아니라 사실과 예술 작품과 자연 또는 지구 사이에 있는 존재론적 근거를 밝히려 한다. 그가 원하는 것은 어떤 특정한 구두의 진실을 밝히는 것이 아니라 그러한 사물의 근원을 설명하는 것이다. 따라서 그것을 예시하는 데에 있어서 반드시 반 고호의 그림이 필요했다고 하지 않을 수도 있다. 데리다는 "칠판에다 어렴풋하게 백묵으로 그린 구두도 똑같은 사례의 기능을 했을 것이다."[14]라고 말한다. 하이데거가 보여 주려 한 것은 사물 자체와 도구로서의 사물과 예술 작품을 포함하여 작업의 대상으로서의 사물이 태어나는 과정이다. 이 과정에 대한 데리다의 설명은, 앞에서 이미 느낄 수 있는 것이었지만, 지나칠 정도로 정교하다. 그러나 정교하기 때문만이 아니라 그것이 회화의 의미를 바르게 말하는 것이라고만은 할 수 없기 때문에, 그것을 다 따라갈 수는 없다. 그러나 그가 보여 주려는 것은 하이데거가 진리의 과정을 설명하여 그것이 존재의 열림에서 드러나는 어떤 것, 인간의 사유를 통하여 존재의 참모습을 드러내면서 감추는 진리가 태어나고, 거기에서 지구로부터 세계가 태어난다고 한 것에 비슷한 것으로 들린다. 인간의 작업을 통하여 우리가 통상적으로 사물로서 받아들이는 진리가 태어나는 것인데, 이것을 가장 잘 보여 주는 것은 예술 작품이다. 예

현실과 형상

술은 사물을 그리면서 그것을 쓸모로부터 단절한다. 그러나 그것은
다시 그 조건에 결부되어서야 의미를 가지게 된다. 다시 말하건대, 사
물은 그 사실적 조건에 결부되어서만 넘겨볼 수 있게 되는, 그러나 그
것으로부터 분리되어 있는, 쓸모없는 어떤 것이다.

3 믿음의 모험

1 세계와 존재에 대한 믿음

이러한 사물의 탄생에서 핵심적인 용어는 데리다의 해석으로는
"신뢰성(Verlässlichkeit)"이다. 이것은 하이데거 자신이 도구가 되는
물건의 속성을 말하면서 사용한 말이다. 다만 데리다의 생각에 이것
은 다른 어떤 개념, 물질과 형상이나 쓸모 등의 개념보다도 가장 근본
적으로 사람과 사물의 관계를 설명해 줄 수 있는 말이다. 그것은, 진
리가 드러냄(aletheia)으로 탄생하듯이 사물이 세계의 일부로서 탄생
하고, 세계를 구성하는 것은 이 신뢰를 통하여서이다. 모든 것의 시작
은 자연과 인간의 신뢰를 통한 연계이다. 도구를 사용하는 데에 전제
되고 경험되는 것이 이것이다. 도구를 쓰는 것은 그것이 믿을 만한 것
이라는 느낌이 있어야 한다. (아마 오늘의 사람에게 이것을 가장 잘 증거
해 주는 것은 믿고 운전을 시작하는 자동차일 것이다.) 믿음은 쓸모를 초
월한다. "믿을 만한 것은 신뢰, 믿음, 신용에 값하는 것이다. 여기에서
신용은 상징적 계약 곧 거명(擧名)할 주체가 (알게 모르게) 서명을 하
여 동의의 대상이 되게 하는 상징적 계약에 선행한다. 그것은 문화적

인 것도 아니고 자연스러운 것도 아니다. 그것은 결정 또는 결심에 선행한다."[15]

해석이 쉽지 않지만, 이러한 신뢰의 행위를 설명하기 위하여 데리다가 들고 있는 얀 반 에이크(Jan Van Eyck)의 그림은 흥미로운 시사(示唆)를 가지고 있다.(그림 2-3, 2-4) 그림에는 아르놀피니라는 이름의 부부 또는 부부 될 사람이 서 있다. 그 뒤에는 둥근 거울이 있어서, 함께 서 있는 이 두 사람을 하나의 영상으로 묶으려는 듯 비추고 있다. (거울에는 다른 사람도 보이고 또 거울의 주변 장식에는 그리스도의 삶에 관한 여러 삽화들이 새겨져 있어서, 거울과 그림에 대한 여러 해석을 불러일으키고 있으나, 여기에서는 데리다가 언급하는 것만을 다루기로 한다.) 거울 위에는 라틴어 이름으로 "1434년 요하네스 데 에이크가 여기에 있었다.(Johannes de Eyck fuit hic, 1434)"라는 문자가 장식처럼 쓰여 있다. 이 그림에 대한 여러 미술사가들의 해석 그리고 데리다의 해석에 따르면, 결혼식에는 증인이 있어야 하는데, 증인이 없이 행해지는 이 결혼식에 증언으로서의 역할을 하는 것이 그림이고 그림을 그린 화가이다. '그 자리에 있었다'는 말이 새겨져 있는 것은 증언을 보강한다. 이 혼례를 데리다는 "믿음의 혼례(wedding per fidem)"라고 한다.(증인 없는 혼례를 전통적으로 그렇게 정의했던 것으로 보인다.)

데리다의 논의에는 믿음의 혼례의 복잡한 의미를 보강하는 사물들이 이야기된다. 그림에는 벗어 놓은 구두가 나온다. 그것은 성스러운 장소에서는 신발을 벗어야 한다는 관습을 나타낸 것으로서, 구두는 더러운 것이기에 벗어 놓은 것이지만, 동시에 역설적으로 이 예식의 성스러움을 상징한다. 구두는 쓸모 있는 것인데, 쓸모라는 것도 이

그림 2-3　얀 반 에이크, 「아르놀피니 부부 초상(*Portret van Giovanni Arnolfini*)」

그림 2-4　그림 2-3의 부분

더러움에 속한다고 할 수 있다. (그것은 사물이나 행위 또는 어떤 대상의
그 자체의 가치를 낮추는 것을 의미한다.) 역설은 구두가 더러움 또는 그
에 속하는 쓸모와 성스러움을 동시에 상징한다는 것이다. 더러운 구
두가 있어서 그것을 벗어 놓고 들어간 자리가 성스럽다는 것이 드러
난다. 데리다는 쓸모와 성스러움의 대조를 넘어 그것을 뒷받침하는
것이 "신뢰"라고 말한다. 그런데 달리 말하면, 이 대조가 있어서 신뢰
가 입증이 된다고 할 수도 있다.

　이러한 모순의 논리는 데리다가 말하는 다른 결혼의 상징물에도
들어 있다. 반 에이크의 그림에 그것이 나오는지는 확실하지 않지만,
반지는 결혼의 상징이다. (이것은 우리나라에서까지 결혼식의 관습이 되
었다.) 반지는 두 사람을 묶어 주는 신뢰의 상징이다. 그것도 신발이
나 마찬가지로 복잡한 의미를 가진 상징물이다. 데리다는 반지의 독
일어 단어를 상기한다. 프랑스어의 anneau에 대하여 독일어의 반지

　　　　　　　　　　　　　　　　　　　　　　현실과 형상

Ring은 싸움이나 대결의 뜻을 가진 Ringen을 연상하게 하는 때문이 아닌가 한다. 반지는 지구와 세계에 속한다고 할 수 있다. 그것은 지구에 속하는 것이면서 그것을 넘어 인간의 세계의 약속과 믿음의 서약을 나타낸다. (말하자면, 그것이 나타내는 것은 성(性)의 신뢰로의 승화이다.) 지구와 세계는 대적하고 싸우는 관계에 있다. 앞에서 말하였듯이, 하이데거의 땅의 철학에 따르면, 지구는 주어진 것인데, 그것을 사람이 거주할 수 있는 것으로 바꾸어 놓으려 할 때, 세계가 생겨난다. 그러하여 싸움과 허용의 관계가 생기는 것이다. 이 사건은, 다시 말하여, 사람의 관여(engagement)로 하여 일어나는 것이다. 이것은 모든 쓸모나 개념의 체계에 선행하는 인간 실존의 조건이다. 관여라고 번역한 단어 engagement는 프랑스어로는 현실참여나 약혼을 의미할 수 있다. 이것은 반 에이크의 그림에 나오는 혼사를 의미할 수도 있지만, 지상에서 삶을 산다는 사실 자체, 그에 대한 실존적 참여를 말할 수 있다. 데리다가 반 에이크의 그림으로 예시(例示)하고자 하는 것은 모든 용도와 의미에 선행하는 삶의 조건이다. 이것을 다시 말하면 다음과 같다.

'믿을 만하다는 것(Verlässlichkeit)'은 제일의 그리고 궁극적인 조건 곧 재결부(reattachment)의 구체적인 가능성의 조건이다. 그것을 조건으로 하여, 작업의 생산품을 쓸모에, 그것을 사용하는 데에, 그것을 몸에 붙이거나 매거나, 일반적으로 그것의 소속에 결부될 수 있다. 이러한 재접속, 재결부는 이 신뢰에, 이 근본에도 선행하는 선물 또는 (자기의) 버림에 결부된다.

데리다는 다시 어머니를 비유적으로 들어 말한다. 믿는다는 것은 "어머니에게 돌아가고, 어머니에서 나오는 것"과 같다. "Verlässlichkeit(신뢰, 맡김, 버림)"은 모든 도식, 곧 인식 또는 쓸모의 도식(스케마(schema))에 선행한다.[16]

하이데거가 말하려 하던 것을 이렇게 풀어 나간 다음, 데리다는 다시 이러한 풀이가 완전히 고정될 수 없음을 말한다. 모든 존재하는 것은 여러 해석, 여러 접속의 가능성을 가지고 있다. 샤피로가 반 고흐의 그림을 말할 때, 그것이 하이데거와 다른 해석을 갖는 것은 당연하다. 사물을 에워싸고 있는 것은 존재의 여러 관련성이다. 거기에는 실제 존재하는 것과 존재 자체, 존재와 무 그리고 여러 관련의 가능성들이 도깨비처럼 출몰한다. 사물이 인간에게 열리게 하는 "신뢰"도, 이미 시사한 바와 같이, 싸움 속에서 생겨난다. 이 싸움에 개입하는 것이 철학적인 사고이다. 그것은 지구의 열려 있음에 일정한 방향을 잡는 일을 한다. 싸움의 소산이 바로 진리이고 진실이다. 그러나 이 절단된 것에의 접속 가능성이 진리에 근접하려는 인식론적 또는 개념적 시도가 되는 것은 아니다. 또 곧바로 진실과 진리가 되는 것도 아니다. 그렇게 말하면, 모든 사고와 상징과 언어가 시작하는 "신뢰"도 절대적으로 신뢰할 수 있는 것은 아니라고 할지 모른다. 그러나 그러한 과정 속에서, 하이데거의 생각에 따라, 진리(aletheia)가 열리는 것 — 감추면서 열리는 것이 인간 존재와 예술의 기원이 된다는 것은 일단 그럴듯한 주장으로 받아들일 수 있는 것이라 할 것이다.

2 세계에 대한 믿음의 쇠퇴

이렇게 말하면서, 하나의 부가적 관찰로서 이러한 믿음이 쇠퇴한 것이 오늘날이라고 또 그에 따라 예술과 예술에 대한 이해가 달라진다는 점을 지적하는 것이 필요할 것으로 생각된다. 이것은 위에 잠깐 살펴본, 세 철학자, 이론가의 반 고흐의 구두에 대한 해석의 차이를 보다 넓은 시대적 변화에 자리하게 할 것이다.

세계에 대한 믿음의 쇠퇴는 인간이 자신에 대한 믿음이 강해진 것과 관련이 있다고 할 수 있다. 기술적 능력에 의하여 지구를 변형할 수 있는 인간의 힘이 강하여짐에 따라 지구에 대한 신뢰는 절실한 필요가 아니게 된다. 그러면서도 인간의 근본적인 허약성은 극복될 수 없는 것이기에 내면적 불안감은 강해질 수밖에 없다. 운명을 생각할 필요가 없는 상황이면 나의 힘은 한없이 커져서 마땅하지만, 참으로 내가 지구를 마음대로 부릴 만큼 강할 수가 있는가? 그리고 나의 힘이 아무리 강해도 지구를 넘어서 강할 수가 있는가? 오늘날의 환경 문제도, 구태여 이러한 점에 관련시켜 본다면, 이러한 점에 관계된다고 할 수 있다. 사람은 현실적으로도 그러하지만, 모든 차원의 실존적 신뢰에 있어서도, 지구를 떠나서 살 수 없다. 형이상학적 차원에서의 존재론적 신뢰도 현실적으로는 지구에 안거한다는 데에 관계된다고 할 수 있다. 하이데거의 존재의 철학은 존재와 그에 대한 인간적 신뢰의 사이에 벌어지는 간격을 보여 준 대표적인 철학이라고 할 수 있다.

내면의 삶이 어떤 것이든, 지구 내지 토지와의 관계가 희박해져 간 것이 20세기의 인간의 역사라고 할 수 있을 것이다. 이것은, 조금 단순화하는 이야기이기는 하지만, 미술의 역사에서 리얼리즘이 약해

지고 인상주의 그리고 표현주의와 추상화가 대두되는 것에서도 볼 수 있는 것이 아닌가 한다. 이것은 잠깐 위에 언급한 세 철학자의 삶과 사고의 흐름을 살펴보아도 느낄 수 있는 것이다. 하이데거(1889~1976)는 독일 남서부의 메스키르흐에서 태어나, 만년을 같은 지역의 슈바르츠발트에서 지내고 죽은 다음에는 고향 메스키르흐에 묻혔다. 하이데거보다 15년 후에 태어난 샤피로(1904~1996)는 동유럽 이민자의 아들로서 뉴욕 시에서 성장하고 학교를 다녔고 결국 뉴욕 소재의 컬럼비아 대학의 교수로서 일생을 보냈다. 데리다(1930~2004)는 샤피로보다 26년 늦게 알제리아에서 스페인 계통의 유태인으로 태어나 알제리아와 프랑스에서 공부하였다. 파리의 고등사범학교에서 공부하고 그 교수가 되었지만, 젊어서부터 미국에 왕래한 그는 어바인 소재 캘리포니아 대학을 비롯하여 미국의 여러 대학에서 가르쳤다. 하이데거가 농촌에 친밀감으로 느끼는 사람이었고, 샤피로가 도시인이었다고 한다면, 데리다는 유목민처럼 토착적 뿌리가 약한 사람이었다고 할 수 있다. 지나친 단순화일 수 있지만, 그들의 토지와 도시와 유목민적 이동은 그들의 사상에도 반영되어 있다고 할 수 있다. 적어도 반 고호의 구두에 대한 해석에서 구두를 하이데거는 토지의 삶에, 샤피로는 옮겨 다니는 도시인에, 데리다는 거의 전적으로 작품의 구성 조건 자체에 연결시키는 것이 그들의 삶과 무관한 것이라 할 수는 없을 것이다. 그런데 기이한 것은 이들 철학자들의 차이는 시대적 차이 그리고 시대적 변화를 반영하는 것으로 이해될 수도 있다는 사실이다. 산업화, 도시화 그리고 세계화가 진행되면서 토지에서 도시로, 다시 도시에서 광범위한 이주로 옮겨 가는 것 — 이러한 것이 많은 사람들의 삶의 모형이었다고 할 수 있다. 이러한 시대의 변화와 함께, 예술 작품도 점점 지구와 자연의 진리와는 관계가 먼 것으로 생각되었다고 할 수 있다.

그러나 예술이 자연과 물질세계를, 현실을 완전히 떠날 수가 있는 것일까? 문학 작품을 비롯하여 담론적 표현에 대한 데리다의 유명한 말에 모든 것이 텍스트일 뿐 그 외의 현실은 존재하지 않는다는 것이 있다. 그 관점에서는 예술 작품도 그러한 것이 되어 물질적 세계나 인간 현실이나 자연과는 별 관계가 없는 것으로 생각될 수 있다. 그러나 참으로 예술 작품이 그렇게 현실을 떠날 수 있는 것은 아닐 것이다. 미술은 감각이나 지각을 떠나서 생각할 수 없다. 설사 그러한 경우가 있다고 하더라도 — 감각이나 지각이 현실에 대한 것이 아닌, 가령 마약의 영향으로 일어나는 환상처럼, 자족적인 경우 — 그것을 적어도 작품으로 재현하여야 한다고 하면, 그것은 모든 물질세계의 근본으로서의 시간과 공간을 떠날 수는 없다고 할 것이다. 미술 작품은 공간 또는 여러 위상학적 공간을 떠나서 생각할 수 없는 조형물이다. 건축이 미술적 조형에 포함될 수 있다면, 그것은 다른 어떤 예술보다도 물질세계의 법칙을 떠나서 존재할 수 없다. 물론 이 법칙은 물리적 법칙으로보다는 시공간의 형상적 잠재력에 대한 어떤 암시로 예감되는 것일 수는 있다. 그러나 형상의 뒤에는 물리 법칙이 숨어 있게 마련이다. 예술이 시대와 사상의 시대적 변화, 그리고 그 아래 있는 삶의 물질적 토대를 떠나서 변화하는 것도 근본적으로 이러한 예술의 세계 의존성을 인한 것이라 할 수 있다.

4 물질세계와 형상

1 예술과 진리

위에서 풀어 본 하이데거와 데리다의 주장은 예술의 근원, 철학적 또는 형이상학적 기원을 다시 확인하려는 것이었다. 그것은 예술이 모방이고 재현이라는 것, 이미 있는 현실을 재현하는 것임을 부정한다. 진리 또는 진리에 관한 명제가 그대로 실재에 대응하고 그에 의하여 보증되는 것이라는 것도 받아들이지 않는다. 진리는 예술이나 철학적 사고 또는 문화적 선택을 통하여 비로소 진리로서 드러나게 된다. 그러니까 예술은 진리와 함께 탄생한다. 뿐만 아니라 세계나 지구도 그것으로서 밝혀진다. 그렇다 하더라도 진리의 명제도 그러하지만, 예술이 가리키는 진리가 그 너머에 존재하는 세계 또는 물질세계를 완전히 떠나서 성립한다고 할 수는 없다. 인간은 물질세계가 말하자면 물자체(Ding-an-sich)라는 미지의 형태로라도 실재한다는 느낌을 완전히 버릴 수 없다. 진리와 물자체는 서로 만나지 않으면서 서로의 존재를 알고 있다고 할 수 있다. 진리는 물질세계의 여러 자료와 특징을 빌려 옴으로써만 진리로 구성된다. 이것은 무엇보다도 예술에서 그러하다. 모방이나 재현이라는 개념이 등장하는 것도 이에 관련되어서이다. 이것은 예술이 자연으로부터 분리될 수 없다는 것을 말하지만, 동시에 그 관계에 인간의 여러 고안이 불가결의 것이라는 것을 말한다. 이 고안은 사람의 발명이기도 하고 사람을 넘어가는 자연 세계의 재구성으로서만 예술 현실이 된다. 그러면서 다시 그것은 자연 세계 자체를 넘어가는 세계에서 오는 암시가 되기도 한다.

예술은 일단 다른 무엇보다도 인공적 고안에 의하여 창조된다고 할 수 있다. 그러면서도 그 고안은 자연 또는 자연의 흔적들 그리고 초월적 암시를 완전히 떠날 수 없다. 회화는 화가의 창조물이다. 그러나 그것은 색채, 사물의 윤곽을 그리는 선, 형체, 공간적 배치 등을 떠나서 존재할 수 없다. 상상력은 이것들을 완성된 회화로 구성할 뿐이다. 사건의 시간적 전개를 생각하지 않고 소설이나 연극을 그럴싸한 현실 묘사 또는 현실의 창조로서 받아들일 수는 없다. 여기에는 물론 구성력이 작용한다. 잃어버린 시간을 재구성하는 경우는 그 가장 대표적인 경우이다. 여기에는 그 나름의 초월적 개념이 개입될 수도 있다. (물론 시간이나 공간, 색채와 형상 — 이러한 것이 얼마나 현실의 속성인지는 확실치 않다. 그것을 과학적으로 정형화하는 개념이나 수학의 알고리즘이 얼마나 실재의 속성인가 하는 것도 문제로 남는다고 할 수 있다. 그러면서 다른 한 접근은 그것이 인간의 지각이나 인식의 필수 조건이면서 동시에 그것의 뒤에, 형상의 플라톤적인 세계가 존재한다는 것도 철학자나 수학자 물리학자들의 끊어 버릴 수 없는 가설이다.)

그런데 무릇 모든 예술 또는 예술적인 것 가운데에도 가장 깊이 물질세계에 개입하고 또 그에 의하여 뒷받침되어야 하는 것은, 이미 비친 바와 같이 건축일 것이다. 말할 것도 없이 설계하고 건설하는 것은 인간적 노력이다. 그러나 그것은 물질세계의 법칙을 따라야 한다. 하이데거는, 위에서 본 바와 같이, 사람이 도구를 통해서 자연을 변형하고 그것을 통하여 그 나름의 세계를 만들면서도 다시 자연으로 돌아가 그 속에 존재한다는 사실을 보여 주는 예로서 구두를 들었지만 (물론 고호의 그림이 예술과 지구의 상호 긴장과 부조[扶助]의 관계를 가장 잘 드러내 주기 때문에) 그가 들고 있는 보다 좋은 예는 어쩌면 건축물일 것이다. 그것은 분명하게 지구 위에 존재한다. 그러면서 인간의 창조물이다. 그것은 둘이 하나가 되게 한다. 둘은 서로 긴장 관계에 있으면서도 존재와 인간의 일체성을 확인하게 한다. 희랍의 신전은 하이데거에게 지구와 세계의 일체성과 그 일체성의 배경이 되는 정신, 영적인 것의 임장(臨場)을 드러내 주는 대표적인 인공물이다.

그는 신전의 건물이 자연 속에 존재하는 모습을 다음과 같이 묘사한다. 그것은 자신만을 드러내는 건조물이 아니다. 우선 건축이 분명하게 하는 것은 세계의 여러 모습 그 자체이다.

건물이 저기 바위 땅 위에 서 있다. 그 인공물이 편하게 서 있는 것은 마지못한 그러나 강요된 것은 아닌, 바위가 그것을 떠맡는, 그 짐 지기의 신비를 드러낸다. 거기 서 있음으로 하여, 건물은 맞불어 오는 폭풍에 버티어 서서 폭풍의 무서운 힘이 드러나게 한다. 대낮의 밝음, 하늘의 광활함, 밤의 어둠을 처음으로 환히 보이게 하는 것은 돌들의 빛남과 번쩍임이다. 그것은 햇빛으로 하여 빛나는 것이지만, 건물의 확실한 우뚝함으로 보이지 않던 대기의 공간이 보이게 된다. 인공물의 흔들리지 않음이 바다 물결에 대비됨으로써, 그 안정이 물결의 어지러움을 보이게 한다. 그리하여 나무와 풀, 매와 황소, 뱀과 귀뚜라미가 그 분명한 모습으로 드러나고 그 있는 대로의 참모습으로 나타난다.[17]

이렇게 건물은 자연의 땅과 하늘을 분명하게 보이게 하고 밤낮의 순환을 알 수 있게 하고 파도와 같은 자연 현상 그리고 나무나 풀 그

현실과 형상

리고 동물들의 존재를 확인할 수 있게 한다. 어떤 예술 작품보다도 직접적으로 지구의 여러 가지를 하나의 일체성 속에 연결하고, 지구로 하여금 인간이 거주하는 고장이 될 수 있게 하는 것이 건축물이다.

이렇게 말하면서, 하이데거는 이러한 인공과 자연의 혼재가 인간의 구상을 자연에 억지로 부과한 결과라고 말하지 않는다. 이것은 다시 그의 신비주의로 돌아가는 것이지만, 오늘날 상실된 건축의 유기적 성격을 상기하기 위해서라도 이 혼재 현상에 대한 그의 주석을 잠시 살펴보는 것은 샛길로 드는 일만은 아닐 것이다. 특이한 것은 건축이라는 인공적 구조가, 조금 더 생각해 보면, 자연의 자료를 가지고 인간이 자의에 따라 형상화하는 것이 아니라는 점이다. 하이데거는 그것이 처음으로 자연이 자연으로서 존재하게 하는 행위라고까지 말한다. 더 일반화하여, 이미 존재하고 있던 사람이나 동물이나 식물이나 사물들을 바꾸어 놓는다든지 모방하고 재현하는 것이 아니라 그것들을 그 참모습으로 현존하게 하는 것이 바로 예술이다. 이런 의미에서 역설적으로 예술 행위 또는 사람의 작업은 바로 세계를 창조하는 행위이다. 그것을 가장 잘 나타내는 것이 희랍 시대의 조각이다. "체육 경기에서 승자(勝者)가 바치는 신의 조각은 …… 신의 모습이 어떤 것인가를 눈으로 볼 수 있게 하려는 것이 아니다. 조각이 신으로 하여금 현존하게 한다. 그리고 그것으로써 신이 존재한다."[18] 신의 존재로 하여 신이 존재하는 구역으로서의 신전 그리고 그 구역은 성스러운 것이다. 그러나 신을 모시기 전에 이미 신전을 통하여 드러나게 되는 세계의 여러 모습은 성스러운 것이다. 비슷한 창조는 언어 예술에서도 일어난다. 그의 견해로는 비극이 삶의 모방이라는 아리스토텔레스의 주장은 잘못된 것이다.

비극은 무엇을 공연하고 보여 주는 것이 아니다. 거기에서 바로 옛 신에 대하여 새로운 신이 싸움을 벌인다. 사람들의 언어 작업은 이 싸움을 이야기하는 것이 아니다. 연극의 공연 가운데 사람들의 언어가 바뀌고 진정한 언어 하나하나가 싸움을 벌인다. 그리고 무엇이 성스럽고 무엇이 성스럽지 아니한가, 무엇이 크고 무엇이 작은가, 무엇이 용기가 있고 무엇이 비겁한가, 무엇이 드높고 무엇이 헛된가, 무엇이 주인이고 무엇이 노예인가를 결단한다.[19]

희랍 비극에 대한 그리고 더 일반적으로 언어 예술에 대한 하이데거의 이러한 발언은, 과장된 것이기는 하지만, 예술 작업이 단순히 기발한 고안의 생산품이 아니라는 것을 다시 확인하는 것이다. 그것은 성스러운 계시의 행위이다. 예술 또는 인간의 작업은 구체적인 예술, 건물이나 조각을 세우고 비극을 공연하고 성스러운 축제를 연출하기 전에 이미 어떤 가능성의 공간을 여는 행위이다. 그것은 "찬양과 헌신"의 심성을 기초로 한다. 그것은 신에게 바친다는 것을 말한다. 예술을 통하여, 달리 말하여, "성스러움이 성스러운 것으로 열리고, 신이 그 임장의 열림 속에 존재하게 한다." 예술은 독자적인 의미를 갖는 것이 아니라 이러한 성스러운 열림의 매개자로서 의미를 갖는다.[20]

현실과 형상

5 물질의 기하학

1 예술과 환경

그렇다고 예술에 그 나름의 기술이나 장인술이 없는 것은 아니다. 그리고 그것을 통하여 예술은 현실을 변형한다. 그것은 무엇보다도 현실을 형상(Gestalt)화한다. 진리가 드러나고 고정되는 것은 예술의 매개를 통하여서이다. 진리는 지구에 가해지는 균열로 하여 확정된다. 사람의 존재가 지구에 균열을 만든다. 그러나 균열에서 예술적 형상화가 일어난다. 독일어로 균열(Riß)은 떼어 내고, 윤곽을 스케치하고, 기본 구도를 추출하는 일을 뜻하는 여러 말을 하나로 모아 놓는 말이다.("Der Riß ist das einheitliche Gezüge von Aufriß und Grundriß, Durch- und Umriß."[21]) 다만 이러한 일의 중심에 있는 균열은 다시 지구 자체에 흡수될 수 있어야 한다. 균열은 지구를 벗어 나오는 일이지만, "다시 굴러다니는 돌의 무게, 말 없는 나무의 단단함, 색깔들의 어두운 반짝임으로 들어갈 수 있어야 한다." 균열과 지구와 싸움과 화해의 중간에 끼어드는 것이 "형상(Gestalt)"이다. "작업한다는 것은 진리를 형상 속에 확실히 하는 것이다. 균열이 다시 이어지는 때움, 그것의 구조가 형상이다."[22]

형상 또는 형상화가 예술의 핵심에 있다는 것은 많은 미학적 성찰이 동의하는 사실이다. 다만 하이데거는 여기에 형이상학적 설명을 첨가한 것이다. 그것은 그 나름의 타당성을 갖는다. 그것은 형상이 물질세계를 떠날 수 없고, 그것과 분리되어서는 참다운 호소력을 가질 수 없다는 것을 강조한다. 그리고 그것은 넓은 범위의 자연환경을 말한다. 이 환경과의 관계가 포함됨으로써 예술과 인공의 건조물은 삶의 신성한 토대를 떠나지 않는 것이 되고, 그 신성함의 영기(靈氣) 또는 아우라를 유지한다. 이러한 관찰은 예술 작품이나 진정성을 가진 건조물의 토지와 문화와의 불가분의 일체성을 강조하는 데에서 특히 중요한 의의를 갖는다. 그는 박물관에 전시한 조각품, 문화재로 승격한 건물 등이 참다운 의미에서의 예술품일 수 없다고 말한다. 그것은 지구와 세계의 진실을 잃어버린, 그리하여 예술품으로 전락한 예술품일 뿐이다. 그것은 "세계의 퇴출과 세계의 몰락"의 증표이다. "작품은 오로지 그것으로 하여 열린 구역에 소속되는 것이다."²³ 하이데거의 이런 생각, 곧 주변의 자연 전체를 하나로 묶어 세계가 되게 하고 그 전체를 떠나서 예술 작품이 참다운 의미를 가질 수 없다는 생각은, 다시 말하여 예술품에 대한 조금 과장된 형이상학적 해석이라고 할 수도 있지만, 주변과의 유기적 관계가 없이 개인의 창안을 과시하는 것이 예술이고, 매력적인 건물이라고 하는 오늘날의 견해들에 대하여 깊은 경고가 된다.

그러나 유기적 일체성을 잃어버린 경우에라도 예술 작품이 물질적 세계의 현실을 떠나 존재할 수 없다는 것은 틀림이 없다. 그러면서 물질세계에서 온 예술의 자료는 형상화에서 하나가 된다. 그러면서 그 형상화의 원리 자체가 자연에 일치한다. 자연으로부터 취해진 부분적인 자료의 작품에서도 그러하다. 자연은 질료로서나 형상으로서나 예술 작품 안에 편재(遍在)한다.

현실과 형상

2 수직선과 수평선

특히 이것은 건물의 경우에 그러하다. 건물은 축조물이고 예술이다. 중력을 무시한 건물이 온전할 수 있는가? 건물에서 자료들을 사용할 때, 그것은 중력을 고려하지 않을 수 없다. 모든 건물은 중력에 저항하여 똑바로 서야 한다. 그런데 이 중력의 원리는 똑바로 세워지는 물질의 원리이면서 형태의 원리가 된다. 어떤 건물은 수직선을 두드러지게 보이게 한다. 예술에 있어서 핵심적인 것은 이것이 다시 심미적으로 승화된다는 것이다. 인간의 감성에 직접적으로 호소하는 심미성은 인간과 세계의 균형을 확인한다. 건물의 수직선은 중력과 관련되면서 사람이 그 지배 속에 있는 지구 위에 거주하고, 직립 보행한다는 사실, 높이 올라간다는 것이 갖는 심리적 생물학적 물리적 현상에 관련되어 있다. 그러면서 그것은 다시 심미적 성격을 가지게 된다. 다른 한편으로 수직선은 수학의 개념이다. 많은 건축물에서 심미적 효과에 기여하는 것은 이 수학적으로 단순화된 선의 표현이다. 미적인 것과 수학이 같은 것일 수는 없지만, 아름다움과 수학의 관련은 우연적인 것만은 아닐 것으로 생각된다. 수학은 플라톤적 세계에 이어질 수 있다. 기하학, 대수, 또 보다 고차원적인 수학은 단순히 주어진 세계에서 추출되는 추상적 개념을 체계화하는 것인가? 아니면 현실 세계를 구성하는 근본 원리인가? 또는 그러한 원리들은 현실 세계를 넘어서 존재하는 이데아의 세계의 현현(顯現)인가? (수학이 현실을 나타내는 것인가 아니면 단순히 지능의 구조물인가 하는 수학적 진리의 본질에 관한 논의가 여기에 관계될 수 있다.) 수학의 플라톤적 관련은 미적 구조물의 원리도 그에 관련된다는 생각을 하게 한다. 어떤 경우나 여러 종류의 형상, 곧 대부분 심미적 단순성으로 하여 우리의 미적 감수성 그리고 이성적 능력에 호소하는 형상들이 세계와 우주에서 발견된다는 것은 틀림이 없다. 이렇게 볼 때, 건축물은 물질에 관계되면서, 이데아의 세계에 관련된다고 할 수도 있다. 물질세계에 존재하는 조금 더 독립적인 형상적 요소에 대하여 언급하는 것도 우리의 논의에서 불가피한 것으로 생각된다.

예술과 인간의 지각의 관계를 그의 연구의 중심 과제로 삼았던 루돌프 아른하임은 그의 저서 『건축 형식의 역학(The Dynamics of Architectural Form)』(1977)에서 건축물과 인간 지각 그리고 삶의 관계를 설명하고자 한다. 그의 접근은 주로 형상의 관점에서 건축의 문제를 다루려는 것이지만, 건축 형식의 생물학적, 심리적인 관련 또한 고려하는 것이다. 여기에서는 건축의 기본적인 특성을 이루는 수직선과 수평선에 대한 그의 관찰을 잠깐 살펴보기로 한다. 건축에 있어서 — 또 사실 그것은 다른 인간 지각 경험에도 쉽게 연장되는 것이지만 — 수직선이 중요하게 되는 것은 쉽게 알 수 있는 것이다. 그 직접적인 원인이 인간의 직립 보행이라는 것은 조금 전에 말한 바와 같다. 여기에 보태어 말한다면, 거주하는 집의 높이의 경우, 실내의 천장이 일정한 높이를 가져야 하는 것은 호흡과 동작의 공간의 확보를 요구하는 생리와 심리가 작용한 결과라고 할 수 있다. 그러나 생물학적 필요는 더 심리적인 현상으로 확대된다. 직립의 자세를 유지하는 것은 쉬운 일이 아니다. 말할 것도 없이 그것은 지구의 중력에 대항하는 행위이고 그러니만큼 힘을 들여야 하는 일이다. 아른하임은 이 연장선상에서 수직선이 보다 큰 상징적인 의미를 가진다는 것을 지적한다. 사다리나 계단 또는 나무를 올라가는 것은 모두 힘이 드는 일이다. 그것은 "자신의 무게를 이겨 내면서 보다 높은 목적에 이르는 행위이고 거기에 상징적 의미가 부여되는 것은 당연하다."라고 말한다. 그리하여 올라간다는 것은 "영웅적 해방의 행위"가 되고, "세속적 권력" 또는 "정신성"을 상징한다.[24] 탑을 짓는 것도 그러하지만, 궁전이나 교회를 높이 짓는 것은 이러한 상징화에 관계된다.

그러나 참으로 사람이 삶을 영위하는 것은 수평적 공간이라는 관찰은 보다 일반적인 의미를 갖는 것으로 말할 수 있다. 거주하는 주택이 평면적 넓이를 가져야 한다는 것은 말할 필요도 없다. (한국에서 집 값의 중요 부분이 바닥의 평수로 정해지는 것은 이 사실을 극단화한 것이다.) 상징적 축조물도 일정한 넓이를 갖는다. 프랭크 로이드 라이트는 수평선이야말로 "땅의 선이고, 평정(平靜)의 선(the earth line of human life(the line of repose))"이라고 하였다. 그리고, 보통의 삶을 강조한 그의 건축은 외면에서도 수평적 인상을 강조하여 드러내고 내부에서도 칸막이를 최소화하였다.[25] 그러나 거기에도 실질적 필요 이상의 것이 따른다. 아른하임은, 건축 이론가 크리스찬 노르베르그-슐츠(Christian Norberg-Schulz)의 말, "인간 존재의 가장 단순한 모형은 수평의 평면 — 수직 축(軸)에 의하여 꿰뚫린 수평의 평면이다."[26]를 인용한다. 그런데 수평의 평면이 라이트의 말과 같이 삶의 선이라고 할 때, 건축은 어떤 이유로 축으로서의 수직선이 필요한 것인가? 야망이나 소망을 표하는 것이 아닌 보통의 건축에서도 직선이 필요하다면 그것은 어떤 까닭인가? 아른하임의 시사를 따르면, 축은 사람의 동작의 지표로서 그리고 상징적 요구에 의하여 필요해지는 것으

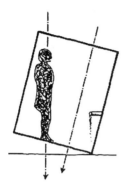

그림 2-5 Rudolf Arnheim, *The Dynamics of Architectural Form*(University of California Press, 1978)

로 보인다. 아른하임의 저서에는 캐나다의 요크 대학에 있는 비스듬하게 지어진 건물의 그림이 실려 있다.(그림 2-5) 이 건물 안에 들어간 사람은 몸을 가누는 데 혼란을 일으킨다. 이것은 주로 시각의 인상이 중력의 방향을 벗어나는 것이기 때문이라고 한다. 이것은 수직선이 시각과 신체의 균형에 중요한 지표가 된다는 사실을 말하여 준다. 그러나 현실적 필요를 떠나서도 이 도해(圖解)는 불안감을 준다고 할 수 있는데, 그 이유는 심리에 있는 정형성(定形性)에 대한 요구에 그것이 어긋나기 때문이라고 할 수 있다. 아른하임은, "우리의[인간의] 공간 체계에서 수직의 방향은 수평면에 대하여 일정한 기능을 가지고 있는데, 수평면에 대하여 유일한 대칭적 균형(symmetry)의 축이 될 수 있는 것이 수직선이기 때문"이라고 한다.[27] 사람의 삶이 편안할 수 있는 것이 평면이라고 하더라도, 그것을 확인하려면 수직선이 필요한 것이다. 사람은 몸과 함께 마음의 요건을 충족시키면서 삶을 살아야 한다. 그리고 이 마음의 요건은 사람이 중력에 대하여 스스로를

현실과 형상

조정하면서 살아야 한다는 사실에 근거한다.

그러니까 다시 말하여 수직과 수평의 공존은, 신체의 필요를 넘어서 지각의 요청이고 이성의 요청이다. (물론 여기에서 지각과 합리를 분리할 수는 없고, 실존적 필요와 개념의 필요는 늘 하나라고 하여야 한다.) 90도에서 만나는 수평과 수직의 좌표는 데카르트에서 시작되는 해석기하학의 기초적인 도형이다. 그것은 사고의 필요로서 단순한 경험을 초월한다. 이 경험의 초월을 수직선이나 수평선 그리고 기하학적 개념이 표현한다. 이러한 개념들은 경험을 규정하면서 그것을 추상적 차원으로 이동하게 한다. 사실의 배후에 있는 이러한 추상 개념은 심미적 만족감의 중요한 요인이 된다. 위로 세우고 옆으로 평평하게 하는 건물이 반드시 추상화된 기하학적 개념을 요구하는 것은 아니다. 그러나, 앞에서 말한 바와 같이, 그것의 존재가 건물의 심미적 만족을 강화하게 되는 것은 사실이다. 기념비적 큰 건물에서 위로 뻗어 올라간 원주나 각주와 회랑(回廊)은 이러한 추상화된 선들을 돋보이게 한다.

6   도시 공간과 공동체

수직과 수평이 중요하다고 하여도 더 중요한 것은 그것들이 교차하여 이루게 되는 공간 전체의 편의와 아름다움이다. 실내도 그러하고 건물의 외형도 일정한 균형의 공간 그리고 그 변주가 되어야 한다는 것은 우리가 일상적으로 경험하는 일이다. 그런데 공간 전체의 모습은 건물 하나에 한정되는 것은 아니다. 여러 개의 건물로 이루어진 장원이 일정한 공간적 질서를 가지고 있다는 것은 쉽게 생각할 수 있는 일이다. 또 대학의 영역 안에 건물들의 공간적 상호 관계는 캠퍼스를 오가는 사람들의 눈에 안정된 것으로 또는 혼란된 것으로 비치게 된다. 어떤 경우에나 함께 있는 물건이나 건물은 당연히 하나의 공간 안에서 조화된 관계를 가지거나 불협화의 관계 속에 들어간다. 정물화(靜物畵)에 그려지는 여러 물건들이 서로 조화를 이루어야 한다는 것은 당연한 요청이다. 도시의 건물들도, 원래 그렇게 의도된 것이든 아니든, 상호 간에 좋고 나쁜 관계를 갖게 마련이다. 공간적 조화를 잃어버린 건물들의 상호 관계는 전체적인 공간 감각이 없이 마구 지어진 도시에서는 너무나 쉽게 볼 수 있는 경우이다.

다시 말하여, 건축물들의 의미는 그 자체에 못지않게 그 사이에 존재하는 공간에서 생겨난다. 이것은 기하학적이면서 또 그것으로는 헤아릴 수 없는 측면을 가지고 있다. 하이데거는 사물이나 건물의 의미가 그것에 관계되는 유기적 환경으로부터 분리될 수 없고, 위에서 보았듯이, 그 전체성이 그 안에 존재하는 것에 신성함을 부여한다고 생각한다. 아른하임은, 공간의 전체성에 신성함까지는 인정하지 않는다고 하더라도, 사물 하나하나의 개체적 속성을 넘어가는 공간에 여러 복합적 의미가 존재함을 인정한다. 그러면서 그것을 보다 분명한 도형으로 파악한다. 그리고 그것은 심미적인 효과만이 아니라 사회적 효과를 갖는 것으로 말한다. 그의 관찰은, 말하자면, 하이데거를 사실주의로 옮겨 놓은 것이라 할 수 있다. 가령 두 건물 곧 큰 건물과 작은 건물이 있다고 한다면, 현대적인 접근은 — 극단적인 경우가 부동산이라는 고립된 금전 가치로 보는 경우이다. ── 그것을 따로따로 평가한다. 그러나 이렇게 하는 것으로 하여, "현대적 삶에서 보는 시각적, 기능적, 사회적 혼란"이 일어난다. "이에 대한 책임은 인간 공동체를 분자화하여 자기 자신만의 일에 종사하는 개인들 또 소집단의 집합이 되게 하는 오늘의 좁은 시각과, 사회 전체적으로 근시적인 실용성만을 중요시하는 시각에 있다." 이렇게 사물 전체를 보지 못하고 부분적으로 보는 것은 "시야 전체를 보는 자연스러운 시각이 병적으로 왜곡되었다는 것을 말하고" 동시에 사회관계에 있어서 그 태도가 병적인 것이 되었다는 것을 말한다. 아른하임은 정형성을 잃어버린 공간을 이렇게 진단한다.[28]

도시는 그야말로 수없는 건물이 별로 전체적인 디자인이 없이 군집하여 있는 거주와 활동의 공간이다. 그러면서도 거기에 전적으로 시각적 행동적 질서가 없는 것은 아니다. 이 애매함을 표현하고 있는 것이 많은 도시에서 중심에 또는 여러 부중심에 있는 광장이다. 그러나 이 중심의 중심적 공간으로서의 의미를 고려하지 않게 된 것이 오늘의 도시이다. 아른하임은 그의 저서에서 중심이 파괴된 예로서 보스턴의 중심에 있는 코플리 광장(Copley Square)을 들고 있다. (그림 2-6) 그림만 보아도 알 수 있듯이, 이 광장에 있는, 고풍적 교회와 도서관의 건물과 새로운 스타일의 고층 빌딩, 존 핸콕 탑은 서로 어울리지 않는다. 그것은 높이에 있어서 그렇고, 스타일에 있어서 그렇다. 이 경우에, "서로 맞아 들어갈 수 없는 양식은 상호 거부에 귀착하고, 시각적 상호 파괴에 이르게 될 무질서를 나타내게 될 것이다."[29] 그리하여 그런대로 조화가 있던 보스턴의 코플리 광장은 무질서의 공간

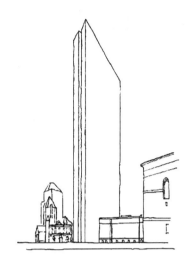

그림 2-6　보스턴 코플리 광장(Rudolf Arnheim, *The Dynamics of Architectural Form*)

이 되었다. 이와 관련하여, 광장이라는 공적 공간이 이 정도의 혼란에 빠지는 것은 우리들의 도시에 비교하면, 아무것도 아니라고 할 수 있다. 아른하임의 생각으로는 미적으로 만족할 만한 도시는 각 구역마다 개성을 가진 건축들이 공간의 단위를 이루고, 이 구역의 공간들이 다시 납득할 만한 질서를 가지고 하나의 공간을 이룰 수 있어야 한다. 이것은 단순히 미학적 관점에서만 주목되는 현상은 아니다. 필자의 경험으로도 유럽의 많은 도시들은 도시의 중심이 있고, 중심에 중요한 공적 건물 곧 시청, 상공 회의소, 노동조합, 교회 등이 있다. 그것들은 도시가 하나의 정치 공동체로 조직되어 있음을 지각적으로 의식할 수 있게 한다. 많은 공적 행사들이 거기에서 이루어지는 것은 물론이다. 도시 풍경의 혼란, 특히 도시 광장의 혼란 또는 부재는 구태여 말로 강조하지 않아도 물질과 그 건조물들에 스며들어 존재하는, 시민적 의식의 희석화를 가져온다.

7 동서양 건축 언어의 차이

1 한국 건축의 지붕

그런데 건축의 공간을 말하는 어휘들을 살펴보면, 그것은 일반적인 성격을 가지면서도 반드시 보편적인 것은 아니라는 생각에 이르게 된다. 앞에 말한 수직선과 수평선의 느낌은 다른 문화 전통에서는 다르게 표현된다고 해야 하기 때문이다. 서양의 기준에 따르면, 중국이나 일본의 경우도 그렇지만, 한국의 건축에 있어서, 수직선은 그렇게 강조되는 것이 아니라고 할 수밖에 없다. 그러나 거기에서도 그것이 완전히 무시되는 것은 아니다. 수직과 수평이 건조물로서의 기본이라는 것은 거주의 물리적 법칙이 정하는 바 그대로이다. 건물과 자연환경과의 관계는 여전히 중요하고 그중에도 건조물과 하늘과 땅의 관계가 무시될 수는 없다. 건조물이라는 물리적 사실은, 최소한의 필요를 넘어가면, 상징적 공간으로 이행하기 시작하기 마련이다. 아시아의 형이상학적 전통에서 사람과 하늘과 땅의 관계는 대체로 세계 이해를 위한 구도의 기본축이 되고, 사실상 지상의 건축물에서 하늘과 땅이 근본적인 언어가 되는 것은 자연스럽다. 그러나 높이가 별로 눈에 띄지 않는 것은 어떤 이유일까?

아시아의 건축물, 특히 한국의 건축에서 건축의 여러 부분 중 가장 눈에 띄는 것은 지붕이다. 그리고 장대하게 지은 건축물일수록 지붕이 크다. 어떤 경우, 멀리서 보는 동네 또는 울안에 모여 있는 건축물들의 경우 집들의 모임은 겹쳐 있는 지붕의 집합이 된다. (그림 2-7, 2-8) 멀리서 볼 때, 건물의 외양은 석기 시대의 고인돌의 전통을 계승한 것이 아닌가 하는 생각을 하게 한다. 그러나 이러한 점들에 대한 일정한 해석은 존재하지 않는 것으로 보인다. 하늘과 땅에 대하여 건물이 가질 수 있는 관계에서, 적어도 서양식 건물에 비하여, 하늘과의 관계보다는 땅과의 관계가 크다는 것은 생각할 수 있다. 물론 지붕에 비하여 낮은 건물의 높이는, 특히 지붕이 과장될 때, 하늘 아래 엎드려 있는 것으로, 거의 읍하는 자세로 엎드려 있는 것으로 볼 수도 있다. 하늘과의 관계에서 그곳에 이르려고 하는 것보다는 그에 승복하는 것을 보여 주는 것이다.

건물은 말할 것도 없이 정상적 상황에서 하늘보다는 땅에 관계되는 인조물이다. 여러 가지로 제례 의식을 포함하여 중요한 것은 땅이다. 집을 짓는 것은 사람의 삶에서 중대한 행사임에는 틀림이 없다. 집을 짓고 완성하는 데에는 의식이 따르는 것도 그것 때문일 것이다. 이제는 우리도 계승한 것이라 하여야 하지만, 서양의 풍습으로 교회를 지으면 그것을 봉헌하는 행사가 있다. 집도 중요한 집의 경우는 그러한 행사가 있다. 베토벤의 작품에 극장의 신축을 축하하는 「건물의 봉헌(*Die Weihedes Hauses*)」이라는 교향곡이 있다. 우리의 풍습에서 집을 짓는 과정에는 여러 제례 의식이 따른다. 첫 의식은 텃고사(土神祭)이다. 그것은, 김광언 교수가 설명하는 대로, "집터의 신(土神)에게 땅을 파헤치고 집을 짓게 되었으나 역사가 순조롭게 진행되도

현실과 형상

그림 2-7 경주 양동 마을(문화재청)

그림 2-8 큰사랑채 만취당(「가옥과 민속 마을」, 문화재청)

록 도와 달라고 지내는 제사이다." 그것은 집터 네 귀에 술을 뿌려 사방의 신들을 달래려는 부분이 들어 있다. 그 후에도 제사는 계속된다. 집귀신(家神)을 모시는 식도 행한다. 제사 중에 핵심은 상량고사(上梁告祀)이다. 이때 마룻대를 올려 상량을 하고 마룻대에 걸터앉은 목수가 끈을 묶어 끌어올린 장닭의 목을 자귀로 잘라 그 피를 네 기둥에 뿌린다. 마룻대에는 상량문이 적혀 있다. 거기에는 해, 달, 별님에게 오복을 비는 기원, 용비봉무(龍飛鳳舞)와 같은 상서로운 동물에 대한 언급, 오행(五行)을 가리키는 글귀 등이 들어간다.[30] 집을 짓는 것은 이미 존재하는 땅의 질서를 새롭게 조정하는 일이고, 이것은 땅을 관할하는 여러 힘 곧 다원적인 힘, 여러 신, 다신(多神)을 진정시키고 그 도움을 청하는 제례를 필요로 한다. 신령한 힘은 사실 땅과 하늘에 편재한다고 할 수 있다. 그중에도 그것은 땅에, 땅의 모양에 스며들어 있다. 이것을 설명하는 것이 풍수지리이다. 그러니까, 보호를 약속할 수 있는 신은, 봉헌식이 하늘에 계신 것으로 생각되는 초월적인 신 또는 희랍 신화의 경우 올림포스 산에 본거지를 두고 인간사와는 거리를 두고 자유롭게 왕래하던 희랍의 신과는 거주의 향방이 다르다. 강조되는 건축물들의 좌표적 지향은 그것의 산천에 서려 있는 다신과의 관계로 인한 것이 아닌가 하고 생각해 볼 수 있다. 지붕의 중요성도 다신의 거주 영역의 영향인지 모른다.

그러나 한국 그리고 동아시아의 건축에 있어서도 높이와 넓이의 기하학이 무관한 것이라 할 수는 없다. 높이로나 길이로나 건물의 크기가 위엄과 위세에 관계되는 것은 말할 것도 없다. 위세가 있는 집안의 건물일수록 높은 것은 자연스럽다. 한 뜰 안에서도 집안의 서열

그림 2-9 피사의 세례당(Rudolf Arnheim, *The Dynamics of Architectural Form*)

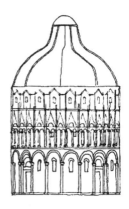 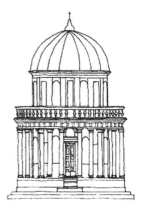

그림 2-10   피사의 세례당과 몬테네로의 산피에트로 사원(Tempietto, San Pietro, Montenero)
(Rudolf Arnheim, *The Dynamics of Architectural Form*)

은 거주 건물의 높이에 반영된다. 이것은 의식적인 전략이기도 하지만, 물론 사람의 시각의 논리에 기초한 것이다. 건조물의 다른 특징들은 이 논리에서 설명될 수 있다. 건물 아래에는 축대가 있다. 이것은 그 위의 집을 보다 높이 보이게 한다. 이것은 높이의 의미에 못지않게 건조물이 건조물로서의 독립적 완성감을 가져야 한다는 요구에도 관계된다. 밖으로 보이는 기둥 아래에 기둥을 떠받드는 받침대가 있는 것은 높이에 대한 요구에 더하여 완성의 논리로 인한 것일 것이다. 이러한 시각의 요구는 서양의 경우에도 별로 다르지 않다. 아른하임은 서양의 석조전의 기둥에 받침대가 있음에 주목한 바 있다. 르코르뷔지에의 건물의 기둥에 그것이 없는 것은 의도적이다. 위에서 인용한 건축에 관한 저서에서, 아른하임은 정상의 시각 미학의 요구를 벗어난 피사의 세례당(Battistero di Pisa)의 문제를 길게 다루고 있다. (그림 2-9, 2-10) 분명한 판단을 내리는 것은 아니지만, 이 건물은 지표에서 끝나지 않고 땅 밑으로 계속되어서, 완성감이 부족한 느낌을 준다고 그는 생각하는 것으로 보인다. 이것과 관련하여 그가 건물과 지표와의 관계에 대하여 언급하고 있는 것은 한국의 전통 건축을 읽는데에 참고가 된다고 할 수 있다. 건물이 지표에 맞닿은 점에서 끝나지 않고 땅을 파고든다는 인상을 피하기 위해서는 단절이 필요하다. 그것은 건물 하부에 평행선을 강조함으로써 이루어진다고 그는 말한다. 그러나 그것이 지나치면, 건물은, 마치 물 위에 배처럼 부상해 버리는 인상을 줄 수 있다. 아른하임의 관찰로는, 이때 건물의 완성감은 "건물 정면의 대칭성"으로 보완될 수 있다. 대칭은 수직축을 제공하여 건물의 안정감을 높여 준다. 숫자로 옮겨서 말하여, 이때의 수직

현실과 형상

과 수평 비율은 사각 평방의 비율로서 잴 수 있는 것이 좋다고 한다.[31] 이러한 관찰은 한국의 전통 건축에 그대로 해당된다고 할 수 있다. 지붕의 무게와 단정하고 높은 축대와 일정한 비율의 건물의 전면은 건물의 위엄을 높인다.

높이 자체가 독립적으로 상징적 의미를 갖지는 않지만, 그것이 중요하지 않은 것이 아니라는 것은 위에서 말한 바대로이다. 위엄이 있는 건물일수록 축대와 지붕이 높다. 그런데 이 높이는 상대적인 성격을 갖는다. 한국의 전통 건물들은 서로 이어져 있거나 따로 있으면서 건물군을 이루게 마련인데, 그때 중심이 되는 주거 공간, 주인의 거소, 사랑채 등은, 앞에서 말한 바와 같이, 다른 건물보다 높게 마련이다. 동시에 주목할 수 있는 것은 건물의 의미가 건물 자체로 정해지는 것이 아니라 일정하게 설정된 평면적 공간 내에서의 위상으로 정해진다는 점이다. 경복궁은, 가령 베르사유 궁과 같은 것에 비교하여, 하나의 거대한 건물을 의미하는 것이 아니라, 둘러막은 성곽 내에서의 수없이 많은 건물을 포괄하여 지칭하는 이름이다. 그것은 많은 건물들을 수용하고 있는 공간 전체를 말한다. (그림 2-11) 이 공간 내에서의 건물들의 중요성은 철저하게 공간의 좌표에 의하여 결정된다. 정해진 공간에는 동서남북의 방위를 분명하게 하는 대문들이 있고, 남북을 주축으로 하여 건물들이 그 중요성에 따라 배치되어 있다. 왕의 정치 행위를 표하고 있는 근정전(勤政殿)이 남북의 주축에서 가장 중요한 자리에, 또 가장 크고 높은 건물로 위치하는 것은 당연하다. 서양의 왕궁들이 하나의 건물 또는 제한된 수의 건물 안에 복잡한 수직과 수평의 지각 미학을 구현한다고 한다면, 한국의 궁궐은 그 미학

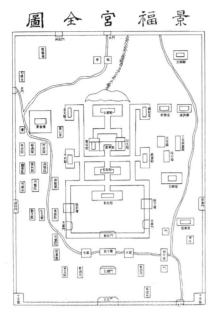

그림 2-11 「경복궁전도」(『사진으로 보는 경복궁』, 문화재청)

을 땅에 깔아 둔 구도 속에 표현하는 것이다. 다만 그 미학은 단순히 시각적인 것이라기보다는 시각과 함께 보행(步行)과 같은 신체의 움직임에 의하여 느껴질 수 있는 것이라고 할 것이다. 또는 느껴지기보다는 상징적으로 마음속에 구성되어야 하는 것이라고 할 수 있다.

이러한 공간의 수평적 서열화 또는 공간의 질서화는 도시 전체에도 확대되어 적용된다. 시작은 중국에 있지만, 조선조 초에 새로 건설된 한성부(漢城府)의 도시 계획에도 같은 공간 형이상학 그리고 그것의 도형학이 작용한다. 새로 건설된 한성부에 주축이 되는 것은 사방을 나타내는 네 개의 산이다. 즉 북의 백악(白岳), 남의 남산(南山), 동

115   현실과 형상

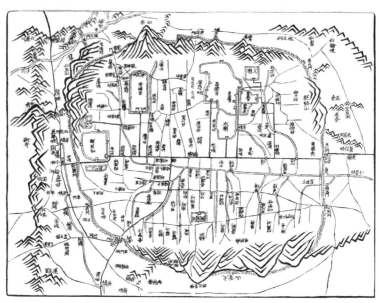

그림 2-12 「한성도」(진단학회, 『한국사』, 을유문화사)

그림 2-13 Daniel Speckle, Plan for an ideal city, 1598(Rudolf Arnheim, *The Dynamics of Architectural Form*)

의 낙산(駱山), 서의 인왕산(仁旺山)이 사방을 나타내는 표지가 되고, 이로부터 그어지는 남북동서의 축에 따라 궁궐(宮闕), 묘사(廟社), 조시(朝市), 도로(道路) 등이 놓인다. (그림 2-12) 한성부는, 현대적 도시 계획이 있고, 빠른 속도의 차마(車馬)가 삶의 공간을 확대하기 전의 도시로서는 정녕코 드물게 보는 시가지 계획을 가진 도시였다고 할 수 있다. (물론 북경을 비롯한 중국의 도시 또는 일본의 교토(京都) 같은 도시는 더 정연한 공간 도감(圖鑑)을 따른 것이라고 하겠지만.)

2 기호와 미학

조선 시대 그리고 한국의 건축과 도시 디자인의 시각 미학의 논리와 어휘를 정확히 분석해 내는 데에는 여기에서 할 수 있는 것보다 훨씬 면밀한 연구와 고찰이 필요할 것이다. 그런데 위에 말한 것들에 이어서, 확실한 논리보다 추측에 불과할 것으로 생각하지만, 한두 관찰을 여기에 덧붙여 볼까 한다. 하나는 조선조의 기록 문화에 속하는 의궤라는 장르에 관한 것이다. 정조의 수원 방문을 기록한 「원행을 묘정리의궤(園行乙卯整理儀軌)」와 같은 것을 볼 때, 이것을 어떻게 분류해야 할지부터 문제가 된다. 그런데, 이것도 그 추상성이 위에 말한 건축물과 그 공간에서 받는 것과 같은 추상적 인상에 상통하고 거기에 같은 설명이 적용될 것으로 보인다. 물론 의궤는 회화로서보다는 기록으로서의 의미를 갖는다고 하겠지만, 그래도 단순한 문자 기록이나 도해를 넘어서 사실적 묘사가 없는 것은 아니기 때문에 회화적인 측면이 없다고만은 할 수 없다. 그러면서 그것은 기호적 성격을 가지고 있다. 이 장르적 모호함은 전체적으로 사물의 영상화→상징

117   현실과 형상

그림 2-14 「봉수당진찬도(奉壽堂進饌圖)」(동국대 박물관 소장)

화→기호화라는 과정을 진동하는 발상의 특징에서 오는 것이라고
볼 수 있지 않나 하는 생각이 든다. 의궤는 지각적 요소를 담고 있으
면서도, 지각에 직접적으로 호소함으로써만 그 의의를 드러내지 않
는다.

　위에 말한 의궤 가운데 「봉수당진찬도(奉壽堂進饌圖)」(1795)는

정조가 화성에 갔을 때 중요 행사의 하나인 혜경궁의 화갑을 기념한 잔치를 그린 것이다. 잔치 공간은 문이나 휘장을 쳐서 구별하고 참석 자는 모두 신분에 맞추어 일정한 자리, 가령 덧마루에 앉은 사람들 중 의빈(儀賓)은 오른쪽, 척신(戚臣)은 왼쪽 하는 식으로 공간의 질서 에 맞추어 앉아 있다. 잔치에 참석한 사람은 82명이라고 하는데, 세 어 보지는 않았지만, 이들이 일일이 그림에 등재되어 있는 것이 아닌 가 한다. (그림 2-14) (「봉수당진찬도」는 여러 가지가 있으나 여기서는 「화 성능행도병(華城陵幸圖屛)」에 포함되어 있는 것을 예시하였다.) 이것은 비 슷한 시절에 자크 루이 다비드가 그린 「나폴레옹 대관식(*Le Sacre de Napoléon*)」(1807)(그림 2-15)이라는 공식 행사를 기념하는 그림에 비교해 볼 수 있다. 다시 말하여 그 목적이 다르고 전통이 다르다고 하겠지만, 두 그림의 의의는 그 효과의 차이에도 불구하고 현실 재현 에 있다고 할 것이다. 앞의 의궤는 말하자면 출석부로 확인되는 것과 같이 참석자가 확인되고 앉았던 자리가 분명하게 표시된다. 다비드 의 그림에서 나폴레옹은 물론 다른 참석자들도 분명하게 알아볼 수 있을 뿐만 아니라, 축하를 위하여 참석한 사람들은, 예법상의 순서가 없는 것은 아니겠지만, 자연스럽게 몰려 있는 현실의 모습을 드러낸 다. 이 비교에서 다비드의 그림은 단연코 보다 실감이 나는 것이라 할 수 있을 것이다.

그러나 그 리얼리즘은 기준의 문제이기도 하다. 어떤 사실을 언 어로 표현하는 것과 그림으로 표현하는 것 어느 쪽이 더 실감 있게 사실을 전달한다고 할 수 있을까? 또는 기억을 통하여 어떤 사실을 되살리는 경우, 정확한 기술(記述)과 사진, 어느 쪽이 더 사실을 바르

　　　　　　　　　　　　　　　현실과 형상

그림 2-15 자크 루이 다비드, 「나폴레옹 대관식(*Le Sacre de Napoléon*)」

그림 2-16 그림 2-15의 부분

게 회상하게 할까? 사진은 시각적인 인상을 담는다고 하지만, 말로 이야기하고 기록한 것은 사진에 포착된 움직이지 않는 한 장면에 비하여, 사건 전개의 이야기를 상기하는 데에 도움을 줄 수도 있을 것이다. 이야기에 비하여서도 어떤 경우는 간단한 기록이나 기호로서 여는 사건의 연쇄가 더 사실적인 것일 수도 있을 것이다. (학교 반의 사진과 출석부를 두 가지 사실성의 극단적인 대조로 생각해 볼 수 있다.) 그렇기는 하나 사실성의 관점에서 다비드의 작품이 더 나은 것이라고 하는 판단이 불공정하다고 할 수는 없다. 그럼에도 불구하고 사실성이 사실에 접근하는 관점과 방법과 판단의 기준에 관계된다는 것도 틀림이 없다. 사람이 지각하는 사실은 무엇을 중요시하느냐에 따라서 다르게 주목된다. 나는 신숙주(申叔舟)의 『해동제국기(海東諸國記)』를 보면서 거기에 일본의 세속 풍경보다도 일본 천황의 세계(世系)에 대한 기록과 같은 것이 자세히 나오는 것을 보고 놀란 일이 있다. 그러나 그에게 계보의 문제는 오늘의 우리에게보다는 중요한 사실이었을 것이다. 어쩌면 봉수진찬의 참석자에게는 의식의 절차, 그중에도 서열에 따라 구획된 공간의 어디에 누가 앉았는가가 중요한 사실이었을 것이다. 공간을 사회적 위계에 대응하는 질서에 의하여 구분하는 것은 어느 사회에서나 존재하는 풍습이지만, 한국에 있어서 이것은 예나 지금이나 가장 중요한 사회 위계화의 수단이다. (동아시아에서 이 사실의 중요성을 대상으로 한 학문적 연구도 있다.) 봉수진찬도만이 아니라 의궤 일반에 보이는 추상화된 공간적 질서는, 당대의 지각과 사고의 논리로는, 그림으로나 기호로나 가장 중요한 사실을 가리키는 공간 구도였다고 할 수 있다.

현실과 형상

공간의 기호화는 일반적으로 동아시아에서 다른 전통에서보다도 중요한 것이 아니었나 한다. 더욱 면밀한 검토가 필요한 사항이지만, 중국의 문자 구성 자체가 그러한 기호적 사고의 무의식적 전통의 수립에 기여하였다고 할 수 있다.

중국 문자에 대한 데리다의 논평은 이것을 시사한다. 중국의 문자는 완전히 문자만으로 이루어진 독자적인 세계를 이룬다고 그는 말한다. 소리를 떠난 표의 또는 상형 문자는 소리로 매개되는 현실, 곧 인간의 정신과 동시에 그것이 직접적으로 접하는 현실을 벗어난다. 라이프니츠는 바로 그 수학적 기호와 같은 추상성으로 하여 중국 문자는 정신적 진리를 표현할 수 있는 문자라고 생각하였다. 라이프니츠의 이러한 생각을 반박하는 헤겔을 인용하면서, 데리다는 다음과 같이 말한다.

문자가 그 비표음적 계기 속에서 배반하는 것은 바로 생명이다. 동시에 그것은 숨결, 정신 및 정신의 자신과의 재귀적(再歸的) 관계로서의 역사를 위협한다. 숨결을 끊은 문자의 반복은, 해석 또는 소수에 국한된 편협한 환경으로 제한된 성서 주해 속에서, 정신적 창조를 불모화하거나 부재화한다. 문자는 죽음의 원리이며, 존재의 생성 속에 나타나는 차이의 원리이다. 문자 언어와 음성 언어와의 차이는 중국과 유럽의 차이에서 볼 수 있다. "중국 문자의 상형 문자가 적합한 곳은 오직 중국 정신문화의 주석주의(註釋主義) 속에서이다. 이 유형의 문자는 한 민족의 가장 작은 부분에 국한된 몫이며, 이들이 정신문화의 독점적 영역을 소유한다. …… 상형 문자는 일반적으로 그런 것처럼 하나의 주석적 철학을 요청할 것이다."[32]

이렇게 중국의 문자가 이루는 세계는 현실에 직접적인 관계를 갖지 않는, 그 자체로 이루어진 독자적인 세계이다. 그것이 어떤 세계인지는 물론 다시 생각해야 할 것이다.(중국의 문학과 관련하여, 그것은 사실을 재현하려는 것이 아니라 문학 전통의 계속적인 자기 보존과 계승 그리고 그것의 집적 속에서만 존재하는 독립된 구역이라는 해석이 있다. 그것은 완전히 intertextuality의 세계이다.) 데리다에 의하면, 이것은 서구의 전통에 대조된다. 아리스토텔레스 이후의 서구 전통에서, 모든 기의(記意)는, 문자를 포함하여 목소리에서 나오고, 이것은 마음에, 또는 기표에 대한 생각에, 즉 사물 자체에 끊을 수 없게 이어져 있다. 이때 사물이란 형상(eidos) 속에서 창조된 것, 로고스나 신의 무한한 이성 속에서 창조된 것이다.[33] 이것은 역설을 포함하고 있는 주장이다. 그렇다는 것은 한편으로 사람이 사물을 있는 대로 지각할 수 있다는 것을 말하면서, 다른 한편으로 로고스의 사고로 하여 그것이 가능하다는 것이다. 다시 말하면, 표음 문자는 입으로 말해지는 것에 연결되어 있고, 그것은 사물 자체에 연결되어 있는데, 그것이 가능한 것은 사물을 있는 그대로, 투명하게 생각할 수 있는 로고스의 바탕이 있기 때문이다. 이러한 사상적 전통에 서 있지 않는 중국의 문자는 사실적인 것을 표현하려고 하는 것이 아니라고 생각된다. 그것은 어떤 독자적으로 존재하는 정신적 세계를 지시한다. 수학의 언어가 표현하는 것도 이와 비슷한 것으로 말할 수 있다. 이 관점에서는 사실주의적 관점에서 파악한 사실이 중요한 것이 아니다. 회화로서 어떤 사실이나 사건을

현실과 형상

재현하려고 할 때도 그것이 반드시 서구적인 의미에서 또는 지각 체험의 구성이라는 관점에서 재현되는 것에 동일한 것이 아니다. 중국에서의 문자적 표현은 그 자체의 기호학적 체계 속에서 이해되어야 한다.

한 가지 보탤 것은 데리다가 사실주의를 — 또 그것은 로고스 중심주의에 중복되는 것인데 — 언어와 인식의 정당한 이해를 나타내는 것으로 보는 것은 아니다. 위의 데리다 인용은 그 자신의 주장보다는 서구의 전통을 설명한 것이다. 바로 이러한 전통의 편협성을 깨트리려는 것이 데리다의 해체주의다. 그는 실재를 떠난 기호의 놀이로 이루어지는 것이 언어의 세계라고 생각한다고 할 수 있다. 다만 그 세계가 독자적인 정신적 의미를 가지고 있다고 생각한다고 할 수는 없다. 그의 관점에서, 언어의 놀이는 기호의 놀이이면서, 실재에 가까이 가고자 하는 노력의 표현이다. 그리고 실재는 그 너머에 존재한다.

3 일단의 요약 — 공간의 도형화

서구 미술을 염두에 두면서 의궤와 같은 한국의 미술을 보면, 현실의 미적 재현의 많은 측면이 단순한 감각적 또는 지각적 체험의 직접적인 표현을 넘어 여러 문화적인 전제에 의하여 규정된다는 것을 생각하게 한다. 그중에도 이 전제에서 중요한 것은 개념적 분석을 넘어가는 문화적 시대적 인식의 체계 또는 인식의 발상의 기초, 푸코의 말로, 에피스테메의 체계이다. 이것이, 위에서 예를 든 다비드의 그림에서 보는 바와 같은, 서구 회화의 현실 묘사의 양식과 「봉수당진찬도」에서 보는바 추상적 의궤의 기록 양식 — 이 둘 사이의 차이의 배경을 설명할 수 있는 것이 아닌가 한다. 간단히 말하여 두 스타일의 차이는 문화적인 차이이고 그것은 삶을 보는 눈길의 차이이며 그러한 시각의 차이를 산출해 내는 세계관의 차이이다. 그런데 이러한 차이는 어느 쪽이나 세계를 보는 방법의 차이라고 하여야 한다. 여기에서 세계란, 실체를 어떤 것이라고 하든지 간에, 분명하게 존재하는 현실 곧 사람의 삶이 부딪는 현실이다. 그 현실은, 그것을 조금 단순화하여 형상적 관점에서 보면, 공간 속에서 벌어지는 물질 현상이고 생명 현상이다. 공간은 칸트가 생각한 인식의 직관 양식의 하나이고, 모든 예술은 이 양식의 바탕 위에서 가능하다. 그중에도 회화는, 의도가 그렇지 않다고 하더라도, 공간을 그 나름의 구도로 구성하는 작업이다. 그러나 언어 예술에 있어서도 공간은 중요한 배경이 된다. 서사는 불가피하게 사건이 전개되는 일정한 장면을, 그 장면이 고정되지는 않지만 일정한 장면을 그 배경으로 전제한다. 시에 있어서 이것은 특히 중요하다. 이것은 특히 영미 현대시의 전개에서 중요한 시 운동이었던 이미지즘의 경우에 두드러지게 드러나는 특징이다. 두드러지게 환기(喚起)되는 이미지들은 그것들을 종합하는 공간이 없이는 시적 의미를 전달하지 못한다. 말할 것도 없이, 건축은 공간을 물질적으로 구성하는 작업이다. 공간의 질서는 여기에서 가장 중요한 요소이다. 위에서 본 바와 같이, 서양의 중요한 건축물에서 공간 계획은 주로 하나하나의 건물 자체의 균형, 수직과 수평을 축으로 한 시각적 균형을 핵심으로 한다. 한국의 건축의 원형은 지붕과 축대로 구성되는 건물의 사각의 축조물, 곧 무게를 느끼게 하는 축조물로 생각된다. 그러나 그에 못지않게 중요한 것은 일정한 구역의 공간 구획이다. 이 공

현실과 형상

간은 한편으로는 천지와 오행의 원리 그리고 지신(地神)을 중심으로
한 여러 마술적 신을 참조하여, 다른 한편으로는 거주자들과 방문자
들의 사회적 서열의 규칙에 의하여 다스려진다. 공간은 사회적 서열
에 물질적 또는 마술적 힘을 현실화하여 표현하는 것으로 생각된다.
그것이 구체적으로 실현되는 경우는 많지 않은 것으로 보이지만, 중
요한 건물 곧 궁궐과 같은 건물 밖의 시가지도 방위와 산수의 마술적
영향을 끌어들이게끔 설계된다. 이러한 공간의 면밀한 계획화 그리
고 마술화에 의하여 그 공간의 여러 부분들은 마술적 힘을 갖는다. 이
것은 회화에서도 반영된다. 그리하여 공간 내의 사물이나 인물은 거
의 기호화된다. 이렇게 하여 그것들은 감각적 호소력을 갖는 서양 미
술의 사실성과는 전혀 다른 상징적 의미를 가지며, 사회적 권위를 발
산하게끔 구성된다.

위에서 말하였던 것을 이렇게 되돌아보면서, 우리는 공간 계획
의 윤곽을 몇 가지 가능성으로 요약할 수 있다. 건축물은 동서양을 막
론하고 일정한 공간적 구조를 가져야 한다. 그러나 동양에 있어서 이
구조화된 공간은 보다 넓은 공간으로 확대된다. 확대된 공간에서 많
은 것은 지각적 적절성을 벗어나 기호가 된다. 서양에 있어서도 공
간의 구조화는 건축물을 넘어 넓은 지면으로 확대된다. 그러나 여기
에서의 구조화의 원리는 미리 주어진 것이 아니라 경험적 사례로부
터 추출된다. 여기에 작용하는 원리는 칸트가 『판단력 비판』에서 "성
찰적 판단(reflektierende Urteilskraft)"이라고 말한 인간의 지적 능력
에 비슷한 것이라고 할 수 있다. 그것은 구체적인 사례를 두고 그것
을 보편적 개념에 포괄하는 판단력, 곧 "한정적 판단(bestimmende

Urteilskraft)"에 대하여 구체적 사례들로부터 보편적 법칙을 찾아내는 능력을 말한다. 칸트의 생각으로는 이것이 주로 심미적 판단에서 작용하는 인간 능력이다. 서양의 건축을 넘어 길거리에 이르는 공간 계획은 이러한 경험적 필요에 따른 판단으로 이루어진다고 할 수 있다.

그런데 서양에서 보다 철저하게 합리적인 시가지 계획을 보게 되는 것은 어떤 이유인가? 그것은 경험적 판단이 삶의 필요나 교통의 필요에 더 충실할 수 있기 때문이 아닌가 한다. 그 판단력의 조종으로 구체적인 사례가 합리성으로 수렴되는 것이다. 근대화라는 합리화 과정 속에서 근대 도시는 도시 계획의 합리성을 더 확대하고, 그것이 더욱 잘 계획된 그러나 너무나 일률적인 가로의 구도를 만들어 낸다. 그러나 이에 대하여 신의 도시를 만드는 것은 이러한 현실적 요구를 넘어가는 기획을 지상의 삶에 부과하려는 것이기 때문에, 궁극적으로는 경험적 현실을 이겨 내지 못하고 만다고 할 수 있다. (한국의 신은 초월적인 로고스보다는 지기[地氣]를 대표하는 여러 공간적 기호에 나타난다.)

이것은 대체로 큰 규모의 공간에 대한 관찰이다. 그러나 공간적 구도는 작은 규모에서도 인식과 표현의 구도로 작용한다. 또는 그것은 현실의 예술적 변형에 있어서 보다 쉽게 그리고 다양하게 작용한다고 할 수 있다. 이것을 잘 보여 줄 수 있는 것은 장식 예술 부문이다. 이 장식은 물론 건물의 여러 부분에서 표현되고, 몸에 붙이는 장신구나 폐물 또는 화장술 등에 나타난다. 이것이 동서양에 따라 어떻게 다른가는 별도로 생각하여야 하는 과제이다. 한국의 전통 가옥의 경우에도, 기와의 짜임새, 지붕의 맞부딪는 모양, 단청과 같은 채색, 문의 창살 모습 등 세부에 그 나름의 기하학이 있다. 그러나 이러

현실과 형상

한 장식의 기하학도 서양의 기념비적 건축에서 더 복잡한 것이 되고 또 건축 공간 전체에 편입되는 것으로 말할 수 있다. (건물의 장식이라는 관점에서 볼 때, 이슬람의 건축물들은 다른 어떤 전통에서보다도 여러 가지의 공간적 디자인을 보여 준다. 이것을 비교 문화적 관점에서 유형화하는 것도 어려운 과제가 될 것이다.) 전체 공간의 스케마를 벗어나지는 아니하면서 세부의 디자인에 주의하는 것은, 또는 전체 기하학을 고려하면서 경험적인 접근을 포기하지 않는 공간 구조의 의식은 더욱 적절한 구조적인 균형을 이루어 낸다고 할 수 있지 않나 한다. 이것은 다시 과학적 사고에 드러나는 정형성에 대한 관심에 이어지는 것으로 생각된다. 경험으로부터 형상을 추출해 내는 합리성이 이러한 정형성을 발견한다. 이 경험에서 주의의 대상이 되는 것은 작은 물체의 기하학이다. 그것의 형상은 보다 큰 구도를 구성하는 것일 수 있고, 그러한 구성에 편입되지 못하는 수도 있다.

8 자연의 도형

1 자연과 예술 ― "자연의 예술 형태"

지금까지 말한 것은 인위적으로 계획되는 공간의 문제였다. 물론 궁극적으로 공간은 자연의 속성이며, 그것에 대한 일정한 구도화도 자연에서 온다. (공간의 본질에 대한 인식론적 논의가 있기는 하지만, 보통 사람의 관점에서 그것은 시간과 함께 절대적인 객관적 사실이다.) 그리하여, 조금 전에 말한 것처럼, 이 공간의 정형성은 자연에 대한 과학적인 탐구에서 확인된다. 이것은 한편으로 사물 자체의 모습에 충실함으로써, 다른 한편으로 그것에 대한 합리적 이해의 기획을 견지함으로써, 즉 사물 자체의 인식을 향한 지적 노력을 통하여 인지된다. 서구의 합리주의 전통에서, 다시 말하건대, 사물 자체와 로고스의 일치라는 지각과 인식의 방식은 사물에 대한 최대한의 사실적 접근을 가능하게 한다고 생각된다. 세계와 사람의 접촉은 감각을 통하여 매개된다. 감각은 물질적 자극으로 촉발되지만, 이것이 의식화될 때 그것은 이미 일정한 형식화를 가진 지각으로 구성된다. 이 구성의 원리는 한편으로 인간의 의식에 내재하는 스케마이고, 사물 자체가 가지고 있는 형태의 논리성이다. 궁극적으로 그것은 물리적 세계의 저편에 숨어 있는 플라톤적인 이데아의 존재를 시사하는 것으로 말할 수도 있다. 그러면서 물론 이러한 인식 구성은 시대적인 에피스테메 또는 패러다임의 지배를 받는다.

19세기, 20세기 초의 독일 생물학자 에른스트 헤켈(Ernst Haeckel)의 비교적 대중적이라고 할 수 있는 저서 『자연의 예술 형태(Kunstformen der Natur)』(1904)는 여러 생물의 모양에서 발견되는 도형적 형태들을 집합해 놓은 책이다. 헤켈의 의도는 여러 종류의 생물체의 모양들의 단정한 형태를 그려 냄으로써, 다윈의 진화 이론이 생물의 형태의 진화를 수반하였다는 것을 증명해 보여 주려는 것이었다. 그는 단세포 동물로부터 인간의 신체까지가 연속적인 복합적 형태의 진화를 보여 준다고 생각하였던 것이다. 그러나 당대의 또는 후대의 생물학자들은 그가 형태의 진화론적 연속성을 증명하지 못하였다고 판단하는 것으로 보인다.[34] 그의 도해도, 단세포 동물로부터 곤

그림 2-17　해파리(Discomedusae)(Ernst Haeckel, *Art Forms in Nature*, Prestel, 1988)
그림 2-18　해파리(Discomedusae)(Ernst Haeckel, *Art Forms in Nature*)

충과 식물 그리고 동물들의 그림을 포함하고 있지만, 그의 책이 예
시하고 또 초점에 두고 있는 것은 심해 단세포 동물인 방산충류(放散
蟲類, radiolaria)의 여러 모습들이다. 여기에 복사해 본 해파리(학명
discomedusae) 그림이 기초적인 도해가 된다고 할 수 있다. 같은 책에
실린 다른 도해는 이보다는 더 인공적인 장식에 가깝다. (그림 2-17,
2-18) 반드시 이러한 그림이 모델이 되었다고 할 수는 없으나, 헤켈
의 시대에 그의 그림과 유사한 장식들이 만들어졌다. 그중에도 프랑
스의 건축가 르네 비네(René Binet)는 헤켈에서 영감을 얻어 『장식 스
케치(*Esquisses décoratives*)』(1902)[35]라는 제목의 책에 헤켈에서 도
출된 장식 그리고 그것에 대응하는 실물 장신구를 그려 놓기도 했다.

그림 2-19　르네 비네, 장식 스케치(ANNEAU. Plate with rings, René Binet's *Esquisses décoratives*(Paris, 1902))(Ernst Haeckel, *Art Forms in Nature*)

그림 2-20　르네 비네, 장식 스케치(SIEGE. Plate in René Binet's *Esquisses décoratives*(Paris, 1902))(Ernst Haeckel, *Art Forms in Nature*)

(그림 2-19, 2-20) 가장 놀라운 것은 그가 1900년 파리 세계 박람회의 출입구의 탑을 헤켈의 그림에 기초하여 디자인한 것이다. (그림 2-21) 즉 헤켈의 생물 형태가 큰 규모의 건조물의 디자인에도 재현된 것이다.

헤켈과 당대의 예술과의 관계는 착잡하다. 영어로 출간된 『자연의 예술 형태』에 해설을 쓴 올라프 브라이트바흐는 헤켈의 도해 수법과 19세기 말의 "아르 누보(Art Nouveau)" 사이에 친화적인 관계가

현실과 형상

그림 2-21　르네 비네, 파리 세계 박람회 출입구(René Binet, entrance gate to the Paris World Exposition in 1900)(Ernst Haeckel, *Art Forms in Nature*)

있다고 말하면서, 눈으로 파악하기 어려운 이들 생물체의 모양을 가시적인 것이 되게 하는 데에 가장 좋은 방법은 "아르 누보"의 수법이며, "헤켈의 수법이 아르 누보의 수법을 만든 것이 아니라, 아르 누보의 수법이 헤켈의 수법을 결정하였다."라고 말한다.[36] 그러나 헤켈이 섬세한 장식을 중시하는 아르 누보가 생기고 있는 시대 흐름의 영향을 받았다고 하더라도, 그가 자연을 보는 방법으로 아르 누보의 스타일을 발견한 것도 사실일 것이다. 브라이트바흐가 그 스타일이 그의 관점을 결정하였다고 한 것은 그러한 관조의 방법을 말한 것이라고 할 수 있다. 그에게는 문화적 스타일을 포함하여 인간이 자연을 보는 법 자체가 자연 그 자체에서 오는 것이었다. 브라이트바흐가 그의 평문의 앞부분에서 설명하는 바는 다음과 같다.

　　사람은 자연이다. 사람은 진화의 일부이고 그 결과이다. 우리의 행동과 생각은 이 진화의 산품이다. 따라서 사람이 무엇을 안다는 것은 인간 자체의 무엇인가를 드러내는 것이 된다. 우리의 지식, 곧 자연의 법칙 속에서 생겨나고 그에 종속되는 지식은 자연 그것이고, 헤켈의 생각으로는 그 이상의 것이 아니다. 도안하는 사람, 그의 감각 기관, 그의 동작은 자연이 스스로를 표상해 내는 일의 전개에 불과하다.[37]

인간의 지각 능력과 자연 현상의 일치는 『자연의 예술 형태』에 부친 또 하나의 평문에서도 긍정되어 있다. 글쓴이 이레노이스 아이비-아이비스펠트도 지각, 사고, 심미의 인간 능력이 진화의 결과임을 인정한다. 이것은, 그 자신이 지적하는 것처럼, 칸트와는 다른 관점에서, 인간의 인식 능력의 제한을 인정하는 것이다. 그러나 이것은 현실을 정확히 있는 그대로 인식하지 못한다는 것을 말하지만, 동시에 그것이 반드시 자연의 실상을 비껴간다는 것은 아니다. 과학의 발전은 이 인식을 정확한 것이 되게 한다. 헤켈은 과학의 발견을 보다 예술적인 호소력을 가질 수 있게 한 것이다. 자연의 아름다움에 대한 인식은 인간과 자연의 관계에서 중요한 기능을 갖는다. 아름다움은 자연을 더욱 주의 깊게 관찰하게 하고 그것에 대하여 외경감을 가지게 한다. 아이비-아이비스펠트에 따르면, 그것은 특히 오늘날 중요한 역할을 맡아 가지고 있다. 그렇다는 것은 자연의 아름다움에 대한 인식이 다양한 생명체를 포함한 환경 보존에 중요한 역할을 할 수 있기 때문이다. 그런데 그것은 예술이 자연의 기준을 떠나지 않을 때 가능한 일이다. 그러나 오늘날, 그가 보는 바로는, 아무것이나 예술이 될 수 있고 아무나 예술가일 수 있다는 생각이 풍미한다. "끊임없는 새로운 아이디어와 담론이 예술을 이룬다."라고 생각하는 것이다. 아이비-

아이비스펠트의 생각으로는 오늘의 인간들이 모충(毛蟲)이나 나비나 잠자리나 벌을 가까이하고 풀 위에 누워 날아가는 새를 보는, 자연과 친근한 어린 시절을 보내지 못하고, "현대의 거대 도시의 산업 지대의 변두리, 추하고 인위적인 환경에서" 살기 때문이다. 그것이 "주위 모은 물건들과 추한 쓰레기의 합성"을 예술로 받아들이게 하는 것이다. 이것은 "가치의 붕괴"와 더불어 "자연과의 친밀한 관계", "공동체적 유대" 등을 파괴하는 결과를 가져온다. 이것이 결국은 환경 파괴를 가속화하는 데에 중요한 요인들로 작용한다. 이러한 관점에서 헤켈이 과학적이면서 심미적인 자연의 미적 형상들을 보여 준 것은 오늘날에도 중요한 의미를 갖는다고 할 수 있다. 아이비-아이비스펠트는 이렇게 주장한다.[38]

2 시메트리 — 이데아와 지각

헤켈의 생물학적 도형들이 보여 주고자 한 것은 생명체가 드러내는 심미적 형상인데, 거기에서 근본 원리가 되는 것은 대칭적 균형(시메트리, symmetry)이다. 이것은 단순히 생물 형태에서 경험적으로 구성되고 추출된 형상이 아니라 수학이나 물리학에서 정리된 개념이다. 그러면서 그것은 물질세계의 도처에서 발견된다. 다만 그것이 경험 세계에서 추상화된 것인지, 아니면 본래부터 물질(hyle)에 형상(morphe)을 부여하고 궁극적으로 이데아(eidos)의 개입을 의미하는지는 분명치 않다.

수학자 헤르만 바일의 저서 『대칭적 균형(Symmetry)』은 여러 분야에 나타나는 여러 형태의 대칭성의 개념을 전반적으로 설명하고자 하는 책이다. 결국은 수학적인 관점에서 개념의 여러 함축을 밝히려는 것이 그 주된 의도이지만, 바일의 이 책은 천체의 형태, 생명 현상 그리고 건축에 나타나는 여러 형태의 시메트리 그리고 그 심미적 효과 등에 대하여 여러 가지 중요한 관찰들을 담고 있다. 그는 시메트리를 정의하여, "시메트리는, 그 의미를 넓게 또는 좁게 정의할 수도 있으나, 오랜 세월을 거쳐서, 인간이 그것을 통하여 질서, 아름다움, 그리고 완벽함을 이해하고자 한 개념"이라고 말한다. 시메트리는 인체, 식물, 또는 물질의 세계에서 두루 발견되는 기하학적 형상이다. 그리고 그는 그것이 어디로부터 연유하는 것인가 하는 의문에 대하여, 플라톤적인 이데아에 그 근원이 있을 것이라는 점을 시사한다. 그러나 그것을 분명하게 답하지는 않는다. 그가 시사하는 것은 플라톤의 이데아가 사람의 시메트리에 대한 지각에서 드러나게 되는 한 가지 가능성일 수 있다는 것, 그리고, 복합적인 구성을 가질 수밖에 없는 인간의 지각에 개입될 때, 그것은 보다 세속적인 다른 요인들에 의하여 흐려지게 될 수 있는 것이어서 이데아는 불확실한 것이 되고 알기 어려운 것이 된다는 것이다. 그러나 세계에서 발견하는 시메트리가 경험을 넘어 초월적인 측면을 가지고 있다는 것은 인정하지 않을 수 없는 가능성이다.

그는 시메트리가 인체 조각의 아름다움에 중요한 기능을 가지고 있다는 것, 심미적인 가치가 생명 현상에 중요하다는 것을 말하고, 그 근원에 대하여 다음과 같이 묻는다.

자연이 어떤 내재적인 법칙에 따라 그 피조물이 생명체에 부여한 시메트리를 예술가가 발견하여, 자연이 부여하였지만 완성하지 못한 원형을 모사(模寫)하고 완성한 것인가? 아니면 시메트리의 심미적 가치는 별도의 독립된 근원을 가진 것인가?

질문 다음에, 바일은 답하여 말한다.

나는 플라톤과 더불어 이 두 가지에 대하여 수학적 개념이 근원이라고 생각하고 싶다. 즉 자연을 지배하는 수학 법칙이 자연에 있는 시메트리의 근원이고, 이 아이디어의 직관적 자각이 창조적 예술가의 마음에서 일어날 때 예술 안에서 그 근원이 된다. 그리고 추가하여, 밖으로 보이는 인체의 좌우 상칭(左右相稱)이 자극제가 되었다고 하여야 할 것이다.[39]

그러니까 바일의 생각은 수학의 법칙이 자연에 있고, (이것은 수학적 법칙이 반드시 자연에 대한 경험적 세계로부터 추론되고 추상화된 것이 아니라, 자연에 선행하여 이데아로서 존재한다는 말로 생각된다.) 예술가의 마음이 이것을 직관적으로 깨닫는데, 그것을 촉진하는 것은 인체의 아름다움, 그러니까 사람들에게 절로 감정적 반응을 촉발하는 인체의 아름다움이라는 것이다. 이렇게 하여, 시메트리는 감각과 직관을 통하여 작용하면서도 그것을 뒷받침하는 창조의 원리인 것이다. 이 관점에서 아름다움이 자연의 외면적 형상을 특징짓는 것은 당연하다. 그리고 그것은 사물의 공간적 균형에서 표현된다.

그러나 완전한 시메트리가 반드시 이상적 자연의 상태를 나타내는 것은 아니다. 세계의 법칙성은 거의 모든 사물로 하여금 시메트리 형태를 가지게 한다. 그러면서도 법칙을 벗어나는 우발성은 세계의 또 하나의 가능성이다. 그리하여 시메트리가 압도적인 세계에서도 에이시메트리(asymmetry), 비대칭성을 피할 수는 없다. 그리고 그것은 필요한 일이기도 하다. 이것은 특히 생명체의 경우에 그러한 것으로 보인다. 생명의 필요는 공간에서의 비대칭적 성장과 확장을 통하여 충족되는 것이기도 하기 때문이다. 다른 부분에 비하여 더 커질 필요가 있는 인체 내의 심장은 비대칭적인 나사못의 모양을 가지고 있다. 위에서 인용한 바일의 말에, 우리의 시메트리의 탐구가 인체에 의하여 자극이 된다는 것이 있었는데, 그것은 적어도 인간에게는, 이데아의 세계가 자기 충족적으로 존재하는 것이 아니라 육체의 기능 — 반드시 추상적 개념으로 환원이 될 수 있는 것이 아닌, 육체의 기능에 결부되어 있다는 것을 말하는 것이다. (육체적 사랑, 에로스(eros)의 사랑이 높은 경지의 사랑, 아가페(agape)에 이르는 데에는 몇 개의 사랑의 계단을 올라가야 한다는 르네상스의 플라톤주의자들의 생각과 비슷한 것이 여기에, 곧 육체에서 시작하여 플라톤적인 시메트리에 이른다는 생각이 여기에 있다고 할 수 있다.) 바일이 직접적으로 언급한다고 할 수는 없지만, 인간의 변화 많은 감각적 삶은 저절로 법칙의 준수를 쉽지 않게 한다고 할 수 있다. 이것도 언급되지 않는 사항이지만, 자유 의지도 이 비대칭성에 원인이 될 것으로 말할 수 있다. 바일의 관심은 전적으로 주어진 사물과 생명체의 형태에 한정되어 있어서 행동의 세계는 그의 연구의 밖에 있다. 그러나 그가 수메르, 바빌로니아, 그리고 페르시아의 건축과 장식들을 보여 주면서, 서양의 건축과 장식이,

그림 2-22 에트루스카의 벽화(Hermann Weyl, *Symmetry*, Princeton University Press, 1982)

그림 2-23 베네치아 산 마르코 성당의 아이콘(Hermann Weyl, *Symmetry*)

이 중동의 문명의 유산에 비하여, 비대칭적 요소를 포함하고, 형식을 넘어가는 힘의 작용을 보여 준다고 한 것은 행동의 영역에 관계되는 사항을 말한 것이다. 서양 전통의 첫 사례로서 도해에 나온 것은 에트루스카의 벽화이지만, 이러한 비대칭적 요소는 기독교가 들어온 다음의 그림에서도 볼 수 있다. (그림 2-22, 2-23)

138

그림 2-24 고대 그리스 소년상(Hermann Weyl, *Symmetry*)
그림 2-25 붓꽃(Hermann Weyl, *Symmetry*)

어쨌든 생명에 연결된 아름다움은 시메트리를 기본으로 하면서
도 그것에 반드시 철저하게 맞아 들어가지는 않는다. 생명은 어쩌면
무생물의 자연법칙을 역행하는 자연 현상 곧 자연의 법칙에 따르지
않을 수 없으면서, 그것에서 어긋나야 하는 자연 현상이라고 할 수 있
다. 바일의 책에 나와 있는 도해 가운데 우리에게 보다 아름답게 보이
는 것은 일정한 균형을 가지고 있으면서도, 흔히 '자연스럽다'고 말할
때의 유연성을 가진 사물들이다. 고대 희랍의 소년상이나 붓꽃(iris)
의 사진과 같은 것이 그 예이다. (그림 2-24, 2-25) 사람의 삶이 지나
치게 규칙적인 것일 수 없음을 나타내는 일화로서 바일이 들고 있는
토마스 만의 『마의 산』에 나오는 일화는, 반드시 그의 엄격한 과학적

현실과 형상

논증에 맞는 것은 아니지만, 시메트리와 그것의 너머에 존재하는 삶의 현실을 잘 설명해 준다. 이 소설의 주인공 한스 카스토르프는 산비탈에서 스키를 타다가 눈구덩이에 빠져 거의 죽을 뻔한 경험을 한다. 그때 그는 한없이 다르면서 한결같이 시메트리를 가지고 있는, 눈의 아름다움에 심취한다. 그러다가 문득 그것이 죽음을 나타낸다는 것을 깨닫는다. "완전히 대칭적이고, 차갑게 완전한 형상"의 눈이 "불길하고, 반유기체적이며, 생명 부정의 성격"을 가지고 있다는 것을 깨닫게 되는 것이다. "생명의 원리는 이 완전한 정확성에 몸서리를 치고, 그것이 죽음에 가깝다는 것을 알고 죽음의 핵심을 이룬다는 것을 안다." 그리고 주인공은 이러한 삶의 원리에 대한 깨달음과 함께, 건축이 완전한 디자인 속에 은밀하게 작은 변조를 끌어넣은 이유도 이해하게 되었다고 생각한다.[40]

9 이데아의 평화/기술(技術)의 지각현상학

1 이데아로서의 물체

위에서 말한 것들은 자연이나 인공물에서 볼 수 있는 비대칭적 요소를 말한 것인데, 이것은 말할 것도 없이 큰 구도 내에서의 작은 변조에 대해 언급한 것일 뿐이다. 수학자들은 대체로 플라톤적인 이데아의 존재를 믿고 싶어 하는 경향을 가지고 있다. 그것이 실재하는 세계인지, 물질적 세계의 법칙성을 나타내는 것인지, 아니면 논리적 사고로 구성해 내는 개념의 세계인지는 확실하지 않다. 그러나 이데아 또는 그와 비슷한 법칙 그리고 형상의 암시가 현실 세계에 비친다면, 그것은 어떻게 나타나는 것인가? 그리고 사람은 그것을 어떻게 포착할 수 있는가? 수학이 그것을 짐작하게 한다고는 하지만, 원래의 이데아가 형상의 성격을 가졌다면, 그것은 시각적으로 또는 일상적 인간의 지각 속에 포착되는 것이라고 할 수 있다. 동굴의 어둠 속에 있는 것이 인간이라고 하더라도, 이데아의 모습은 시각적 또는 지각적 현존성을 가졌거나 그것을 암시할 가능성이 있다. 나는 몇 년 전에 시카고 대학의 물리학 교수, 시드니 R. 네이겔 교수를 만나서 이야기를 나누고 그의 논문, 「그림자와 무상(無常)의 존재(Shadows and Ephemera)」를 넘겨받은 일이 있다. 엎질러진 물의 물리학과 같은, 일상적인 사건의 물리학적 해명에 관심을 많이 가진 것으로 알려진 네이겔 교수의 이 논문은 짤막한 것이면서도, 이러한 문제에 대한 귀중한 통찰을 담고 있다. 그는 우리가 순수화된 이념으로 생각하는 것과 같은 것이 실제로 우리의 나날의 삶에 일어나고 있고 그것은 사진 기술과 같은 것으로 포착될 수 있다는 것을 말한다.

앞에서 수학자가 플라톤주의자라고 말했지만(가령, 영국의 수리물리학자 로저 펜로스(Roger Penrose)와 같은 사람이 그렇게 쓴 일이 있다.), 네이겔 교수는 대부분의 물리학자는 플라톤주의자라고 말한다. 플라톤주의는 흔히 물질세계를 지배하는 법칙이 보편성을 가지고 있다는 사실을 두고 하는 이야기가 되지만, 그의 생각으로는 "보편성의 이념은 물체와 물체 사이의 상호 작용을 지배하는 법칙이 아니라 물체 자체에 해당시킬 수 있다."[41] 가령, 우리가 눈으로 볼 수도 없고, 감각으로 확인할 수도 없지만, 전자(electron)와 같은 것은 틀림없이 존재하

141   현실과 형상

는 입자이다. 우리의 집의 전깃줄 속을 달리고 있는 전자는 원자를 에워싸고 있고 화학 접합(chemical bonding)에 끼어들어 세계를 하나로 묶어 놓는 기초가 된다. 그것은 순수한 플라톤적인 형상(form)을 가지고 있다. 전자는 모두 같은 전하(電荷), 질량, 스핀(spin)을 가지고 있다. 그것은 서로 구분될 수가 없다. 전자의 존재를 알아보는 것은, 물론 여러 기구를 통하여 간접적인 방법으로 확인하는 일이 된다. 이것을 네이겔 교수는 플라톤이 동굴에서 그림자를 보면서 그 뒤에 보이지 않는 실재를 짐작하는 일에 비교하고 있다.

그러나 플라톤적인 불변의 세계가 간접적으로 짐작되는 것만은 아니다. 가령, 공을 던졌을 때 또는 공이 아니라도 공중으로 던져진 물체가 그리는 곡선은 보편적인 것으로 확정할 수 있는 포물선을 그린다. 공이 그리는 포물선은 물체가 아니라 동역학이 만들어 내는 "우아하고 보편적인 형상(elegant and universal forms)"이다. 물론 이것은 고속 카메라로 촬영하여 포착하여야 한다.

여기에 언급하고 있는 논문의 주제는 그에 비슷한 글리세린 그리고 물방울의 모양이다.(그림 2-26) 액체의 방울이 꼭지에서 떨어질 때, 거기에서 떨어지는 물방울은 늘 같은 모양을 지닌다고 네이겔 교수는 말한다. 늘 같은 플라톤적인 형태가 된다. 꼭지에서 떨어지는 액체 방울의 모양은, 던져진 공과 마찬가지로, 상황의 역학으로 정해진다. 그러나 동시에 그것은 물체 자체이다. 그리고 이 물체는 모든 액체의 방울에 해당하는 보편적인 형태를 갖는다. 방울의 크기는 중력과 표면 장력의 긴장으로 결정된다. 그런데 보편적인 형태의 방울은 방울이 되기 직전의 액체의 줄기의 크기에 관계된다. 길게 늘어지는

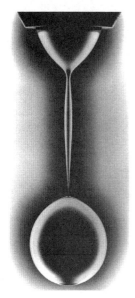

그림 2-26　글리세린 방울(A drop of glycerol)(Sidney R. Nagel, *Shadows and Ephemera*)

줄기는 꼭지에 관계없이 영(零)에 가까워질 때까지 작아진다. 이 모습도 보편적인 것이다. 이 줄기가 영에 가까워지면서, 방울이 생긴다. 이렇게 떨어져 나오는 방울의 모양은 확연하고 보편적이다. 그리하여 드러난 것은 단순히 액체 방울의 모습이 아니라, "철저하게 세상 속에 존재하는 물체의 주변에 있는 보편적인 행위(작용)의 구역이다." 그리고 카메라에 잡힌 이 모든 것은 "우아하고 초연하게 평온한 것"으로 보인다.[42] 사람의 지각에 플라톤적인 이데아가 포착된 것이다. 그런데 이 지각은 플라톤적인 피안 세계의 모습을 직접적으로 접하는 것이면서, 사람의 주관적 기능, 마음을 포함한 주관적 기능에 이어져 있다.

　　　　　　　　　　　　　　　　　　현실과 형상

그림 2-27 Sidney R. Nagel, *Shadows and Ephemera*

그림 2-28 설원기, 「겨울나무」, 『설원기 미술 세계』(ⓒ 설원기, 2014)

네이겔 교수도 플라톤적 우아한 형상의 배경에 있는 마음의 움직임이 그 심미성을 보강해 주는 것으로 생각하는 것으로 보인다. 카메라에 잡힌 액체 방울의 모양을 보편적 형상으로 알아본다는 것은 심리적으로 비슷한 실험의 반복을 상정했다는 것이다. (말하자면, 형상의 변조를 시도하면서 형상의 직관에 이르는 것이다.) 스케일을 달리하여 비교된 여러 방울이 그 배경에 있다. 중복되는 크고 작은 모양이 일정한 질서를 시사하는 것이다. 그리하여 거기에 시메트리가 있음이 감지되는 것이다. 네이겔 교수가 글리세린 방울에 이어서 다른 시메트리의 예를 드는 것은 이러한 무의식적 비교를 상정하기 때문이라 할 수 있다. (이 시메트리는 액체 방울의 시메트리이고 마음에 어른거리는 다른 액체 방울들 사이에 존재하는 상사성[相似性]이다.)

세계의 아름다움을 보여 주는 중요한 예의 하나는 프랙털(차원 분열 도형[次元分裂圖形])이다. 뛰어난 사진작가이기도 한 네이겔 교수는 잎 떨어진 겨울나무의 사진을 논문에 싣고 있다. (그림 2-27) 그러한 나무가 — 특히 그것이 햇빛에 의하여 흰 벽에 투사될 때 — 특이한 아름다움을 가지고 있다는 것은 나도 감지하는 경우가 있었지만, 그것이 프랙털의 정형성(定形性)을 가지고 있다는 것을 알았을 때, 그것이 더 신묘한 것임을 알게 되었다. 겨울나무의 나뭇동과 큰 가지들 그리고 큰 가지에서 다시 뻗어 난 잔가지들이 반복되는 프랙털의 모습을 드러내는 것이다. 만델브로트의 발견이 화제가 되기 전에 그려진 잭슨 폴록(Jackson Pollock)의 소위 '드립 페인팅(drip painting)'에서 프랙털의 디자인이 보인다는 것도 논의된 바 있다.[43] (그리고 이러한 과학과 회화와의 연결은 회화의 진정성을 평가하는 데 척도가 될 수 있다는 제안도 등장하였다.) 또 하나의 증거로서 지금의 이 글에는 한국 화가의 묵화의 사진을 실었다. 이것은 이곳의 이웃 인사동 화랑에서 열렸다가 바로 며칠 전에 막을 내린 개인전에서 취한 것이다.(그림 2-28)

프랙털이 아니더라도, 네이젤 교수는 일상생활에서 볼 수 있는 심미적 현상들에 대한 관심을 가지고 있다. 이 논문에는 물과 기름이 섞일 때 두 액체의 경계에 생기는 표면의 여러 모습에 대한 사진이 있다. 그것은 완전히 정형적이지는 않으면서도 일정한 미학적 형태를 드러낸다. 여러 가지로 다른 형상을 보여 주는 이 형태들은 어떤 원형의 여러 변조를 생각하게 한다.

2 카메라의 눈 — 지각의 조정

그런데 이러한 것들과 관련하여 생각하게 되는 것은 시각의 문제이다. 시각이 어떻게 영구적인 형상을 볼 수 있는가? 그것을 위하여 시각은 어떤 상황에 있어야 하는가? 이것은 과학뿐만 아니라 예술의 현실 재현의 문제에 중요한 관련을 가진 문제일 수 있다. 물질세계의 여러 형상이 보이는 것은 눈이 그것에 주목하기 때문이다. 그런데 앞에 거론한 형상들은 높은 수준의 사진술을 가진 사람이 고속 카메라로 물질 과정의 한 순간을 포착한 것이다. 널리 보면, 그것은 과학에서나 예술에서나 현실을 보는 시각을 조정하는 일의 일부가 된다고 할 수 있다. 플라톤적 형태의 물체와 원형적 작용의 설명에 덧붙여, 사물의 형상을 드러내는 매개체로서의 카메라의 기능은 어떻게 생각하여야 할 것인가? 여기의 영상들은 육안으로 본 것들이 아니다. 카메라는 위에서도 잠깐 실험 기구와 비슷하게 사실을 탐색하는 도구로서 설명했지만, 글리세린이나 물방울이나 줄기를 점적(點滴)의 순간에 잡은 카메라를 믿을 수 있는 것일까? 어찌하여 카메라가 포착한, 눈으로 볼 수 없는 것을 사실의 참모습을 보여 준다고 생각하는 것일까?

네이겔은 이 문제와 관련하여, 발터 벤야민의 「기술 복사 시대의 예술」로부터의 인용을 주석에 부치고 있다. 인용에서 벤야민은 "스냅 사진은 눈으로도 본 것을 더 정밀하게 하는 것이 아니라, 전적으로 새로운 사안(事案)의 구조적 형성을 드러낸다"라고 하고, 또 "육안에 열리는 것과는 다른 자연이 카메라에 열리는 것이다. 그것은 무의식적으로 침투해 간 공간이 사람이 의식적으로 탐색하는 공간을 대체하는 때문일 수 있다"라고도 한다.[44] 이것은 카메라만이 아니라 육안의 시각 그리고 실험 기구 등이 들추어내는 현실에 두루 해당된다. 벤야민의 말은 보는 현상은 시각의 장치에 따라 모두 다른 것일 수 있다고 하고, 다른 시각의 방법이 다른 실재의 모습을 드러내는 것이라고 말하는 것이다. 사물을 접근하는 이 다른 방법들에는 육안, 시각 보조기 — 가령 색안경, 돋보기 그리고 실험 기구 — 엑스레이, 전자파, 시약 등등이 있을 수 있는데, 문제는 어떤 눈과 기구로 본 것이 참으로 진실에 가까이 간다고 할 수 있는 것인가 하는 것이다.

가령 믿을 만한 것이 아니라 나쁜 카메라라면, 그것이 보여 주는 형상들을 어떻게 평가할 것인가? 이 문제에 대한 답이 쉬운 것일 수는 없다. 카메라의 정확도에 대한 평가에는 그 제작과 평가의 오랜 전통에서 나오는 기준이 있을 것이다. 그 기준에서는 결국 눈으로 보는 것을 세부까지 드러내 보여 주는 선명도도 중요할 것이다. 그리고 이

현실과 형상

그림 2-29 이윤진, 「도시 간(間)」(ⓒ 이윤진, 2014 / 갤러리현대 제공)

선명도의 기준에는 카메라 렌즈, 눈, 광선, 셔터의 속도 등의 상호 관계에 대한 과학적 그리고 기술적 이론들이 개입될 것이다. 그러나 동시에 사물의 전체를 파악하는 것이 중요하다고 하는 경우, 세부의 선명도는 중요한 것이 아닐 수도 있다. 그 경우 그에 따르는 기술적 문제들이 별도로 궁리되어야 할 것이다. 여기에서 중요한 것은 전체적인 의도와 그것을 현실화하는 기술의 문제이다. 과학 연구에서 특정한 사안에 대한 시험은, 그에 집중되는 기술적 주의 외에 이 집중을 결정하는 큰 이론에 의하여 뒷받침되어야 한다. 벤야민의 말 가운데, "전적으로 새로운 사안의 구조적 형성"이라는 것은 사실과 그것을 결정하는 구조적 테두리를 말한 것으로 해석할 수 있다. 결국은 틀이 문제인 것이다. 시각의 조건은, 시각 기구의 정밀도에 못지않게, 큰 틀에 의하여 결정된다.

이 틀은, 그림의 경우를 생각해 보면, 데리다가 말할 때의 그림의 틀과 같다고 할 수 있다. 즉 그것은 현물로서의 틀 이외에 그림의 전통, 그리고 그림이라는 전제가 요구하는 여러 요건들을 말한다. 그림의 가장 큰 전제는 그것이 삼차원의 세계를 이차원으로 옮긴다는 것이라 할 수 있다. 미학적 문제를 떠나서 말한다면, 이것은 현실의 어떤 부분을 억제하는 것이면서 현실을 더욱 잘 볼 수 있게 하는 조작(operation)이다. 이차원으로의 환원은 사물들의 공간적 관계를 일정하게 한정된 공간으로 이동함으로써 사물들의 관계를 보다 쉽게 파악할 수 있게 한다. 이것은, 우리가 일상적으로 경험하는 일로, 삼차원의 공간을 유리창의 틀을 통해서 풍경을 볼 때 같은 인식의 변화가 일어나는 것으로도 추측할 수 있는 일이다. (그림 2-29) (개념적 파악은 이러한 단순화 곧 삼차원의 이차원 환원과 비슷한 단순화를 요구하는 것으로 보인다. 지도나 공중 촬영 사진은 바로 그 목적으로 위한 현실 변형이다.) 그러면서 이차원의 재현은 삼차원을 암시할 수 있다. 원근법이나 사물이나 풍경에 가해지는 음영(陰影)은 그러한 효과를 낸다. 이차원은 지적 인지 이외에 다른 효과를 가질 수 있다. 일본의 우키요에(浮世畵)의 효과 그리고 그 영향을 받은 인상파의 그림은 이차원을 두드러지게 함으로써 심미적 호소력을 높인 회화의 스타일이다. 윤곽을 없애고 색채만을 두드러지게 하는 어떤 회화도 — 가령 표현주의의 여러 작품도 — 단순화의 감각적 호소력의 고양을 의도한다고 할 수 있다. 비슷한 틀은 시나 소설에도 해당된다. 많은 문학의 연구는 대체로 이것을 밝히는 일에서 멀지 않다고 할 수 있다. 아리스토텔레스 이후의 서사의 규칙에 대한 연구, 또는 20세기에 번창한 서사학(Narratology)의 연구, 또는 에른스트 로베르트 쿠르티우스의 유럽 문학의 전통에 관한 연구로 하여 유명해진 문학의 주제와 서사적 전개에 있어서의 토포이(topoi)의 기능에 대한 연구 등은 모두 문학을 구성하는 규칙을 밝히려는 노력이다. 음악이 음계의 기본으로부터 음조의 선택이나 주제의 전개에 이르기까지 전통과 관습 그리고 일정한 음악의 규칙에 의존한다는 것은 말할 필요도 없다. 그러면서도 이 모든 틀과 규칙이 반드시 의식적으로 이용되는 것은 아니다.

놀라운 것은 그것이 구조적 투명성에 대한 직접적인 직관으로 또는 에피파니로 현현(顯現)한다는 것이다. 그것은 카메라로 포착된 글리세린이나 물방울의 점적의 순간에 플라톤적인 형상이 드러나는 것에 비교할 수 있다. 형상적 구조는 추론되고 구성되기도 하지만, 지각과 사고에 직관적으로 나타난다. 우리는 이와 관련하여 보는 자의 태도를 조정하여 사물 자체(Sachen selbst)의 직관에 이를 수 있다는 현상학적 인식론을 생각할 수 있다.

3 세계 안의 안거(安居)

지금까지의 논의는 플라톤적 이데아처럼 분명해지는 사물 ── 구체적인 물체와 그 형태 그리고 그것의 법칙적 명증성을 네이겔 교수의 액체 방울에 관한 짧은 에세이를 따라서 생각해 보면서, 조금 샛길에 들었던 것이다. 네이겔 교수의 글은 매우 시적인 감상을 적는 것으로 끝난다. 그것은 일상의 삶 속에서도 발견되는 플라톤적 이데아의 사건이 어떻게 삶의 위안이 될 수 있는가를 말해 준다. 그는 먼저 산과, 협곡과 사막과 바다, 자연의 풍경이 얼마나 정신적 위안을 줄 수 있는가를 말한다. 말할 것도 없이 자연은 사람의 마음에 큰 위안의 근원이다. 공간 자체가 우리에게 위안을 준다. 그리고 그것에 드러나는 ── 그러니까 비어 있는 공간에 다시 사물들이 일정한 질서를 구성하는 공간이 될 때의 ── 사물들은 더욱 우리에게 위안이 되고 초월적인 평화를 엿볼 수 있게 한다. 자연의 한 의미는, 다른 여러 가지가 있다고 하여야겠지만, 이러한 것에 대한 체험을 준다는 데에서 찾아질 수 있다. 자연의 위안을 말하기 위하여 네이겔 교수가 인용하고 있는 미국의 소설가이며 환경주의자인 윌리스 스테그너(Wallace Stegner)의 사람이 손대지 않은 자연에 대한 말을 여기에 재인용한다.

십 년 동안 내내 거기에 발을 들여놓지 않았다고 하더라도, 그것[그 자연]이 거기에 있다는 것을 아는 것은 우리의 정신적 건강을 위해서 좋은 일이다. …… 늙은 사람에게 그것이 거기에 있다는 사실, 비록 생각 속에서만 있는 것이라고 하더라도, 거기에 있다는 사실 그것이 중요하다."[45]

그러나 네이겔 교수는 이러한 큰 자연 현상에 못지않게 작은 자연의 사물들에 감동한다고 말한다. 결국 큰 자연의 구조물을 형성하는 힘이 작은 형상들도 만들어 내는 것이다. 나아가 이 형상들은 작은 사물에서 그 담박함과 우아함을 더 분명하게 드러내 보인다. 그것은 우리가 느끼는 일상생활의 초조함을 순화하여 준다. "꼭지가 잠기지 않아서 밤중에 물이 새고 그로 인하여 잠을 이루기 어려울 때, 물방울 하나하나가 떨어지면서 일어나고 있는 경이로운 과정을 생각하면, 우리의 초조한 마음이 누그러든다. 속절없이 허망한 물방울에서 우리는 보편적 형상 곧 느낌과 우아함이 가득한 형상을 넘겨보는 것이다."[46] 네이겔 교수는 작은 것들의 형상에서 얻는 행복을 이렇게 설명한다.

10 회의적인 결론: 들녘의 길/동물의 왕

네이겔 교수의 말이 틀리다고 할 수는 없지만, 작은 것들보다는 사람이 보다 큰 자연에서 더 강하게 작은 아름다움을 넘어 숭고한 아름다움을 느끼는 것은 사실이다. 아름다움과 숭고미는 별개의 것이 아니다. 하나는 다른 하나의 전체적 규율의 장을 말한다. 수도꼭지의 물은 아니지만, 작은 것들로서 꽃이나 나무의 아름다움 또는 아름다울 수도 있고 두려울 수도 있는 동물의 위엄을 접할 수 있는 것은 큰 자연이 유지됨으로써이다. 작은 것들도 큰 자연 속에 포함되어야 아름답다. 물방울 또는 방산충의 생김새에서 아기자기한 형상적 아름다움을 발견하는 것도 중요한 일이지만, 더 중요한 것은 그것이 자연에 수용된다는 것이다.

그것이 어찌 되었든, 사람은 세계에서 시메트리와 형상을 발견하고 또 만들어 낸다. 자연은 인간의 왜소함을 보여 주는 거대함을 가진 것이면서도 큰 위안의 근본이 된다. 또 다른 위안은 사람이 발견하고 만들어 내는 작은 도안의 장식이고 거주 공간이다. 또 조금 더 크게 그것은 건축이고 공원이 된다. 거기에는 공간적 기획이 있다. 그것은 일단 앞에서 말한바 칸트의 성찰적 이성의 판단이 구성하거나 그로부터 인지되는 것이다. 그리고 더 나아가 그것은 우주론적인 확정적 판단과 합리성에 거두어들여질 수도 있다. 그러나 이러한 것들은 시적인 접근 곧 이성적이면서 감성적인 접근에서 보다 쉽게 느낄 수 있다.(하이데거가 즐겨 쓰는 말로 사람은 "시적으로 거주한다.") 시적인 순간은 작은 것이 큰 것을 비추는 순간이다.

어떤 종류의 자연 공간 그리고 그 안에 위치한 인간의 삶은 하이데거가 강조하는 바와 같이, 존재의 열림과 그 숭엄한 진리를 넘겨볼 수 있게 하는 공간이다. 이 전체에 대한 느낌이야말로 삶의 전체를 포용하는 체험을 가능하게 한다. 그것은 자연을 넘어 다시 근원적 정신 세계를 암시한다. 이에 대하여 작은 시메트리는, 인공적인 것이든 자연에서 발견되는 것이든, 오히려 혐오감을 일으킬 수도 있다. 자신의 몸에 지나치게 장신구를 많이 붙인 것을 보고 사람들은 아름다움이나 고양감을 느끼기보다는 야만이나 미숙 또는 퇴폐를 느끼는 경우도 있다. 앞에서 인용한, 헤켈의 책에 평문을 쓴 아이비-아이비스펠트는 동물행태학자로서 자연에서 발견되는 시메트리 곧 동물이 보여 주는 시메트리는 당초에 적에게 경고를 주는 신호였다는 것을 지적하고 있다. 한 수리물리학자가 쓴 대중 과학서는 시메트리에 대한 인간의 민감성이 생물학적 근원을 가진 것으로 말하면서, 그것이 살아 있는 동물과 죽은 자연을 식별하는 데에 중요한 기능을 한다는 사실에 연결시킨다. 숲에서 맹수를 알아보는 간단한 방법은 좌우의 시메트리를 보여 주는 사물에 주의하는 것이다. 동물의 눈은 좌우 균형을 이루고 있기 때문이다.[47] 일반적으로 이것은 사람이 시메트리에 주의하는 하나의 동기라고 할 것이다. 이러한 관점에서라도 사람이 작은 시메트리의 아름다움을 넘어 넓은 공간의 숭엄한 질서를 존재의 기초로 느끼는 것은 당연하다. 그리고 인간은 이 공간이 시사하는 질서를 보다 정연한 것으로 바꾸고자 한다. 그러나 지나친 정연함은 그것대로 소외감을 일으킨다. 인간의 거주의 공간이나 그에 적합한 자연의 계획은 매우 모호한 균형 속에 존재한다.

위에서 본 바와 같이 하이데거의 예술관은 자연 그리고 그것의 정신적 근원에 대한 그 나름의 이해에서 나온다. 또는 예술의 교훈은 그러한 자연과 그 정신적 바탕에 대한 깨우침에 있다. 예술 작품은 그에게 자연을 토대로 한 작업의 일부이다. 이 관계를 가장 분명하게 알게 하는 것은 건축이다. 그의 「짓기 살기 생각하기(*Bauen Wohnen Denken*)」는 다시 한 번 이것을 확인하는 글이다. 건축에 대한 그의 견해를 잠깐 살펴보는 것은 인공적 조형과 삶의 환경의 관계를 생각하는 데에 도움이 될 수 있다. '집을 짓는다'는 것은 '거주할 자리를 마련한다,' '터를 잡는다', 또는 '산다'는 것을 뜻한다. 독일어로 말하여, '집을 짓는다(bauen)'는 '거주한다(wohnen)'와 어원적으로 거의 같은 뜻을 가지고 있다고 한다. (방금 번역한 것처럼, 우리말에서, "효자동에 삽니다."라고 할 때의 '주소를 가진다'는 것은 삶 자체를 의미한다고 할 수 있다.) 하이데거는 어원적으로 '바우엔'은 '아끼고', '보존하고', '돌보고', '땅을 갈고', '포도나무를 기른다'는 뜻을 가진 말이라고 한다. (우리말의 '짓다'는 집을 짓는다는 말이기도 하고, '농사짓다'에서 보듯이 식물을 기른다는 말이기도 하다.) 하이데거에게 짓는다는 것은 사람이 땅 위에서 사는 것 전부를 의미한다. 농부의 구두가 그의 삶의 환경 전체를 표현하듯이, 지음은 자연의 모든 것을 종합함으로써 가능하여진다. 하이데거는 지음은 네 가지 삶의 조건을 종합하는 행위라고 한다. 이 네 가지는 땅과 하늘과 신적인 것과 인간(죽음의 존재로서의 인간, die Sterblichen)이다. 이것을 그는 "네 개의 축(das Geviert)"이라고 부른다.

한 가지 주목할 것은, 사람을 통해서 존재가 진리로서 드러나듯이, 이 네 가지 것은 인간을 통해서 하나가 된다는 사실이다. 하이데거가 드는 가장 편리한 예는 사람이 짓는 다리이다. 강물로 나뉘고 따로 있는 두 기슭이 다리를 놓음으로써 이어지고 따로 있던 땅들이 하나의 구역을 이룬다.

어떻게 위에 말한 네 가지 것이 하나가 되는가는 더 자세한 설명을 요하지만, 인공적으로 만들어지는 집이 어떻게 삶의 터전이 되는

가 하는 데 대하여 그가 가졌던 생각은 그가 자주 찾아가고 또 집을
가지고 있던 독일 남부 슈바르츠발트의 농가의 묘사에서 느껴 볼 수
있다. "물건"이란 그의 생각에 땅의 여러 요소들을 합하여 만들어지
는 것인데, 이 토지와 인간의 삶과 이 집의 일체성은 예술 작품을 포
함하여 모든 인공 조형물에 해당된다고 할 수 있다. 그는 '집에 산다
는 것'을 설명하면서, 한 농가를 말한다.

> 짓는다는 것의 본질은 삶을 허용한다는 것이다.(Das Wesen des
> Bauens ist Wohnen lassen.) 짓는 것을 완성하는 것은 그 공간들을 합침으
> 로써 거소들(Orte)을 세우는 것이다. 거주하는 삶이 가능할 때, 비로소
> 지을 수 있다. 잠깐 동안 이백 년 전에 농사하며 거주하는 삶이 지은 슈
> 바르츠발트의 농가를 생각해 보자. 땅과 하늘과 신성과 죽어 갈 자를 하
> 나로 하여 사물이 되게 할 수 있는 힘의 뜨거움이 이 집을 세우고 정당
> 한 것이 되게 하였다. 그 힘이 두 초원 사이, 바람 없는 남향의 언덕, 샘
> 물 가까운 곳에 농가를 세웠다. 아래로 널따랗게 내려 쳐진 죽데기의 지
> 붕은 그 알맞은 경사면으로 눈을 견디어 내고, 아래의 방들을 긴 겨울의
> 밤의 바람으로부터 지켜 낸다. 그 건축의 힘은 식구들이 함께하는 식탁
> 뒤로 신을 모시는 신단(神壇)을 잊지 않았다. 그리고 그것은 아이들의 침
> 대와 통나무의 관(棺)을 놓아 둘 성스러운 공간을 내어 놓았다. 그럼으
> 로써 여러 다른 세대의 사람들이 가는 삶의 길을 한 지붕 아래 각인하였
> 다. 땅에 거주하며 사는 데에서 나온 공인 기술이 지금도 쓸모 있는 공구
> 로서 그 농가를 지었던 것이다.[48]

건축에 대한 하이데거의 이론도 그렇지만, 이러한 농가 곧 인간 존재의 바탕의 모든 것에 일체적으로 이어진 농가의 소묘는 한 편의 전원시이다. 바로 그 때문에 그것은 오늘의 산업 사회의 현실에서 너무나 멀다고 하지 않을 수 없다. 하이데거 자신이 이것을 의식하지 않는 것은 아니다. 그가 말하고 있는 것은 현대 이전의 시대에 집이 무엇을 뜻하였던가를 설명한 것인데, wohnen을 알지 않고는 bauen을 이해할 수 없다. 그리하여 오늘날에 있어서는 그것을 "생각하는 것" 만으로도, 곧 건축을 물음의 대상으로 삼는다는 것만으로도 얻어지는 것은 있을 것이라고 그는 말한다. 그리고 사실 "생각한다는 것"은 다른 요건들이나 마찬가지로 참다운 건축의 요인이다. 삶의 의미에 대한 생각이 없는 건축이 참다운 건축이 될 수는 없다.

생각해 본다는 관점에서라도, 건축과 존재의 관계, 그리고 예술을 포함하여 일체의 인공적 조형물에 대한 하이데거의 생각은 이상적 지표로서 중요한 의의를 가지고 있다. 문제는, 다시 말하여, 이것이 오늘의 현실에서 어떻게 하여 변형 적용될 수 있느냐 하는 것이다. 적어도 그것은 오늘의 거주의 양식이나 삶의 스타일이 인간 존재의 깊은 진실에 맞아 들어갈 수 없다는 경고를 주는 효과는 있다고 할 것이다. 산업 문명의 인공적 건조물로 덮인 도시 공간이 보다 행복한 삶을 위한 공간이 되기는 어렵다는 사실은 많은 사람들이 깨닫고 있는 사실이다. (지상에 산다는 것 그리고 거기에 집을 짓는다는 것이, 거주도 아니고, 건축도 아니고 부동산이 되어 버린 우리에게 이것은 더욱 절실한 깨달음이 되어 마땅할 것이다.)

앞에서 우리는 아이비-아이비스펠트가 "주워 모은 물건들과 추한 쓰레기의 합성"을 예술이라고 하는 새로운 예술의 흐름을 비판적으로 말한 것에 대하여 언급하였다. 그는 이것은 결국 가치와 공동체의 파괴에 이어진다고 말한다. 마음을 만드는 것은 책이나 교사의 가르침보다도 거주하고 있는 환경이다. 인공적 환경은 거기에서 오는 스트레스로 하여, 잡된 것들의 예술과 비슷한 예술과 오락을 번창하게 한다. 이것에 대하여 자연을 삶의 공간으로 편입하자는 운동이 퍼지는 것은 자연스럽다. 일찍부터 공원을 더 많이 짓는 것이 도시 환경을 개선한다는 것인데, 그 생각에 입각한 시민운동도 있다. 그러나 그러한 움직임이 인간의 거주가 가지고 있는 삶 — 자연과의 조화 속에 유지되는 인간의 삶의 문제를 완전히 해결해 주지는 않는다는 것도 상기할 필요가 있다. 존재론적 근원을 상실한 인공물의 문제에 대하여 근원의 회복은 필요한 일이다. 그러나 다른 한편으로 어떠한 대책도 이미 자연을 침범하는 일이고 존재론적 진리를 왜곡하는 일이 될 수 있다는, 보다 부정적인 관점도 의식하지 않을 수 없는 것이 오늘의 상황인 것으로 보이기도 한다. 많은 유토피아의 계획은 삶의 공간을 정비하는 것으로 귀착한다. 그러나 그러한 실험의 효과가 성공한 예는 별로 많지 않다고 하는 것이 옳다.

물론 도시의 문제를 해결하는 한 방법은 보다 합리적인 계획으로 문제점들을 바로잡아 나가는 것이다. 즉 보다 철저한 합리화가 필요하다고 할 수 있다. 그러나 그것이 잠정적인 답은 된다고 하겠지만, 영원한 답이 되지는 않는다. 인간이 위의 건축론을 펼치면서 필요한 것은 생각이고 "오랜 경험과 쉼 없는 연습의 공정"이다.(생각과 건축의 계획은 "die Werkstatt einer langen Erfahrung und unablüssigen

Übung"에서 나와야 한다.) 이 공정은 삶의 과정 전체를 포함한다. 그러나 오늘날 너무 쉬운 기획은 문제를 만들어 내기 쉽다. 더 많은 기획 그리고 계획은 더 많은 문제를 만들어 낸다.

이 연장선상에서는 더 극단적으로 말하여, 하이데거의 자연 속의 거주도 문제를 가질 수 있다. 그것도 다분히 역사의 한 삽화를 말할 뿐이다. 그리고 그것은 오늘날 다시 얄팍한 계획의 동기가 될 수 있다. 더 적절한 것은 위에서 네이겔 교수가 언급한 스테그너가 말하고 있는, 사람이 손대지 않은 자연 곧 영어의 wilderness가 가리키는 자연 또는 황무지인지 모른다. 나는 자연과 인간의 관계를 말하면서, 학생들에게 사람이 소가죽의 구두를 신는 것과 비슷하게, 소가 사람 가죽의 신발을 신고 다니는 것을 상상해 보면 어떨까 하는 농담을 한 일이 있다. 너무 심한 농담이지만, 이 글의 서두에서 말한 바와 같이, 사람은 동물 중에 왕이다. 하이데거는 고호의 구두 또는 농촌 여성의 구두가 자연의 일부라는 것을 강조하지만, 문제의 구두가 가죽 구두라는 것, 가죽은 죽은 소에서 나온다는 것을 말하지는 않았다. 가죽 구두를 신는 것은 동물의 왕으로서의 인간의 운명이다. 그러면서도 그것이 문제적인 상황이라는 것도 틀림이 없다. 이러한 조건과 상황이 가지고 있는 문제와 모순은 계속 고민하는 도리밖에 없다.

사유란
무엇인가

철학과 삶

김상환

서울대학교 철학과 교수

사유란 무엇인가? 왜냐하면 생각은 다른 존재자와 구별되는 인간 고유의 능력으로 간주되어 왔기 때문이다. 사유란 무엇인가? 왜냐하면 생각한다는 것은 철학의 고유한 과제이자 철학의 위대한 성취로 설정되어 왔기 때문이다. 과연 생각한다는 것이 무엇인지 모르면서 우리는 사람을 제대로 안다고 할 수 없을 것이다. 사유한다는 것이 무엇인지 모르면서 우리는 도대체 학문이 무엇인지, 철학이 무엇인지 결코 안다고 할 수 없는 노릇이다.

하이데거의 문제 제기 사유란 무엇인가? 사실 이것은 1950년대 초 하이데거가 두 학기에 걸쳐 개설했던 유명한 강의 제목이기도 하다. 이 강의에는 다음과 같은 충격적인 말이 여러 차례 반복된다. "생각거리가 많은 우리 시대에 가장 커다란 생각거리를 던져 주는 것은 우리가 아직 생각하지 않고 있다는 사실이다."[1] 이때의 '우리'는 과학 기술 문명에 힘입어 지구에 군림하는 20세기의 서양인이다. 하이데거의 관점에서 서양인은 아직 사유하지 않고 있다. 사유하지 않을 뿐만 아니라 아직 사유가 무엇인지 모르고 있다. 돌은 생각하지 않는다. 개는 생각이 무엇인지 모른다. 20세기의 서양인이 아직 사유하지 않고 있다면, 돌이나 개처럼 그렇다는 것은 아니다. 다만 생각하되 참된 의미의 생각에 미치지 못했다는 것이다.

하이데거는 이렇게 설명한다. 과학과 기술은 사유하지 않는다. 다만 계산하는 것으로 그칠 뿐이다. 과학 기술 문명의 배후에 있는 형이상학(서양철학)도 마찬가지다. 형이상학의 역사를 장식하는 수많은 성찰, 회의, 자각의 경험에도 불구하고 형이상학은 사물을 다만 대상화하거나 재현-표상하는 데 머물러 있을 뿐이다. 형이상학은 아직 참되게 사유해야 할 장소를 놓치고 있다. 이는 그것의 유래가 존재 망각에 있기 때문이다.(이때 형이상학이란 감성적인 것을 낮추고 초감성적인 것을 높이는 태도 일반을 가리킨다.) 이제까지 서양인의 삶을 조형해 온 형이상학적 사유는 존재 사유와 멀어지면서 시작된 사유, 따라서 본래적이지 않은 사유다.

서양에서는 니체를 이어서 하이데거가, 그리고 하이데거를 이어서 다시 데리다가 2500년의 서양적 사유의 전통을 어떤 바깥의 관점에서 객체화하고자 했다. 사유에 대한 물음은 이런 해체론적 객체화를 선도하는 위치에 있다. 사유란 무엇인가? 서양적 사유의 유래와 본성은 무엇이고, 그것의 한계는 어디에 있는가? 그리고 그 한계 너머에서, 다시 말해서 철학의 동쪽에서 펼쳐질 수 있는 사유는 무엇인가? 서양적 사유의 테두리를 대상으로 하는 해체론적 물음은 결국 사유의 동과 서를 탐사하는 지리-철학적 물음으로 귀착된다. 그렇다면 해체론의 이런 지리-철학적 문제 제기로부터 우리가 배워야 하는 것은 무엇인가? 그것은 무엇보다 서양적 사유와 구별되는 동아시아적 사유의 고유한 특성에 대한 관심이어야 할 것이다. 동아시아적 사유의 유래는 어디에 있으며, 그 논리-형식적 특성은 어디에 있는가?

이런 지리-철학적 물음은 마지막에 이르러 한국적 사유의 이미지를 재구성하는 데까지 나아가야 할 것이다. 서양적 사유만이 아니라 중국적 사유와 구별되는 한국적 사유의 정체성은 어떻게 그려 볼 수 있는가? 우리에게는 한국적 사유라 할 만한 어떤 것이 과연 있기나 한 것인가? 한국의 인문학, 그리고 무엇보다 철학에 대해 이보다 더 중요한 물음은 없을 것이다. 하지만 해체론적 자기 질문의 전통이 미약했던 우리에게 이런 문제는 아직 요원한 것으로 남아 있다. 그 물음의 범위가 어디까지 미칠지, 어떤 높이의 산맥에 의해 한정될 수 있을지 짐작조차 하지 못하는 실정이다. 우리는 이런 물음에 답할 수 있는 역량은커녕 이 물음을 제기하거나 한정하는 방법에서마저 준비해 놓은 것이 거의 없는 것처럼 보인다.[2]

사정이 이럴 때는 괜찮은 사례를 들여다보는 수밖에, 그러면서 따라 해 보는 수밖에 없을 것이다. 그러므로 다시 하이데거의 강의로 돌아가 보자. 형이상학적 존재 망각을 넘어 사유의 본성을 묻는 물음에 답하기 위해 하이데거가 했던 일은 무엇이었는가? 그것은 일종의 번역이었다. 하이데거는 1951년 강의에서는 니체가 남긴 몇몇 단어(특히 '복수')를, 1952년 강의에서는 파르메니데스의 단편에 나오는 몇몇 단어(가령 'eon emmenai')를 옮기면서 존재 사유의 길로 나아가고 있다. 동아시아에서 사유란 무엇인가? 우리에게 생각한다는 것은? 한국의 인문학에 아직 낯선, 그러나 결코 회피 불가능한 이 물음에 몇 발자국이나마 다가서기 위해 우리가 취할 수 있는 안전한 길도 역시 모종의 번역에 있을 것이다.

『시경』의 쥐 노래를 어떻게 옮길 것인가　물론 이때 번역은 단순히 한 종류의 언어를 다른 종류의 언어로 옮기는 것을 말하지 않는다. 해체론적 의미의 번역은 말의 이동이되 서로 다른 문맥, 영토, 시대, 층위, 문법 등을 횡단하는 이동이다. 음악을 산문이나 회화로 옮길 때처럼 어떤 변형과 비연속적 이행을 동반할 수밖에 없는 옮김인데, 그것은 가령 존재와 존재자, 기원과 귀결, 과거와 미래 등을 잇는 전달과 계승의 운동에 해당한다. 과거에 기록되었지만 충분히 사유되지 않은 것, 경험되고 말해졌지만 언젠가부터 들리지 않았거나 잊혔던 것을 현재로 실어 나르는 전승의 운동이 해체론적 번역이다.[3] 그렇다면 우리의 전통에서 이런 해체론적 번역과 운반의 기회는 어디에서 찾을 수 있는가? 아마 『시경』에 나오는 다음과 같은 노래도 괜찮은 출발점이 될 수 있을 것이다. 왜냐하면 이 시는 동아시아 특유의 사유, 특히 유가적 사유의 비밀을 은연중 노출하고 있는 것 같기 때문이다.

보아라 쥐에게도 가죽이 있거늘 사람으로서 체모가 없네 사람으로서 체모가 없으면 차라리 죽기나 하지 무얼 하는가(相鼠有皮 人而無儀 人而無儀 不死何爲)

보아라 쥐에게도 이빨이 있거늘 사람으로서 버릇이 없네 사람으로서 버릇이 없으면 차라리 죽기나 하지 무얼 기다리나(相鼠有齒 人而無止 人而無止 不死何俟)

보아라 쥐에게도 몸집이 있거늘 사람으로서 예의가 없네 사람으로서 예의가 없으면 어찌하여 빨리 죽지 않는가(相鼠有體 人而無禮 人而無禮 胡不遄死)[4]

우리는 외양상 예의범절의 중요성을 노래하고 있는 이 시를 사유의 본성을 암시하는 작품으로 옮길 예정이다. 사실 몸과 정신을 구별하지 않는 동아시아의 전통에서 예의범절은 사고의 형식과 크게 다르지 않았다. 우리에게 예의는 외면화된 사유였고, 사유는 내면화된 예의였다. 그렇기 때문에 이 시에서 예의를 비유하는 단어는 사고를 설명하는 범주에 해당한다. 특히 두 번째 줄에 나오는 그칠 지(止) 자는 동아시아의 전통에서 사유의 이미지를 규정하는 가장 중요한 단어일 것이다. 하지만 가죽, 이빨, 몸과 같은 다른 단어도 사유의 본성을 암시하는 의미심장한 위치에 있었다. 결론부터 말하자면, 이 시의 첫 줄에 나오는 가죽은 사유의 탄생 조건을, 둘째 줄의 이빨과 그침은 사유 자체를, 마지막 줄의 몸은 생각하는 사람을 가리키는 암호들이다.

1 사고의 단계들 ─ 심리학의 관점에서

하이데거는 사유를 어떤 도약의 운동으로 간주했다. 그래서 사유는 언제나 얼마간의 준비 운동이나 도움닫기 같은 것에서 시작한다고 보았다.[5] 우리는 앞으로 『시경』의 쥐 노래에 감추어져 있는 중국적 사유의 이미지를 옮기는 데 힘쓸 것이다. 그리고 여유가 생기는 대로 그것과 대비해 볼 수 있는 한국적 사유의 이미지를 되돌아볼 계기를 찾을 것이다. 하이데거의 문제 제기에 대한 동아시아적 응답이라 하면 되겠다.

그러나 이런 작업은 공허하고 추상적인 이야기로 흐르기 쉬운 것도 사실이다. 그런 만큼 고공비행의 위험을 덜어 줄 어떤 예비적 점검과 사전 포석이 있어야 할 것이다. 우리 나름의 준비 운동이 필요한 것이다. 이런 필요에 따라 우리는 사유의 본성과 관련하여 현대 심리학이 거둔 몇 가지 구체적인 성과를 점검해 보고자 한다. 사실 심리학은 철학이나 논리학과 더불어 생각의 문제를 놓고 다투는 소수의 학문에 속한다. 점검해 볼 것은 세 가지인데, 학습의 단계와 정신적 성숙의 단계, 그리고 창의적 사고의 패턴에 대한 심리학적 설명이 그것이다.

학습의 4단계 사고의 능력, 특히 창조적 상상력 같은 것은 천부적인 재능일 수도 있다. 하지만 평범한 인간에게 그것은 동물에게서도 볼 수 있는 정보 획득 능력이나 학습 능력의 발달 과정 안에서 터득되는 어떤 것이다. 이런 관점에서 어떤 철학자는 심리학의 관점에서 창의적 사고에 이르는 학습의 진화 과정을 다음과 같이 4단계로 해부했다.[6]

(1) 첫 번째는 파블로프의 개 실험과 조건 반사 이론으로 설명이 충분한 단계다. 여기서는 자극과 반응의 유전적 반사($S - R$)가 처벌과 보상에 따라 학습된 조건 반사에 의해 대체된다. 여기서 대체되는 것은 반응(침)이 아니라 자극(음식, 종소리 등)이다. 즉 서로 다른 자극이나 대상이 주체에 대해 동일한 결과를 낳는다. 이것을 도식화하면 '$S_3, S_2, S_1 - R$'로 표기할 수 있다.

(2) 두 번째는 스키너의 쥐 실험이나 고양이 실험에 따른 조건 반사 이론으로 설명이 가능한 단계다. 다양한 시행착오 끝에 점점 능숙하고 용이하게 미로 끝의 먹이나 일정한 형태의 통로 뒤의 먹이를 찾

는 동물의 경우를 보라. 여기서 학습은 동일한 자극에 대해 자신의 반응이나 선택을 교체하는 과정이다. 즉 자극이나 대상은 동일하게 남아 있는데, 그것에 관계하는 주체의 태도나 반응은 계속 달라진다. 어떤 자기 교정이 일어나는 것이다. 인지의 발달은 시행착오를 통한 그런 자기 교정의 과정에서 비로소 시작될 수 있다. 이것을 도식화하면 'S─R_1, R_2, R_3'로 표시할 수 있다.

(3) 세 번째는 'S_3, S_2, S_1─R_1, R_2, R_3'로 도식화할 수 있는 단계로 여기서는 자극과 반응 양쪽이 모두 자유롭게 교체될 수 있다. 이것은 시행착오가 언어의 수준에서 일어나서 실질적인 학습 체험이 기호나 상징에 의해 생략, 대체되는 경우에 해당한다. 이 단계에서 자극과 반응의 두 극은 상호 대체 관계에 있는 다양한 항, 다양한 선택지 들로 불어난다. 자극과 반응이 다양한 선택지 사이에서 일어나는 만큼 두 극의 관계는 반성과 숙고에 의해 매개, 조정된다. 이것은 자극과 반응 사이의 시공간적 거리가 점점 길어진다는 것을 말한다. 이 단계의 아이콘으로 우리는 플로베르 소설의 주인공 보바리 부인을 세울 수 있다. 책을 통해 현실의 삶을 대신하는 이상적인 허구 속에 사는 보바리 부인. 다만 그녀의 한계는 고정된 기호 체계를 벗어나거나 체계 자체를 바꾸지 못한다는 데 있다.

(4) 마지막의 학습 단계는 특정 체계를 변형하면서 기존의 자극과 반응, 상징에 새로운 의미를 부여하는 능력을 키우는 데 있다. 물질의 개념은 아리스토텔레스 체계, 뉴턴 체계, 아인슈타인 체계를 지나면서 전적으로 다른 의미를 지닌다. 전적으로 다른 의미를 지닌다는 것은 이전의 체계가 부딪힌 문제를 해결하는 전략적 위치에 놓인

다는 것과 같다. 이런 예에서 볼 수 있는 창조는 단순히 자극과 반응을 대체하는 데 있는 것이 아니다. 그것은 자극과 반응의 패턴, 사고의 문법, 행동의 규칙을 재구조화하거나 대체하는 데 있다. 장기(말)를 바꾸는 것이 아니라 장기판을 바꾸는 데까지 가는 학습 능력은 새로운 유형의 합리성을 조형하는 능력이다. 이런 창의적인 학습 능력에 힘입어 인간의 문화는 혁명적인 도약이나 진보를 꿈꿀 수 있다. 여기에 어울리는 도식은 '$[_3 \, [_2 \, [_1 \, S_3, S_2, S_1 \longrightarrow R_1, R_2, R_3 \,_1] \,_2] \,_3]$'으로 그려 볼 수 있다.

정신적 성숙의 3단계 인지 능력이나 학습 능력의 진화 과정 안에서 보자면, 창의적 사고는 결국 주어진 패러다임의 제약에서 벗어날 때 시작된다는 것을 알 수 있다. 패러다임 교체의 사건은 위대한 영감에서 온다. 하지만 그런 위대한 영감도 자신이 속한 체계를 벗어나 외부의 체계와 소통하는 유연성을 전제해야 할 것이다. 이런 유연성이 학습 능력의 발달 과정에서 주어질 수 있다면, 학습 능력의 발달 과정은 정신의 성숙 과정 자체에 해당한다. 그러므로 20세기의 발달심리학에서도 개인의 정신적 성숙을 체계 횡단적인 능력과 결부해 설명하는 경우를 볼 수 있다. 이 설명에 따르면, 인간의 정신은 세 단계의 절차에 따라 성숙하고 마침내 지혜의 경지에 도달한다.[7]

(1) 첫 번째는 체계 내적(intra-systemic) 사고의 단계다. 여기서 개인은 단일한 체계의 규칙을 익히고 그 규칙에 충실하게 사고하면서 일관성, 안정성, 정체성을 획득한다. 이 단계의 주체는 이 세상의 모든 문제 각각에 확실한 정답이 있다고 믿는다. 그러나 체계를 반성할 수 있는 상위의 관점, 상위의 언어는 아직 결여하고 있다. 연령상

20대 초의 젊은 대학생들이 이런 유형의 정신이고, 그들이 보여 주는 이상주의적 세계관은 자신이 속한 체계에 대한 확신에서 온다.(공자의 입지(立志))

(2) 두 번째는 체계 간적(inter-systemic) 사고의 단계다. 여기서는 상이한 규칙 체계가 있다는 것이 자각되고, 복수의 체계 사이의 갈등이 쟁점으로 떠오른다. 기존의 단일 체계를 반성할 수 있는 상위의 시각과 메타언어는 이런 체계 간적 사고에서 점진적으로 발전해 간다. 이 단계의 주체는 모든 문제에는 복수의 답이 가능하다는 믿음에 도달한다. 그러나 아직 체계 간의 갈등은 용인할지언정 해결하지는 못하고 있다. 연령상 40~50대의 중년이 이런 유형의 정신이고, 이들이 터득한 다각적 비판의 능력이나 갈등 조율 능력은 자신이 속한 체계의 구속력에서 벗어나 자유로운 시선의 입지점을 구축한 결과다.(공자의 불혹(不惑), 지천명(知天命))

(3) 마지막 세 번째는 서로 다른 체계들이 상호 변형, 화해하는 통합적 단계다. 여기서 인간은 역사를 변화시키는 창의적인 지혜를 발휘한다. 저자에 따르면, 이 단계에서 창의적인 지혜가 건너야 하는 마지막이자 최대의 간극은 로고스와 뮈토스, 논리-추상적인 사유와 신화-감성적인 사유의 차이에 있다. 개념적 논증과 서사적 장면 연출이 서로 촉발하고 상호 변용하는 놀라운 지혜. 연령상 50~60대의 노년에게 기대할 수 있는 이 최후의 단계에서는 논증하는 사고와 시적인 상상력이 서로 얽히며 하나를 이룬다.(공자의 종심소욕불유구(從心所欲不逾矩))

발달심리학자가 구별하는 이런 성숙의 세 단계는 공자로 돌아가서, 또는 니체의 차라투스트라로 돌아가서 다시 보완할 수 있을 것이다. 공자는 아는 자(知之者), 좋아하는 자(好之者), 즐기는 자(樂之者)를 구별했다. 아는 자는 체계 내적 사유의 주체이고, 좋아하는 자는 체계 간적 사유의 주체이며, 즐기는 자는 통합적 지혜의 주체가 아닐까?

니체의 차라투스트라는 낙타, 사자, 어린아이로 상징되는 정신의 세 가지 형태 변화를 첫 번째 설교의 주제로 삼았다. 낙타는 복종의 주체, 이겨 낸 과제의 무게가 행복의 무게가 되는 주체, 견디는 고통의 강도가 쾌락의 강도 자체인 피학적 주체다. 사자는 기존의 권위에 도전하는 자, 자신의 발톱과 목소리를 자랑하는 자, 자신이 파괴하거나 쓰러트린 크기만큼 쾌락의 양이 증가하는 가학적 주체다. 그러나 창조하는 정신은 어린아이의 형태를 띤다. 순진무구한 유희의 주체인 어린아이는 내면과 외면, 능동과 수동, 고통과 쾌락, 로고스와 뮈토스의 대립 저편에 있다. 이런 낙타, 사자, 어린아이는 각각 체계 내적 소외의 주체, 체계 간적 분리의 주체, 체계 간적 상상의 주체가 아닐까?(여기서 우리는 라캉이 말하는 주체 형성의 세 단계, 즉 소외, 분리, 환상의 통과라는 세 가지 절차를 생각할 수도 있을 것이다.) 그렇다면 체계 간적 상상은 어떤 논리적 형식을 취하는가? 창의적 상상력의 논리적 형식은 어떻게 그려 볼 수 있는가?

창의적 사고의 패턴 20세기 게슈탈트심리학은 급작스러운 깨달음이나 심오한 통찰의 경험을 "아하의 체험(Aha Erlebnis)"이라 불렀다. 어떤 의미 있는 발견이나 진리의 체험은 "아하!"라는 경탄 속에서 일어난다. 그런데 "아하!"가 있다면, "아!"도 있고 "하하!"도 있다. "아!"는 위대한 음악이나 비극 작품 앞에서 뱉어 내는 탄식이다. 반면 "하하!"는 정곡을 찌르는 유머나 희극적 유희가 유발하는 웃음이다. Aha, Aa, Haha. 이 세 가지 반응은 각각 종류가 다르지만 어떤 창조적 영감이 주는 선물이라는 점에서 같다.

20세기 중반의 심리학자 케스틀러는 창의적인 사고를 이합 혹은 이연(二聯, bisociation)으로 설명했다.[8] 이 고전적인 설명에 따르면 과학, 예술, 유머 등 다양한 영역에서 일어나는 창의적 행위는 어떤 공통된 패턴을 보여 준다. 그것은 한 가지 규칙 체계 내에서 관념을 연상하는 데 그치는 것이 아니라 서로 다른 규칙 체계를 가로질러 관념을 연상하는 데 있다. 과거에는 상호 무관하거나 배타적인 것으로 간주되던 두 가지 논리, 문법, 프레임, 문맥, 지평을 결합하는 연상이 이합이다.

케스틀러가 철학이나 수사학을 잘 알았다면, 이합이라는 신조어를 만드는 대신 은유라는 전통적인 용어를 활용했을 것이다. 서로 다른 체계에 속하는 요소 사이에서 유사성을 간파하는 능력이 정확히 아리스토텔레스 이후 오늘날까지 내려오는 은유의 정의다. 이런 정의에 따르면, 은유는 기존 분류 체계의 칸막이를 유령처럼 통과하는 능력이다. 가령 "깃발은 소리 없는 아우성"이란 표현을 보자. 깃발과 아우성은 각각 도구와 인간이라는 서로 다른 범주에 속한다. 은유적 시선은 범주적 동일성에 고착된 논리-변증법적 사고의 논리를 비스듬하게 비껴가며 개념의 뒤편에서 자라나는 제2의 동일성을 포착한다.

은유적 시선 속에 포착된 범주 횡단적 이합의 방식은 물론 단일하지 않다. 이합적인 지평 융합이나 지평 횡단은 적어도 세 가지 방식으로 일어날 수 있다. 상호 충돌적인 연상, 상호 통합적 연상, 상호 평행적 연상이 그것이다. 이런 횡단적 이합의 형식적 차이를 기준으로 웃음을 유발하는 희극적 창의성(Haha의 체험), 진리 발견에 이르는 과학적 창의성(Aha의 체험), 경탄과 감동을 자아내는 예술적 창의성(Ah의 체험)의 특징을 각각 설명할 수 있다는 것이 저자의 생각이다. 사례를 통해 이 세 가지 이합의 논리-형식적 특성을 설명해 보자.

(1) "하하!"의 체험과 충돌적 이합: "너나 잘하세요." 이것은 하대의 논리와 존대의 논리가 순식간에 하나로 통합되는 사례다. 상식의 세계에서 존대와 하대는 엄격하게 구별된다. 특히 동양의 예절은 상하의 구별에 기초를 두고 있는데, 여기서는 상하의 수직적 위계가 납작하게 되도록 일그러지고 있다. "Ryu can do it." 이것은 류현진의 메이저리그 첫 완봉승 경기의 텔레비전 생중계 방송 캐치프레이즈였다. 여기서 '류현진'이라는 고유 명사가 '너'라는 대명사와 겹쳐 식별 불가능하게 되었다. 이것은 개체와 집합, 특수와 일반의 차이가 제거되는 사례다. 논리학자는 이것을 범주적 오류로 분류할 것이다.

"하항문에 힘쓰다." 대략 20년 전의 우스갯소리인데, 항문과 학문의 발음상의 유사성을 이용하고 있다. "당신은 오늘도 하항문에 힘쓰고 하항문을 높이고 하항문을 닦았겠죠." 이런 농담은 여전히 두 개의 배타적 세계, 두 개의 패턴이 예상과 기대를 벗어나면서 결합하는 경우다. 유머의 논리적 구조는 두 개의 문법이 오류와 모순의 함정을 태연하게, 알아채지 못할 정도로 빠르게 통과하는 이합적 결합에 있다. 웃음은 그런 허를 찌르는 이합의 충격에 대한 방어라 할 수 있다. 유머나 재치는 급작스러운 모순 해결, 순간적 상황 전환을 가져오는데, 이는 대화 상대자를 방어의 위치로 옮겨 놓기 때문이다.

(2) "아하!"의 체험과 통합적 이합: 다시 하항문의 이야기에서 출발해 보자. 만일 화장실에서 힘쓰는 항문과 연구실에서 힘쓰는 학문 사이에 모종의 인과 관계가 있다면? 가령 업적이 많은 학자일수록 변비에 걸릴 확률이 낮다는 실험 결과가 나온다면? 만일 그것이 사실이고 또 그 이유를 알게 된다면, 우리는 더 이상 "하하!" 하지 않고 오히려 "아하!" 할 것이다. 대부분의 과학적 발견은 이와 같이 과거에는 전혀 무관한 것으로 간주되던 두 계열 사이에서 일어나는 어떤 통합적 이합의 결과다.

가령 왕관의 제작을 의뢰받은 아르키메데스를 보라. 그는 주어진 금의 무게와 왕관의 크기 사이의 관계를 고심하다가 목욕탕에 몸을 담글 때 넘치는 물을 보고서 문제를 해결할 수 있게 되었다. 달과 밀물·썰물 사이의 인과적 관계를 발견한 것은 17세기의 독일 과학자였는데, 갈릴레이가 해당 논문을 읽고 나서 "신비한 환상"에 불과하다고 비웃었다는 이야기가 있다. 당대의 최고 과학자에게마저 달과 조수 간만의 차이를 하나로 엮는다는 발상은 터무니없어 보인 것이다. 자기(magnetism)와 전기(electricity)의 통합적 설명도 좋은 사례다. 고대부터 알려진 천연 자석은 항해술에 이용되었다. 그 밖에 집을 나간 아내가 다시 돌아오도록 만드는 효험 때문에 남자들이 품에 차고 다녔다는 이야기도 있다. 반면 엘렉트론(electron)은 호박을 지칭하는 말이었다. 전기는 호박을 문질렀을 때 미세 먼지가 끼는 현상을 가리켰다. 패러데이 같은 과학자들은 과거에는 전혀 무관한 두 세계에 속한다고 여겨지던 천연 자석(돌)과 호박을 하나의 인과적 논리로 부드럽게 이어 놓았다. 그것들로 대표되는 두 체계 사이의 심연을 가로질러 어떤 은유적 도식을 구축한 것이다.

(3) "아!"의 체험과 평행적 이합: 한없는 사랑의 대상에게 배신을 당하는 경우, 그래서 죽음의 문턱에 이르는 모습을 보면 우리는 탄식을 자아내기 마련이다. 탄식은 서로 이어 놓기 불가능한, 그래서 상호 평행을 이루며 지속되는 두 개의 논리적 패턴 사이에서 일어난다. 기적적으로 되찾은 열망의 대상(가령 자식, 연인, 보물 등)을 정치적 이유와 같은 외적인 강제에 의해 포기해야 하는 경우도 마찬가지다. 모리아 산에 올라 이삭에게 칼을 들이대는 아브라함이나 사도 세자를 나무 상자에 가두어 죽게 했던 영조를 떠올려 볼 수 있다. 우리는 그런 비극적 장면 앞에서 눈물을 흘리게 된다. 규칙을 따를수록 손해를 보는 공동체, 정직할수록 패자가 되는 공동체는 비극적인 사회다. 이때 비극성은 논리적 모순을 이루는 두 가지 프레임이 현실 속에 평행선을 그리며 어엿이 구현된다는 데 있다. 현실 속에서 마주 보는 두 개의 프레임은 벌어진 상처와 같다. 그 상처에서는 탄식과 눈물만이 아니라 형용 불가능한 감정과 무수한 생각이 꼬리를 물며 흘러나온다.

숭고의 체험도 비극적 체험과 유사한 형식을 보여 준다. 견디기 힘든 슬픔의 무게가 가볍고 발랄한 가락에 실릴 때 연출되는 광기를 생각해 보라. 어떤 환희가 보통 슬픔과 함께 연상되는 색이나 리듬 속에서 표현될 때도 숭고한 크기가 열린다. 숭고한 크기를 열어 놓는 작품 속에서는 내용과 표현, 실체와 형식이 상식적으로 생각할 때는 서로 반대의 방향으로 내달리면서 어떤 역설을 유지하고 있다. 잔혹한 폭력의 연쇄가 약하디 약하되 순진무구한 대상에 의해 지연, 중단되는 사례를 생각해 보라.

숭고가 성스러움의 체험과 이어져 있다면, 사실 언어학자들은 성스러움이 무사, 무탈, 무환, 안녕, 온전함, 치유, 보상(indemnis) 등과 동일한 어원에서 비롯된다는 것을 밝혀 주고 있다. 가령 saint와 sane, holy와 whole, heilig('성스럽다'라는 뜻의 독일어)와 heal 등은 서로 같은 뿌리에서 나온 말이다. 성스러움은 우리가 차마 더럽히거나 훼손할 수 없는 어떤 것으로 경험하는 대상에 있다. 종교적 신앙은 그런 대상 앞에서 우리가 느끼는 어떤 자제와 주저에서, 차마 하지 못하고 물러서는 태도에서 시작된다. 그러므로 누군가 장애나 불구를 넘어 보통 사람도 실현하기 어려운 아름다운 결과를 나타낼 때, 우리는 그것을 기적으로 경험하며 신을 부르는 탄식을 자아낸다. 종교적 체험은 그 어떤 압도적인 세속의 힘이라 해도 그것을 저지하는 또 하나의 힘이 맞서 일어날 때 성립한다.

상상력의 마지막 비밀, 분리 접속　창조의 논리적 형식에 상응하는 인식 능력은 감성도, 이성도, 기억도 아니다. 그것은 상상력이다. 상상력은 관념이나 이미지 들을 그것이 원래 속하던 계열들에서 해방하여 어떤 이접적 종합, 또는 이합적 결합으로 유도하는 능력이다. 그러나 상상력은 단순한 이합적인 종합의 능력만을 지니는 것이 아니다. 상상력은 이질적인 요소들이 연합하거나 이합하기 이전에 먼저 그 요소들을 탈영토화한다. 본래의 영토, 본래의 문맥, 본래의 신체에서 부분을 고립시킨다는 점에서 상상력은 분리(dissociation)의 능력이라 할 수 있다. 상상력은 전체에서 요소를 분리하는 것으로 그치는 것이 아니라 새로운 차원을 분리하기까지 한다. 이것은 어떤 잉여 평면의 분리다. 상상력은 정보의 잉여화만이 아니라 그 잉여화가 고유

177

의 논리에 따라 자율적으로 진화해 갈 새로운 평면을 열어 놓는다.

이것이 상상력의 마지막 비밀인데, 칸트는 인간 역사의 시초를 설명할 때 이 비밀을 건드리고 있다. 그에 따르면, 동물의 세계와 인간의 세계가 분기되는 출발점에는 성(性)의 탈문맥화가 있다. 인간의 성 생활은 동물의 그것처럼 생식 본능, 시간적 주기 등에 제한되지 않는다. 그렇게 인간의 성이 자연적 본능의 논리에서 벗어나 새로운 패턴을 획득할 수 있는 이유는 상상력에 있다. 그러나 어찌 성적 대상만이겠는가? 상상력은 대상 일반을 자연적 직접성의 문맥, 유용성의 문맥에서 해방하는 동시에 자연과 무관한 잉여의 평면을 창조한다. 칸트는 이렇게 말한다.

이성은 상상력의 도움으로 자연적 충동에 의해서는 지지되지 않을 뿐만 아니라 그 충동에 대립되기까지 하는 인위적 욕망을 만들어 내는 속성을 가지고 있다. 처음에는 정욕이라는 이름으로 불리던 이 욕망은, 점점 더 전체적인 열망이 제거되어 결국에는 사치스러움이라 불리는 반자연적인 경향들을 낳게 된다.[9]

인간의 문화적 현상은 자연의 관점에서 볼 때 사치스러운 어떤 것, 다시 말해서 불필요하고 반자연적인 것이기까지 한 어떤 잉여 현상일 수 있다. 그러나 그런 잉여화가 일어나지 않는 다면, 인간 고유의 역사와 문화의 세계는 결코 열리지 않을 것이다. 가령 날씨가 화창한 날 이발사는 보통 손님에게 "날씨가 좋지요."라고 인사를 하는데, 현대 정보과학은 그런 말을 잉여 정보(redundant information)라 부른다. 그것은 누구나 다 아는 내용을 되풀이한다는 점에서 쓸모없는 잉여 정보다. 그러나 그런 정보의 잉여화가 일어나지 않는다면, 대화는 보다 높은 차원으로 진입할 수 없다. 예를 들어 꼭 필요한 말만 주고받는 사람들, 그 이외의 말은 절대로 나누지 않는 사람들은 결코 사랑하는 사이라 할 수 없다. 바르트가 간파한 것처럼, 사랑하는 사람들끼리 나누는 언어는 시시하고 쓸모가 없는 말, 무의미한 말로 가득 차 있다.[10]

그렇다면 사랑의 언어는 제거 가능한 사치의 언어인가? 아니다. 우리는 정신적 세계가 자연과 구별되는 평면 위에 어떤 독자적인 진화의 논리에 따라 펼쳐지기 위한 조건을 보아야 한다. 정보의 잉여화나 사치화는 그것을 원래의 문맥에서 분리하는 동시에 그것이 자리할 새로운 문맥, 새로운 패턴, 새로운 평면을 촉발한다. 칸트는 이런 잉여화의 기원에서 상상력의 역할을 찾았지만, 잉여화의 정도가 초감성적 추상의 세계로 진입하는 마지막 국면에서도 똑같이 상상력의 역할을 강조한다. 그는 이렇게 말한다.

우리들 개념의 적용이 아무리 광범위하고, 따라서 감성으로부터 추상하는 우리의 능력이 아무리 크다 해도, 이 개념들에는 여전히 어떤 도식적 표상들(bildliche Vorstellungen)이 함께 묶여 있다. 이 도식적 표상들의 기능은 전혀 경험에서 생겨나지 않은 표상들을 실험적 사용에 적합하도록 만들어 주는 데 있다.[11]

여기서 말하는 도식적 표상이란 상상력이 산출하는 표상을 말한다. 이런 관점에서 보면 상상력은 인간이 지닌 이러저러한 다양한 인식 능력들 중의 하나가 아니다. 그것은 오히려 모든 인간적 인식 능력의 뿌리, 나아가 인간성 자체의 원천에 해당한다. 보이지 않는 세계에서 더욱 빛을 발하는 인간성 자체의 원천에는 상호 무관하거나 배타적인 계열들을 상위의 차원에서 하나로 엮는 어떤 도식적 표상이 있다. 모든 인간적 창조의 비밀은 그런 도식적 표상을 산출하는 상상력에서 찾아야 한다.

2 정신의 탄생과 그 피부 — 습관과 상상력에 대하여

이상으로 창의적 상상력에 이르는 학습과 정신적 성숙의 단계를 점검해 보았다. 이제 이런 심리학적 설명을 바탕으로 생각의 탄생과 자율적 진화의 논리를 철학적 수준에서, 특히 지리-철학적 관점에서 설명해 보자. 우리에게 사유란 무엇인가? 물론 이때의 '우리'는 세계화의 물결과 더불어 21세기를 맞이한 동양인, 이제 막 잠에서 깨어난 중국을 이웃하고 있는 한국인이다. 우리는 앞에서 약속한 바와 같이 『시경』에 나오는 다음과 같은 쥐 노래를 옮기면서 이런 물음에 답할 수 있는 길을 찾을 것이다.

보아라 쥐에게도 가죽이 있거늘 사람으로서 체모가 없네 사람으로서 체모가 없으면 차라리 죽기나 하지 무얼 하는가 보아라 쥐에게도 이빨이 있거늘 사람으로서 버릇이 없네 사람으로서 버릇이 없으면 차라리 죽기나 하지 무얼 기다리나

보아라 쥐에게도 몸집이 있거늘 사람으로서 예의가 없네 사람으로서 예의가 없으면 어찌하여 빨리 죽지 않는가

이것이 동아시아적 사유의 이미지를 재발견하기 위해 우리가 발을 내디딜 출발점이다. 먼저 첫 줄에 나오는 쥐의 가죽에 초점을 맞추어 보자. "보아라 쥐에게도 가죽이 있거늘 사람으로서 체모가 없네 사람으로서 체모가 없으면 차라리 죽기나 하지 무얼 하는가." 가죽은 어떤 의미에서 생각의 초보적 조건이라 할 수 있는가? 도대체 가죽이 생각과 무슨 상관이란 말인가? 가죽 혹은 피부의 심리-철학적 의미는 무엇인가? 이 점을 구체적으로 설명해 준 저자는 아마 무의식의 발견자 프로이트일 것이다.

프로이트의 가설 프로이트의 「쾌락 원칙을 넘어서」[12]에는 지구에서 최초의 생명이 탄생하는 장면을 추측하는 대목이 나온다. "중추신경계가 외배엽에서 나왔다."라는 발생학의 연구 결과에 근거하는 추측인데, 이 사변적 추측은 무기질의 이합집산 속에서 우연히 유기적 생명체로서 작은 세포가 출현했다는 가설에서 시작한다. 그리고 이렇게 추론한다. 이 작은 세포에게 생명을 유지하기 위해 필요한 것은 두 가지다. 하나는 외부의 자극(영양분)을 수용하는 일이고, 다른 하나는 외부의 자극으로부터 자신을 보호하는 일이다.

이런 두 가지 일 중에서 거친 에너지의 바다에 표류하는 연약한

생명체에게 더 중요한 것은 무엇인가? 그것은 외부의 에너지를 흡수하는 일보다 자신을 파괴하기 쉬운 외부의 에너지로부터 자신을 방어하는 일이다. 따라서 최초의 생명체는 자신의 바깥층을 파괴해 외부의 자극에 대한 "방패"로 만들어야 한다. 이때 파괴한다는 것은 외부의 자극에 무감각하도록 무기체로 만드는 것이고, 이를 위해 "더 이상의 자체 변화는 불가능한 상태"가 되기까지 "가능한 만큼의 변화를 미리 겪는" 것이다.

무기체로 변한 바깥층의 저항에 부딪혀 외부 세계의 에너지는 오로지 선택적으로만 세포의 안쪽 층으로 들어갈 수 있다. 반면 "안쪽 층은 보호 방패 덕분에 그것을 통과해 유입된 일정량의 자극을 받아들이는 일에 전념할 수 있다. 죽음을 통해 바깥층은 안쪽 층이 같은 운명을 겪지 않도록 보호해 준다." 이것이 세포막, 나아가 피부와 같은 수용적 외피층 일반이 생겨난 배경이다. 그러나 세포막의 진화는 여기서 멈추지 않는다. 고등 동물의 경우 수용적 외피층은 신체 내부의 심층으로 자리를 옮겨 분화되는데, 그것이 바로 감각 기관들이다.

이 감각 기관들은 본질적으로 자극의 구체적 결과를 받아들이기 위한 장치로 구성되어 있다. 그러나 그것들은 또한 지나친 양의 자극은 더욱 방어하고 부적합한 종류의 자극은 제거하기 위한 특별한 장치를 포함하고 있다. 이 감각 기관들은 소량의 외부 자극만을 다루고 외부 세계의 '견본'만을 받아들이는 것이 특징이다.[13]

감각 기관들은 외부의 자극을 지연, 방어, 왜곡하면서 선택적으로 수용하는 외피층에 기원을 둔다. 생명체는 외부의 에너지를 보다 효율적으로 전유하기 위한 노력 속에서 외피층을 다양한 감각 기관으로 분화시켰다. 그런데 프로이트의 추론은 여기서 멈추지 않는다. 한 걸음 더 나아가 칸트가 "사고의 필수 불가결한 형식들"로서 입증코자 했던 의식의 선험적 형식들조차 외피 조직이 도달한 마지막 진화의 산물이라는 결론에 도달한다. 선험적 형식에 기초한 초월론적 인식 능력들도 피부 조직의 연장선상에 있다는 것이다.

앞으로 설명되겠지만, 칸트의 인식론에서 모든 인식 능력의 뿌리는 상상력에 있다. 프로이트의 관점에 선다면, 이제 상상력 자체의 발생학적 기원이 무엇인지 추측해 볼 수 있다. 그것은 외부의 자극에 이중으로 관계하는 생명체의 표면이라 할 수 있다. 동물의 경우에서 볼 수 있는 것처럼 생명체의 표면은 갖가지 모양의 가죽으로, 하지만 또한 감각 기관들로 진화한다. 칸트의 인식론에 충실하자면, 상상력은 이런 진화 과정에서 정신이 성립하는 첫 번째 국면으로 자리매김할 수 있다. 상상력은 동물적 지각 체계가 인간적 심리 체계로 전환되는 결정적인 국면에 해당한다. 감성, 지성, 이성 같은 인식 능력들(의식의 선험적 형식들), 그리고 통각이라는 자아의식도 상상력에서부터 일어난 어떤 표면 분화의 산물이다.

프로이트는 「쾌락 원칙을 넘어서」에서 얻은 결과(죽음 충동과 생명 충동이라는 새로운 대극 구조의 발견)를 바탕으로 「자아와 이드」에서는 마음의 지도를 새롭게 그린다. 심리적 장치의 부분들을 무의식, 전의식, 의식으로 나누는 대신 이드, 자아, 초자아로 구분한다. 이런 구분법은 마조히즘 같은 자기 파괴 충동(자아에 대한 초자아의 공격)을 효과적으로 설명하기 위한 포석이라 할 수 있다. 하지만 여기서 중요한 점은 이런 변화에도 불구하고 지각 체계의 기원을 생명체의 수용적 외피에 두는 발생학적 관점이 계속 유지되고 있다는 사실이다.[14] 즉 자아는 여전히 이드의 표면에서 일어난 분화의 산물로 정의된다.[15] 이런 정의를 통해 프로이트가 강조하는 것은 의식적 사고의 해부학적 위치다. 사고가 성립하는 의식의 층위는 생명체의 내부와 외부를 가르는 경계선에 자리한다는 것이다. 「쾌락 원칙을 넘어서」로 다시 돌아가서 보면, 프로이트가 이런 직관을 처음 끌어올린 원천은 대뇌 해부학임을 알 수 있다.

　　의식이 산출하는 것은 본질적으로 외부 세계로부터 오는 자극의 지각과 정신 기관 내부에서만 일어날 수 있는 쾌와 불쾌의 감정으로 구성되어 있다. 그러므로 공간 속에 '지각-의식' 조직의 위치를 할당해 주는 것이 가능할 것이다. 그것은 외부와 내부 사이의 경계선에 위치하고 있으면서 외부 세계를 향하고 있는 다른 정신 조직들을 에워싸고 있을 것이다. 이러한 가정에 크게 새로운 점은 아무것도 없다. 우리는 단순히 대뇌 해부학에서 말하는 뇌의 부분적 특성에 관한 견해를 받아들였을 따름이다. 이것에 의하면 의식의 '자리'는 대뇌 피질, 즉 중추 기관의 가장 바깥쪽에 있는 층에 위치하고 있다. 대뇌 해부학은 의식이 왜 뇌의 가장 안쪽 어디쯤에 안전하게 자리 잡지 못하고 표면에 자리 잡게 되었는가 고려할 필요를 느끼지 않을 것이다. 아마도 '우리'가 '지각-의식' 조직에서 일어나는 이러한 상황을 더 성공적으로 설명할 수 있을 것이다.[16]

현대 철학사에서 이런 프로이트의 직관을 발전적으로 계승하는 사례는 들뢰즈에게서 찾을 수 있다. 들뢰즈는 구조(혹은 체계)에 해당하는 것을 표면(surface)이나 평면(plan)이라 부른다.[17] 이런 명명법은 구조를 발생론적 관점에서 설명하려는 의도에서 비롯된다. 즉 구조는 무의미의 혼돈 속에서 태어난 의미(혹은 개념)가 다시 혼돈 속으로 함몰하지 않도록 지켜 주는 보호막이다. 구조는 단순한 보호막이 아니다. 그것은 생명체의 외피처럼 혼돈의 속도와 에너지를 의미의 질서에 선택적으로 전달해 주는 수용적 보호막이다. 의미는 구조라는 보호막 덕분에 혼돈으로부터 자율적 진화의 동력을 계속 끌어오는 동시에 혼돈 속으로 다시 빨려 들어가지 않을 수 있다. 구조는 혼돈과 질서 사이의 경계에 위치하는 어떤 평면이다.

칸트의 표상 이론 앞에서 언급했던 것처럼 칸트는 인간적 사유를 그것의 발생 원천인 동물적 충동의 세계로부터 분리-보호해 주는 평면이 상상력에 있다고 간주했다. 가령 동물의 경우 성적 흥분은 생식기에만 일어난다. 반면 인간의 성적 흥분은 생식과는 무관한 사랑의 감정으로 승화된다. 아름다움에 대한 감수성으로 발전하기도 하며, 상상력을 통해 지속되거나 증폭될 수 있다. 인간은 동물처럼 단순히 배를 채우기 위해서만 먹는 것이 아니다. 다양한 요리의 기법이 발전하게 된 배후에는 영양 섭취 이외의 다른 이유들이 있는데, 이런 것이 모두 상상력에 의해 펼쳐진 지평 위에 성립한다는 것이다.

동물적 본능을 기준으로 평가하면 문화적 현상들은 대부분 사치스럽고 반자연적이기까지 한 어떤 것이다. 그러나 인간의 역사적 삶속에서 문화적인 것은, 심지어 이데올로기적인 것마저도 물질적 생산 메커니즘의 부산물에 불과한 것이 결코 아니다. 그것은 오히려 생산 메커니즘의 내부를 구성하는 필수적 요소다. 문화-이데올로기적 요소가 없다면 정치경제학적 토대는 온전히 보존되거나 확대 재생산 될 수 없다. 이는 사람이 하는 일치고 생각이 미치지 않는 구석이 없 기 때문이다. 그리고 사람이 생각하는 일치고 상상력이 밑받침되지 않는 경우가 없기 때문이다.

상상력은 감각적 자극에서부터 인간적 사고가 탄생하는 평면인 동시에 인간적 사고가 감각적 자극으로 다시 함몰하지 않도록 막아 주는 보호막이다. 상상력이 없다면 인간의 사고는 탄생하지 못할 뿐 만 아니라 독자적인 진화의 논리에 따라 발전해 갈 수도 없다. 그렇 다면 인간의 사고는 어떻게 상상력에 의해 탄생, 진화해 나아가는가? 이것을 설명해 주는 것이 칸트의 종합 이론이다. 이것은 경험이 성립 하기 위해 표상이 거쳐야 하는 세 가지 종합에 대한 이론으로서『순 수 이성 비판』초판에 나오는 연역(선험적 범주의 객관적 타당성 검사)[18] 의 핵심을 이룬다. 이때 세 가지 종합은 직관상의 종합(포착), 상상력 의 종합(재생), 개념상의 종합(재인)인데, 부연하면 다음과 같다.

(1) 직관의 포착: 의식에 가장 먼저 주어지는 것은 각기 다른 순 간에 일어나는 감각적 자극들이다. 표상이 성립하기 위해서는 일단 이 잡다한 자극들이 하나로 묶여야 한다. 이는 서로 다른 순간들이 하 나의 현재적 동시성 안에 종합된다는 것을 말한다. 직관은 일별(훑어 보기)과 총괄(모아 보기)의 절차를 거쳐 잡다한 직관들을 단일하게 만 든다. 칸트는 이것을 포착의 종합이라 부른다.

(2) 상상의 재생: 상상력은 재생한다. 무엇을 재생하는가? 부재하

는 것, 다만 기억 속에 있던 자극이나 표상 들을 재생한다. 과거의 자극, 관념, 표상 들을 재생하면서 상상력은 직관의 포착에 개입한다. 다시 말해서 직관의 포착은 상상력이 되살리는 다양한 과거의 표상 들 속에서 일어난다. 상상력이 재생한 표상들은 현재적 직관의 배경이나 문맥이 된다. 직관이 포착하는 표상은 이로써 다른 표상들과 비교, 연상, 대조를 이루면서 어떤 변별적 관계에 놓인다.

(3) 개념의 재인: 상상의 재생적 종합에 의해 다른 표상들과 변별적 관계에 놓임에 따라 하나의 표상은 동일성 및 차이를 획득한다. 개념적으로 식별하거나 규정 가능한 정체성을 얻는 것이다. 가령 지금 보는 나무는 지난 계절의 그 나무로서 재인될 수 있고, 이런 재인과 식별은 개념에 힘입어 일어난다. 그리고 각각의 개념적 재인은 다시 동일한 주체인 '나'에 대한 의식(통각) 속에서 통일된다. 의식이 미래를 기대하거나 예측할 수 있는 것은 규칙적 안정성을 담보하는 이런 개념적 재인의 가능성 덕분이다.

이렇게 볼 때 표상은 직관의 능력인 감성과 개념의 능력인 지성, 그리고 그 사이에 놓인 상상력이 함께 작용하여 성립한다는 것을 알 수 있다.[19] 그런데 칸트는 이 세 가지 능력 중 상상력을 다른 두 능력의 뿌리로 간주했다. 즉 인간에게 주어진 여러 인식 능력(감성, 지성, 통각, 이성 등)은 상상력이라는 공통의 뿌리에서 뻗어 나온 줄기다.[20] 상상력은 다른 인식 능력들 중의 한 능력이 아니라 다른 능력들이 있기 위해서 먼저 있어야 하는 원천적 능력이다.

그러므로 감성이나 지성같이 줄기의 위치에 있는 인식 능력들이 협력하기 위해서는 아래쪽으로 내려가 뿌리에 해당하는 상상력에서 만나야 한다. 상상력은 다른 인식 능력들의 원천이자 다른 인식 능력들이 함께 작용할 수 있도록 만드는 매개자다. 상상력은 이런 의미에서 표상의 종합을 주도하는 위치에 있다.[21] 주도하는 위치에 있다는 것은 모든 곳에 개입할 권리를 가진다는 것이다. 상상력은 감성, 지성, 이성 등과 같은 다른 인식 능력 속에 힘을 미친다.[22] 칸트의 인식론에서 상상력은 자신에 고유한 별도의 위치에 자리한다기보다 차라리 다른 인식 능력 속에 흩어져 자리한다.

그렇다면 어째서 상상력은 모든 인식 능력들의 공통된 뿌리로, 혹은 모든 종합의 계기에 개입하는 주도적 능력으로 인정되어야 하는가? 그 이유는 상상력에 힘입어 각각의 지각은 비로소 다른 지각들과 비교, 연상, 대조될 수 있는 문맥이나 배경을 얻는다는 데 있다.[23] 상상력이 없다면 지각들은 상호 변별적 관계의 유희 속으로 진입할 수 없다. 따라서 무방향의 혼돈에 머물러 있게 된다. 상상력이 만드는 배경 속에서만 지각은 어떤 방향과 의미, 동일성과 차이를 획득한다. 통각(자기의식)이 지배하는 개념들의 질서는 상상력이 열어 놓은 이런 변별적 차이의 관계망에서 비롯되는 사후적 귀결에 불과하다.[24]

문제는 발생의 결과에 불과하던 것이 발생의 기원으로 전도되기 쉽다는 것이다. 칸트는 모든 인식 능력들의 뿌리로 간주하던 상상력을 나중에(다시 말해서 『순수 이성 비판』 재판에서) 통각과 지성 아래 종속시킨다. 이것은 가지를 뿌리의 자리에, 뿌리를 가지의 자리에 두는 셈이다. 이런 전도는 마르크스가 이데올로기나 화폐를 분석하면서 지적했던 전도와 유사한 종류의 것이다. 특정한 역사적 과정의 산물인 이데올로기(가령 신의 관념)는 모든 역사적 과정의 기원이자 배후의 원리로 전도될 수 있다. 하나의 물건에 불과하던 금은 등가적 교환의 기준이 되자마자 모든 물건이 상품이 되기 위해 공유해야 하는 어떤 초월적 가치로 둔갑한다. 마찬가지로 개념적 동일성의 질서는 상상력이 연출하는 변별적 차이의 그물망에서 발생한다 해도, 이론적 체계의 안정성에 대한 관심 아래 놓이자마자 양자의 순서가 바뀌게 된다. 상상력이 먼저 있는 것이 아니라 자기의식과 개념이 있게 된다. 상상력은 예전과 같이 여전히 어떤 변별적 차이의 그물망을 생산하되 개념의 질서에서 비롯되는 선험적 규칙의 제약 아래에서 생산하는 것이 된다.

헤겔의 습관 이론　　그렇다면 혼돈에서부터 의미의 질서를 해방, 보호하는 평면-구조는 어떻게 발생하는가? 이것을 설명하는 것이 『의미의 논리』나 『안티 오이디푸스』 같은 저작에서 개진된 들뢰즈의 세 가지 종합의 논리, 특히 그중에서도 두 번째의 이접적 종합(synthèse disjonctive)의 논리다. 간단히 말해서 이접적 종합은 중단이나 정지에 의한 종합인데, 논의의 균형을 위해 이에 대한 언급은 보류하겠다. 그 대신 서양 철학사에서 프로이트의 직관과 이어지는 다른 하나의 사례에 주목해 보자.

　우리는 그것을 헤겔의 습관 이론에서 찾을 수 있다. 헤겔은 습관에 대해 말할 때 무엇보다 먼저 그것의 해방적 기능을 강조한다. 가령 습관이 없다면 영혼은 우연하고 특수한 외부 자극의 범람 속에 함몰해 버린다. 외부 자극에 완전히 포획되어 극단적인 경우 분열증이나 정신 착란으로 떨어진다. 습관은 일종의 기계적인 자극과 반응의 체계다. 기계처럼 경화된 감각 운동의 체계 덕분에 영혼은 매 순간 자신에게 영향을 미치던 외부 자극에 비로소 무관심할 수 있게 된다. 그런 무관심 속에서 영혼은 처음으로 자기 자신과 관계하고 자신의 고유한 관심에 집중할 수 있다. 이는 농부가 두꺼운 각질의 손발 덕분에 웬만큼 커다란 자극이 아니라면 아무런 고통 없이 거친 밭을 일구어 갈 수 있는 것과 같다.

농부는 손과 발에 익힌 두터운 습관 속에서 밭일에 완전히 적응해 있다. 습관(hexis/habitus)이란 말은 원래 소유하다(echein/habere)라는 말에서 왔다. 농부는 습관 속에서 환경에 단순히 적응할 뿐만 아니라 편안하게 거주한다. 습관은 편안한 거주의 형식 속에 완료되는 소유의 방식이다. 습관화되지 않은 것은 우리에게 편안하고 익숙하지 않은 것, 따라서 아직 낯선 것이다. 그런 한에서 그것은 아직 우리에게 속하는 것이 아니다. 습관은 외부에 속하던 것이 우리에게 고유한 어떤 것이 되도록 만들어 준다. 습관을 통해 우리는 비로소 고유한 자신의 영역, 고유한 자신의 속성, 고유한 실체적 중량을 얻게 된다. 이는 습관이 있고서야 비로소 '나'라고 말하는 고유한 자기가 있게 된다는 것을 말한다. 자기감정이나 자기의식은 습관의 선물이다.

그러므로 헤겔은 신체적 활동에서 순수 사유에 이르는 인간의 모든 활동이 습관에 의해 조형되고 유지된다는 결론에 이른다. 이는 인간이 습관에 의해 비로소 동물과 구별되는 인간, 다시 말해서 직립 보행을 하고 생각하는 동물로서 다시 태어난다는 생각 때문이다.[25] 습관은 동물성과 구별되는 인간성(제2의 천성)을 생산한다는 점에서 해방적일 뿐만 아니라 조형적이다. 자세, 행동, 지각, 인식, 사고, 말투 등 인간성을 구성하는 대부분의 요소는 습관에 의해 처음 구성되고 보존된다. 인간의 본성이나 본질마저 우연한 내용의 습관화가 맺은 결실이다. 습관은 우연한 것이 본질이 되고 경험적인 것이 선험적인 것이 되는 절차다. 습관에 의해 무질서는 질서 혹은 스타일이 된다. 인간이 자신에 고유한 것이라 여기는 본성, 본질, 질서 등은 모두 습관의 산물이다. 이것은 헤겔의 생각만이 아니다. 이미 아리스토텔레스는 적어도 인간의 성격과 이와 결부된 덕성은 모두 습관에 의해 결정되는 것임을 역설했다.

성격상의 덕은 습관의 결과로 생겨난다. 이런 이유로 성격을 이르는 에토스(ēthos)도 습관을 의미하는 에토스(ethos)로부터 조금 변형하여 얻은 것이다. …… 따라서 어린 시절부터 죽 이렇게 습관을 들였는지, 혹은 저렇게 습관을 들였는지는 결코 사소한 차이를 만드는 것이 아니다. 그것은 대단히 큰 차이, 아니 모든 차이를 만드는 것이다."[26]

『논어』에서도 우리는 습관의 무한한 조형력을 언급하는 대목을 만날 수 있다. 가령 "사람은 본성에서는 서로 가깝지만 습성에서는 서로 멀어진다."[27]라는 말이 그것이다. 여기서 본성(性)은 맹자의 심성론적 해석이나 주자의 성리학적 해석에서 주장하는 것처럼 선천적으로 결정된 도덕적 본성이 아니다. 그것은 자연적으로 주어진 천성이되 아직 형태가 결정되지 않은 잠재성이다. 아직 습관에 의해 조형되기 이전의 미결정 상태. 그것이 제1의 천성이라면 인간은 학습과 습관을 거쳐 제2의 천성을 획득한다. 도덕적 본성은 제1의 천성이라기보다 예(禮)를 익혀 후천적으로 얻는 제2의 천성이다. 그런 제2의

사유란 무엇인가

천성이 천차만별일 수 있음을 말하는 위의 문장은 결국 습관의 놀라운 구성력을 암시하고 있다.

정신의 가죽　이 정도에서 다시 『시경』의 쥐 노래로 돌아가 보자.

　보아라 쥐에게도 가죽이 있거늘 사람으로서 체모가 없네 사람으로서 체모가 없으면 차라리 죽기나 하지 무얼 하는가

　보아라 쥐에게도 이빨이 있거늘 사람으로서 버릇이 없네 사람으로서 버릇이 없으면 차라리 죽기나 하지 무얼 기다리나

　보아라 쥐에게도 몸집이 있거늘 사람으로서 예의가 없네 사람으로서 예의가 없으면 어찌하여 빨리 죽지 않는가

우리는 이 시의 첫 줄을 해석할 수 있는 출발점에 도달하기 위해 이제까지 칸트, 헤겔, 프로이트 등을 우회하는 다소 복잡한 여정을 지나왔다. "보아라 쥐에게도 가죽이 있거늘 사람으로서 체모가 없네 사람으로서 체모가 없으면 차라리 죽기나 하지 무얼 하는가." 이 구절은 쥐가 가죽 없이 살 수 없는 것처럼 인간으로서 의젓한 행동거지가 없다면 죽은 목숨이나 한가지임을 말하고 있다.

분명한 것은 쥐에게 가죽은 어떤 장식이 아니라 생존의 필수 조건이라는 점이다. 마찬가지로 예의는 인간에게 있어도 되고 없어도 되는 겉치레가 아니다. 그것은 어떤 습관의 산물이되 인간이 인간일 수 있기 위해 갖추어야 하는 일차적 조건에 속한다. 가죽은 외부 자극

으로부터 신체를 보호하는 방어 체계다. 그 방어 체계 덕분에 쥐의 신체는 어느 정도 외부 환경의 구속력에서부터 해방되어 자율적인 신진대사 체계를 유지할 수 있다. 마찬가지로 예의범절은 단순한 행위의 형식에 불과한 것이 아니다. 그것은 인간의 내면적 깊이가 날로 더해 가고 정신적 신진대사가 유지되기 위한 조건이다. 예의범절에 힘입어 인간은 타인과의 사소한 갈등이나 분쟁에서 벗어나 자신의 내면적 삶에 집중할 수 있다. 예의는 몸에 밴 행위의 습관으로서 정신의 피부, 가죽을 이룬다.

가죽은 외부의 자극을 수용하되 그 자극으로부터 신체를 방어해준다. 피부와 같이 생명체의 표면에 속하는 것으로는 감각 기관이 있다. 감각 기관은 피부가 감당하던 이중적 메커니즘이 한 차원 높은 단계로 분화되어 나온 산물이다. 생각이 탄생하고 정신적 내면세계가 유지되기 위해서는 가죽이나 감각 기관과 같이 기계적인 자극과 반응의 조직에 해당하는 습관이 있어야 한다. 습관이라는 수용적 외피층 덕택에 정신은 자신에 고유한 문제에 집중하고 순수한 대자 관계를 유지할 수 있다. 습관이 없다면 정신은 사소한 갈등과 자극들에 무관심할 수 없고, 따라서 자신에 고유한 리듬과 논리에 따라 자신의 내면적 잠재력을 쌓아 갈 수 없다.

가죽이 생명체의 내면과 외면 사이의 경계를 이룬다면, 습관과 같은 정신의 피부는 의식의 내면과 외면을 가르는 평면이다. 의식은 습관의 평면 위에 구축되는 입체적 세계다. 그러나 가죽은 단순히 습관화된 자극과 반응의 경계 조직으로 그치는 것이 아니다. 오늘날의 동물학자들은 가죽이 생명체의 내부 환경을 외부 환경에 맞추어 바깥으로 드러내는 어떤 심미적 표현임을 발견했다. 그런 심미적 표현은 특히 사랑의 짝을 찾는 구애의 목적에 기여한다.[28] 『주역』에도 가죽의 심미적 기능을 언급하는 대목이 있다. 변혁의 논리를 설명하는 택화 혁괘(澤火革卦, 101110)가 그것이다. 혁괘의 5효와 6효는 혁명이 일어나서(5효) 초기 개혁이 진행되는 상황(6효)에 해당하는데, 그 혁명과 개혁의 주체를 각각 호랑이와 표범에 비유한다. 효사(爻辭)와 상사(象辭)를 선택적으로 인용해 보면 다음과 같다.

대인이 호랑이가 털갈이하듯 변하니 점치지 아니해도 미더움이 있다. 대인이 호랑이가 털갈이하듯 변한다고 한 것은 그 무늬가 빛나기 때문이다.

군자는 표범이 털갈이하듯 변하고, 소인은 얼굴만 고친다. 군자가 표범이 털갈이하듯 변한다고 한 것은 그 무늬가 무성하기 때문이다.[29]

호랑이나 표범이 털갈이하듯 변한다는 것은 두 가지 의미가 있다. 먼저 철저하고 과격하게, 근본까지 변한다는 것을 뜻한다. 다른 한편 혁명과 개혁의 주체가 내면적으로 쌓은 두터운 덕이 찬란하게 바깥으로 드러나 아름다운 무늬를 이룬다는 것이다. 여기서 다시 쥐 노래의 1행으로 돌아가 보자. "보아라 쥐에게도 가죽이 있거늘 사람으로서 체모가 없네 사람으로서 체모가 없으면 차라리 죽기나 하지 무얼 하는가." 동물의 가죽이 신체 내부적 환경의 심미적 표현인 것처럼, 예절은 내면적 덕성이 바깥으로 드러나는 아름다운 무늬다. 무뇌가 없다는 것은 그만큼 깊이가 없다는 것이고, 따라서 인격적 함량이 떨어진다는 것과 같다. 도대체 영혼이 없는 사람이라는 것이다.

사물의 가죽 그러나 쥐나 호랑이 같은 동물만 가죽을 지니는 것인가? 왜냐하면 고대인은 사물도 모종의 외피를 갖는다고 생각한 것처럼 보이기 때문이다. 가령 아리스토텔레스는 장소를 어떤 경계(테두리)나 표면, 혹은 그릇이나 외피로 표상했다. 이는 장소가 근대인이 생각하는 단순한 연장이나 공간이 아님을 말한다. 고대인의 세계에서 온갖 사물은 서로를 둘러싸고 있다. 사람은 집에 의해, 집은 도시에 의해, 도시는 대기에 의해, 대기는 하늘에 의해 둘러싸여 있다. 장소는 어떤 물체를 외피처럼 둘러싸는 테두리를 의미한다. 사물의 경계 혹은 테두리라는 점에서 장소는 형상과 혼동된다.

> 형상(eidos)이 장소(topos)로 생각되는 것은 무엇인가를 감싸고 있기 때문이다. 사실 감싸고 있는 물체의 경계(peras)와 감싸이는 물체의 경계는 동일한 지점을 이룬다. 이것들은 모두 테두리이지만, 그렇다고 동일한 사물의 테두리인 것은 아니다. 즉 형상은 대상의 테두리이고, 장소는 감싸인 물체의 테두리다.[30]

그리스적 의미의 경계나 테두리는 단지 제약하는 것, 한정하는 것으로 그치는 것이 아니다. 그것은 낳는다는 것, 낳은 것을 일정한 형태 안에 보존하고 기른다는 의미가 있다. 그림에는 액자가 있는 것처럼, 사물은 그것을 안전하게 보호하는 테두리가 있다. 그러나 그 테두리는 때로는 자궁같이 사물의 원천일 때가 있다. 때로는 피부나 가죽처럼 질료적인 내용을 보살피고 숨 쉬게 만들어 줄 때가 있다. 생명을 불어넣어 주는 것이다.

위의 인용문에 따르면, 물리적 세계에는 두 종류의 테두리가 있다. 먼저 사물의 질료를 감싸는 형상이 있다. 그리스어의 형상은 라틴어권에서 본질(essentia)로 번역되면서 사물을 살아 있게 만들어 주는 테두리나 피부라는 의미를 상실했다. 다른 한편 사물이 놓여 있는 장소가 있다. 장소는 형상과 동일한 경계선을 따라 사물을 다시 한 번 둘러싸는 테두리다. 형상이 사물을 지키는 내피라면, 장소는 그 내피 위에 있는 외피라 할 수 있다. 장소는 사물을 둘러싸는 가죽을 가리킨다. 아리스토텔레스는 사물의 가죽인 그런 장소를 그릇에 비유한다. "마치 그릇이 운반될 수 있는 장소인 것처럼, 장소는 이리저리 움직일 수 없는 그릇이다."[31]

그러므로 쥐나 호랑이 같은 동물에게만 가죽이 있는 것이 아니다. 물이 그릇에 담겨 일정한 형태를 유지하는 것처럼, 사물은 장소라는 가죽에 담겨 자신의 활력적인 정체성을 향유한다. 장소는 형상이라는 사물의 틀을 다시 한 번 감싸 주는 외피다. 이런 의미의 장소가 사유에 대해 갖는 의미는 생각보다 크다. 가령 공자는 사유의 도리를 "자신의 자리를 벗어나지 않게 하는 것"[32] 또는 사물을 적절한 장소에 머물러 있게 하는 것에서 찾았다. 하이데거는 사유를 독일어의 논구(Er-örterung)로부터, 논구를 "사물에 저마다 적절한 자리(Ort)를 찾아 주는 것"으로부터 설명했다.[33] 이는 모두 사유와 장소 사이의 본질적 연관성을 암시하는 사례들이다.

3 정신의 치아와 판단 — 생각은 산처럼

우리는 『시경』에 나오는 쥐 노래의 2행을 번역하면서 사유와 장소 사이의 본질적 연관성을 다시 한 번 확인할 수 있을 것이다. "보아라 쥐에게도 이빨이 있거늘 사람으로서 버릇이 없네 사람으로서 버릇이 없으면 차라리 죽기나 하지 무얼 기다리나(相鼠有齒 人而無止 人而無止 不死何俟)." 이 문장에서 주목해야 할 단어는 이빨이고, 이보다 더 관심을 갖고 들여다보아야 하는 것은 '버릇'의 원어 그칠 지(止) 자다. 왜냐하면 이 글자에 사유와 장소의 관계를 둘러싼 비밀이 담겨 있기 때문이다. 동아시아적 사유의 이미지를 규정하는 결정적인 포즈는 이 글자가 가리키는 멈춤 혹은 그침에 있다. 그러므로 사유란 무엇인가라는 물음의 관점에서 보자면, 이 대목이 우리의 쥐 노래에서 가장 중요한 부분이 될 것이다.

멈춤의 의미 이때 멈춘다는 것은 여러 가지 복잡한 의미를 동시에 함축한다. 이것을 하나하나 따져 묻기 전에 일단 전체의 윤곽을 그리는 수준에서 일별해 보면 다음과 같다.

첫째, 멈춘다는 것은 행동을 멈춘다는 것이다. 유가 경전에서 행동, 특히 예법에 따른 행동은 '밟아 나아가다(履)'라는 말로 대변된다. 가령 『주역』의 이괘(履卦, 110111)는 행동(예절)의 괘에 해당한다. 여기서 행동한다는 것은 이행한다는 것, 절차에 따라 밟아 나아간다는 것과 같다.[34] 반면 생각한다는 것은 그런 이행의 절차를 중단하는 것, 걸음을 멈추듯 행동을 멈추는 것이다. 그래서 『주역』에서 생각의 괘에 해당하는 것은 간괘(艮卦, 001001)인데, 여기서 원래 산이라는 뜻의 간은 그칠 지(止)와 동의어로 간주된다. 이 괘의 풀이에 따르면, 생각은 행동과 행동 사이에, 행동을 멈추는 가운데 일어난다. 생각하는 사람은 요지부동 한자리를 지키는 산의 모습이 된다.

둘째, 멈춘다는 것은 부질없는 충동과 욕망을 멈춘다는 것, 주의를 흩트리는 잡념과 사욕을 억제한다는 것이다. 이는 자기 자신을 일정한 한계 안에 억제하여 평정의 상태에 도달한다는 것과 같다. 셋째, 멈춘다는 것은 자기 자신으로 돌아간다는 것을 말한다. 그것은 순수한 대자적 자기 관계 속에 몰입한 나머지 외부 대상에 대한 관계가 중단된다는 것, 마침내 자기 자신마저 의식하지 못하는 몰아의 상태에 빠진다는 것을 말한다. 고대 중국인은 한자리에 머물러 있는 산에서 그런 몰아적 자기 복귀의 모습을 보았다. 넷째, 멈춘다는 것은 어떤 장소에 멈춘다는 것이다. 유가 경전에서 멈춤(止)은 멈춤의 장소(地)와 혼돈된다. 어떤 장소인가? 아마 하이데거라면 온갖 기억이 회집, 증폭, 집기(集起)하는 어떤 수렴과 집중의 지점이라 할 것이다. 그러나 고대의 중국인이 생각하는 사유의 장소는 가장 안전하고 편안한 장소다. 생각은 안심할 수 있는 장소에 멈출 때 일어나고 계속될 수 있다. 생각이 지속될 수 있는 장소에 멈출 때 우리는 해결해야 할 문제의 위치를 비로소 발견할 수 있다. 멈춘다는 것은 이때 문제가 유래하는 본질적인 장소에 머문다는 것, 따라서 문제를 해결할 수 있는 위치를 발견한다는 것과 같다.

다섯째, 멈춘다는 것은 모으고 쌓는다는 것과 같다. 특히 『주역』에서 그런데, 이 책의 대축괘(大畜卦)와 소축괘(小畜卦)는 간괘와 더불어 멈춤의 의미를 설명하는 대목으로 간주되어 왔다. 그렇다면 쌓는다는 것은 무엇을 말하는가? 그것은 모으고 기른다는 것, 양육하여 잠재력을 일으켜 세우고 실현한다는 것을 말한다. 서양적 의미의 도야와 형성(Bildung)에 해당하는 것이 쌓음이다. 『대학』의 용어로 하자면 쌓는다는 것은 닦는다는 것과 같다. 그러므로 수신(修身)이 몸을 닦는다는 것이라면, 닦는다는 것은 제거한다는 것이 결코 아니다. 그것은 오히려 날로 새로워진다는 것을 말하고, 새로워지기 위해 날로 더하고 쌓아 간다는 것을 말한다. 무엇을 쌓아 가는가? 덕(德), 도덕적 역량이다. 멈춘다는 것은 도덕적 역량을 쌓아 새로운 자기로 태어난다는 것을 뜻한다.

멈춤의 장소　유가 경전에서 멈춘다는 것은 이렇게 다양한 의미를 지니는 심오한 단어다. 유가적 전통에서 사유는 이 심오하고 복잡한 멈춤의 의미 안에서 이해되어 왔다. 아마 이 점은 아직도 비밀로 가득한 『주역』의 비개념적 언어, 그 시적 표현들을 면밀하게 분석한 이후에야 충분히 설명될 수 있을 것이다. 물론 이것은 결코 쉽지 않은 일이다. 그러므로 『대학』과 같이 개념적 논리가 개입하기 시작한 후대의 경전을 먼저 들추어 보자.

멈춤이라는 말은 『대학』을 여는 첫 문장에 등장한다. "대학(大學)의 길은 밝은 덕을 밝히는 데 있으며 백성을 새롭게 하는 데 있으며 지극한 선에 머무름에 있다."[35] 이 문장을 이루는 단순한 단어와 표현 들 각각은 무수한 주석의 대상이 되어 왔다. 하지만 아직도 그 의미를 다 길어 올리지 못한 실정이다. 특히 끝 부분의 "지극한 선에 머문다."라는 구절은 그 독창적인 의미를 아직 드러낸 적이 없는 것 같다. 이 구절이 사유의 본성을 말하는 대목으로 추정될 수 있음을 생각하면 더욱 안타까운 일이다. 사유란 무엇인가라는 물음 자체를 아직 우리 스스로 심각하게 제기한 적이 없다는 사실을 일깨우기 때문이다. 지어지선(止於至善)이 사유의 비밀과 관련된다는 점은 첫 번째 「경문(經文)」 다음 바로 이어지는 두 번째 「경문」을 보면 알 수 있다. 그런데 여기서 지(止) 자는 멈추는 동작이 아니라 멈추는 장소(地)를 가리킨다는 점에 주목하자.

> 머무를 데(止)를 안 뒤에야 일정한 방향이 서는 것이니, 일정한 방향이 선 뒤에야 동요되지 않을 수 있고, 동요되지 않은 뒤에야 편안히 머무를 수 있다. 편안히 머무른 뒤에야 생각할 수 있고, 생각한 뒤에야 깨달을 수 있다.[36]

무엇을 깨닫는가? 지선(至善), 다시 말해서 지고한 선이다. 최고의 선에 대한 깨달음은 생각하지 않고는 일어나지 않는다. 그렇다면 생각은 어떻게 해야 일어나는가? 「경문」은 말한다. 생각은 고요한 가운데 편안히 머물 때만 일어나는 어떤 것이라고. 생각은 편안한 머무름(能安)에서 자라나는 가능성이다. 그런 가능성은 당연히 어떤 장소를 전제한다. 왜냐하면 머문다는 것은 언제나 어떤 위치를 지킨다는 것이기 때문이다. 생각은 머무름에서 오지만, 머물기에 앞서 어떤 장소를 찾아야 한다. 좋은 장소(止)가 있어야 편안히 머물 수 있고, 편안히 머물 수 있어야 생각이 일어날 수 있다. 생각한다는 것, 머문다는 것은 좋은 장소에서 편안하게 머문다는 것이다. 그렇다면 좋은 장소란 무엇인가? 『대학』의 「전문(傳文)」은 이것을 다음과 같이 해설했다.

『시경』에서 노래했다. "천 리의 경기 땅, 백성들 머무르는 곳이로 세!" 또『시경』에서 노래했다. "조그만 저 꾀꼬리도 숲 우거진 멧부리에 머물러 있구나!" 이 시를 읽고 공자는 이렇게 말했다. "머무름에 있어 그 머무를 곳을 아나니, 사람이 새만 못해서야 되겠는가!"[37]

『시경』에서 인용된 위의 두 문장은 최고선, 지선을 암시한다. 첫 문장은 최고선이 백성들이 함께 머물 수 있는 장소에 있음을 말한 다.(경기 땅은 주나라 초기의 수도권이다.) 반면 둘째 문장은 사람이 안 전하게 머물 수 있는 적당한 장소를 가리킨다.(꾀꼬리는 적이나 사냥꾼 에게 잡히지 않을 곳을 골라 앉아 노래한다.) 최고선은 개인들에게는 안 전을, 공동체에게는 나눔을 보장하는 어떤 장소에 있다. 이런 개념 이 서양의 최고선, 가령 플라톤의 선의 이데아나 칸트의 최고선 개념 과 얼마나 다른지를 자유롭게 이야기할 수 있기까지는 제법 많은 시 간이 걸릴 것이다. 자세한 비교는 나중으로 미루고, 중요한 차이 한두 가지만 지적하기로 하자.

동서의 선(善) 칸트의『실천 이성 비판』의 대미를 끌고 가는 최고 선의 개념은 상호 배타적인 두 가지 선을 종합하는 위치에 있다. 서양 에는 선을 쾌락의 원천으로 정의하는 전통(에피쿠로스학파)이 있는가 하면, 선을 규범을 실천하는 도덕적 역량에서 찾는 전통(스토아학파) 이 있다. 칸트의 최고선은 이런 두 가지 전통의 안티노미가 해소되는 지점에서 설정된다.(통속적인 인간에게 규범을 따르는 것은 자기 억제의 고통이 따른다.) 즉 최고선이란 도덕적 규칙을 지킬수록 쾌락이 펑펑 쏟아지는 상태를 가리킨다. 그러나 이런 최고선은 인간의 역사 속에

201

서는 결코 실현될 수 없다. 그것은 인간이 육체에서 벗어나 신과 더불어 순수 영혼으로 존재하는 저편의 세계에서만 성취될 수 있다. 따라서 칸트의 최고선은 신의 존재와 영혼의 불멸에 대한 요청 속에서 성립하는 개념이다.[38]

칸트의 최고선 개념은 그 외에도 역사의 무한한 진보를 요청한다. 최고선이 역사가 발전해 가는 궁극의 소실점으로 설정될 때라야 자발적인 도덕적 실천과 자기 도야의 의미가 확보될 수 있기 때문이다. 사실 낙후한 사회일수록 법과 쾌락 사이의 거리가 커진다. 법을 지키는 사람보다 지키지 않는 사람이 승자가 되고 훨씬 더 행복해지기 쉽다. 반면 진보한 사회일수록 법을 지키는 사람이 보상을 받고 행복해질 가능성이 커진다. 법과 쾌락 사이의 거리가 그만큼 가까워지는 것이다. 법과 쾌락 사이의 거리가 완전히 소멸하는 지점으로 설정된 칸트의 최고선은 역사적 진보의 정도를 평가하는 이상적 기준이 된다. 기독교 전통의 윤리를 대표하는 칸트의 최고선이 현실 저편의 초월적 세계에 설정되는 순수 이상이라면, 유가적 전통의 최고선은 이미 과거 속에 실현된 이상이다. 그것은 과거의 성인(聖人)에 의해 실현된 사례인바 그것의 위대성은 후대의 기억 속에 불멸한다는 데 있다. 『대학』의 「전문」은 이것을 다음과 같이 설명한다.

『시경』에서 노래했다. "아아, 앞서 가신 임금님 잊지 못하리로다!" 군자들은 그의 훌륭했음을 훌륭함으로 여기고 그가 친애했음을 친애함으로 여긴다. 소인들은 그가 즐겁게 했음을 즐겁게 받아들이고 그가 베푼 이로움을 이로움으로 여긴다. 그러니 세상을 떠났는데도 잊지 못하

는 것이다.[39]

이 문장을 보면 유가의 최고선도 두 종류의 상호 배타적인 선을 통합하고 있음을 알 수 있다. 군자가 추구하는 선(도덕적 탁월성)과 소인이 추구하는 선(세속적 이익과 쾌락)을 모두 끌어안고 있는 것이 최고선이다. 이 점에서 그것은 규범과 쾌락이 모순 관계에서 벗어나 하나로 묶이는 칸트의 최고선과 유사하다. 그러나 유가적 전통과 기독교적 전통에서 최고선이 자리하는 위치는 완전히 다르다. 하나는 미래의 역사가 무한히 근접해 가는 관념상의 소실점에 해당한다. 반면 다른 하나는 역사가 열리는 출발점에서 실현된 이후 역사 속에서 무한히 전승되어야 할 과제로 설정된다. 양자는 모두 역사를 움직이는 동력이라는 점에서는 일치한다. 그러나 하나는 역사의 출발점에, 다른 하나는 역사의 종말론적 완성 지점에 위치한다.

이런 위상학적 차이는 플라톤의 최고선(선의 이데아)과 비교하면 더욱 분명해진다. 플라톤의 최고선은 형이하학(자연)의 세계와 분리된 형이상학(초자연)의 세계에, 그 초월적 세계의 중심에 자리한다. 그것은 시간적 생성 소멸의 저편에서 눈부시게 빛나는 이념적 태양의 자리다. 반면 유가의 최고선은 생성 소멸하는 자연의 속에, 요동치는 시간과 역사의 한복판에 자리한다. 유가적 전통에서 최고선이 군자와 소인이 함께 안전하고 편안하게 머물 수 있는 장소라면, 그 장소는 시간의 바깥이 아니라 시간의 한가운데, 다시 말해서 시중(時中)에 있다. 판단이 도달하고 멈추어야 할 최종의 자리는 시간의 중심에서 지속하는 균형, 다시 말해서 중용(中庸)에 있다.

플라톤주의의 전통에서, 그리고 기독교주의의 전통에서 하늘과 땅은 서로 대립하는 두 세계를 상징한다. 반면 유가적 전통에서 하늘과 땅은 상호 보완적 관계에 있으면서 단일한 세계의 두께를 구성한다. 동아시아의 관점에서 플라톤-기독교주의의 세계관은 두 평면에 의해 구조화되어 있다. 반면 플라톤-기독교주의의 관점에서 동아시아의 세계관은 단일 평면의 세계관이라 할 수 있다. 동아시아의 단일 평면의 세계관에서 최고선은 신적인 모든 것과 마찬가지로 하늘과 땅 사이에, 그 사이에서 대기를 가득 채우며 지나가는 시간 속에 숨어 있다. 시간 속에 숨어 있는 중용은 끊임없이 자리를 바꾸되 시간의 흐름에 따라 이동한다. 따라서 중용을 추구하는 사유는 시간적 흐름의 전후를 왕복하는 가운데 수평적 구도를 그린다. 반면 서양적 사유는 어떤 높은 곳을 향하는 가운데 수직적 구도를 그린다. 대지의 중력에서 벗어나 시간이 사라지는 제2의 평면으로 진입할 때만 최고선을 비롯한 신적인 것 일반에 이를 수 있기 때문이다.

동서의 범주 유가적 전통에서 최고선이 역사 속에서 무한히 전승해야 할 과제라면, 이때 전승한다는 것은 단순히 기억한다는 것을 말하지 않는다. 그것은 현실 속에서 반복한다는 것이다. 반복한다는 것은 다시 미래에 계승 가능한 사례를 구축한다는 것이다. 유가적 전통에서 보편자는 플라톤-기독교주의의 보편자와는 달리 현실과 유리된 또 하나의 평면에 자리하는 초월자가 아니다. 보편자는 모범적 사례의 자격에서, 스스로 새롭게 일으킨 역사적 흐름 자체 안에 내재한다. 보편자는 범례의 효력을 얻은 미래 완료 시제의 사태로서 어떤 인물에 대한 기억과 이야기 속에, 특정한 서사적 구조 속에 존재한다.

『대학』에서 그런 구체적 보편자를 구현하는 대표적 인물은 주나라를 연 문왕이다.

『시경』에서 노래했다. "깊고도 먼 문왕이시여, 아아 끊임없이 밝으시어 안온히 머무르시었도다!" (문왕은) 남의 임금이 되어선 인(仁)에 머물렀고, 남의 신하가 되어선 경(敬)에 머물렀고, 남의 아들의 되어선 효(孝)에 머물렀고, 남의 아비가 되어선 자(慈)에 머물렀으며, 나라 사람들과 사귐에는 신(信)에 머물렀다.[40]

보편자는 문왕이 멈추었던 장소(仁敬孝慈信)에 있다. 서양의 논리학으로 번역하자면, 이 다섯 가지 멈춤의 장소는 범주에 해당한다. 문왕의 범주는 역사적으로 전승되는 과정에서 조금씩 변이되다가 인의예지신(仁義禮智信)이라는 다섯 덕목으로 굳어진다. 반면 서양적 의미의 범주는 시간의 흐름에 따라 좀체 변하지 않는다는 특징이 있다. 이런 차이는 어디서 오는가? 이는 범주가 한쪽에서는 행동 속에서 일어나는 판단의 단위인 반면, 다른 쪽에서는 말 속에서 일어나는 판단의 단위이기 때문일 것이다. 즉 언어의 문법적 구조는 그렇게 쉽게 변하지 않는 반면, 행동이 일어나는 사회적 관계는 시대마다 약간씩 달라지기 마련이다.

사실 아리스토텔레스가 만든 범주라는 용어는 kata(~에 따라)와 agoreuein(말하다)으로 구성된 합성어로서 "사람이 말을 할 때 따라야 하는 최고 분류 단위"를 의미한다. 특히 계사(copula)에 의해 주어에 묶일 수 있는 술어의 종류를 가리킨다. 그러므로 이후 칸트의 범주

사유란 무엇인가

론에서 범주는 주어와 술어를 결합하는 판단의 형식을 가리키게 되었다. 이런 점에서 알 수 있는 것처럼, 서양에서 사고의 범주는 판단을 구조화하는 단위이고, 판단의 단위는 말을 분류하는 단위로부터 나왔다. 반면 유가의 범주는 사고의 범주이되 행동을 구조화하는 단위, 혹은 사람과 사람의 실천적 관계를 변별하는 단위에서 비롯된다.

다시 정리하면, 서양의 범주는 말의 세계를 구성하는 개념들 사이의 관계를 조형하는 문제에서 탄생했다. 반면 유가의 범주는 사람들 사이의 관계를 조성하는 문제에서 유래한다. 유가의 범주는 사람과 사람이 서로 편안하게 관계하되 원만한 관계가 지속적으로 이어질 수 있는 조건에 닿아 있다. 그렇다면 그런 조건은 어디에 있는가? 그것은 인의예지신으로 표현되는 행위의 역량에 있다. 개념들 간의 관계를 조형하는 것은 모순율이나 배중률 같은 논리적 원칙이지만, 사람들 사이의 관계를 조성하는 원리는 예의를 실천할 덕성에 있다.

유가적 의미의 범주는 행위의 역량을 변별할 뿐만 아니라 그것을 쌓고 기르는 단위까지 겸한다. 즉 그침의 장소는 사고의 장소이되 축적의 장소, 수양의 자리다. 유가적 범주론의 두드러진 특징은 여기에 있다. 행위의 역량은 생각의 대상으로 그치는 것이 아니라 양육의 대상이 되어야 한다. 생각은 생각으로 멈추는 것이 아니라 기르고 형성하는 교육학적 실천과 겹쳐 있다. 『시경』 쥐 노래의 둘째 줄이 심오한 이유는 바로 이런 차원을 감추고 있기 때문이다.

이빨과 판단 "보아라 쥐에게도 이빨이 있거늘 사람으로서 버릇이 없네 사람으로서 버릇이 없으면 차라리 죽기나 하지 무얼 기다리나(相鼠有齒 人而無止 人而無止 不死何俟)." 이 구절에서 '버릇'으로 옮긴 그칠

지(止)는 쥐의 이빨에 비교되고 있다. 그렇다면 이빨은 무엇인가? 그
것은 끊는 것, 절단하는 것, 나아가 판단하는 기관이다. 그러나 여기서
판단이란 말을 서양적으로 이해하지 말아야 한다. 서양적 의미의 판단
은 (제3자의 관점에서) 심판하거나 판정하는 행위로서 법정과 결부된
행위다. 반면 고대 중국에서 판단한다는 것은 먹는다는 것과 크게 다
르지 않다. 우리의 쥐 노래에서 동물의 이빨이 그침과 함께 묶이는 이
유는 여기에 있다. 여기서 그침은 (힘을) 기름을 의미한다.

『주역』을 보면 거기에는 64괘 각각을 풀이하는 괘사(卦辭)가 있
고, 그 괘사를 다시 해설하는 단사(彖辭)가 있다. 괘사는 문왕 시대에
붙은 말이다. 단사는 공자 시대에 붙은 말로서 단사의 의미를 좀 더
상세히 설명하는 위치에 있다. 그런데 단사라는 말에 나오는 판단할
단(彖) 자의 어원이 어디에 있는지 아는가? 그것은 멧돼지의 이빨을
그린 모습에 있다. 어떤 내용을 이해하기 위해 분석-정리하는 능력을
멧돼지의 이빨에 견주어 생각한 것이다. 멧돼지는 아무리 질긴 먹이
라 해도 죄다 씹어 분쇄할 수 있는 강력한 어금니를 가지고 있다.

이 점에서부터 돌아보면, 쥐 노래에 나오는 이빨이 우연히 선택된
단어가 아님을 알 수 있다. 동물의 이빨은 사물을 쪼개고 나누는 분석
적 판단의 능력을, 그리고 대상을 흡수 및 내면화하는 종합적 판단의
능력을 동시에 상징한다. 사람은 정신으로 사리를 캐지만 쥐는 이빨
로 먹이를 파악한다. 이빨은 중요한 소화 장치다. 쥐는 이빨이 없으면
먹지를 못해 죽음을 기다리는 수밖에 없다. 마찬가지로 인간은 멈추
어 생각하는 능력이 없을 때, 판단하지 못한다. 사물을 이해하여 자신
의 일부로 내면화하지 못하고, 따라서 죽은 목숨이나 매한가지다.

사유란 무엇인가

그러므로 동아시아적 의미의 판단은 칸트가 말하는 규정적 판단 이나 반성적 판단이기 전에 무엇보다 먼저 축적하는 판단이다. 판단 을 축적의 절차로 간주한다는 점에 유가적 판단 개념의 독창성이 있 다.(이는 수양을 제거가 아닌 축적의 과정으로 간주한다는 점과 일맥상통한 다.) 판단을 동물의 이빨과 연결하여 설명하는 유머는 이런 독창적 발 상에서 온다. 『주역』에서는 이빨에 대해 직접 언급하는 대목도 찾을 수 있다. 그것은 26번째의 대축괘(111001)에서다. 대축괘는 정지를 상징하는 산(001) 속에 창조적 에너지를 상징하는 하늘(111)이 숨어 있는 형상이다. 공자는 여기서 학문과 도덕을 크게 쌓는 가운데 날로 충만해지는 내면의 모습을 보았다. 도야와 형성 또는 수신을 상징하 는 이미지로 간주한 것이다.

> 대축은 강건하고 독실하고 밝게 빛나서 나날이 그 덕을 새롭게 한
> 다. …… 하늘이 산속에 있음이 대축이니 군자가 이를 본받아 과거의 말
> 씀과 옛날의 행실을 많이 배우고 익혀서 그 덕성을 쌓아 간다.[41]

법고창신(法古創新)의 괘라 할 수 있는 대축괘에서 이빨에 대한 언급은 다섯 번째 줄에 붙은 효사에 나온다. "불알 깐 돼지의 어금니 이니 길하다."[42] 이미 언급했던 것처럼, 먹이를 자르고 분쇄하는 데 는 돼지의 어금니만큼 강력한 이빨은 없다. 과거의 찬란한 인문적 전 통을 내면화하여 자신의 것으로 소화하기 위해서는 돼지의 어금니같 이 날카롭고 억센 판단력이 필요하다. 그러나 돼지의 어금니는 너무 사납고 거칠어 위험할 수 있다. 좋고 나쁨을 가리지 않고 모조리 파괴

해 버릴 수도 있다. 너무 성급하여 스스로 깨지고 다칠 수도 있다. 최고의 판단력은 모든 것을 끊어 낼 정도로 강력하되 부드럽고 유연해야 한다. 유연성이 있어야 자신을 지키면서 지속적으로 새로운 형태를 조형하고 창조할 수 있다. 돼지의 거칠고 날카로운 이빨에는 부드러움을 더하는 것이 필요하다. 돼지의 조급하고 성미 넘치는 이빨에는 정지의 힘을 더하는 것이 요구된다. 그리고 정지의 힘을 더한다는 것은 생각의 힘을 더한다는 것이다. 불알을 깐다는 말의 의미는 여기에 있다. "불알 깐 돼지의 어금니이니 길하다." 이것은 외유내강(外柔內剛)의 길을 축복하는 말이다.

멈춤, 지연, 기름 "불알 깐 돼지의 어금니"는 천방지축의 야생적인 힘을 지연시킬 때 축적되는 창조적 잠재력을 표현한다. 『주역』의 대축괘와 소축괘에서 언명하는 그침의 의미가 그것이다. 이 오래된 책에서 축(畜)은 언제나 강한 힘을 멈추게(止) 한다는 것, 멈추게 하여 모이게(聚) 한다는 것, 그리고 모이게 하여 마침내 자라나게(養) 한다는 것을 말한다. 소축괘(111011)는 좌충우돌하는 강렬한 힘들이 부드러운 선 하나에 의해 제지되어 창조적 역량이 조금씩 모이고 쌓여 가는 모양이다. 대축괘(111001)는 멋대로 발산되는 갖가지 잠재적 에너지들이 두 개의 부드러운 선에 의해 지긋이 억제되는 형상이다. 충분히 억제되므로 다양한 야생의 힘들이 서로 얽혀 창조적 잠재력을 형성할 수 있게 된다.

이 점을 좀 더 분명하게 설명하기 위해서라면 『주역』의 멈춤(止)을 데리다의 차연(différance)과 교차시키는 방법도 괜찮을 것이다. 지연을 핵심으로 하는 차연의 개념은 언제나 두 힘을 전제한다. 가령 니체의 구분법을 따르자면 한쪽에는 디오니소스적인 힘이 있고, 다른 한쪽에는 아폴론적인 힘이 있다. 도취와 광기로 치닫는 디오니소스적인 힘, 이것이 사물의 존재론적 바탕(존재)이다. 여기서 모든 존재자는 하나가 되고 서로 삼투하며 끊임없이 새로운 형태로 변전한다. 그러나 여기에는 안정과 휴식이 없다. 기준과 위계, 그리고 질서가 없다. 개별자(존재자)를 보호하는 형상, 테두리, 피난처, 구조, 조직이 없다. 따라서 미래로 배당할 잉여의 힘과 자원이 축적될 수 없다. 이런 것은 디오니소스적인 힘의 멈춤과 자기 지연 속에서, 그런 자기 제약에서 쌓여 가는 어떤 습관의 두께에 힘입어 자라나는 조형물이다. 니체는 디오니소스적인 힘에 내재하는 조형 유도적인 자기 지연을 하나의 원리로 승격해 그것을 아폴론적인 힘으로 명명했다. 그것은 디오니소스적인 힘의 자기 분화 및 개별화의 경향을 설명하는 원리다. 유교 경전에서 우주의 자기 분화와 사물의 개체화를 설명하는 것은 멈춤의 개념이고, 이런 멈춤의 개념은 『중용』에서 성(誠)의 개념으로 발전한다.

성실함(誠)은 사물의 처음이자 끝이다. 성실하지 않으면 어떠한 사물도 없다. …… 성실함은 스스로 자기 자신을 완성할 뿐만 아니라 만물을 완성한다. 자기 자신을 완성함은 인자함이고, 만물을 완성함은 지혜로움이다.[43]

멈춤은 모이게 하고 자라게 하며 완성한다. 그런 조형-유도적인 지연은 사유의 원리일 뿐만 아니라 사물의 원리가 된다. 존재의 근본 원리가 될 때 멈춤은 성실함이라 불린다. 그런데 성실하기 위해서는 먼저 발부터 부지런해야 할 것이다. 사실 논의의 초점이 되고 있는 지(止)라는 글자는 사람 발자국의 모양에서 왔다. 이 글자는 원래 발을 멈추어 그 자리에 있다는 뜻과 함께 발을 움직여 앞으로 나아간다는 뜻도 있었다. 유교 경전에서도 멈춤은 이런 이중적 의미를 지닌다. 이것은 『주역』에서 멈춤의 괘로 불리는 52번째의 간괘를 보면 쉽게 알 수 있다. 그러므로 먼저 간괘 전체의 메시지를 생각해 보자.

시중(時中)의 명법 공자는 산(001)이 겹쳐 있는 간괘(001001)의 형상에서 생각하는 사람의 이미지를 보았다. 모든 잡념과 사욕의 충동에서 벗어나 자신의 문제에 몰두하고 있는 모습을 찾은 것이다. "두 산이 나란히 서 있는 것이 간이니 군자는 이를 본받아 자신의 생각을 적절한 곳에서 멈추어 본래의 자리를 벗어나지 않는다."[44] 이 문장에서 우리를 멈추게 하는 것은 여전히 생각을 장소와 연결하는 대목이다. "……자신의 생각을 적절한 곳에서 멈추어 본래의 자리를 벗어나지 않는다." 서양의 철학자로서 생각과 장소의 내재적 연관성에 주목한 것은 하이데거였다. 하이데거는 독일어의 문맥 안에서 사유를 논구 혹은 상론(Er-örterung)으로, 논구나 상론을 "사물들에게 각자의 자리(Ort)를 잡아 준다."라는 뜻으로 풀이한다.[45]

그렇다면 공자와 하이데거가 사유의 핵심으로 함께 가리키고 있는 장소란 무엇인가? 자리를 벗어나지 않게 한다든지 각자의 자리를 잡아 준다는 것은 무엇을 의미하는가? 이때 장소는 어떤 울타리 혹은 한계와 더불어 태어난다. 한계는 스스로 장소를 분만하고 일정한 형태 안에 양육-보존하는 원리, 장소를 낳고 살아 있게 만들어 주는 원

　　　　　　　　　　　　　　　사유란 무엇인가

리다. 그렇다면 어떻게 낳고 살리는가? 안과 밖을 분리하되 다시 연결하면서 그렇게 한다. 마치 세포막처럼 경계는 안쪽을 바깥의 환경으로부터 분리-해방하여 자율적 자기 형성의 장(場)을 허락한다. 반면 안쪽을 바깥과 다시 연결하여 외부 환경의 활력이 내면적 장 속에 순환하게끔 만들어 준다.

장소란 살아 있는 생명체로서 자신의 분리된 내면성을 보존하되 외부와의 소통을 담보하는 테두리를 갖는다. 사물들 각각에 고유한 자리를 잡아 준다는 것은 그것을 제약하되 비로소 안전과 활력을 허락하는 특정한 테두리 안에 머물게 한다는 것이다. 유가의 중용은 그런 테두리에 대한 이름이다. 하지만 그것은 한번 정해지면 그만인 그런 고정된 한계가 아니다. 오히려 시간 속에서 끊임없이 다시 그려지는 경계가 중용이다. 생각이 본래의 자리를 벗어나지 않는다거나 각각의 사물에 적절한 자리를 잡아 준다는 것은 시간 속에서 부단히 위치를 바꾸는 중용에 머물게 한다는 것을 말한다. 중용에 머문다는 것은 계속 이동하는 경계에 멈추는 것이고, 따라서 움직임과 정지를 반복해야 한다.

중용에 머물기 위해 움직임과 정지를 반복해야 함을 『주역』에서는 "때를 놓치지 않는다.(不失其時.)"라는 말로 표현한다. 간괘를 보고 멈춤의 의미를 풀이하는 공자의 문장에 나오는 말이다. "간(艮)이란 멈춤이다. 멈추어야 할 때면 멈추고 가야 할 때면 간다. 움직임과 정지가 때를 놓치지 않으면 멈춤의 도가 밝게 빛날 것이다."[46] 소크라테스는 "너 자신을 알라!"라고 소리쳤고, 서양의 정신은 이 명령에 대한 응답 속에서 형성되었다. 반면 유교의 경전은 "그침을 알라!"라고 외치고, 동아시아의 정신은 이런 명령에 대한 응답 속에서 형성되었다. "너 자신을 알라!"는 시간을 초월하는 불변의 본질에 대한 탐구로 이어졌다. 반면 "그침을 알라!"는 무엇이든 시간에 맞추라는 명령, 다시 말해서 "때를 알라!"라는 시중(時中)의 명령과 진배없다. 이것을 말하는 것이 공자가 풀이한 멈춤의 의미다. 멈춤의 의미는 그저 움직이지 않는 데 있는 것이 아니라 때에 맞추어 움직이거나 정지하는 데 있다.

생각은 산처럼 앞에서 언급했던 것처럼, 자기 도야와 형성을 이야기하는 대축괘의 다섯 번째 효사는 불알 깐 돼지의 어금니를 중심에 두고 있다. 사물을 분석하여 자기 자신의 것으로 내면화하는 능력이 판단력인데, 고대의 중국인은 그런 판단력을 동물의 이빨에 비유했다. 음식을 소화 가능한 형태로 끊고 으스러뜨리는 것이 이빨이다. 강력한 이빨이 있어야 많은 음식을 섭취하여 힘을 기를 수 있다. 정신이 학식과 도덕을 쌓기 위해서는 먼저 과거의 문화적 유산을 흡수해야 한다. 정신에 영양분이 되는 음식은 과거의 인문적 전통에 있다. 위대한 전통을 창조적으로 전유하고 미래로 전송하기 위해서는 돼지의 어금니 못지않게 억센 분석력이 있어야 한다. 그러나 강하기만 한 판단력은 분쇄할 줄밖에 모른다. 창조적 조형으로 나아가는 섬세한 분석은, 강하되 불알 깐 돼지의 이빨처럼 부드러워야 한다.

반면 그침과 성찰의 괘인 간괘의 다섯 번째 효사는 동물의 입 대신 사람의 입을 가운데 두고 있다. "입에서 그친다. 말에 순서가 있음이니 후회가 없으리라."[47] 이때 입으로 옮긴 보(輔)라는 글자는 원래 광대뼈나 윗잇몸을 가리킨다. 말에 순서가 있다는 것은 조리가 있다는 것이다. 이제 입을 장소로 하는 그침은 바른 논리의 원천이다. 여기서 그침이 단순한 정지가 아님이 더욱 분명해진다. 합리적 질서를 낳는 입의 그침은 운동과 정지의 교차이며, 그 교차 속에서 일어나는 어떤 지연이다. 그것은 어떤 지연된 혼돈이나 혼돈 속의 지연과 같다. 그침은 혼돈의 자기 지연이고, 앞에서 언급했던 것처럼 『중용』은 순서와 조리를 창출하는 그런 자기 지연을 사물을 낳는 성실함이라 했다. 유가의 존재론에서 모든 성(性)과 이(理)는 성(誠)의 산물이며, 성(誠)은 야생적 에너지인 기(氣)의 자기 지연에 대한 이름이 아닌가 한다.

"성실함은 스스로 자기 자신을 완성할 뿐만 아니라 만물을 완성한다. 자기 자신을 완성함은 인자함이고, 만물을 완성함은 지혜로움이다." 『중용』에서 인용했던 이 문장이 말하는 것처럼, 자기 지연의 성실함은 대타적 사물 관계(만물의 완성)와 대자적 자기 관계(자신의 완성)를 동전의 양면처럼 동시에 펼쳐간다. 우리 논의의 중심에 있는 간괘에서도 대자적 자기 관계와 대타적 사물 관계를 동시에 언급하는 대목이 나온다. 문왕이 붙였다는 괘사가 그것이다. 그런데 여기서는 자기 관계와 사물 관계가 모두 망각에 빠져 있다. "등에 그치면 그 몸을 보지 못하며, 뜰을 다녀도 사람을 보지 못하니 허물이 없다."[48]

등은 지각의 부재, 욕망의 부재를 뜻한다. 몸의 앞쪽에 있는 기관들(가령 눈, 코, 입, 귀, 뱃속의 내장 등)은 무엇인가 서로 다른 것을 지각하고 욕망한다. 이것들은 어떤 부질없는 충동의 원천이다. 충동이 샘솟지 않는 신체의 부위는 없겠으나 그래도 가장 덜한 곳을 찾는다면 등이 될 것이다. 그런 의미에서 "등에서 그친다.(艮其背.)"라는 것은 모든 욕심과 잡념에서 해방된 초연한 상태를 말한다. 그것은 몰아와 자기 망각에서 오는 초연함이다. 진정한 멈춤과 사유는 그런 초연한 자기 망각 속에서 일어난다. 생각에 빠진 사람은 등에 멈춘 듯 자기를 잊고 또 세상을 잊게 된다. 그것을 설명하는 것이 그다음의 문장이다. "등에 그치면 자신의 몸을 보지 못하며, 뜰을 다녀도 사람을 보지 못한다."

생각하는 사람은 다른 사람과 마주쳐도 의식하지 못한다. 그는 유령처럼 자기 자신은 물론 세상 전체와 분리된 다른 장소, 어떤 부재의 장소에 가 있는 듯하다. 하지만 이때의 '다른 장소'는 플라톤의 이데아계와 같은 초(超)세간의 평면을 말하지 않는다. 그것은 데카르트의 과장법적 회의가 그런 것처럼 세계 전체를 상대화하는 어떤 초월적 높이로 향한다는 것도 아니다. 그것은 욕망을 불러일으키는 자극과 반응의 체계가 빠져든 진공의 상태, 따라서 불안이 사라지는 진공 상태라 할 수 있다. 그것은 편안하고 안온하게 우뚝 서 있는 산처럼 초탈한 상태에 있음을 말한다.

『논어』에서 인자(仁者)를 산에 비유하는 대목이나 "군자는 마음이 평탄하고 시원하며 소인은 마음이 항상 근심으로 조마조마하다."[49]라는 공자의 말은 이런 관점에서 읽어야 할 것이다. 생각하는 사람은 욕망 유발적인 현실과는 구별되는 다른 장소에 가 있다. 그 장소에서는 말하자면 주체-객체의 관계가 현실에서와는 전혀 다른 방식 속에 놓인다. 어떤 방식인가? 그것은 하이데거가 거리 제거(Ent-fernung)라 불렀던 관계 방식이다. 어떤 것을 생각한다는 것은 그것과의 모든 소원한 거리를 해소하여 친밀한 접촉에 이른다는 것이다. 이것을 암시하는 것이 『논어』에 나오는 다음과 같은 공자의 지적이다.

　　　　　　　　　　　　　·　　　사유란 무엇인가

"산이스랏 꽃이 팔랑팔랑 나부끼네! 어찌 그대가 생각나지 않으랴 만 집이 너무 멀구나!"라는 시가 있거니와 이에 관하여 공자가 말했다. "그를 생각하지 않는 것이지 멀 것이 뭐 있겠느냐?"[50]

물리적으로 아무리 멀다 해도 진정 생각한다면 도대체 멀다 할 수 없다는 가르침이다. 왜 그런가? 생각한다는 것은 본성상 소원함의 거리를 소거하는 가운데 친밀한 간격을 유지하는 힘을 분비하기 때문이다. 물론 이때의 친밀한 간격은 물리적으로 가깝다는 것을 말하지 않는다. 문제는 (두 연인 사이에서 종종 일어나는 것처럼) 물리적으로 가까워도 한없이 멀어진다든지 물리적으로 멀어도 한없이 가까워질 가능성에 있다. 공자는 그런 가능성을 생각의 본질적 측면으로 가리킨 것이다. 산이 나란히 서 있는 형상의 간괘를 보면서 문왕과 공자가 사유하는 사람을 떠올린 것도 이런 가능성 때문일 것이다. 즉 생각하는 두 사람은 거대한 계곡에 의해 분리되어 따로 떨어져 있는 산과 같지만, 멈춤이 허락하는 사유 속에서 한없이 가까워질 수 있다.

4 정신의 몸과 사지 —— 창의적 사유에 대하여

보아라 쥐에게도 가죽이 있거늘 사람으로서 체모가 없네 사람으로서 체모가 없으면 차라리 죽기나 하지 무얼 하는가

보아라 쥐에게도 이빨이 있거늘 사람으로서 버릇이 없네 사람으로

서 버릇이 없으면 차라리 죽기나 하지 무얼 기다리나

보아라 쥐에게도 몸집이 있거늘 사람으로서 예의가 없네 사람으로
서 예의가 없으면 어찌하여 빨리 죽지 않는가

사유란 무엇인가? 우리는 이 물음을 위해 지금까지 『시경』에 나
오는 쥐 노래의 1행과 2행 각각에 주석을 붙여 보았다. 이제 마지막
3행에 함축된 상징적 암시를 개념적 언어로 옮겨 보자. "보아라 쥐에
게도 몸집이 있거늘 사람으로서 예의가 없네 사람으로서 예의가 없으
면 어찌하여 빨리 죽지 않는가(相鼠有體 人而無禮 人而無禮 胡不遄死)."
이 구절에서 우리가 현대적으로 번역해야 할 것은 몸(體)과 예(禮)의
관계다.

동아시아의 몸 먼저 몸에 주목해 보자. 동양적 사유와 서양적 사
유가 서로 만나되 가장 낯설고 어색하게 만나는 장소를 찾자면, 아마
그것은 몸일 것이다. 그만큼 몸의 개념은 동서 사유의 차이가 집약되
는 지점이라 할 수 있다. 플라톤-기독교주의를 근간으로 하는 서양
형이상학은 그토록 열심히 신체 없는 사유를 지향해 왔다. 서양적 의
미의 형이상학은 신체적 차원과 분리된 초감성적 차원에 대한 열망
이다. 반면 중국적 사유는 언제나 신체 내적 사유이거나 신체 수반적
사유였다. 동아시아의 전통에서 신체 없는 사유는 둥근 사각형이라
할 만큼 상상 불가능한 어떤 것이다. 여기서는 신체와 정신이 나뉘어
존재할 수 있다는 관념 자체가 아예 없었다고 해야 한다. 몸이 마음이
었고, 마음이 몸이었던 것이다.

사유란 무엇인가

이 점을 극적으로 대변하는 용어가 수신(修身)이다. 동아시아에서 학문이란 인격의 도야와 형성이고, 인격의 도야와 형성은 '몸을 닦는 것'이라 일컬어져 왔다. 이 말은 우리가 앞에서 여러 차례 인용한『대학』에서, 이 책의 내용 전체를 압축하는 용어로 등장한다. "천자(天子)로부터 백성에 이르기까지 한결같이 모두 몸을 닦는 것을 근본으로 한다."[51] 몸을 닦는 것이 하늘 아래 살아가는 모든 사람에게 근본이 되는 과제라는 것이다. 이때 몸을 닦는다는 것은 마음은 제쳐 두고 몸만 깨끗이 한다는 것이 아니다. 그렇다고 몸을 닦아 깨끗한 마음이 드러나게 한다는 것도 아니다.

이미 설명한 것처럼, 여기서 닦는다는 것은 새롭게 하는 것이요, 새롭게 하기 위해 두텁게 쌓는 것이다. 그것은 덕성과 인격적 함량을 길러 무겁게 하는 것이다. 고대 중국에서 자기(일인칭 주체)에 해당하는 말로 영혼이나 마음 같은 말을 제쳐 두고 몸(身)이라는 말을 선택한 이유도 이런 두터움의 상상력에서 찾아야 할 것이다. 여기서 새로움은 환원과 제거에서 오는 것이 아니라 두께나 무게에서 온다. 반면 서양의 플라톤-기독교주의 전통에서 자기는 영혼으로, 영혼은 프네우마(pneuma) 즉 공기로 표상되어 왔다. 따라서 학문적 수양은 영혼을 본래의 상태로 되돌리기 위해 무게를 덜어 내는 것, 먼지를 털어 내고 닦아 내는 것으로 간주되었다. 이런 정화(淨化)의 상상력 안에서 공기였던 영혼은 다시 거울로 태어나고, 이로써 사유는 사물을 비추고 반사하는 빛의 유희로 표상되었다.

동아시아의 몸은 이상과 현실, 감성과 초감성, 영혼과 육신이 상호 침투-흡수하고 있는 사태다. 그렇기 때문에 동아시아에서는 관념론이란 영원히 먼 나라의 이야기가 될 것이다. 자유 의지와 결정론의 대립, 유심론과 유물론의 논쟁 같은 것은 심신 이원론과 마찬가지로 동아시아의 전통에서는 성립할 수 없다.[52] 몸은 이미 능동과 수동, 주체성과 객체성, 내면과 외면이 분화되기 이전의 어떤 것이기 때문이다. 몸은 몸이기 전에 정신의 현실적 존재 방식이다. 서양철학은 이 점을 20세기의 메를로퐁티에 이르러서야 겨우 자각하게 되었다. 하지만 동아시아에서 몸은 원래부터 모든 대립적 이항이 교차 배열(chiasmus)의 논리에 따라 공속(共續)하는 장소였다.

20세기의 한국 시인 김수영이 「먼 곳에서부터」(1961)와 같은 세계 최고 수준의 몸 시를 남길 수 있는 이유는 아마 이런 데 있을 것이다. "먼 곳으로부터/ 먼 곳으로/ 다시 몸이 아프다"로 시작해서 "나도 모르는 사이에/ 내 몸이 아프다"로 끝나는 이 시의 심오함은 동아시아의 오래된 몸의 관념을 모더니즘의 언어로 옮기는 데에서 올 것이다. 여기서 몸은 선험성과 후험성, 고귀함과 천박함, 숭고한 높이와 바닥 모를 깊이, 아득한 거리와 모든 거리가 제거된 친밀성, 나아가 쾌락과 고통이 하나를 이루고 있는 장소로서 경험되고 있다.[53] 하지만 여기서 중요한 사실은 이런 것이 원래 동아시아인이 생각하던 몸의 진면목이었다는 사실이다.

이런 독특한 몸의 관념을 표현하는 사례는 무수히 많다. 큰 몸과 작은 몸에 대한 맹자의 언급은 그 수많은 사례 중의 하나에 불과하다. "신체의 귀중한 기관(大體)을 만족시키고자 하면 대인이 되고, 신체의 하찮은 기관(小體)을 만족시키고자 하면 소인이 된다."[54] 이런 문장에서는 몸과 마음이 모두 신체적 기관의 일종으로 이해되고 있다.

사유란 무엇인가

즉 정신적인 것은 귀중한 기관으로서 큰 몸이고, 감각적 본능은 하찮은 기관으로서 작은 몸이다. 이런 대목에서 알 수 있는 것처럼, 동아시아적 사유도 큰 것과 작은 것, 귀중한 것과 하찮은 것을 나눈다. 하지만 그런 나눔과 구별은 몸 안에서 일어나고 사라진다. 서양에서처럼 결코 몸과 몸이 아닌 것 사이에서 설정되지 않는다. 동아시아의 의학에서 더욱 분명히 드러나는 것이지만, 신체는 하나의 소우주로서 그 부분들은 대우주 전체와 일대일 대응 관계에 있다. 그러므로 신체는 끝을 알 수 없는 무한한 잠재력을 감추고 있는 것으로 간주되어 왔다.

몸과 예(禮)의 일체성   맹자는 이런 관점에서 신체의 잠재력은 성인을 통해서만 온전히 드러날 수 있다고 했다. "사람의 신체와 용모는 천부적인 것이지만, 오직 성인만이 신체의 기능을 다 발휘할 수 있다."[55] 신체의 기능을 다한다는 것은 물론 가장 높은 수준의 정신에 도달한다는 것과 다르지 않다. 동아시아에서 신체를 얻는 것은 정신을 얻는 것과 같다. 신체를 기르고 완성하는 것은 정신을 기르고 완성하는 것과 같다. 몸을 닦는다는 것, 수신의 의미는 여기에 있다.

그렇다면 어떻게 몸을 얻고 기르는가? 어떻게 몸을 닦는가? 다름아닌 예의를 통해서다. 예의는 몸이 태어나는 모태이자 형태를 얻는 기틀이다. 몸은 예의 조형력 속에서 비로소 몸으로 존재한다. 따라서 유교 전통에서는 몸과 정신이 구분되지 않는 것처럼, 몸과 예 사이에도 구분이 없다. 가령 한(漢)나라 시대의 문헌을 보면 이런 구절이 나온다. "『석명』에서 말하기를 '예(禮)란 몸을 이룬다는 뜻이다. 어떤 일의 몸을 얻는 것이다. 의(儀)란 마땅하다(宜)는 뜻이다. 어떤 일의 마땅함을 얻는 것이다.'라고 했다."[56] 몸과 마음이 동체이듯 몸과 예가 하나라는 것이 여기서 분명해진다. 인용문은 다음과 같이 이어진다.

정현의 『예기』 서에서 말하기를 "예란 몸으로 체득하고 밟아 나간다는 뜻이다. 몸가짐을 마음으로 통제하는 것을 체(體)라 하고, 밟아 나아가는 것을 이(履)라 한다."라고 했다. …… 『백호통』 「예악」 편에서 말하기를 "예라는 말은 밟는다, 실천한다는 뜻이다. 밟아서 갈 수 있다."라고 했다. …… 정현의 『예기』 서에서 말하기를, "체득하는 것을 성스럽다 하고, 밟아 행하는 것을 현명하다 한다."라고 했다.[57]

여기서 다시 우리의 쥐 노래로 돌아가자. "보아라 쥐에게도 몸집이 있거늘 사람으로서 예의가 없네 사람으로서 예의가 없으면 어찌하여 빨리 죽지 않는가." 이 노래는 몸이 곧 예이고 예가 곧 몸이라는 등식의 자명성 안에서 흥겨운 반어법을 구사하고 있다. 옛날에는 예가 없는 사람이 몸통 없는 쥐와 같다는 것은 땅이 있다는 사실만큼 의심할 수 없는 진리였다.

그런데 위의 인용문에서 볼 수 있는 것처럼, 유교 경전에서 예의는 몸과 동격을 이룰 뿐만 아니라 밟기(履/踐)와도 동격을 이룬다. 이는 예가 단순히 규칙으로 그치는 것이 아니기 때문이다. 예는 내적으로는 규칙이되 외적으로는 동작이자 행동이다. 예는 언제나 움직임 속에 있고, 앞으로 밟아 나아가는 데 있다. 우리는 여기서 다시 발과 다리를 만난다. 유가 전통의 사유의 이미지를 근본적으로 규정하는 그칠 지(止) 자는 이미 발 모양을 본뜬 글자였다. 예의와 동의어인 밟을 리(履) 자는 신발을 신고 길을 걸어가는 모습에서 왔다. 예의 실행을 의미하는 밟을 천(踐) 자는 두 발을 가지런히 펴서 앞으로 나아가는 모습에서 왔다.

사유의 기관(손인가 발인가?) 이런 것을 보면서 유가적 전통에서 발과 다리가 지닌 은유적 구심력의 크기에 놀라지 않을 수 없다. 여기서는 반성적 사유든 실천적 행위든 모두 발로 하는 어떤 것으로 이해되고 있다. 이것은 사유가 본질적으로 손과 분리되지 않는다는 반대쪽의 주장과 비교되므로 더욱 주목을 끈다. 하이데거에 따르면, 사유란 원래 손-일(Hand-Werk)이다. 모든 손동작은 사유 속에서 일어난다. 하지만 이때 손은 움켜잡는 기관이 결코 아니다. 손은 다만 생각하는 기관이고, 따라서 오직 인간만이 손을 지니고 있다. 동물은 아직 손이 없다는 말이다.

> 예컨대 원숭이도 움켜잡는 기관은 갖고 있지만, 손을 갖고 있는 것은 아니다. 손은 동물의 앞발, 새의 갈고리발톱, 동물의 엄니 등등 수도 없이 많은 갖가지 움켜잡는 기관들과는 본질의 심연을 통해서 차이가 난다. 오로지 말하는, 즉 사유하는 본질만이 손을 갖고 있으며 손으로 하는 일들을 능수능란하게 관장할 수 있다.[58]

이 인용문은 동물의 어금니를 언급하고 있다. 그러나 그것은 유가 경전에서처럼 판단력이나 사유의 능력을 상징하는 기관이 아니다. 단지 사유와 전혀 무관한 소화 기관의 사례로 제시되고 있을 뿐이다. 동서의 사유 이해를 이보다 더 잘 말해 주는 대목을 없을 것이다.

위의 인용문은 손과 사유의 본질적 연관성을 강조한다. 이런 상호 연관성을 언명하는 배후에는 사유와 말을 등치 관계에 두는 관점이 자리한다. 하이데거는 말한다는 뜻의 그리스어 레게인(legein)과 라틴어 레게레(legere)의 깊은 의미를 번역하되 놓는다는 뜻의 독일어 레겐(legen)으로부터 소급하여 옮긴다. 이는 독일어에서 진술하다의 darlegen, 숙고하다의 überlegen, 제출하다의 vorlegen 등이 모두 레겐을 근간으로 한다는 점과 무관치 않다.

이런 번역의 결과 그리스어 레게인의 본질적인 의미는 모으다, 가려내다, 골라내다, 내어놓다 등을 뜻하는 말로 드러난다.[59] 그런데 이런 동작은 모두 손이 하는 일이고, 따라서 말과 이에 기초한 사유는 모두 손-일로서 정의된다. 반면 손-일은 동물의 삶과 구별되는 인간적 삶의 차원을 열어 놓는 행동으로 간주된다. 따라서 손은 동물에게는 없는 인간 고유의 기관(사유의 기관)으로 설정된다. 서양적 사유가 로고스 중심주의라면, 로고스 중심주의는 손(main)-중심주의라 할 수 있다. 데리다의 지적처럼, 그리스에서 시작된 로고스 중심주의는 인문주의(humanisme)인 동시에 손문주의(humainisme)로서 펼쳐져 왔다. 인간 중심주의는 손-중심주의와 더불어 서양 형이상학이라는 동전의 양면을 이룬다.[60]

반면 고대 중국에서 사고와 행동은 모두 발과 다리를 기관으로 하고 있다. 사고와 행동은 발과 다리의 운동에서 태어나 그 운동에서 부피와 골격을 얻는다. 사고에서든 행동에서든 순서와 내용은 다 같이 발과 다리의 선물이다. 인간의 사고와 행동이 예의 조형력 안에서 태어나고 형태를 얻는다면, 그것은 예가 정신의 몸통에 발과 다리를

사유란 무엇인가

만들어 주기 때문이다. 손과 팔은 그다음의 일인데, 이런 점을 확인할 수 있는 것은 다음과 같은 『논어』의 한 대목이다. "시를 통해 흥분을 얻고 예를 통해 일어서며 음악을 통해 완성한다."[61]

권도(權道)에 대하여　시는 맑은 감정의 세계다. 아름다운 인격은 시처럼 샘솟는 맑은 감정 속에서 싹튼다. 하지만 성장은 줄기를 얻을 때까지 계속 이어져야 한다. 인격적 자립의 길은 예의의 실천에 있다. 예의의 실천 속에서 인간은 홀로 설 수 있는 정신적 골격과 팔다리를 얻는다. 홀로 선 뒤의 인격은 편협성과 아집에서 벗어나야 한다. 조화로운 인격을 이루어야 하는데, 그럴 때 필요한 것이 음악이다. 인간은 음악 속에서 조화롭고 유연한 인격으로 완성된다. 예의의 실천을 통해 신체가 일어선다는 것은 일단 인격적 정체성과 자립성을 얻는다는 것을 말한다. 하지만 거기에는 또 다른 뜻이 들어 있는데, 자율적 자기 정향과 판단의 능력에 따라 보편의 길(道)을 걷는다는 것이 그것이다.

그렇다면 음악을 통해 완성된다는 것은 무엇을 말하는가? 그것은 발과 다리뿐만 아니라 손과 팔이 생긴다는 것을 의미한다. 예의의 실천을 통해 뻗어난 몸은 음악을 통해 자유롭게 손과 팔을 움직이는 단계에 도달한다. 아름답고 조화로운 음악에 맞추어 춤을 추는 창의적 역량에서 인격은 완성된다. 그렇다면 창의적 역량의 사유는 어떤 것인가? 유가 경전에서 창의적 사유를 지칭하는 용어로는 권(權)이 대표적이다. 가령 『논어』에 나오는 공자의 말을 보자.

함께 공부할 수 있어도 그것만으로는 아직 함께 도(道)를 향하여 나아갈 수 있는 것은 아니고, 함께 도를 향하여 나아갈 수 있어도 그것만으로는 아직 함께 굳건하게 설 수 있는 것은 아니며, 함께 굳건하게 설 수 있어도 그것만으로는 아직 함께 변통(權)할 수 있는 것은 아니다.[62]

여기서 공자는 학문의 단계를 그려 주고 있다. 학문의 단계는 전승되는 학문의 학습(學), 보편적 원리와 이념으로 향한 자기 정향(道), 독자적이고 확고한 입장의 확립(立), 임시변통의 판단 능력(權) 등의 순서로 위계화된다. 그렇다면 학문의 최고 단계인 권도의 능력이란 무엇인가? 권(權)은 원래 나무 이름이었으나 후에 저울대나 저울추 혹은 저울 자체를 가리키게 되었다. 그러다가 이것이 은유적으로 전용되어 '저울질하다, 일의 경중이나 대소를 분별하다'라는 뜻을 얻었다. 그렇다면 무엇인가를 저울질하기 위해 필요한 기관은 무엇인가? 그것은 이빨도, 발이나 다리도 아니다. 그것은 바로 손이다.

맹자는 권과 예를 대립시켰다. 정상적인 상황에서는 남녀가 물건을 직접 주고받지 않는 것이 예절이지만, 형수가 물에 빠졌을 때 손을 잡는 것이 권도라는 것이다.[63] 후대의 사람들은 여기에 주석을 붙이기를, 일반적인 규정(經)을 위반하되 오히려 선(善)을 이룰 때 그것을 권도라 했다.[64] 상황의 변화에 따라 기존의 규칙이 무력해질 때가 분명 있다. 그리고 그것을 대체하는 임시의 조치를 통해 좋은 결과를 가져올 수 있다. 권도는 그런 창의적인 변통의 능력을 가리킨다. 그것은 기존의 잣대가 소용없어질 때 스스로 자기 안에서 잣대를 찾는 능력, 또는 스스로 저울추가 되는 능력이다. 우리가 위에서 한동안 논의의 중심에 두었던 멈춤(止)의 마지막 함축은 여기에 있다. 생각이 지어지선(至於至善)의 멈춤 혹은 간기배(艮其背)의 멈춤이라면, 이 멈춤은 최후에 새로운 기준의 설정이나 창출하는 것을 의미한다. 그러나 이때 생각의 기관이 바뀌어야 한다. 이제 발이 아니라 손으로 생각해야 하는 것이다.

걸어가는 정신, 춤추는 사유　다시 공자의 말로 돌아가면, 변통의 능력(權)은 입장의 확립(立) 다음에 온다. 확고한 입장을 확립한다는 것은 "예를 통해 일어선다.(立於禮.)"라는 말의 반복이다. 이는 보편적인 규칙을 내면화하여 스스로 일어설 수 있는 단계를 가리킨다. 그것은 홀로서기의 단계다. 여기서 정신은 타인의 도움 없이 스스로 길을 걸어갈 수 있는 발과 다리를 얻는다. 이것은 일반적인 규칙을 자유롭게 적용하여 일관되게 시비선악을 가리는 위치에 올라선다는 것과 같다.

반면 권도를 구사할 수 있다는 것은 배움의 마지막 단계다. 그것은 "음악을 통해 완성(成於樂)"하는 단계에 해당한다. 여기서 정신은 단순히 걷는 것이 아니라 그때그때 달라지는 리듬에 맞추어 춤을 출 수 있게 되었다. 춤을 추기 위해서는 손과 팔이 필요하다. 정신은 여기서 손과 팔을 얻고 사지를 휘저어 요동치는 상황에 중심을 취한다. 권도의 판단은 뜻밖의 상황을 맞아 화급한 문제 해결을 위해 임시의 규칙을 고안하는 창의적 순발력이다. 이미 드물게나마 지적된 것처럼, 시중의 지혜는 이런 창의적인 순발력을 전제한다. 시중은 발로서 따라가다가 나중에는 손으로 잡아채야 하는 어떤 것이다. 권도의 능력이 없다면 결코 정신의 최고 단계인 중용에 이를 수 없다. 중용은 음악 속에 완성되는 정신, 손을 휘저어 춤추는 정신에게만 허락되는

지혜다.[65]

서양 철학사에 익숙한 사람이라면, 이런 대목에서 칸트의 『판단력 비판』을 떠올리지 않을 수 없을 것이다. 이 책의 서론에서 칸트는 판단을 두 종류로 나눈다. 규정적 판단과 반성적 판단이 그것이다.[66] 그럼 규정적 판단이란 무엇인가? 그것은 개념(혹은 범주, 원리, 모델)이 미리 주어져 있고, 이를 통해 경험상 나타나는 개별적 대상을 규정(재인, 식별)하는 것이다. 개념은 보편적이고 경험의 대상은 특수하므로 규정적 판단의 규정은 특수한 것을 보편적인 것으로 분류, 설명, 환원한다는 것과 같다. 어떤 원리에 기대어 사태를 설명-평가하려는 이론적 판단이나 윤리적 판단은 이런 규정적 판단에 속한다.

그렇다면 반성적 판단이란 무엇인가? 그것은 규정적 판단이 실패할 때, 그래서 기존의 개념으로 환원할 수 없는 독특한 대상에 대해 내리는 판단이다. 이 경우 판단은 개념에서 사물로 향하는 것이 아니라 사물에서 개념으로 향한다. 왜냐하면 대상은 자신을 설명해 줄 새로운 개념을 요구하고 있기 때문이다. 그런 요구에 부응하여 대상 앞에 머물러 자기 자신으로 돌아가는 판단이 반성적 판단이다. 왜 돌아가는가? 새로운 개념을 찾기 위해, 또는 고안하거나 창조하기 위해서다. 이때 주체는 기존의 틀을 깨는 사태 앞에 멈추어 그에 부합하는 크기의 개념을 찾아 한없는 상상의 유희와 개념적 실험으로 빠져든다. 다양한 관념들이 꼬리를 물며 이어지고 확장되는 지속의 시간으로 함몰해 간다. 위대한 예술 작품이나 숭고한 장면 앞에서 우리가 내리는 판단은 이런 반성적 판단이다.

서양 근대미학의 초석에 해당하는 반성적 판단의 개념은 유가적

227

전통의 개념으로 번역해 볼 수 있는 측면이 있다. 반성적 판단 속에서는 기존의 사고 메커니즘이 중단되고 주체는 사고의 원천인 본질적 장소로 되돌아가 머물러 있게 된다. 이 점에서 반성적 판단은 『주역』에 나오는 간기배(艮其背)의 그침으로 옮길 수 있다. 간기배, 다시 말해서 등에 멈춘다는 것은 어떤 문제에 붙들려 망아의 상태로 빠져들 만큼 순수 반성적 대자 관계에 머문다는 것과 같기 때문이다. 다른 한편 반성적 판단은 기존의 규칙을 위반하면서까지 새로운 개념을 모색하여 혼란에 빠진 상황에 다시 중심과 균형을 가져온다. 이 점에서 반성적 판단은 권도 혹은 권변의 개념으로 번역해 볼 수 있다. 파격과 창조를 동반한다는 점에서 권변과 반성적 판단은 일치한다. 그럼에도 양자 사이에는 건너기 어려운 거리가 자리한다. 이는 두 판단 사이의 차이라기보다 그 둘이 각기 대변하는 동양적 사유와 서양적 사유, 유가적 사유와 플라톤-기독교적 사유 사이의 심연일 것이다. 그렇다면 동서 사유의 근본적 차이는 어디에 있는가?

도약하는 사유 반복되는 이야기이지만, 동아시아적 사유의 이미지는 산으로 압축된다. 산은 움직이지 않고 한자리에 그쳐 있다. 한자리에 그쳐 있으면서 수많은 동식물을 모으고 기른다. 산속에는 온갖 일들과 변화가 일어난다. 하지만 가능한 많은 것들을 품기 위해 등을 하늘로 세우고 웅크린 산은 언제나 초연하다. 아득한 높이에서 지하로 뿌리내리는 육중한 무게는 몰두의 크기와 비례한다. 산은 어떤 본질적인 장소에 붙들린 나머지 모든 잡념과 사욕에서 벗어난 평정심을 상징한다. 그것은 너그러움이 흘러넘치는 평정심이다. 사유란 산과 같이 대자적인 자기 관계 속에 초연한 높이에 이를 때, 몰아적인 자기 회귀 속에 두터운 넓이를 더해 갈 때, 수많은 관념을 불러들이고 양육한다는 본래의 성실한 모습을 드러낸다.

산의 이미지 속에서 연출되는 이런 사유의 개념에서 가장 중요한 핵심을 꼽자면 장소를 들어야 할 것이다. 우리는 이것을 간괘의 상사에서 읽을 수 있다. "생각은 그 자리를 벗어나지 말아야 한다.(思不出其位.)" 이것은 이미 단사에서도 언급되고 있었다. "그칠 때 그친다는 것은 제자리에 그친다는 것이다.(艮其止, 止其所也.)" 그렇다면 제자리, 합당한 자리, 다시 말해서 본질적인 장소(止)는 무엇인가? 그것은 "움직임과 고요함이 때를 잃지 않는다.(動靜不失其時.)"라는 말을 통해 단사가 가리키는 장소, 즉 시중의 장소다. 머물러야 할 장소는 시간의 한가운데 있다. 상황의 한복판이라 해도 상관없다. 그것은 이른바 중용이 유지되는 장소다. 치우침이 사라지는 곳, 올바름이 변함없이 균형을 되찾는 곳, 그것이 문제의 본질적인 장소다.

유가적 사유는 가운데를 찾는 사유, 가운데를 찾아 내려앉는 사유다. 따라서 생각이 크고 위대할수록 큰 자리를 차지하고 서 있는 산의 모습을 띠게 된다. 반면 서양적 사유는 동굴에서 태어났다. 플라톤이 『국가』에서 들려주는 동굴의 우화는 서양 형이상학의 탄생 설화와 같다.[67] 이 설화에서 동굴은 감성적 세계, 형이하학적 세계를 상징한다. 그것은 실재성을 결여한 그림자의 세계다. 형이상학은 이 어두운 그림자의 세계에서 태양이 빛나고 있는 동굴의 바깥으로 향하는 상승적 이행과 더불어 태어났다. 동굴의 우화는 장소에 대한 이야기이되 거기서 일어나는 장소 이동에 대한 이야기다. 그리고 그 장소 이동은 낮은 곳에서 높은 곳으로 나아가기 위해 정신이 겪어 가는 자기 극복의 여정이다.

그 자기 극복의 여정은 신체의 중력에서 벗어나 공기처럼 가벼워지는 절차, 영혼에 날개가 돋아나는 과정이다. 이런 관점에서 보면, 형이상학(metaphysica)의 상(meta)은 서양적 사유의 가장 중요한 특징을 표현하고 있음을 알 수 있다. 서양적 사유의 본질은 상향적 장소 이동을 핵심으로 하는 형이상학적 사유다. 형이상학적 사유는 수직적 장소 이동이되 어떤 도약을 통해 완성된다. 왜냐하면 형이상학적 사유가 전제하는 낮은 곳과 높은 곳은 점진적으로 이어져 있는 장소가 아니기 때문이다. 두 장소는 어떤 용솟음에 의해서만 건널 수 있는 심연에 의해 분리되어 있다.

어떤 도약을 전제한다는 것은 플라톤주의의 전통에서만이 아니라 그것에 도전하는 니체, 하이데거, 데리다의 철학에서도 마찬가지다. 니체의 초인은 인과율(복수)의 질서에서 유희(용서)의 질서로 도약하는 인간이다. 하이데거의 존재 사유는 존재자의 차원에서 존재의 차원으로 도약한다. 데리다의 글쓰기는 어떤 불가능한 약속을 향한 도약 속에서, 어떤 메시아적인 것으로 향한 용솟음 속에서 종결된다. 그런 용솟음이 데리다적 의미의 긍정(oui)이다. 불연속적인 두 평면 사이의 괴리를 뛰어넘으려 한다는 점에서 니체, 하이데거, 데리다의 해체론적 사유도 역시 그들이 극복하고자 했던 형이상학적 사유와 크게 다르지 않다.[68] 해체론적 사유도 서양적 사유의 틀을 좀체 벗어나지 못하고 있다는 말이다. 오히려 해체론적 사유를 통해 형이상학적 사유는 더욱 세련된 서양적 사유로 거듭나고 있는 것처럼 보인다.

부름받은 사유 플라톤주의와 기독교적 사유 사이의 긴밀한 유대

관계도 똑같은 관점에서 설명될 수 있다. 기독교, 그리고 그것과 하나의 뿌리에서 나온 유대교와 이슬람교의 원초적 장면은 신과 인간의 대화에 있다. 신과 아브라함, 신과 모세, 신과 욥 등의 대화. 그 대화는 신의 부름에서부터 시작한다. 메시아주의적 전통에서는 신의 부름과 명령으로 시작되는 대화가 바로 사유의 원초적 이미지에 해당한다. 여기서 사유는 신의 호명과 그에 대한 응답을 기본 골격으로 한다. 유가적 전통에서 자기를 자기로서 일으켜 세우는 것이 예(禮)라면, 메시아주의 전통에서 주체를 주체로서 일으켜 세우는 것은 신의 목소리다. 주체는 신의 명령에 호응하는 어떤 소명 의식 속에서 몸을 얻는다.

이것은 하이데거에게서도 마찬가지다. 하이데거는 "사유란 무엇인가?(Was heißt Denken?)"를 "사유는 무엇이 부르는가?" 혹은 "사유를 부르는 것은 무엇인가?"로 바꾸어 놓았다.[69] 이것은 독일어 heißen이 '~라 불리다', '~이다'라는 뜻의 자동사이면서 동시에 '~를 부르다'라는 뜻의 타동사이므로 가능한 일이다. 하지만 그렇게 물음의 의미를 바꾸어 놓았을 때 하이데거는 자기도 모르게 문제의 틀 자체를 그리스적 전통에서 기독교적 전통으로 옮겨 놓고 말았다. 파르메니데스의 '에온 에메나이(eon emmenai)'를 번역하되 "그리스인의 언어로 듣고 옮기자."[70]라고 제안한 하이데거는 결국 그리스적 사유를 기독교적 사유의 구도 안에서 번역하게 되었다.

이런 번역에 따르면, 사유를 호출하고 사유하도록 명령하는 것은 "존재자의 존재하기(존재)" 혹은 "존재하는 존재자"다. 존재와 존재자의 중복과 차이(주름)가 신을 대신해서 호명의 위치로 들어

선 셈이다. 그 존재론적 중복과 차이 속에서 존재는 아브라함의 신처럼 여전히 자신을 알리되 미지의 장막 저편에서 소리를 낸다.(자기 철회(Sichentziehen) 속에서 일어나는 존재의 자기 송신(Sichzuschicken)) 구원과 안식을 약속하면서 자신의 목소리를 발신하는 존재는 여전히 아브라함의 신처럼 알 수 없는 높이 속으로 숨어 들어간다. 불러도 대답 없는 신, 아니 존재. 왜냐하면 메시아주의 전통에서 부른다는 것은 신에게만 속한 권리이기 때문이다. 인간은 결코 부르는 자, 혹은 명을 내리는 자가 아니다. 인간은 단지 부름을 받는 자, 오로지 소명 의식 속에서 자기로서 일어서는 자인데, 이는 기독교 전통에서든 하이데거의 존재 사유에서든 언제나 마찬가지다.

기독교적 사유의 이미지는 낮은 곳(가까운 곳)에서 높은 곳(먼 곳)에 관계한다는 점에서 플라톤적 사유의 이미지와 상통한다. 양자는 모두 어떤 도약을 통해서만 건널 수 있는 두 장소를 설정한다는 점에서 일치한다. 그것이 낮은 곳과 높은 곳이다. 낮은 곳은 사유가 발을 디디고 있는 곳이되 무의미하고 허망한 곳, 어떤 유배의 장소와 같다. 높은 곳은 안식과 축복이 기다리는 곳, 영원의 빛으로 찬란한 곳, 어떤 잃어버린 고향과 같다. 플라톤적 사유가 그 고향의 빛을 다시 보고자 할 때, 기독교적 사유는 그곳의 목소리를 다시 듣고자 한다. 이때 중요한 것은 사유 속에서 빛이 펼쳐지고 마침내 음성이 들릴 때 어떤 전도가 일어난다는 점이다. 즉 친근했던 곳이 낯선 곳으로, 낯설던 곳이 친근함의 원천인 고향으로 뒤바뀐다. 그토록 멀던 것이 가까워지고, 그토록 가깝던 것이 먼 곳으로 물러난다. 따라서 사유는 떠났던 고향으로의 복귀와 같다. 사유란 멀어진 고향에서 들리는 호명과 그

에 부응하는 귀향으로 정의될 수 있다.[71]

우리는 이런 것을 하이데거의 존재 사유에서만 볼 수 있는 것이 아니다. 일견 플라톤-기독교주의 전통에서 가장 멀어지고 있는 듯한 저자들에게서도 동일한 경향이 존속하고 있음을 확인할 수 있다. 가령 호명의 개념에 의해 구조화되는 라캉의 주체 이론, 그 뒤를 따르는 알튀세와 바디우의 주체 이론은 레비나스-데리다의 주체 이론이 그런 것처럼 기독교적 사유의 원초적 이미지를 한 치도 벗어나지 못하고 있다. 무신론이든 유물론이든 서양적 사유는 언제나 부름받은 사유로서 등장한다. 서양의 시적 상상력도 마찬가지다. 서양에서는 시적 상상력도 이론적 상상력과 똑같이 대지의 중력을 배반하며 저 높은 하늘로 용솟음치는 비상을 꿈꾸고 있다. 상상하는 정신은 공보다 가볍게 하늘로 튀어 오르는 정신, 공기처럼 가벼워지는 정신이다. 서양의 정신은 원래가 프네우마 즉 공기였다. 아마 이 점을 가장 인상적으로 설명하고 있는 것이 바슐라르의 '공기의 시학'[72]일 테지만, 다음과 같은 보들레르의 작품을 통해서도 충분히 실감할 수 있을 것이다.

― 그대는 누구를 가장 사랑하는가? 수수께끼 같은 사내여. 아버지인가, 어머니인가, 누이인가 아니면 아우인가?

― 내게는 아버지도 어머니도 누이도 아우도 없다.

― 친구는?

― 그대는 지금껏 내가 그 뜻도 모르는 말을 쓰고 있다.

― 조국은?

― 내 조국이 어느 위도 아래 있는지조차 나는 모른다.

사유란 무엇인가

— 미인은?

— 불멸의 여신이라면 기꺼이 사랑하리라.

— 황금은?

— 그대가 신을 증오하듯 난 그것을 증오한다.

— 그렇다면 그대는 무엇을 사랑하는가? 불가사의한 이방인이여?

— 난 구름을 사랑한다…… 저기 저 지나가는 구름을…… 저 신묘한 구름을![73]

이보다 더 기독교적인 시가 또 있는가? 왜냐하면 자신을 따르려거든 부모 형제부터 먼저 버려야 한다던 예수의 목소리가 반복되고 있기 때문이다. 그 밖에 우리는 여기서 자신의 소중한 모든 것을 포기한 단독자로서 신 앞에 선 유대인을 볼 수 있다. 구름의 호명에 응답하는 보들레르는 (하나뿐인 아들을 제물로 바치라는) 불가사의한 여호와의 명령 앞에 선 아브라함과 무엇이 다른가? 게다가 이보다 더 플라톤주의적인 시가 또 있는가? 왜냐하면 무한한 상승의 꿈, 날개의 자유를 노래하기 때문이다. 심미적 근대성의 문을 연 보들레르는 다시 고향으로 돌아가는 탕아에 불과하다. 저도 모르게 서양적 사유의 고향으로 복귀하고 있는 것이다.

5 정신 아리랑 — 한국적 사유의 이미지를 위하여

서양적 사유는 언제나 가슴에 십자가를 그린다. 먼저 수평선을 그리고, 거기에는 통속적인 질서가 펼쳐진다. 그다음 수직선을 그리고, 거기에는 초월적인 질서가 열린다. 수직선은 수평선에 대한 부정이다. 그토록 열망했던 것이 하찮은 것으로 전도되면서 추락한다. 사유는 높은 곳에서 부르는 어떤 것에 모든 것을 걸면서 시작된다. 모든 것을 그곳으로 옮겨 놓았으므로 사유 속에서는 현재적 삶의 중력이 사라진다. 수평선은 그런 아득한 높이로 상승하는 수직선의 균형을 지켜 주는 보조선에 불과하다.[74]

동아시아에서는 모든 것이 거꾸로다. 수직선을 그리며 상승하는 것은 어떤 극단적인 것으로 간주된다. 사유는 어떤 도약을 통해 극단에 이르는 것이 아니다. 오히려 경박한 극단의 높이에서 중용의 자리로 하강한다. 동아시아에서는 중용에 머물기 위해 상황의 한복판으로 내려앉는 것을 일러 사유라 한다. 사유한다는 것은 육중한 산처럼 수평선의 편안함 속에, 중용의 안전한 울타리 안에 머무는 것이다. 머무는 가운데 생각을 모으고 행위의 역량을 기르는 것이다. 생각한다는 것은 가벼워지거나 비행한다는 것과는 전혀 무관하다. 그것은 두터움을 추구하는 것, 지식이든 덕성이든 쌓고 길러서 새로운 광채를 발하는 내면적 중량을 획득하는 것이다. 그렇다면 어떤 광채인가?

동서의 빛 사실 동서의 사유가 노정하는 차이는 빛에 대한 이해와 맞물려 있다. 서양 언어에서는 빛과 어둠의 대립이 모든 형이상학적 이항 대립을 압축적으로 대변한다. 행복과 불행, 승리와 패배, 생명과 죽음, 앎과 무지, 참과 거짓, 선과 악, 미와 추, 실재와 가상 등의 온갖 대립이 빛과 어둠의 대립으로 표상된다. 플라톤의 동굴의 우화를 보면 이것이 무엇을 말하는지 쉽게 알 수 있다. 하지만 플라톤보다 훨씬 더 거슬러 올라가서 서양적 사유의 원형에 해당하는 파르메니데스의 시를 보아도 마찬가지다.

거기서 앎의 여정은 무지의 밤에서 벗어나 빛으로 가득한 낮으로 향하는 길로 묘사되고 있다. 그리고 백주의 개명(開明)한 빛 아래에서 존재와 사유의 일치가 언명되고 있다. 플라톤에서 신플라톤주의로, 그리고 독일 관념론으로 이어지는 빛의 담론은 이런 파르메니데스적 사유의 여정을 이어가고 있을 뿐이다. 이 전통에서 태어난 개념들, 특히 이론적 사유와 관련된 서양의 개념들, 가령 진리(aletheia), 이데아(idea), 형상(eidos), 종(genos) 등의 개념들은 이미 빛의 은유적 그물망에서 태어난 말들이다. 이론(theoria)이라는 말 자체가 밝은 시선이라는 말에서 유래한다는 것을 기억하자. 그러므로 데리다는 서양의 형이상학적 사유를 향일성 식물에 비유했고, 태양 중심주의(helliocentrism)라 부르기도 했다.[75]

반면 동아시아에서 지고한 의미가 부여되는 빛은 강렬한 태양의 빛이 아니다. 백주의 투명한 빛도, 중량을 잊은 듯한 청명한 빛도 아니다.(셸링의 자연철학에서 중력은 외면적 통일성의 원리이고, 빛은 그것과 대립하는 내면적 통일성의 원리다.) 그렇다면 무엇이 최고의 빛 혹은 최고의 색인가? 『천자문』의 첫 문장은 "하늘은 검고 땅은 누렇다.(天地玄黃.)"이다. 이는 『주역』의 곤괘(坤卦)를 풀이하는 계사, "무릇 '검고 누렇다는 것'은 하늘과 땅의 섞임이니 하늘은 검고 땅은 누렇다."[76]에서 유래한다. 동아시아인은 하늘의 빛깔이 검은색, 정확히 말해서 검붉은 색이라고 배운다. 반면 땅의 색은 누렇다고 배운다.

하늘의 검붉은 색이나 땅의 누르스름한 빛은 가볍기보다는 무겁다. 맑다기보다는 탁하다. 이런 색들이 빛을 낸다면, 그것은 "함만물이화광(含萬物而化光)"[77]이라는 말로 설명되는 빛이다. 수없이 많고 이질적인 요소들을 자기 안에 머금고 소화해서 나오는 빛, 묵직하고 은은하게 발하는 빛, 발산한다기보다는 흡수하고 있는 듯한 빛. 이런 빛은 결코 어둠과 대립하지 않는다. 그것은 모든 대립과 갈등을 넘어서고 화해시키는 빛, 밝음과 어둠을 포괄하는 빛이다. 이는 노자의 『도덕경』 초두에서 분명히 읽을 수 있다.

> 이 둘(상무(常無)와 상유(常有)) 같이 나와 있지만 이름을 달리하는데
> 같이 있다는 그것을 검붉다 한다
> 검붉고 또 검붉구나
> 이것이 바로 온갖 것들이 들락거리는 문이로구나[78]

이 시적인 문장은 있음과 없음을 비롯한 모든 이항 대립적 분화 이전의 원시 상태를 묘사하고 있다. 새로운 분화의 가능성으로 들끓는 세계는 어떤 빛을 빚어내는가? 투명한 색이나 하얀색이 아니라 바로 검붉은 빛이다. 반면 플라톤의 동굴의 우화에서 빛은 밝은 태양의 광선이다. 여기서 "존재를 넘어서는", 따라서 모든 이항 대립의 저편에 있는 선(善)의 이데아는 눈이 부셔 미처 바라볼 수 없는 강렬한 태양의 빛에 비유된다. 태양의 빛, 최고선의 빛이자 일자(一者)의 빛, 신의 빛에 해당하는 아폴론적인 빛은 플로티노스나 쿠자누스 혹은 헤겔에게서 볼 수 있는 것처럼 다시 어둠과 대립하기에 이른다.

하이데거는 서양의 형이상학이 빛과 어둠의 대립에 갇혀 진정

한 존재의 빛인 Lichtung(투광)을 사유하지 못했다고 비판했다. 이때 Lichtung은 밝다(licht)라는 말보다는 가볍다(leicht), 비우다, 터놓다, 풀어놓다 등과 연계된 말이다. 일상어에서 그것은 프랑스어 '숲 속의 빈터(clairière)'의 번역어에 해당한다. 하이데거는 빛의 은유에 예속된 서양 형이상학을 배제하고 빛과 어둠이 함께 어울리고 유희하도록 조율하는 상위의 존재론적 계사로서 Lichtung을 가리켰다. 그것은 기조(紀造)와 같은 어떤 것이다.[79]

동아시아에서 최고의 빛, 하늘이나 도(道)의 빛으로 간주되는 것이 검붉은 빛이라면, 검붉은 현(玄)이라는 글자는 미세한 실을 가리키는 요(幺)를 근간으로 한다. 그것은 강력한 중력 속에 온갖 가능한 존재론적 섬유들을 머금고 있는 빛이다. 밝음과 어둠을 동시에 흡수하여 새로운 창발의 사건을 기다리는 빛. 이런 묵직하고 중량감 넘치는 빛은 음(陰)과 양(陽)으로 대변되는 어두움과 밝음이 분화되기 이전의 상태에 있다. 그것은 밝음과 어둠의 상보적이고 대대적인 유희보다 우위에 있는 빛이다. 음과 양의 분화에 앞선다는 점에서 현묘한 빛은 서양 형이상학의 역사 전체를 비판적으로 반성하면서 나온 하이데거의 Lichtung과 유사한 위상에, 그러나 완전히 다른 위치에 있다. 하이데거의 존재의 빛은 여전히 가벼움이나 비움 혹은 제거의 원리에 해당한다. 반면 동아시아의 현묘한 빛은 무거움과 섞음, 포용의 원리에 해당한다.

정신 아리랑　그렇다면 서양의 빛뿐만 아니라 중국의 빛과도 구별되는 한국의 빛이라 할 만한 것이 있는 것인가? 왜냐하면 한국의 고유한 빛이나 색이 있다면, 그것이 한국적 사유의 이미지를 그려 가는 실마리가 될 수 있을지 모르기 때문이다. 그렇다면 어떤 색이 될 것인가? 아마 색동저고리나 굿판 혹은 단청에서 볼 수 있는 알록달록한 색, 다채색이 아닌가 한다. 이것은 아리랑의 어원과 관련된 최근의 연구가 말해 주는 것이기도 하다.[80]

이 연구에 따르면, '아리랑'은 크게 두 가지 의미 영역을 거느린다. 하나는 맞이하다, 영접하다, 받아들이다, 맡다 등의 말이 가리키는 영역이다. 다른 하나는 인내하다, 참다, 참고 받아들이다 등의 말로 지시되는 영역이다. 그럼 '아라리요'는? 이것도 대충 두 가지의 의미군을 거느린다. 첫째는 잡색(雜色)과 관련된 의미군으로서 혼란하다, 어지럽다, 복잡하다라는 뜻이다. 둘째는 비-균제(均齊)나 비-상등(相等)과 관련된 의미군으로서 개체들이 각양각색으로 서로 다르다는 뜻, 천차만별이란 뜻이다. 서로 다르다, 혼란스럽다, 어지럽다. 이런 것이 '아라리요'에 담긴 의미다. 이런 연구 결과를 존중하자면, 아리랑의 빛은 현기증을 일으킬 만큼 다채롭고 잡다한 색들이 역동적으로 한데 얽히면서 빚어내는 빛이라 할 수 있다. 서양의 투명한 빛, 그리고 중국의 검붉은 빛에 비교할 때 그것은 불균형과 혼돈의 위험을 통과하는 야생적인 빛이다. 아리랑의 빛은 어떤 하나의 통일된 형상을 이루는 것이 아니라 어떤 변전하는 다형(polymorphism)의 세계를 암시하는 것처럼 보인다.

그렇다면 이런 다형적인 야생의 빛과 맞물려 있는 한국적 사유의 이미지는 어떻게 그려 볼 수 있는가? 현대 유럽철학에 윤리적 전회를 가져온 레비나스는 그리스적 사유와 유대적 사유를 출발과 복귀의 구도에서 대비시킨 적이 있다. 이 비교에 따르면, 그리스적 사유

239   사유란 무엇인가

의 이미지를 상징적으로 연출하는 주인공은 오디세우스다. 오디세우스는 타지의 여행과 모험을 거쳐 다시 집으로 돌아오는 인물이다. 반면 유대적 사유의 원초적 장면은 아브라함에 의해 연출된다. 아브라함은 신의 명령을 좇아 무작정 고향을 떠나되 결코 돌아오지 않는다. 그리스적 사유는 고향(원점, 시작, 근거)으로 회귀하는 모험인 반면, 유대적 사유는 일방향의 떠남이자 유목적 방랑을 궤적으로 한다는 것이다. 그렇다면 한국적 사유의 궤적은 어떻게 그려 볼 수 있는가? 광기를 잉태하는 듯한 아리랑의 빛은 이런 물음에 어떤 암시를 주는가? 아마 그것은 출발도 복귀도 아닌 정지와 멈춤, 그러나 현기증을 일으킬 만큼 역동적인 멈춤을 가리키고 있는 것이 아닌가 한다.

우리는 앞에서 중국적 사유의 이미지를 『주역』 간괘에서, 거기서 그려진 산의 이미지에서 찾았다. 중국적 사유는 그리스적 사유처럼 먼 방랑과 모험 끝에 원점으로 복귀하는 궤적을 그리지 않는다. 유대적 사유처럼 무작정 모험의 길을 떠나고 방랑하는 것도 아니다. 중국적 사유는 한자리를 지키면서 산처럼 편안하게 멈추어 서 있는 모습을 연출한다. 사유한다는 것은 기본적으로 멈춘다는 것이고, 다만 멈추는 장소가 어떤 자리인가에 따라 사유의 위상이나 성격이 결정된다. 이미 확인한 것처럼, 가장 좋은 멈춤은 "등에서 멈추기(艮其背)"다. 그렇다면 가장 나쁜 멈춤은?

가장 나쁜 멈춤은 세 번째 효사에 나온다. "허리에 그침이다. 팔뚝을 벌리니 위태하여 마음이 찌는 듯하다."[81] 왜 허리에 그치면 마음이 찌는 듯, 타들어 가는 듯 고통스러워지는가? 그것은 허리가 자꾸 움직이고 요동치는 곳이기 때문이다. 몸이 움직일 때마다 매번 꿈틀

대는 허리에 멈추려면 어떻게 되는가? 떠내려가는 강물을 거슬러 헤엄을 칠 때처럼 몸이 불편해지고 마침내 마음까지 타들어 가 버리게 된다. 나는 여러 가지 이유에서 이런 "허리에서 멈추기(艮其限)"가 한국적 사유의 이미지를 풀어 가는 출발점이 되어야 한다고 생각한다. 어떤 이유인가?

두 가지만 들겠다. 먼저 한국의 지정학적 위치는 허리에 해당한다. 허리란 경계와 같다. 한(限) 자는 신체 부위로 치면 허리지만, 그 외의 일반적인 용법에서는 한계를 가리킨다. 위와 아래, 안과 밖, 오른쪽과 왼쪽, 바다와 대륙이 나뉘는 경계. 그것이 한반도가 멈추어 서 있는 자리다. 한국이라는 나라는 평온한 중용의 자리를 찾기가 대단히 힘든, 역사가 항상 요동치는 한복판에 위치한다. 여기서는 많은 것을 참고 받아들이되 팔뚝을 걷어붙이듯 달려들어야 겨우 해결되는 일들이 계속 터지기 마련이다. 다른 한편 한(限)의 장소에 멈추어야 하는 운명은 자연스럽게 한(恨)의 정서를 배태하기 마련이다. 그렇다면 한이란 무엇인가?

한이라는 한국적 슬픔이 정확히 무엇인지는 우리나라 인문학의 중요한 과제로 남아 있다. 우리의 철학적 번역의 능력은 아직까지 그것을 감추고 있는 비밀의 안개를 걷어 내지 못하고 있다. 한과 대립되는 복수의 감정이 무엇인지조차 풀어내지 못하는 실정이다. 사실 하이데거는 『사유란 무엇인가』의 전반부를 대부분 니체가 남긴 복수와 원한 감정이라는 말을 번역하는 데 할애하고 있다. 그만큼 복수나 원한은 충분히 옮겨 놓기 힘든 말인데, 한이라는 말은 그것보다 훨씬 더 밝혀내기 어려운 의미들을 거느리고 있다. 아마 한국적 사유의 이미지가 무엇인지는 한의 감정이 제 모습을 드러내는 지점에 오래 머물 수 있을 때라야 비로소 구체적으로 이야기할 수 있을 것이다. 여기에서 우리는 이런 엄청난 과제를 확인하면서 이제까지의 논의를 겸손하게 마치도록 하겠다. 다만 한의 감정을 파헤치고 또 거기서 한국적 사유의 모습을 찾아 가는 현장에서 "허리에서 멈춘다.(艮其限.)"라는 『주역』의 시적인 언어가 결정적으로 중요한 지도가 될 수 있다는 사실을 오래도록 기억해 두자.

절망의 시대,
선비가 걸어가는 길

은둔과 출사

배병삼

영산대학교 자유전공학부 교수

"선비의 큰 절개(大節)는 정치에 나아가고 물러나는, 출처 진퇴에 있을 따름이다."

— 남명 조식

은둔과 출사[1]는 동아시아 전통 사회의 정치와 지식인[2]에게 중요한 주제였다. 오늘날도 새 정부가 들어설 때마다 각료 인선의 중요성이 강조되고, 그 면면의 프로필을 통해 새 정부의 정책 방향을 헤아린다든지, 언론에서 후보자들에 대한 검정을 시도하는 것들은 은둔·출사의 가치를 중시해 온 전통의 그림자로 보인다. 또 정통성이 결여된 정부(예컨대 군사 쿠데타로 집권한 정부)일수록 학계의 명망가들을 총리나 장관급에 임명하고, 저명한 문인이나 언론인들을 각료나 여당 의원으로 '차출한' 사례들은 은둔·출사의 전통이 과거의 유습만이 아님을 보여 준다.

1 은둔·출사의 토양

먼저 동아시아 사회에서 지식인의 은둔·출사가 중요한 문제가

절망의 시대, 선비가 걸어가는 길

된 까닭을 네 가지로 나눠 살펴보고자 한다. 첫째, 이 지역 특유의 정치문화인 '인치(人治)'의 전통이다. 아, 오늘날 인치라고 하면 '권력자가 제멋대로 정치를 행하는' 전제 정치를 연상하기 십상이지만, 유교 정치론에서 인치는 현능(賢能, 덕과 능력을 구비함)한 사람에 의한 정치를 뜻한다. 유교 경전『중용』에서 "그 사람(其人)이 자리에 있을 때 좋은 정치(其政)가 일어나고, 그 사람이 없으면 좋은 정치는 사라진다."[3]라는 지적이 인치의 중요성을 잘 표현하고 있다. 이에 군주(통치자)의 큰 업무는 현명하고 유능한 '그 사람'을 '바로 알아서' '제자리에 쓰는 일'에 있다고 여겼다. 요즘도 가끔 회자되는 "인사가 만사다."[4]라는 속담 속에 그런 뜻이 남아 있다. 공자가 고을의 원님이 된 제자에게 물었던 첫 번째 질문이 득인(得人), "사람을 얻었느냐?"인 까닭도 여기 있다.[5]

둘째, 이 지역에 고유한 '현세주의적 세계관'을 들 수 있다. 특수한 사례(묵가 사상)를 제외하면, 동아시아 사상들에는 내세나 유일신의 전통이 없다. 특히 유교는 '지금 세속에서 어떻게 살아갈 것인가'가 인생의 가치를 결정하는 거의 유일한 기준이었다. 이런 점은 "군자는 죽도록 이름(名)이 일컬어지지 못하는 것을 싫어한다."[6]라는 공자의 말 속에도 들어 있다. 입신양명(立身揚名)으로도 요약되는 공자의 말은 현세에 정치적 기여를 통해 명예와 가문을 빛내는 것을 중요한 인생 가치로 여겼던 표지다.[7]

셋째, 지식의 중요성에 대한 강조가 은둔·출사의 바탕에 깔려 있다. 정치에서 지식의 중요성을 강조한 '인문주의'의 문을 연 사람이 공자다. 공자는 폭력과 샤먼(占卜)의 주술이 주도했던 정치를 지력

(知, 學)으로 전환한 최초의 정치사상가다. 다음 대화는 그 전환점을 보여 준다.

> 제자 자로가 친구인 '자고'를 비(費) 땅 책임자로 추천하여 임명하도록 하였다.
>
> 공자 말씀하시다. "저놈, 또 남의 자식 하나 잡겠구나!"
>
> 자로가 말했다. "백성들 있겠다, 사직(社稷)이 있어 귀신들이 보호하시겠다, 그러면 되는 것이지 꼭 책을 읽은 다음에야 정치를 배웠다고 하겠습니까?"
>
> 공자 화를 내며 말씀하시다. "내가 이래서. 저 입치레만 번드레한 놈들을 미워한다니까!"[8]

무사 출신으로서 폭력과 용맹을 숭상하던 자로의 생각으로는 책을 읽지 않고도 충분히 정치를 행할 수 있다. 반면 공자는 책을 통해 합리적인 통치 방법을 '배우고 익힌' 다음에야 올바로 정치를 할 수 있다고 생각한다. 여기서 정치에 대한 서로 다른 세계관이 충돌하고 있다. 공자는 거북점을 쳐서 귀신의 뜻을 물어서 행하던 신정(神政) 정치를 탈피하고 또 폭력을 정치의 전부로 알던 전통을 넘어 '정치-학'이라는 것을, 즉 책을 통해 '정치의 지식'을 배우고 또 익힘으로써만이 합리적이고 문명적인 정치를 행할 수 있다는 생각을 천명한다. 여기서부터 사람 중심의 정치학이 열리는데, 은둔·출사의 바탕 자리에는 이처럼 지식과 학문을 중시하는 문화 전통이 깔려 있다.

넷째, 은둔·출사의 환경을 형성하는 데 결정적인 요소는 이른바

절망의 시대, 선비가 걸어가는 길

수기치인(修己治人) 구도다. 수기치인의 원형 역시 공자로부터 비롯된다.

　　자로가 물었다. "군자(君子)란 어떤 존재인지요?"

　　공자 말씀하시다. "경(敬)으로써 수기(修己)하는 존재이지."

　　"수기를 경건히 하기만 하면 군자인지요?"

　　"수기를 하고 사람들을 편안히 해 주면, 즉 수기안인(修己安人) 하면 더 좋지."

　　"수기안인 하기만 하면 되는지요?"

　　"수기를 해서 만백성을 평화롭게 한다면 더없이 좋겠으나, 그렇게 하는 것은 성인인 요순(堯舜)조차 어렵게 여기셨는걸!"⁹

　　자로는 무사 출신인지라, 공자가 '이상적 인격체'로 새롭게 해석한 군자의 의미를 이해하기 어려웠던 듯하다. 그는 군(君)-자(子)를 말 그대로 '임금(君)의 자식들(子)' 곧 왕자 또는 귀족의 의미로, 즉 정치적이고 권력적인 맥락으로 이해했다.(실은 이게 춘추 시대 언어 시장에서 통용되던 '군자'의 본래 뜻이기도 했다.) 그런데 공자는 이런(당시 유행하던) 군자라는 말에 든 권력적 의미를 벗겨 내고 새로운 의미를 집어넣었다. 즉 공자는 군자라는 말을 새롭게 인(仁)을 실천하는 도덕적 인간으로 규정한 것이다.

　　여하튼 공자와 자로 사이의 대화에서 비롯된 수기이경(修己以敬)과 수기안인은 차후 성리학자 주희에 의해 수기치인이라는 금언으로 요약된다. 즉 도덕적 훈련을 통해 자립한 선비가 그 배운 바를 공공선에 바친다는 수기-치인 구도는 차후 유교적 인간(정치가, 군주 포함)의 정치적 행동 패턴으로 구조화된다. 유의할 점은 수기와 치인의 '사이'다. 공부(수기)를 다했다고 판단한 선비가, 제 손을 스스로 들고서 공직(치인)에 나서는 것은 수기치인이 아니라, 도리어 수기가 덜됐다는 반증일 뿐이다. 나는 그냥 지금 여기서 나를 닦으며(修己) 생활할 뿐이다. 다만 어딘가에 기대었던 내가 스스로 설 따름이다. 공자가 "지위가 없음을 걱정하지 말고, 서지(立) 못했음을 근심하라."[10]라고 지적했던 것이 바로 이 지점이다. 정치적 맥락에서 수기-치인 구도는 (1) 재야에서 학문을 닦은 선비에게 (2) 정치가(군주)가 초빙(추천)의 예로써 접근하고 (3) 선비는 그 초빙을 사양하는 과정을 거쳐 (4) '부득이' 공직에 취임한다는 미묘한 수동적 구조를 형성하게 된다.

『삼국지연의』에 그려진 삼고초려(三顧草廬) 고사는 정치가(유비)가 숨어 사는 선비(제갈량)를 알아서(知人), 찾아오고(來), 선비는 여러 차례 사양하는 과정을 거친 다음 출사하는(用人), 수기치인과 은둔 출사의 두 구도가 잘 짜 맞춰진 드라마다. 이 속에서 선비는 '수기'에 열중할 뿐 '가난을 버티며(草廬)' 살아간다. 한편 권력자는 학식(정치학, 지식)을 얻기 위해 스스로를 낮춰 '삼고(三顧)'하는 예를 갖추고 그를 등용한다. 선비로서는 성취의 드라마요, 군주로서는 덕치(德治)의 모델이 되는 순간이다.(유비의 아호가 현덕(玄德)임에 유의하라.) 제갈량은 유교 지식인의 로망이 문학화한 것이리라.

우리는 동아시아에 고유한 은둔·출사의 정치 문화가 뿌리내리게 된 환경적 요인들을 몇 가지로 나눠 살펴보았다. 첫째는 인치라는 인간주의적 정치 문화가 꼽혔다. 둘째는 현세주의적 세계관이다. 셋째는 지식을 통해 배우고 익힘으로써 정치를 합리적으로 처리할 수 있다는, 지식과 학문 중시의 인문주의적 사고다. 그리고 무엇보다 중요한 것은 수기치인의 구도였다. 수기치인은 선비(유교 지식인)들뿐만 아니라 정치가(군주)들에게 요구되는 정치적 요건이기도 했다. 즉 정치가 역시 자기 덕성을 닦음에 따라(수기) 선비들이 정부로 몰려드는(치인) 이른바 덕치의 스펙트럼을[11] 통해 스스로의 정치력을 시험받아야 했던 것이다.

2 공자

은둔·출사의 주제는 유교 정치학의 핵심적 요소다. 그러면 유교의 대명사인 공자의 삶 속에서 출사와 은둔이 어떻게 변주되는지를 살펴보기로 하자. 다음은 공자와 제자 자공 사이에 있었던 대화다.

자공이 물었다. "여기 아름다운 옥구슬이 있습니다. 궤짝에 넣어 숨겨 두어야(藏) 할까요? 아니면 좋은 값을 구(求)하여 팔아야 할까요?"
공자 말씀하시다. "팔아야지, 팔아야 하고말고! 다만 나는 제값을 쳐줄 장사꾼을 기다리고(待) 있지."[12]

여기서 "아름다운 옥구슬"은 공자를 비유한 것이다. 제자 자공의 눈에 스승 공자의 지혜와 재능은 마치 빛나는 옥구슬로 보였던 것이리라. 지금 자공은 스승의 빛나는 재능이 사회에 쓰이지 않음이 안타깝다. 게다가 여러 나라를 방문하면서 평화 사상을 설파하면서도 정치적 지위를 얻으려고 노력하지 않는 처신도 의아하다. 이에 혹시 스승이, 말로는 출사 즉 정치 참여를 중요시한다면서도 실제로는 은둔 지향의 삶을 살려고 하는 것은 아닌지, 그 모순점을 염두에 두고 질문을 던진 것이다. 자공의 질문은 스승의 참뜻이 '은둔이냐, 참여냐' 가운데 어느 쪽이냐는 것.

그런데 스승의 응답이 묘하다. 우선 공자는 거듭거듭 "옥구슬을 팔아야 한다."라고 못을 박는다. "팔아야지, 팔아야 하고말고!"라는 반응이 그렇다. 출사가 유교 지식인의 본분사라는 것이다. 다만 그 뒤에 "제대로 된 값을 쳐줄 장사꾼을 기다린다."라는 조건을 붙인다. 정치 참여는 옳지만, 그렇다고 헐값으로 아무 정권에나 참여할 수 없다는 뜻이다. 우리가 눈여겨볼 것은, 공자가 '출사냐, 은둔이냐'라는 질문을 '직위를 구하느냐, 기다리느냐'의 차원으로 전환시켜 버리는 지점이다. 그러면 '구한다'와 '기다린다'의 차이는 무엇일까?

'지위를 구함', 즉 구직(求職)의 차원에서는 직장이 독립 변수요 나의 재능은 종속 변수가 된다. 삼고초려에 비유하면, 유비(장사꾼)가 요구하는 업무(지위)에 제갈량의 재능이 소용되는 식이다. '구함'의 차원에서는 직위(권력자의 요구)가 우선이고, 사람(구직자)은 부차적이다. 곧 구직의 세계에서 선비의 재능은 직위와 바꾸는 상품이 되고, 구매한 권력자는 그것을 마음대로 처분할 수 있는 대상이 된다. 공자가 자공의 교묘한 질문 "좋은 값을 구하여/ 팔아야 할까요?" 가운데 뒷부분 '팔아야 함'은 승인하면서도 앞부분 '구한다'는 점은 거부한

절망의 시대, 선비가 걸어가는 길

까닭은 정치에 참여하는 것이 지식인의 기본 처신이지만, 반면 그 참여가 자칫 권력자의 사적 도구로 추락해서는 안 된다는 데 있다.

여기서 공자는 '직위를 기다린다'는 차원을 제시한다. "제값을 쳐줄 장사꾼을 기다리고 있지."라는 응답이 그것이다. 여기 '기다림'이란 곧 삼고초려의 '삼고'에 해당한다. "장사꾼을 기다리는" 까닭은 고작 선비의 자존심 때문만이 아니라, 그런 과정을 통과하지 않으면, 즉 장사꾼(권력자)이 고개를 숙이고 찾아 주지 않는데도 먼저 자기 재능(물건)을 팔려고 나서는 출사 일변도로 나가다간, 자신의 재능이 공공선의 증식에 쓰이기는커녕 권력자의 사적 이익 증진에 이용될 가능성 때문이다. 권력자(장사꾼)가 고개를 숙이고(顧) 진심으로(三) 초빙하였을 때라야만,[13] 선비의 지식은 권력자의 사유물이 아니라 공공을 위한다는 원래 의미를 실현할 길을 확보할 수 있기 때문이다. 공공선을 염두에 둔 지식과 학문이 권력자의 사익을 위한 도구로 변질될 수 있다는 권력의 마성, 혹은 권력의 아이러니를 공자는 통찰하고 있었다.

이 짧은 대화 속에서 '출사냐, 은둔이냐'라는 자공의 2차원적인 의제는 '권력자에 복종하는 기능적 인간이 될 것인가, 공익을 실현하는 주체적 인간이 될 것인가'라는 3차원적 의제로 급격하게 전환되고 있다. 정치에 마땅히 참여해야 하지만 참여 일변도로 나가면 권력에 삼켜져 버리고, 그것이 두려워 숨는다면 야만의 세계(춘추 시대)를 구제하지 못한다, 이 둘 사이의 딜레마를 지식인은 어떻게 헤쳐 나갈 것인가라는 문제가 이 속에 들어 있다.

이렇게 볼 때, 출사와 은둔의 주제 속에는 공공선을 위한 지식인의 책무를 실현하면서 동시에 권력의 도구로 타락하지 않고, 그러면서도 개인의 존엄성을 보존해야 하는 모순적인 요구 사항들이 들끓고 있다. 출사와 은둔은 평면적인 선택이 아니다. 은둔을 중시한 노장사상과, 출사 일변도의 법가 사상의 사잇길, 여기에 유교 사상의 특점이 있다. 요약하자면 공자에게 은둔·출사의 문제는 사회의 공공성을 확보하면서도 개인의 존엄성을 유지하는 줍고도 아슬아슬한 길이다. 지식인의 재능을 공공을 위해 헌신하되, 동시에 권력의 수족으로 타락하지는 않는 길 찾기의 딜레마를 『중용』에서는 다음과 같이 묘사한다.

> 온 세상을 평화롭게 만들 수 있고, 부귀영화를 사양할 수도 있으며, 하얗게 날 선 칼날 위를 걸어갈 수 있는 것도 사람이다. 그러나 중용만큼은 능숙하기 어렵다.[14]

다시 강조하자면, 은둔·출사의 주제 속에는 공익과 사욕 간의 갈등, 공동체에 대한 헌신과 권력의 마성에 자기 존재를 녹여 버릴 가능성 사이의 긴장이 엉켜 있다. 그 사이에, 즉 공과 사, 욕망과 필요, 사회적 책임성과 개인의 존엄성 사이에 난 좁은 길을, 균형을 잡으면서 걸어야 하는 유교 지식인의 숙명이 있다. 공자의 제자 증자는 그 지식인의 숙명을 표 나게 드러내고 있다.

> 증자가 말했다. "선비는 뜻을 넓고도 굳게 간직하지 않으면 안 되리라. 스스로 맡은 임무가 무겁고 또 그의 길은 멀기 때문이다. 인(仁)으로써 자기 임무로 삼았으니 무겁지 않은가! 또 죽어서야 끝날 일이니 또한 멀지 아니한가!"[15]

절망의 시대, 선비가 걸어가는 길

3 맹자

맹자는 공자를 계승하여 유교 지식인의 정체성을 더욱 선명하게 형상화하고, 또 은둔·출사의 양식을 유형화하였다. 그는 선비를, 경제적 어려움을 감수하면서[16] 인의(仁義)라는 도덕적 가치를 지향하고 또 실현해야 할 '전투적 지식인'으로[17] 형상화한다. 동시에 맹자는 은둔·출사의 길을 세 가지 유형으로 정리하여, 차후 선비들의 정치적 선택에 준거 모델이 될 수 있게 하였다.

첫째는 이윤(伊尹) 모델이다. 이윤은 은나라 건국자 탕(湯)의 재상이었다. 탕의 삼고초려에 감복하여 몸을 일으켜 출사하였고 역성혁명에 성공한 후 새 국가를 수립함으로써 질서와 평화를 회복한 정치가다. 맹자는 이윤을 두고 "세상을 구제하는 임무를 자처한 출사 위주의 유형"[18]으로 해석했다.

둘째는 백이(伯夷) 모델이다. 이윤이 정치 참여를 중시했다면, 백이는 정치에 비판적인 태도를 견지하고 은둔을 위주로 삼았다. 백이는 "부당한 정권이나 타락한 사람들과는 결코 함께하지 않았다. 비루한 자와 함께 서 있을 경우, 그 더러움이 제 몸에 튈까 봐 뒤도 돌아보지 않고 떠나 버리는 칼칼한 선비"였다.[19] 맹자는 이를 "더러운 세상을 맑힐 은둔 위주의 유형"으로 표현했다.

셋째는 공자 모델이다. 맹자는 공자를 은둔과 출사를 자유자재로 구사한, 시의에 적절하게 응대한 정치가로 평가했다. "벼슬에 나아갈 만하면 나아가고 물러날 만하면 물러나며, 오래 머물 만하면 오래 머물고 또 급히 물러나야 할 자리라면 빨리 떠나가는",[20] 은둔-출사의 중용을 실천한 사람으로 본 것이다. 맹자는 이를 "성인의 경지에 도달한 것"으로 여겨 크게 칭찬하였다. 이에 그 스스로 "공자를 사숙(私淑)하였다", 즉 직접 뵙고 배우지는 못했지만 글을 통해서 배우고 감동하여 홀로 스승으로 삼았다고 하였다.

이후 세 가지 유형(이윤 모델, 백이 모델, 공자 모델)은 선비들이 제각각 처한 독특한 정치 공간 속에서 어떤 정치적 행동을 실천할 것인지 선택하는 좌표로서 작용하였다. 또 당대의 정치적 사태를 분석하거나 동시대 정치가의 행동을 평가하는 기준으로서 구실하기도 하였다. 특별히 정치적 위기, 즉 정권 교체기나 왕조의 전환기에 중시되었던 것은 '백이 모델'이었다. 새 정권에 나아가 한자리 얻어 보려는 욕망이야 사람마다 다 있는 터인데, 백이처럼 참여를 거부하고 은둔하려는 데는 대단한 결심이 요구되기 때문이다.

전체적으로 맹자는, 공자의 뜻을 이어 출사의 과정이 엄격할 때만이 '정치의 공공성(公道)'을 확보할 수 있다고 보았다. 주변의 추천과 당사자의 양보, 그리고 부득이[21] 출사하는 세 단계를 통과할 때라야 정치의 공공성이 확보될 수 있다는 것. 이 절차들(추천, 양보, 부득이)이 사라지면, 정치(공직)는 욕망의 경연장으로 바뀌고, 권력은 이익 투쟁의 획득물로 타락하고, 공공성은 '사사로운 거래(私事)'로 전락하리라고 염려하였다.

맹자를 통과하면서 지식인들은 "출사는 어렵게 여기고, 물러나 숨는 은둔은 쉽게 여긴다.(難進易退.)"라는 행동 규범을 더욱 핍진하게 여기게 되었다. 특히 맹자가 제시한바, '인의'의 도덕적 가치에 투신하는 '대장부'로서의 선비상은 남송 대 성리학자들에게 이르러 하

절망의 시대, 선비가 걸어가는 길

나의 표준적 좌표가 되었다.[22] 유교 사상사의 전개에 큰 영향을 미친 주희가 편집한 『맹자집주』의 주석에는 출사와 은둔에 대한 그들의 인식을 엿볼 수 있는 대목이 있다.

어떤 자가 말했다. "지금 세상에 살면서 출처와 거취는 굳이 낱낱이 따질 것이 없다. 낱낱이 다 따지다가는 배운 도를 실천할 기회를 잃고 말 것이다."

양씨(楊氏)가 말했다. "어찌 그리도 경망스러운가. 자기 몸을 굽혀 남을 바로잡는 경우가 있던가? 옛사람들은 자기가 배운 도를 실행할 수 없을지언정, 거취를 가볍게 행하지 않았다. 공자와 맹자는 춘추 전국 시대를 살면서 나아가기를 반드시 정도(正道)로써 행했기에 그 도를 행하지 못한 채 죽었던 것이다. 만약 거취를 헤아리지 않고 도를 행하려 했다면, 마땅히 공자와 맹자가 먼저 그렇게 했을 것이다. 공자와 맹자가 어찌 배운 도를 실천하고 싶지 않았겠으랴!"[23]

14세기 말 고려 왕조를 혁명하여 건설한 조선이라는 국가는 유교, 특별히 성리학에 기초하여 세운 나라이고, 조선의 선비들은 『논어』와 『맹자』에 대한 '주희의 주석(集註)'을 정치적 행동의 기준으로 삼았다. 이에 '난진이퇴'의 패턴은 조선 선비들에게 은둔·출사의 범전이 되었다.

4 조선의 경우

조선의 정치 이념은 유교였고 그 설계자는 정도전(鄭道傳, 1342~1398)이었다. 그는 공자와 맹자, 그리고 성리학의 체계에 따라 국가를 디자인하였다. 그는 정부의 법률상 대표는 군주이지만 그 국가는 만인의 공물(公物)로 구상했다. 정책 결정권도 군주가 아닌 재상에게 부여했다.(『조선경국전』) 소유와 경영의 분리라고나 할까? 오늘날에 이르러 기업에게 요구하는 것을 15세기에 이미 국가 설계에 적용한 셈이니 유례없이 혁신적인 디자인이었던 셈이다. 그러나 이런 설계는 훗날 제3대 태종이 된 이방원의 쿠데타(왕자의 난)에 의해 부서지고 말았다. 그 뒤 연산군 대에 이르기까지 국가는 군주의 사유물로 당연시되었다. 정통 권력(단종)을 찬탈한 수양대군에게 저항했던 성삼문(成三問, 1418~1456)조차 국가를 이씨 가문의 소유물로 여겼다. 죽음을 앞두고 남긴 시 「절필(絶筆)」을 보자.

食君之食衣君衣　임금이 준 밥 먹고, 임금이 준 옷 입었으니
素志平生莫有違　충성의 뜻 평생토록 어긴 적 없었네.
一死固知忠義在　이 몸 죽어도 충의는 남아
顯陵松柏夢依依　현릉의 솔과 잣나무, 꿈에도 그리워라.

성삼문이 바친 충의는 단종과 그의 아버지 문종에 대한 것이었다.('꿈에도 그립다'는 현릉은 문종의 능이다.) 그가 죽음으로 보답하려 한 것은 공동체로서의 국가에 대한 것이 아니라, 밥과 옷을 준 임금의

개인적인 은혜임을 알 수 있다.

그런데 중종 대에 이르러 『맹자』와 성리학으로 단련한 '사림파' 지식인들을 중심으로 조선의 건국이념을 되살리자는 운동이 일어났다. 급기야 정도전이 디자인했던 공물로서의 국가관(사림파)과 군주의 사유물로 보는 전통(훈구파) 사이에 큰 충돌이 일어났으니, 이것을 사화(士禍)라고 부른다. 그 가운데 조선의 지성계에 가장 큰 충격을 준 것은 '기묘사화'였다.

연속된 사화 속에서 조광조(趙光祖, 1482~1519)를 비롯하여 수백 명의 선비들이 죽어 나갔다. 오늘날 자본주의 국가의 동력이 자본이라면, 유교 국가는 사람을 밑천으로 삼은 나라였다.(유교 정치를 '인치'라고 부르는 까닭이다.) 그렇다면 '사화'란 조선이 스스로 설정한 국가 이념과 동력의 밑천을 털어먹은 절체절명의 사태라 할 수 있다. 제혀를 제가 씹고 만 셈이라고 할까. 이제 조선은 건국 이념을 택할 것인가, 아니면 상식으로 묵인해 온 관습을 택할 것인가 하는 기로에 서게 되었다.

1 조식 — 은둔의 길

남명 조식(南冥 曹植, 1501~1572)은 사화의 시대를 통과한 사람이다. 부친과 숙부, 그리고 많은 벗들이 기묘사화와 을사사화를 겪으며 몰살을 당했다. 조식에게 그 시절은 '절망의 시대'였다. 오늘날로 끌어와서 비유하자면, 5·18 민주화 운동이 1980년대 젊은 지식인들에게 그러했듯, 연이은 사화는 그를 국가와 정치, 아니 인간과 삶에 대한 본질적 회의에 빠지게 만들었다. 그는 선비의 정치적 삶이 '출사냐, 은둔이냐'라는 선택에서 그 가치가 결정된다고 보았다. 글의 머리 맡에 걸어 둔, "선비의 큰 절개(大節)는 정치에 나아가고 물러나는, 출처 진퇴에 있을 따름이다."라는 말 속에 그 뜻이 오롯하다.

이것은 국가를 사유화하고, 정치를 개인의 재산 관리 수준으로 타락시킨 조선 정부에 대한 비판이자, 그런 정부에 꾸역꾸역 참여하는 지식인(선비)들에 대한 날 선 비난이기도 하였다. 사화는 조식에게 두 가지 정치적 질문으로 닿았던 것 같다. 첫째, '개인적 차원에서 어버이를 살해한 정권에 충성할 수 있는가.'라는 질문이었다. 군주(또는 국가)에 대한 충성과 부모에 대한 효도 사이에서 어떤 길을 택할 것인가. 유교 이념에 따르면 부모와 자식 관계는 천륜이요, 군주와 신민의 관계는 인륜이다. 부모를 죽인 정권에 저항은 못 할망정 참여하는 것은 유교의 기본 원리에 어긋난다. 이것이 조식이 유학자였으면서도 장자(莊子)의 은둔을 택할 수밖에 없었던 까닭이었다.(조식의 아호, 남명(南冥)이란 '딴 세상으로 숨어 버린 사람'을 뜻한다.) 유교적 이념에 충실할수록 도교적 실천으로 빨려 드는 아이러니, 아마 이것이 그의 눈에서 피눈물을 흘리게 만든 이유였을 것이다.

둘째, '연이은 살육 사태의 정치적 책임자는 누구인가.'라는 질문이다. 조식은 그 궁극적 책임이 군주에게 있다고 믿었다. 문제는 군주들 가운데 누구도 실정(失政)에 대한 책임을 지지 않고, 도리어 사유권만 강조할 뿐이라는 점이었다. 그가 섭정이라는 명목으로 정치에 개입하는 명종의 모친, 문정 왕후를 두고 "궁궐 속의 한낱 과부에 불과하다."(책임은 지지 않고 권한만 행사하는 사적 존재라는 의미)라며 파격적으로 비판했던 것도 이런 인식의 선상에 놓여 있다. 문제가 된 상

절망의 시대, 선비가 걸어가는 길

소문의 대목은 이렇다.

대비(문정 왕후)께서는 신실하고 뜻이 깊다 하나 깊숙한 궁중의 한 과부에 불과하고, 전하(명종)는 아직 어리니 다만 돌아가신 임금님의 한 고아에 불과합니다.[24] 백 가지 천 가지로 내리는 하늘의 재앙을 어떻게 감당하며 억만 갈래로 흩어진 민심을 어떻게 수습하시겠습니까? 냇물이 마르고 하늘에서 곡식이 비처럼 떨어지니 하늘의 재앙은 이미 그 징조를 보였습니다. 백성들의 울음소리는 구슬퍼 상복을 입은 듯하니 민심이 흩어진 형상이 이미 나타났습니다. 이런 시절에는 비록 주공, 소공 같은 재주를 다 갖춘 사람이 대신의 자리에 있다 해도 어떻게 할 도리가 없을 것입니다. 하물며 풀잎이나 지푸라기처럼 보잘것없는 저 같은 사람이겠습니까?[25]

조식에게 군주의 사유물로 타락한 국가를 관리해 주고 밥을 얻어 먹는 행태는 맹자가 제시한바, '인의'라는 도덕적 가치 실현을 책무로 삼는 선비의 길과 배치되는 것이었다. 이에 그는 정부에의 출사를 거부하고 은둔하는 길이 선비의 올바른 처신이라고 판단한다. 곧 타락한 정부를 거부하고 돌아앉는 것이야말로 조선의 건국 이념에 합치되는 일이라고 보았던 것이다. 정부에 미련이 남은 듯 완전히 돌아서지 않은 동년배 이황을 힐난한 것도[26] 그래서다.

번역하자면 국가가 폭력 단체로 타락한 시대에 선비는 어떻게 대처해야 하는가, 또 유교식 구도로 표현하자면 수기치인의 구도가 작동되지 않는 절망의 시대에 지식인은 어떻게 살아야 하는가. 이들 질문에 조식은 이렇게 대답한다. "불의한 정권에 출사를 거부하고, 은둔의 길을 택할 수밖에 없다!"

2 이이 — 출사의 길

율곡 이이(栗谷 李珥, 1536~1584)는 연속된 사화가 종식되면서 훈구파가 세를 잃고 사림파가 득세하는 시대를 살았다. 즉 율곡에게 사화로 인한 은둔·출사의 선택 문제는 남명이나 퇴계만큼 절박한 문제가 아니었다. 율곡은 『논어』에서 제시된 불사무의(不仕無義, 출사하지 않고 은둔함은 의롭지 못하다.)의 가치를[27] 선비가 지켜야 할 정치적 대의로 여긴다.

율곡의 생각으로 정치의 현장은 군주와 대신들이 정책을 결정하는 조정에 있으며, 선비라면 마땅히 이 정치적 현장에 참여해야 한다. 요컨대 은둔은 선비의 길이 아니며, 유자라면 정치적 임무를 결코 회피해서는 안 된다. 다음은 율곡이 퇴계 이황에게 출사를 권유하는 편지다. 이 속에 율곡이 보는 은둔·출사에 대한 생각이 잘 들어 있다.

요즘 백성의 힘이 소진되고 나라에서 비축한 것이 이미 텅 비었으니, 다시 고치지 않는다면 나라가 나라답지 못하게 될 것이니 관직에 있는 선비가 천막 위에 집을 짓고 사는 제비와 무엇이 다르겠습니까? 한밤중에 그것을 생각하면 깨닫지도 못하는 사이에 일어나 앉게 됩니다. 저와 같은 미관말직도 오히려 이와 같은데, 하물며 명공(明公, 퇴계를 지칭)께서는 삼조(三朝, 중종, 인종, 명종)로부터 은혜를 받고 지위가 육경(六卿)에까지 오르셨으니, 이에 대해서 무심하실 수 있겠습니까?

절망의 시대, 선비가 걸어가는 길

가령 명공께서 집에 머무시며 병을 다스리고[28] 궐문은 엿보지 않으시더라도 서울에 계시기만 한다면 선비들의 기운이 저절로 배양될 것이고 나라가 잘 다스려지길 기대할 수 있습니다. 나랏일은 지극히 중요하니 자기 한 사람의 사사로움(一身之私)은 아마 헤아릴 겨를이 없을 것입니다.

─── 이이, 「퇴계 선생께(上退溪先生)」

다시금 율곡에게 정치의 현장은 서울의 조정이다. 수기치인의 구도에 따라, 공부한 선비는 정치에 참여하여야 하고, 국가의 공공선을 실현하기 위해 산적한 행정 업무를 해결하는 일이 그 본분이다. 남명 조식이 백이의 모델을 택했다면, 율곡은 의심 없이 출사를 선비의 책무로 여겼다. 이윤의 모델을 선택한 셈이다.

3 이황 ─── 은둔과 출사의 사잇길

남명 조식과 동년배인 퇴계 이황(退溪 李滉, 1501~1570) 또한 연속된 사화의 피해자였다. 형님이 유배 길에서 죽고, 그 역시 죽음의 위기에 봉착하기도 했다. 퇴계는 사화의 원인을 깊이 연구하였다. 여기서 그는 두 가지 결론을 얻는다.

첫째는 조광조를 위시한 젊은 선비들이 이상만을 추구하여 조급하게 목표를 성취하려 들었다는 점이다. 그의 말을 빌리면, "학문이 제대로 익지 않았는데도 세상을 다스려 보겠다고 함부로 나섰기 때문이다." 선비들의 수기에 문제가 있고, 또 조급하게 치인에 나섰던 데 기묘사화의 원인이 있다는 진단이다.

둘째는 구조적인 문제로서, 정부에 참여하는 길만 있고 퇴로(退路)가 봉쇄된 조선 정계의 독특한 풍토였다. 당시는 정부에서 물러나려는 관료를 두고 임금에 대한 불충으로, 또 그런 행동을 국가에 대한 반역으로 몰았다. 그 결과 군주의 마음에 들기 위한 비천한 짓들이 횡행하게 되었고, 생존 경쟁이 관료들 사이에 치열하게 벌어졌다. 요컨대 출사의 길만 있고 퇴로가 차단된, 조선 특유의 정치 문화 속에 정쟁의 구조적 원인이 있다는 진단이다. 이런 판단은 신예 학자로서 10년간 퇴계와 성리학 논쟁을 벌였던 고봉 기대승(高峯 奇大升, 1527~1572)에게 보낸 편지글 속에 잘 들어 있다.

조광조가 임금께 올린 글들을 모아 요약한 것을 보내니, 한가한 때에 시험 삼아 자세히 살펴보시기 바랍니다. 나는 이 글을 본 뒤, 마치 취한 것도 같고 깬 것도 같은 상태로 근 한 달을 보냈습니다만 아직도 낫지 못한 형편입니다. 가만히 헤아려 보니 이 사람은 어려움을 몰랐던 것이 아니었습니다. 어려운 줄 알면서도 잘못 믿는 구석이 있었습니다. 하지만 또 잘못 믿었기 때문만도 아니었습니다. 오랫동안 물러나려 했지만 길이 없어서 결국 그렇게 된 것입니다.[29]

여기 끝 구절에 지적된 "물러나려 했지만 길이 없었다."라는 대목이야말로 퇴계의 정치적 행동을 이해할 수 있는 열쇠다. 퇴계는 당시 연속된 정치적 참화의 근본 원인이 나아가는 길만 있고 물러나는 길이 없는 데 있다고 인식한 것이다. 그는 퇴로가 막힌 정치적 구조를 해소하는 일을 자임하였고 또 그것을 실천으로 옮겼다. 이후 그의 정

절망의 시대, 선비가 걸어가는 길

치적 행동은 '물러나는 길'을 개척하는 일로 요약된다.

한편 퇴계는 물러나서 실천해야 할 정치적 과제로서 '새로운 인간'을 길러 내는 '새로운 학교(서원)' 건설로 보았다. 퇴계는 당시 국립 학교인 성균관과 향교가 고작 공무를 수행하기 위한 기술적 지식인을 기를 뿐이라 판단했고, 이것이 추악한 정쟁의 근본 원인이라고 파악했다. 국립 학교는 도덕적 가치를 배양하는 곳이 아니라, 권력욕과 이기심을 부추기는 욕망의 에스컬레이터 역할을 할 뿐이라는 것이다. 따라서 새로운 학교는 도덕적이고 자율적인 인간을 길러 내는 유교 본령의 인문 학교여야 한다고 판단했다. 도덕성과 자율성을 갖춘 인간만이 사유화된 국가를 공공의 나라로 만들 수 있다고 믿었던 것이다.(그는 생전에 영남 지역에 열한 곳의 서원을 건설한다.)

남명 조식이 선비의 행동 규범을 제시하기 위해 불의와 타협하지 않는 은둔자의 길을 택했다면, 또 율곡 이이가 유교 본래의 '불사무의'의 원칙에 곧이곧대로 따랐다면, 이황은 참여와 은둔의 사잇길, 곧 '물러나되 은둔하지는 않는' 길을 개척하는 데 종사한 것이다. 남명은 퇴계의 길을 어정쩡한 타협 노선이자 회색 노선이라고 꾸짖었지만, 퇴계는 오로지 퇴로를 개척하는 길만이 국가의 새로운 장래를 열어 갈 중용 노선이라고 믿었다. 그러므로 퇴계의 '물러나기'는, 단순히 정부에서 물러나 전원에서 소일하려는 은퇴가 아니었다. 남명 조식이 지리산 속으로 은둔한 것이 의(義)의 가치를 실천함에 있듯, 퇴계 이황도 제 한 몸의 안위를 염려하여 안동 땅에 숨어든 것이 아니라, 새로운 정치를 건설하고 실현하기 위해 칼끝 위를 걸었던 것이다.

이황이 퇴로 개척을 통해 제시하려 했던 정치 구도는 순환 구조였다. 이를테면 서원에서 '인문적 지성'을 배우고 익힌 선비가 추천을 통해 정부에 등용되면, 유교적 공공성을 실현하기 위해 (군주의 사적 이익을 위해서가 아니라) 공직에서 일한다. 만일 그 뜻을 펴지 못하거나 능력에 부치면 스스로 물러난다. 한편 물러나 학문을 닦다가 또 천거를 받으면 다시 정부에 나아가고, 또 때가 되면 물러날 수 있다.[30] 이황은 이 순환 구조가 조선의 토양에 정착할 때만이 사유물로 타락한 국가를 구제하고, 정치의 공공성을 회복할 수 있다고 보았다. 그는 이 이상을 몸소 실천하기 위해 스스로 이름을 퇴계(退溪), 곧 '골짜기로 물러난 사람'이라 칭하고, 임금의 호출에 50여 차례나 '사직서'를 제출했던 것이다.

4 은둔 · 출사의 정치학

군주(정부)의 처지에서 보자면, 고명한 선비들의 은둔(조식)과 퇴장(이황)은 곤혹스러운 사태가 된다. 이것은 유교 이념을 토대로 나라를 세운 조선의 '원죄'에서 비롯된다. 유교를 이념으로 삼았다는 것은 유교 경전(『논어』와 『맹자』)에 근거한 정책과 정치적 행동만이 정당성을 확보할 수 있다는 의미다. 문제는 공자와 맹자가 선비의 은둔을 정당화하고 있을 뿐만 아니라, 선비들을 퇴장하게 만든 통치자의 부도덕과 불의에 도리어 비판적인 칼날을 겨눈다는 사실이다.

예컨대 "선비는 천하에 도가 있으면 나아가 벼슬하고, 도가 없으면 물러나 숨는다."라든지,[31] 산속으로 숨어들어 고사리 캐 먹다가 굶어 죽은 백이숙제에 대해 "그들의 고귀한 뜻은 권력에 짓밟히지 않았

절망의 시대, 선비가 걸어가는 길

고, 또 그 몸도 더럽히지 않았다."라는[32] 평가는 국가(군주)의 처지에서는 난처한 대목이지 않을 수 없다.[33]

더 나아가 은둔하고 퇴장하는 선비가 백성의 신망을 얻으면 얻을수록 통치자의 부당성은 더욱 짙게 채색된다. 곧 "정부가 정당하면 출사하고, 부당하면 은둔한다."라는 구도는 은둔하는 선비들의 도덕적 위력에 따라 정권의 정당성이 결정되는 아이러니한 결과를 낳기까지 한다. 은둔과 퇴장은 겉으로는 정치로부터의 도피로 보이지만, 내부적으로는 정권에 심대한 타격을 입히는 정치적 행동이 될 수 있는 것이다. 즉 고명한 선비들의 은둔과 퇴장은 당대 정치가 '야만적'임을 유교 세계에 고(告)하는 '경학적' 증거가 되는 셈이다. 이런 점에서 권력의 사유화 경향이 심각해지는 국가에 대해 은둔으로 저항하였던 조식과, 새로운 공공성을 확보하기 위해 퇴로를 개척한 이황의 행동을 단순히 소극적인 퇴행으로 여겨서는 안 되는 것이다.

그 예가 1000원권 지폐의 뒷면이다. 당시 군주인 명종은 조야에 덕행으로 명망이 높아진 퇴계 이황에게 끊임없이 출사를 요구했지만 거부당하고 말았다. 이 사태는 명종의 정치력이 현인을 수용하지 못하는 반증으로 구실했다. 당혹한 명종은 화공을 시켜 도산서당을 그의 침소에 그려 붙인다.[34] 정치적인 그림인 셈이다. 정부로서는 곤혹스럽지만 그를 존경한다는 정치적 제스처를 표현할 수밖에 없었던 것이다. 이렇게 보면 현상적으로는 출사만이 정치적 행위이지만, 막상 은둔 역시 강력한 정치적 행동임을 알 수 있다.

5 글을 맺으면서

남명 조식은 사화의 시대에 부응하여, 경(敬)으로 몸을 다스리고 의(義)의 가치를 높였다. 은둔의 길을 걸으면서도 나라를 걱정하였다니 '백이'에 비견할 수 있겠다. 율곡 이이는 당대 정치에 참여하여 시대를 광정하는 것을 선비의 임무로 삼았다. '불사무의'라는 공자의 지침을 따른 것이다. 그는 마치 "흙담이 비에 무너지는 듯한" 당시 국가의 공공성을 복원하기 위해 분주하였고, 그 정치 개혁 방안을 다수의 상소문 속에 담았다. 후세의 개혁가들은 대부분 율곡의 문장을 본으로 삼았다. 퇴계 이황은 출사와 은둔의 사잇길을 걸었다. 그는 서원 건설 운동을 통해 조선의 정치적 구도를 새롭게 개편하였다.(조선 후기 산림 정치의 출현은 서원이라는 학교에서 잉태된 것이다.)

퇴계는 지금 살아가고 있는 현장(공동체)이 곧 정치의 공간이라고 보았다. 농민에게는 농촌의 삶이 정치요, 학생에게는 학교가 정치의 현장인 셈이다. 서울(조정)에서 군주와 장관들에 의해 기획되어 지방에 하달되는 권력적 행위만이 아니라, 지역 공동체의 자율적인 사회 활동도 정치에 포섭되었다. 공자의 표현을 빌리자면 "어찌 꼭 공직에 출사하는 것만이 정치이랴. '집안에서 부모에게 효도하고 형제간에 우애로움을 실천하는 것' 또한 정치임에라!"라는 말을[35] 실천한 셈이다. 그는 조선의 정치 영역을 국가 전체로 확대했고, 구체적으로는 안동 땅에서 서원 건설 운동을 통해 새로운 정치적 영역을 열었다.

남명과 율곡, 그리고 퇴계의 길은 현상적으로는 달랐으나 각각의 처지에서 의식적으로 길을 걸었다는 점에서는 동질적 가치를 지닌다. 맹자의 표현을 빌리자면, "세 사람이 걸었던 길은 달랐지만, 그 지향은 같았다. 그 지향이란 무엇이던가. 곧 인(仁)일 따름이다."[36]

은둔·출사의 주제는 국가와 사회의 공공성을 확보하면서 동시에 개인의 존엄성을 어떻게 보전할 수 있을까라는 모순된 요구에 기초한 정치적 행동이다. 출사하여 사회의 공공성을 실현하는 것이 유교 지식인의 마땅한 길이지만, 권력의 마성에 무릎 꿇지 않으면서 또한 개인의 존엄을 유지해야 하는 아슬아슬한 줄타기이기도 하다.

물론 은둔·출사의 주제는 공직 외에는 생존의 길이 없던 전통 사회에서 빚어진 고색창연한 지식인의 행동 윤리이긴 하다. 그러나 오늘날도 지식인의 정치적 행동과 또 민주 시민의 윤리를 북돋는 지침으로도 활용할 수 있을 것이다. 막상 '기업 국가'가 운위되고, 공공 영역이 효율성과 경제성의 포로가 되어 그 공공성이 심각하게 훼손되는 오늘날, 은둔·출사 속에 든 정치적 행동의 엄격한 처신과 추상같은 자기 성찰은 더욱 소중한 가치를 갖는 것인지도 모른다. 맹자가 양혜왕에게 "정치가의 질문이라면서 하필이면 이익을 논하시오?(何必曰利?)"라던 일갈이 낯설지 않은 오늘날이기에 더욱 그러하다.

그런 점에서 퇴계 이황이 선택한 퇴로 개척의 길, 새로운 인간을 길러 낼 인문 학교의 건설이 절박한 요청으로 와 닿는다. 다양한 가치를 인정하는 민주 의식을 함양하고 더불어 함께 사는 사회적 공공성을 북돋는 학교의 건설이 오늘날 시민(지식인)의 책무로 여겨지는 것이다.

압축 진행된 우리 문학사의 이곳/저곳

문학의 현실참여

염무웅

영남대학교 명예교수

1 주제에 대하여

우리 시대의 제반 문제를 문화적으로 성찰하는 강좌의 하나로 '문학의 현실참여'라는 제목이 주어졌을 때 나에게는 그 제목이 좀 낡았다는 느낌부터 들었다. 알다시피 '문학의 현실참여' 또는 '참여문학'이라는 주제는 논쟁의 형식으로 1960년대 한국 문단을 뜨겁게 달군 바 있었다. 지금과 달리 문학이 아직 사회적 화제의 주요 공급원 노릇을 하고 있을 때였으므로 논쟁은 문단을 넘어 일반인들에게 진보·보수 세계관의 대립을 대표하는 하나의 시금석으로 유통되었다. 물론 지금도 문단 바깥에는 순수문학 대 참여문학의 대립 구도가 고정관념처럼 남아 있어, 그 시각으로 오늘의 한국 문학을 바라보는 사람들이 없는 것은 아니다. 하지만 순수-참여 논쟁은 벌써 거의 반세기 전의 일이므로 오늘의 쟁점을 담아내기에는 여러 모로 시효가 지난 것이 사실이다.

그러나 1960년대라는 특정 연대의 상황적 문맥을 떠나 그 낱말 본연의 뜻을 살려서 생각해 본다면, 비유컨대 손가락 모양에 구애받지 않고 달 자체를 바라보기로 한다면 '문학의 현실참여' 또는 '문학과 현실의 관계'라는 주제는 한국 근대문학이 출발한 1900년대 이래

압축 진행된 우리 문학사의 이곳/저곳

오늘까지 한 번도 우리 곁을 떠난 적이 없다고 할 수 있다. 뿐만 아니라 최근에는 '시와 정치'라는 제목하에 더욱 정교한 이론으로 갱신되고 있는 중인지도 모른다. 최근의 논의가 주로 시인과 비평가들에 의해 진행되고 있어 외견상 시 분야가 주도하는 듯한 양상을 보이지만, 잘 살펴보면 토론의 범위가 시에 이어 곧 소설로 확장되었음을 알 수 있다. 따라서 좀 더 일반적인 관점에서 문학이 어떻게 현실에 관여하는가, 역으로 현실로부터 문학이 어떤 제약을 받아 왔는가 살펴보고, 그러는 가운데 이런 시대에 문학의 문학다움이 무엇인지 우리의 깨달음을 깊게 할 수 있다면 더 바랄 것이 없겠다.

2 정치의 귀환

먼저 시/문학과 정치라는 화두가 문단에 진입한 시점에 주목할 필요가 있다고 생각한다. 알다시피 시인 진은영의 글 「감각적인 것의 분배」(《창작과비평》 2008년 겨울호)는 시국과 무관한 이론적 주제를 다룬 논문이라기보다 정치적 갈등의 시대를 살아가는 한 창작자가 자신의 개인적 딜레마를 해결하기 위해 작성한 일종의 독서 노트 같은 글이었다. 스스로 표현했던 대로 "이주 노동자와 비정규직 노동자의 투쟁을 지지하며 성명서에 이름을 올리거나 지지 방문을 하고 정치적 이슈를 다루는 논문을 쓸 수도 있지만, 이상하게도 그것을 시로 표현하는 것은 쉽지가 않다"는 것, 즉 창작 과정에서 그를 가로막는 "사회참여와 참여시 사이에서의 분열"을 문제 삼은 글이었다. 그러자 그의 발언은 기다렸다는 듯 즉각적인 반응을 불러왔다. 많은 시인들이 품고 있던 고민을 대변했기 때문일 텐데, 그 핵심에는 점증하는 현실참여 요구/욕구의 윤리적 당위성을 시인들이 더 이상 외면할 수 없게 된 시대적 상황이 가로놓여 있을 것이다.

돌이켜 보면 1990년 전후 동유럽 사회주의의 몰락으로 세계 정치지형이 바뀌고 국내적으로도 군사독재가 퇴진하고 민주화가 진행되면서 문학에서뿐 아니라 사회 전반에 걸쳐 정치가 후경화(後景化)한 것이 사실이다. 더욱이 외환위기의 여파로 경제가 정치를 압도하게 되면서 실업·해고·알바·비정규직·파산·노숙 같은 낱말들로 표상되는 신자유주의 시대의 사회현상이 서민생활 전체에 치명적인 타격을 가했다. 이런 상황에서 1980년대의 급진적 참여주의 문학에 대한 반동으로서의 개인적 내면탐구와 포스트모더니즘 유행이 문단을 석권하는 듯했다. 이에 더하여 IT 기술의 발전과 영상문화의 확산은 문학의 사회적 무기력을 더욱 부각시켰다.

이때 정치를 다시 우리의 시야에 호출한 것은 이명박 정부의 출현이었다. 이 정부 들어 극적으로 목격된 민주주의의 후퇴, 남북관계의 악화, 양극화의 심화 등은 정치영역을 우리 피부에 직접 닿는 문제적 장르로 떠오르게 한 것이다. 2008년 초여름 석 달 가까이 진행된 광우병 촛불시위는 '시와 정치' 쟁점의 부상을 위한 사회-심리적 준비과정이었고, 이어서 용산참사, 노무현 전 대통령 자살, 제주도 강정마을 해군기지 건설, 4대강 사업 등 굵직한 사건들은 온 국민을 숨돌릴 틈 없이 더욱 '정치화'시켰다. 시인의 민감성을 뒤흔든 '정치'의 강행군이었다고 할 것이다.

압축 진행된 우리 문학사의 이곳/저곳

특징적인 것은 1990년대 이전과 달리 오늘날에는 정치-사회 문제에 대한 문인의 비판이 '체포', '고문', '구속', '감옥' 따위를 상상하지 않아도 되는 평범한 활동으로 일상화된 점이다. 이제 문인들은 심각한 위험이나 신분상의 위협에 직면함 없이 성명서에 서명하고 촛불시위에 참가할 수 있게 되었다. 예컨대 2009년 6월에는 용산참사와 관련하여 자발적으로 모인 192명의 젊은 문인들이 「6·9 작가 선언」을 발표했고, 이어서 7월에는 그들을 중심으로 참사 현장에서 릴레이 1인 시위를 전개했다. 2011년 12월에는 한국작가회의 주관으로 전국의 문인 수백 명이 판문각에서 강정마을까지 해군기지 건설을 반대하는 평화적 걷기 시위를 벌였고, 2012년 6월에는 쌍용자동차 해고 노동자들의 투쟁에 연대하는 문학 콘서트 「두 바퀴로 가는 자동차」를 개최했다. 일찍이 볼 수 없던 문인들의 직접적이고 집단적인, 그리고 계획적인 현실참여 행위였다고 할 수 있다.

물론 한진중공업 파업 농성 사태와 관련하여 '희망버스'를 기획한 시인 송경동이 구속된 사건(2011. 11. 18)은 문인의 참여활동에 분명한 금지선이 있음을 보여 주었다. 성명서 발표나 1인 시위 또는 콘서트 개최와 달리 대중적 노동운동은 국가권력과 자본의 입장에서 볼 때 그냥 넘길 수 없는 사안이고 층위를 달리하는 도전이었다. 한편, 2012년 대선 때는 137명의 젊은 작가들이 정권교체를 원한다는 광고를 신문에 게재했고, 그 때문에 실무를 맡았던 소설가 손홍규는 서울시 선거관리위원회로부터 서울중앙지방검찰에 고발을 당했다. 이 마지막 경우에 한국작가회의는 「우리 모두는 138번째의 선언자다」라는 성명서를 발표했는데(2012. 12. 28) 아마 이 성명서는 문학과 현실정치의 관계에 대한 문인의 반응을 전형적으로 예시하는 문건이라 할 것이다. 핵심 대목을 다음에 인용한다.

문학은 '자유'의 공기를 호흡하며 성장한다. '자유'가 없는 곳에는 '문학'도 없다. 때문에 동서고금을 막론하고 문학은 권력과 긴장관계를 유지해 왔고, 그 긴장을 자양분으로 삼아 창조적인 활동을 펼쳐 왔다. 한국의 근·현대사를 돌이켜 볼 때 중요한 역사의 장면들에 문학인들이 깊이 관여했던 까닭도 여기에 있다. 그들의 정치적 행보는 비단 특정한 권력에 대한 비판을 넘어 모든 권력적인 것에의 저항을 통해서 '자유'를 호흡하려는 외침이었다. '자유'의 공기를 들이마신 문학인들의 '기침', 그것이 문학이다.

이로부터 반년 남짓 뒤 인천 강화도에서 채택된 「2013 한국작가대회 인천 선언 ── 죽어 가는 민주주의를 되살리자!」(2013. 8. 24) 역시 이명박·박근혜 정부 시대의 정치현실에 대한 강력한 비판을 천명하고 있다. 아래에 역시 그 일부를 옮긴다.

불길한 어둠을 몰아내기 위해 촛불의 행렬이 시작되었다. 그것은 제도정치와 언론을 통해 자신의 목소리를 드러내지 못한 목소리 아닌 목소리들이고, 민주주의를 지탱하는 최소한의 합의마저 권력에 의해 묵살된 부정의한 상황에 대한 민중의 비폭력적 저항이다. 이 저항의 촛불 앞에서 문학은 무엇인가? 이 질문이 뼈아프게 다시 우리에게로 되돌아오고 있는 2013년 여름이다. 우리는 안다. 문학은 그 어떤 정치적·예술

압축 진행된 우리 문학사의 이곳/저곳

적 표현도 권력에 의해 가로막혀서는 안 되는 자유의 정신에서 시작된다는 것을.

3 현실참여와 참여문학의 분열

이렇게 조금만 회고해 보더라도 최근 5, 6년 사이 문인들의 현실참여 활동이 매우 적극적이었음을 알 수 있는데, 이 사실은 다시 우리를 진은영의 고민으로 돌아가게 만든다. 자명한 일이지만 이런 활발한 '사회참여', '정치참여'는 문학창작의 자산이 될 수는 있을지언정 창작 자체를 대신하는 것은 아니기 때문이다. 작가회의 성명서의 주장대로 "자유가 없는 곳에는 문학도 없"는 것이 설사 진실이라 하더라도, 자유가 있다 해서 저절로 문학이 꽃피는 것이 아님도 사실이다. 사상의 자유, 발표의 자유 같은 제반 시민적 자유는 민주주의를 위해서뿐만 아니라 문학다운 문학을 위해서도 필요조건임에 틀림없지만, 필요조건이 보장되는 상황에서도 제대로 된 문학의 산출을 위해서는 외적 조건의 충족과 구별되는 창작자 내부로부터의 재능과 에너지의 투입이 필수적으로 요구된다.

그런데 진은영이 제출한 문제의식, 즉 현실 영역에서의 사회참여는(성명서에 이름을 올리는 것이든 정치적 이슈의 논문을 쓰는 것이든) 할 수 있으나 그것을 시로 표현하는 것은 쉽지 않다는 것, 다시 말해 사회참여와 시적 표현 간의 분열과 불일치는 왜 발생하고 그것이 의미하는 것은 무엇인가. 평론가 신형철은 진은영의 글을 논평하는 자리에서 단순히 시로 표현하는 것이 쉽지 않은 것이 아니라 '좋은 시'로 표현하는 것이, 즉 "직접적으로 정치적이면서 동시에 첨예하게 미학적이고 싶다"는 이중의 욕망을 충족시키는 것이 어려운 일이라고 한 걸음 더 들어간 해석을 내린 바 있다.[1]

그러나 신형철의 이 설명은 논리적으로는 옳은 말이나 실질적으로는 불필요한 말이라고도 할 수 있다. 왜냐하면 시든 소설이든 문학에 대해 논의할 때 우리는 언제나 이상적 상태, 즉 최선의 작품을 가정하고 이론을 전개하는 것이기 때문이다. 물론 우리가 실제로 접하는 작품들은 늘 이상치(理想値)에 미달하기 마련이고, 이상치와 실제 사이의 다종다양한 거리를 파고드는 것이 비평가의 몫이다. 그럼에도 불구하고 직접적인 정치성과 첨예한 미학성에 관한 신형철의 구별은 유효하다. 참여행위와 참여작품 간의 복잡한 균열상은 동서고금의 문학사에 실재하는 문학현상의 하나로서, 끊임없이 이론적 해명이 시도되어 온 과제인 것이다. 따라서 문제는 여기서부터 시작한다고 볼 수 있다. 왜냐하면 문학사에 등장하는 수많은 사례들은 참여행위와 참여예술 사이의 관계가 너무도 다양해서 어떤 보편적 원칙으로도 일반화할 수 없을 것처럼 보이기 때문이다.

4 민족현실과 문학적 참여

앞에 인용한 한국작가회의의 두 성명서는 "한국의 근·현대사를 돌이켜 볼 때 중요한 역사의 장면들에 문학인들이 깊이 관여했"음을

압축 진행된 우리 문학사의 이곳/저곳

상기하고 특히 유신체제 하에서 작가회의의 전신 자유실천문인협의회(1974. 11. 18 창립)가 출범하게 된 필연성을 강조하는 데서 자기 정당성의 근거를 찾고 있다. 과연 우리 근대문학은 출발 당초부터 정치-사회적 현실의 문제에 깊이 연루될 수밖에 없었다. 서세동점(西勢東漸)으로 요약되는 제국주의 세력의 침입, 조선 왕조의 몰락과 봉건체제의 해체, 그리고 광범한 애국계몽운동, 이것이 태동기 우리 근대문학의 환경이었다. 이어서 식민지, 분단과 전쟁, 독재와 민주화 운동, 급격한 산업화 등 우리의 삶을 근본에서부터 뒤흔든 갖가지 변화들이 숨 쉴 틈 없이 계속되었다. 그동안의 우리 문학이 이 유례없는 격동의 현실을 반영하지 않았다면 그것이야말로 오히려 불가해한 노릇일 것이다. 하지만 물론 현실변화에 대한 문학의 대응은 당연히 천차만별이었다. 몇몇 사례를 돌아보자.

만해 한용운(1879~1944)의 여러 활동은 굳이 말하지 않아도 될 테지만, 그 활동과 그의 문학의 관계가 치밀하게 규명되었다고 하기는 어렵다. 시집 『님의 침묵』을 그의 불교사상이나 독립운동에 연관시켜 설명하는 방식은 과거에 흔히 볼 수 있는 것이었다. 하지만 그런 방식의 설명은 대체로 만해 시의 문학적 비의(秘意) 속으로 들어가기보다 오히려 해석의 속류화, 평면화에 그칠 위험이 높았다고 할 수 있다. 그렇다고 그의 시를 순수한 형식미학에 입각하여 언어적 구성체로만 분석하는 것이 더 깊은 이해를 보장하는 것일 수도 없다. 출가하여 스님이 되고 불교개혁에 앞장서고 또 불교계의 대표로 3·1운동의 민족대표가 되는 전체 활동과정에서의 일관된 '현실참여'를 배제하고 그의 시를 설명하는 것은 부당하고 불가능할 것이다. 『님의 침묵』의 놀라운 깊이에 비해 한시, 시조, 소설 등 그의 다른 작품들은 수준이 많이 떨어진다고 여겨지는데, 한 작가의 문학세계 안에서 왜 이런 질적 불균형이 생겨나는지도 설명하기 쉬운 일이 아니다.

한 가지 상기해야 할 사실은 만해 역시 시대의 변화에 적응하며 살았던 가변적 존재였다는 점이다. 가령, 그가 중국 양계초(梁啓超) 등의 저작을 통해 서양의 계몽사상을 받아들이고 이를 불교의 원리에 결합해『조선 불교 유신론』(탈고 1910, 출판 1913)을 집필한 것은 어느 정도 알려져 있다. 그러나『조선 불교 유신론』안의 '승려의 결혼금지 해제'를 주장하는 한 장에 조선 통감 데라우치 마사타케(寺內正毅)에게 보내는 메이지 43년 9월 날짜의「통감부 건백서(統監府 建白書)」가 부록처럼 실려 있다는 것은 별로 알려져 있지 않다. 그러니까 1910년경의 만해는 열렬한 불교 개혁론자이기는 할망정 국가의 총체적 위기에 대한 인식은 불투명했다고 할 수 있다. 이에 비해 3·1 운동 직후 감옥 안에서 썼다고 하는『조선 독립 이유서』(1919)는 일본 제국주의와 조선 민족 간의 근본적 모순에 관해 예리한 통찰을 보여 주며, 출옥 후 창작한『님의 침묵』(1926)은 한걸음 더 나아가 불교 개혁 운동과 민족독립 투쟁의 경험을 아우른 어떤 근원적 깨달음이 심오한 언어적 형상으로 변용되어 있다고 느끼게 한다. 어떻든 만해 시의 비유와 상징들 하나하나가 그의 현실참여 사상과 행동으로부터 직접 연역되는 것일 수 없음은 분명하다 하겠다.

만해와 반대되는 삶을 살았던 경우로 이인직(1862~1916)을 생각해 볼 수 있다. 중년의 나이에 이르기까지 이인직은 행적이 분명치 않아 한미한 집안 출신일 거라 추측되는데, 아무튼 그는 늦은 나

압축 진행된 우리 문학사의 이곳/저곳

이에 일본에 유학했고 러일전쟁의 발발로 귀국하여 언론계에 투신했다. 이때부터 그는 활발하게 문필활동을 전개하는 한편 이완용의 정치 비서가 되어 막후에서 한일합방 공작의 일익을 맡았다. 이 와중에도 그는 『혈의 누』, 『귀의 성』, 『은세계』 등 '신소설' 장르를 개척하는 중요한 작품들을 잇달아 발표하여 문학사의 한 시대를 열었다. 이인직의 매국활동을 사회참여·정치참여 범주에 포함해 말하는 것은 '참여'라는 단어의 긍정적 뉘앙스에 누를 끼치기는 한다. 하지만 어쨌든 그의 작품에 표현된, 그 나름의 긍정적 의의를 가진 강렬한 봉건제도 비판과 대외지향적 개화주의가 왜 당시의 구체적 현실 속에서는 다름 아닌 매국으로 나타나게 되었는지, 양자 간에 어떤 내적 연관이 있는지 밝히는 것이 이인직 문학연구에 있어 핵심적 부분일 텐데, 단순치 않으리라는 것만은 확실하다고 하겠다. 나아가 그의 삶과 글 속에 작동하는 왜곡된 심층의식의 정체를 규명하는 것은 이인직의 21세기형 후계자들을 정당하게 이해하기 위해서도 필수적인 작업이다.

이광수(1892~1950)는 많은 사람들이 여러 방식으로 논해 왔음에도 문학의 현실참여를 말하는 자리에서 빼놓을 수 없는 존재이다. 누가 뭐래도 그는 우리 근대문학을 대표하는 작가의 한 사람이고, 실제의 삶에서나 문필에서나 그 나름으로 한평생 '문학의 현실참여'를 실천한 인물이기 때문이다. 그는 봉건체제의 낡은 인습들에 대한 강한 적대감과 적극적 개화주의의 추구라는 점에서 이인직의 일면을 계승하고 있다. 하지만 이인직과 달리 그의 '민족'에 대한 관계는 단순한 것이 아니다. 그는 한때 상하이 독립운동 전선에 합류했다가 이탈하여 귀국한 뒤 「민족개조론」(1922)의 발표로 논란을 자초했고, 문단의 주도권이 카프로 넘어간 시점에서는 후배들의 공격에 맞서 다음과 같이 자신의 문학관을 밝힌 바 있다.

씨의 논조로 보건대 민족주의 시대는 이미 지나갔고(시쳇말로 청산되고) 지금은 바야흐로 다른 무슨 주의 시대인 것을 암시하였다. 그러나 민족주의 시대를 청산한 것은 두세 언론가(言論家)들의 탁상에서요 현실 조선에서는 아니다. 이로부터 정히 조선에 실행적인 민족주의 시대가 올 것이요, 따라서 민족주의 문학이 대두할 것이다.[2]

누구의 말이냐를 떠나 '실행적(＝실천적) 민족주의'는 식민지 체제의 극복을 달성하기 위한 정당한 이념이었다고 하지 않을 수 없다. 하지만 그의 신념의 지속기간은 길지 않았다. 동우회 사건(1937)으로 고생하고 나서 민족에 대한 그의 입장은 정반대로 표변했던 것이다. "나는 지금에 와서는 이러한 신념을 가진다. 즉 조선인은 전연 조선인인 것을 잊어야 한다고. 아주 피와 살과 뼈가 일본인이 되어 버려야 한다고. 이 속에 진정으로 조선인의 영생의 유일로(唯一路)가 있다고."[3] 해방 후 민족 반역자로 지탄의 소리가 높아지자 그의 말은 다시 한번 바뀐다. "무릇 내가 쓴 소설은 민족정신 밀수입의 포장으로 쓴 것이었다."[4]

그러나 잊지 말아야 할 것은 그의 문학작품이 이런 그때그때 달라지는 발언들의 직선적인 소설화는 아니라는 점이다. 즉, 객관적 결과물로 나타난 그의 문학작품은 그의 주관적 관념의 단순한 소설적 번역이 아니다. 그의 사회적 관념이 비현실적 또는 반민족적 목표를 향하고

압축 진행된 우리 문학사의 이곳/저곳

있을 때조차 그의 소설은 일정한 문학적 높이의 성취에 성공하는데, 이 점을 누구보다 예리하게 간파한 인물은 동시대의 김동인(1900~1951)이었다. 일찍이 김동인은 장편 『무정』(1917)에 이루어진 업적을 다음과 같이 분석한 바 있다. 물론 『무정』은 이광수의 초기작으로서 그의 주관적 이념과 작품적 결과 사이의 분열이 아직 심각하게 노정되기 이전이다. 그럼에도 김동인의 지적은 이광수 문학 전체의 해석에도 유효한 열쇠의 하나를 제공한다고 볼 수 있다.

> 작자가 주인공 이형식을 이상적 인물로 만들려고 공상과 사색이 꼬리를 물어 나가는 장면을 만든 이외에는 이 소설 전편은 과도기의 조선의 진실한 형상이다. 된장에서 구더기를 골라내는 주인 노파며, 기름때가 뚝뚝 흐르는 영채의 양모(養母)며, 유리창 달린 집에서 의자를 놓고 초인종을 달고 이것이 개화(開化)거니 하고 생활하는 김장로 집이며, …… 어느 것이 조선의 모양 아닌 것이 없다.[5]

현실에 참여하는 행동은 할 수 있어도 그것을 시로 표현하는 것은 잘 안 된다, 신형철이 부연한 대로 '정당한' 현실참여가 자동적으로 '좋은' 참여문학을 낳지는 않는다, 이것이 논의의 출발점이었다. 그런데 이광수의 경우에 우리가 보는 것은 그와 반대되는 현상이다. 즉, 작가의 이념적 편향 또는 잘못된 행동에도 불구하고 그런 사람의 손에서 주목할 만한 수준의 문학작품이 태어났다는 사실이다. 문학사는 이인직과 이광수 이외에도 정치적 규탄 내지 도덕적 비난의 대상이 됨 직한 다수의 작가와 시인들을 뛰어난 예술품의 창작자로 기록하고 있다. 물론 수많은 역(逆)의 사례도 있다. 현실참여와 참여문학의 분리, 일찍이 엥겔스가 '리얼리즘의 승리'라고 명명한 이 현상은 무엇을 의미하는가.

5 문학논쟁의 시대[6]

시와 정치에 관한 진은영의 글 이후 자주 회자되는 자크 랑시에르가 '정치'와 '치안'을 구별한 것은 알려진 바와 같은데, 적어도 1987년 6월의 민주화 이전까지는 랑시에르의 개념적 구별을 이 나라의 현실에 적용하는 것이 과분하다고 나는 생각한다. 우선 일제강점기에는 정상적인 뜻에서의 정치가 아예 존재할 수 없었다고 하는 것이 옳을 것이다. 물론 정치적 함의를 가진 조직이나 활동이 없었던 것은 아니다. 가장 현저한 정당(政黨)적 결사체는 조선공산당일 텐데, 1920년대에 네 차례 결성되었으나 식민지 당국에 의해 그때마다 즉각 박살이 났다. 그래도 1920년대에는 소위 '문화정치'의 분위기에 힘입어 농민, 노동자, 청년학생, 여성, 문화, 종교 관련 단체들이 활발하게 조직되었다. 하지만 역시 1930년대 중반을 넘기면서 강제로 해산되어 지하로 숨거나 친일단체로 변질되었다.

일제강점기 문단 유일의 운동단체는 카프(조선프롤레타리아예술가동맹, 1925~1935)일 것이다. 명칭에 명시되어 있는 바와 같이 카프는 노동계급의 해방을 통한 사회혁명을 목표로 삼았다는 점에서 강령(綱領)상으로는 정치와 미학, 현실참여와 문학창작의 일치를 추구한 조직이었다. 그러나 카프의 활동은 다른 사회-문화 단체들의 경우와 마찬가지로 식민지 당국의 통제와 검열 아래 있었다는 점에서 '정치' 아닌 '치안'의 한계 안에서 이루어진 것이었다. 무엇보다도 치명적인 것은 카프가 활동내용에 있어 당시 민중의 구체적 생활현실에 근거하기보다 일본을 통해 유입된 국제공산당 상층부의 교조적 지침을 기계적으로 따름으로써 관념적 공허성을 극복하지 못한 점이었다. 카프가 해산되고 탄압이 더욱 강화된 억압적 조건에서 지금까지의 공식주의·관념주의에 대한 자기반성의 결과로서 오히려 이기영(1895~1984), 한설야(1900~1976), 임화(1908~1953), 안함광(1910~1982), 김남천(1911~1953) 등에 의해 좀 더 원숙한 작품창작과 미학이론이 나왔다는 것은 이 경우에도 쓰라린 아이러니이다.

일제의 패망과 미·소의 한반도 점령은 이 땅에 전혀 예기치 않은 현실을 조성했다. 어쨌든 적어도 삼팔선 이남 지역에서는 역사상 초유의 자유로운 한 시대가 열렸는데, 수많은 정당들이 난립하고 또 수많은 신문과 출판물이 간행되었다. 그것은 한편으론 혼란이었지만 다른 편으로는 오랫동안 억눌렸던 민족 에너지의 자연스러운 분출이었다. 문학도 그러한 시대 조류의 한가운데, 어쩌면 가장 예민한 위치에 자리하고 있었을지 모른다. 따라서 정당의 난립으로 표현된 정치의 분열은 문단에도 그대로 재현되었다. 옛 카프 맹원을 중심으로 중간적 입장의 문인들까지 광범하게 포섭하여 조직된 조선문학가동맹(1946. 2~1948)은 임화의 이론적 지도 아래 '민족문학 건설'을 모토로 내걸며 맹렬히 활동했고, 이에 대항하여 결성된 전조선문필가협회(1946. 3)와 조선청년문학가협회(1946. 4)는 '민족문학'이란 표어를 공유하면서도 정치적 보수주의 내지 문학적 순수주의를 대변했다. 양 진영 간의 치열한 논쟁은 현실정치에서의 좌우투쟁을 문학적 지평에서 복창한 것이었다.

물론 근본적으로는 논쟁은 새삼스러운 것이 아니었다. 1920년 대 초 신경향파의 등장 이후 보수·진보 사이에서, 또 각 진영 내부에서 논쟁은 그친 적이 없었다. 하지만 이번에는 해방 후 정치적으로 열린 공간에서 국가건설이란 막중한 과제를 앞둔 시점이었으므로 논쟁의 강도와 파장은 전에 없이 격렬한 것이었다. 그러나 좌파에 대한 미군정의 탄압이 노골화하고 다수의 좌익 활동가들이 월북함에 따라, 더욱이 대한민국 정부 수립과 6·25 전쟁의 발발로 말미암아 현실비판적 문학은 거의 자취를 감춘 듯한 적막감이 찾아왔다. 이에 따라 김동리(1913~1995)가 제창한 '순수문학'만이 1950년대 문단에서 홀로 패권을 장악하게 되었다. 이것은 순수문학파로 통칭되는 문인들의 문학적 성숙을 위해서도 불행이었다.

그런데 '순수'라는 낱말을 문단에 처음 끌어들인 사람은 실은 유진오(1906~1987)였다. 그는 일제 말 한 에세이에서 1930년대 후반 대거 등장한 신인작가들을 향해 문단 선배로서의 비판적 소감을 피력하면서 자신의 문학관을 밝힌 바 있었다. 그가 한때 문단에서 '동반자' 작가로 통했던 경력을 상기하며 다음 글을 읽으면 그가 말하려는 것이 무엇인지 선명하게 떠오른다.

도대체 문학정신이라는 것은 무엇인가. 문학정신이란 본질적으로 인간성 옹호의 정신은 아니었던가. 문학의 역사를, 특히 근대문학의 발

압축 진행된 우리 문학사의 이곳/저곳

상 발전의 역사를 살펴볼 때 이것은 누구나 부인치 못할 것이다. 오늘의 30대 작가는 이 인간성 옹호를 너무나 손쉽게 생각함으로써 그 방법을 그르친 것은 사실이리라. 마치 어린애가 지붕에 올라가면 별을 딸 수 있다고 생각하듯이. 그러나 그의 정신은 고귀한 것이요, 지금 그들은 어떻게 하면 이 정신을 깨트림 없이 살려 갈 것인가에 고뇌하고 있는 것이다. …… 순수란 별다른 것이 아니라 모든 비문학적인 야심과 정치와 책모를 떠나 오로지 빛나는 문학정신만을 옹호하려는 의연한 태도를 두고 말함이다.[7]

그러니까 유진오는 30대 작가들(그의 문맥에서는 주로 카프 작가들)의 지난 시절의 오류를 인정하되 그들의 시대적 고민에 담긴 적극적 의의를 긍정하고, 그런 입장에서 일부 20대 신인들의 '순수하지 못한' 행태를 비판한 것이었다. 이에 대해 신인작가의 대표로 지목된 김동리는 즉각 격렬하고 예리한 반격을 가했다. 주목되는 것은 논쟁의 과정에서 '순수', '문학정신', '인간성 옹호' 등 유진오가 꺼내 든 주요 개념을 거꾸로 김동리가 유진오 공격에 사용하고 있고 이후에도 계속 자신의 이론적 무기로 장악하게 되었다는 사실이다. 다음의 인용을 보면 김동리는 신인작가 자신들이야말로 오히려 진정한 '순수'의 옹호자라는 이미지를 각인시키는 데 성공하고 있고 그러한 자신감에 넘쳐 있다.

그러면 그러한 30대 작가들의 인간성 옹호의 정신은 얼마만 한 문학적 표현을 가진 것이며 또 지금 가지고 있는가. 문학적 표현 없는 문학

정신이란 것을 씨(유진오)는 어떻게 상상하는가. '표현' 없는 '정신', 이
것은 문학세계에 있어 언제나 '순수'의 적임을 씨는 모르는가. 문학적으
로 마땅히 순수해야 하고 과연 가장 순수한 오늘날의 신인작가들이 이
'순수의 적'을 경멸하는 이유를 씨는 또한 모르는가.[8]

문학적 표현 없는 문학정신이란 공허한 것일뿐더러 경멸에 값하
는 '순수의 적'이라는 김동리의 주장은 타당하다. 그러나 그가 참된 문
학을 '심각한 인간고의 표명'으로 보는 데 동의하면서도 "개성과 생
명의 구경(究竟)의 심연"이라는 특유의 형이상학에 입각하여 인간고
를 해석할 뿐, 자기와 다른 입장에서 시대의 문제를 고민하는 사람들,
가령 카프 계열 작가들의 현실주의적 노력을 "어떤 우상적 이념의 지
배나 어떤 정치적 이데올로기의 소산"이라고 매도하는 것은 또 하나
의 이념적 편향일 뿐이 아닌가. 어떻든 이를 통해 확인한 사실은 거의
반세기 동안 완강하게 지속된 김동리의 문학적 신념이 이미 1930년
대 말에 완성되었다는 것이다. 다만, 그가 해방 후 김동석(1913~?)이
라는 새로운 논적을 만남으로써 필봉을 더욱 가다듬는 동시에 분단
국가 한쪽의 문단 지도권을 확보할 기회를 얻었다는 것이 새롭다면
새롭다.

6 4·19 혁명, 김수영, 신동문

6·25전쟁 전후의 가혹한 시기를 통과하는 동안 대한민국 국가사

압축 진행된 우리 문학사의 이곳/저곳

회의 다른 모든 부문이 그러했듯 문단도 처절한 피해를 입었다. 이것은 과거 카프나 문학가동맹 소속이었던 이른바 좌파 문인들이 사라지고 그들의 작품을 못 읽게 된 사실만을 가리키는 것이 아니다. 정상적인 평화시대라면 좌파‥우파의 구분이란 작품의 평가과정에서 사후적으로 검증되는 사항이고, 중요한 것은 이념의 차이를 넘어 각자 최대의 자유 속에서 최선의 역량이 발휘될 수 있도록 확실하게 사회적 조건이 보장되는 것이다. 그런데 이승만 정권은 염상섭(1897~1963), 정지용(1902~1950), 신석정(1907~1974), 김기림(1908~?) 같은 중도적 문인들조차 사상적 족쇄로 묶어 비명에 죽게 하거나 활동을 위축시켰다. 상상력의 자유를 파괴한 것이야말로 문학에 대해 저지른 반공냉전 체제의 가장 큰 죄악이다.

이 억압적 상황에 돌파구를 연 것은 4·19혁명이었다. 4·19는 분단한국사의 물줄기를 바꾸었을뿐더러 절망감 속에 살아가던 개인들의 내면세계에도 결정적인 해방의 작용을 하였다. 물론 4·19 이후 진행된 현실정치 자체는 혁명의 퇴행과 이상의 변질, 타협과 배반의 연속이었다. 하지만 그럼에도 4·19는 침체된 사회기풍을 뒤바꾼 쇄신의 출발이고 개혁의 촉매제였다. 당시 새 세대 문학의 이념적 기수로 떠오르던 평론가 이어령은 4·19 현장에서 느낀 그날의 감상을 후일 다음과 같이 기록하고 있다.

데모 군중이 이승만 대통령의 하야를 외치며 종로 거리로 밀려들고 있을 때, 나는 관철동(신구문화사가 자리해 있던) 뒷골목의 작은 다방에 앉아 이종익 사장과 한창 흥분해서 떠들어 대고 있었다. 혈기 왕성하던 때이고 더구나 그때 나는 직장이 없었기 때문에 울적한 나날을 보내고 있었던 터였다. …… 그날도 역시 그런 날들의 하루였지만, 어떻게 하다가 화제는 새로운 시대의 개막이라는 데로 비약하고 있었다. 이승만 시대로 상징되던 해방 후와 전후시대가 끝났다는 거였다. 새로운 세대 — 지금 길거리에서 함성을 지르는 젊은 세대들의 시대가 열리고 있다는 것, 그리고 우리는 지금 그 역사가 돌아가고 있는 그 모서리를 직접 눈으로 바라보고 있다고 말했다.[9]

그러나 문단에서 새로운 시대의 기운은 1960년 이전에 이미 움트고 있었다. 단편적으로나마 사르트르의 실존주의가 소개된 것은 1940년대 말이었지만, 참여(앙가주망)이론의 파장이 본격 밀려온 것은 1950년대 후반일 것이다. 1957년 알베르 카뮈의 노벨문학상 수상도 유행을 부추기는 데 기여했던 것으로 기억한다. 이어령 자신으로 말하더라도 1950년대 말에 「저항으로서의 문학」(《지성(知性)》 1958년 가을호), 「작가의 현실참여」(《문학평론》 1959년 1월호) 등 평론으로 기성문단의 순응주의에 공격의 포문을 열었다. 그 자신은 오래지 않아 현실참여적 문학비평에서 '문화연구'의 성격을 띤 체제순응적 저널리즘으로 방향을 틀었지만, 문단 전체로서는 1960년대에 접어들어 김동리, 서정주(1915~2000), 조연현(1920~1981)을 중심으로 하는 보수적인 기성세력과 개혁 지향의 신진세력 사이에 한국문학사상 초유의 대규모적인 논전이 전개되었다.[10] 그것은 시대의 교체에 따른 진통의 일환이었다.

이 논쟁에서 주고받은 쟁점들을 새삼 자세하게 추적할 필요가 있는지 의문이지만, 그 과정에서 씌어진 김수영(1921~1968)의 시와 시론은 지금도 여전히 후배 시인들에게 살아 있는 영감의 원천이 되고 있다. 무엇보다 그의 글은 4·19가 단순히 외면적인 정치적 사건이 아니라 한 인간의 감성과 의식을 근본에서 뒤흔든 전신적(全身的) 각성의 계기였음을 생생하게 증언한다. 4·19 이후 씌어진 김수영의 작품에는 대부분 창작 일자가 붙어 있는데, 「하… 그림자가 없다」(1960. 4. 3), 「우선 그놈의 사진을 떼어서 밑씻개로 하자」(1960. 4. 26), 「기도」(1960. 5. 18), 「육법전서와 혁명」(1960. 5. 25), 「푸른 하늘을」(1960. 6. 15), 「만시지탄은 있지만」(1960. 7. 3), 「나는 아리조나 카보이야」(1960. 7. 15), 「거미잡이」(1960. 7. 28), 「가다오 나가다오」(1960. 8. 4), 「중용에 대하여」(1960. 9. 9), 「허튼소리」(1960. 9. 28), 「피곤한 하루하루의 나머지 시간」(1960. 10. 29), 「그 방을 생각하며」(1960. 10. 30)로 이어지는 김수영의 작품들은 그의 시적 사유가 4·19의 진행과 얼마나 긴밀하고 숨 가쁘게 조응하는지 보여 주는, 시의 언어로 기록된 혁명일지와도 같은 것이다. 이 치열한 호흡을 따라가는 독자만이 시가 뿜어내는 시대의 절박함을 온전히 감지할 수 있을 것이다. 거기에는 혁명의 진정성에 대한 뜨거운 열망과 패배의 예감에 떨고 있는 영혼의 불안이 벽보판 위의 대자보처럼 펄럭인다. 조금 구체적으로 들어가 보자.

돌이켜 보면 대한민국 수립 이후 이 나라에서 민주주의라는 정치 형식은 만신창이의 상처를 입고 때로는 빈사의 지경까지 갔다. 하지만 형식의 파괴는 그 자체로서는 아무리 심각해도 어떤 점에서는 표면적인 것이었다고 할 수 있다. 현대사를 살펴보면 표면의 사실들로

다 설명되지 않는 또 하나의 질서, 일종의 이면(裏面) 질서라고 부를 만한 것이 내부에서 작동하고 있었음을 깨달을 수 있다. 경찰과 정보 기관, 때로는 용역과 폭력배에 의한 미행, 납치, 협박, 구타, 체포, 고문, 암살 그리고 해직과 해고 등 표면화되지 않은 각종 불법적 수단들이 동원되어 역사를 좌우했던 것이다. 4·19의 직접적 원인이었던 3·15 선거라는 것도 형식상 민주주의 절차의 시행이었지만 실질적으로는 폭력, 협박, 부정, 기만의 횡행 자체였다. 12년 독재정권이 무너지던 날 아침 김수영이 이렇게 노래한 것은 그러므로 만인의 해방감을 대변한 것이었다.

우선 그놈의 사진을 떼어서 밑씻개로 하자
그 지긋지긋한 놈의 사진을 떼어서
조용히 개굴창에 넣고
썩어진 어제와 결별하자
그놈의 동상이 선 곳에는
민주주의의 첫 기둥을 세우고
쓰러진 성스러운 학생들의 웅장한
기념탑을 세우자
아아 어서어서 썩어빠진 어제와 결별하자
　　　　　　　―「우선 그놈의 사진을 떼어서 밑씻개로 하자」 제1연

하지만 혁명이 가져온 해방의 감격은 잠깐이고 기득권의 반격은 오래지 않아 대세를 뒤집기 시작했다. 일상은 다시 환멸과 망각의 시

압축 진행된 우리 문학사의 이곳/저곳

간 속으로 침몰하고 시인의 가슴은 이유 없이 메말라 갔다. 이제 시인의 언어는 외관상 다시 4·19 이전의 쓰디쓴 자기비하와 깊은 공허감과 풍자의 신랄함으로 돌아간다. 다음의 구절은 반세기의 시간을 뛰어넘어 오늘도 우리의 가슴에 비통한 파장을 일으키지 않는가.

혁명은 안 되고 나는 방만 바꾸어 버렸다
그 방의 벽에는 싸우라 싸우라 싸우라는 말이
헛소리처럼 아직도 어둠을 지키고 있을 것이다

나는 모든 노래를 그 방에 함께 남기고 왔을 게다
그렇듯 이제 나의 가슴은 이유 없이 메말랐다
그 방의 벽은 나의 가슴이고 나의 사지일까
일하라 일하라 일하라는 말이
헛소리처럼 아직도 나의 가슴을 울리고 있지만
나는 그 노래도 그전의 노래도 함께 다 잊어버리고 말았다
　　　　　　　　　　　　　　　　─「그 방을 생각하며」제1, 2연

　4·19와 함께 기억되는 또 한 사람의 시인은 신동문(1927~1993)이다. 나는 개인적으로 김수영과 신동문 두 분을 다 좋아하고 따랐는데, 그들은 서로 친하면서도 체질적으로 성향이 아주 달랐다. 김수영은 사석에서도 문학 이외의 다른 것을 얘기할 줄 모르는 문학주의자였던 반면에 신동문은 문학을 화제에 올리는 법이 거의 없는 쾌활한 사교가였다. 신동문은 고향에서 시인 겸 지역신문 논설위원

으로 활동하다가 학생들 배후로 지목되어 경찰에 쫓기는 몸이 되었다. 그가 야간열차를 타고 도망치듯 서울로 올라와 마주친 것은 바로 4·19 현장이었다. 수만 명의 시위대가 종로와 광화문 일대를 가득 메웠고, 그도 경무대로 행진하는 군중들 틈에 끼어들었다. 수많은 젊은이들의 절규를 들었고 그들이 총탄에 쓰러지는 것을 보았다. 그날 저녁 흥분을 가라앉히지 못하고 돌아온 하숙방에 엎드려 쓴 시가 유명한 「아! 신화같이 다비데 군(群)들」이다.

김수영의 문학적 생애에 있어서 4·19가 하나의 분수령이었듯이 신동문에게도 4·19는 결정적인 전환점이었다. 하지만 받아들이는 방식에 있어서 두 사람은 극히 대조적이다. 앞에서 지적했듯 김수영에게 4·19는 단순한 외부적 현실 또는 객관적 사건이 아니었다. 4·19는 그의 시적 사유 내부에서 진행되는 의식의 가변성 자체이자 때로는 일상생활의 세목들을 점검하기 위한 도덕의 준칙이기도 했다. 그런 점에서 김수영의 시는 4·19혁명의 진행과정이 그의 정신에 일으킨 파동의 변화를 계기판에서처럼 녹취한 하나의 역사문건이라고 말할 수 있다.

반면에 신동문의 4·19는 무엇보다도 거리에서 약동하는 육체적 행동이고 실제 상황에서 전개되는 구체적 투쟁이었다. "沖天하는/ 아우성/ 혀를 깨문/ 안간힘의/ 요동치는 근육/ 뒤틀리는 사지/ 약동하는 육체"(「아! 신화같이 다비데 군들」) 같은 구절에 형상화되어 있듯이 그의 시는 혁명벽화나 혁명조각처럼 영웅적이고 전시적이며 기념비적이다. 그렇기 때문에 그의 시는 복잡한 사유의 과정에 동반되는 회의와 망설임을 거절하며, 정의라든가 민주주의 같은 단순하고도 자명한 가치를 기반으로 한 투명하고 힘찬 선동성을 발휘한다. 그것은 비장한 행동의 순간에 응결된 조소적(彫塑的) 혁명성이며 내면적 갈등의 여유를 허락받지 못한 어떤 단순한 동력의 우발적이고 직선적인 폭발이다.

그런데 한순간의 극적인 고조(高潮)가 물러간 다음 신동문에게는 좀체 다시 창조의 시간이 찾아오지 않았다. 물론 「'아니다'의 주정(酒酊)」(1962. 6), 「절망을 커피처럼」(1962. 12), 「아아 내 조국」(1963. 4), 「바둑과 홍경래」(1965. 5), 「내 노동으로」(1967. 1) 등 그런대로 의미 있는 작품의 발표가 없었던 것은 아니다. 하지만 그 시들에 들어 있는 것은 시 쓰는 일 자체에 대한 회의, 좀 더 생산적인 노동행위에 대한 동경의 심정이었다. 결국 그는 침술을 배워 생애의 마지막 20년을 농촌에서 농사꾼이자 침쟁이로, 즉 밭에서 일하면서 가난한 촌민들 돌보는 것으로 보낸다. 어쩌면 그는 자신의 내부에 도사린 자기기만과 파멸의 위험을 보았기에 문학을 버리고 "내 노동으로 오늘을 살자"는 결심에 일치되는 농사짓는 일의 세계로 떠난 것인지 모른다. 그것은 '문학의 현실참여' 자체를 원천적으로 뒤집는 역방향의 현실참여였다.

7 참여문학의 풍요로운 성취

1960년대 문단에서 현실참여의 당위성과 사상적 위험을 둘러싼 논쟁이 치열하게 전개되었던 데 비하면 이를 뒷받침할 작품의 결실은 이론의 열도(熱度)에 미치지 못했다. 물론 현실문제에 강한 관심을 내장한 훌륭한 작품의 발표가 없었던 것은 아니다. 오랜 침묵을 깨고 문단에 복귀한 원로작가 김정한(1908~1996)을 비롯하여 「판문점」(1961)의 이호철, 『광장』(1960)의 최인훈 등 소설가들 및 김수영·신동엽·박봉우 등 시인들의 활약은 눈부신 바 있었다. 하지만 논쟁은 이들 작품의 실제에 근거한 토론이 되지 못하고 공허한 이념적 말다툼으로 시종한 데 문제가 있었다. 하지만 그럼에도 논쟁은 무의미한 소모가 아니라 진정한 참여문학으로 가기 위한 이론적 훈련의 과정이었다고 볼 수도 있다. 그런 훈련을 겪었기 때문인지 1970년대는 문학사상 가장 눈부신 창작의 약진시대라고 할 성과를 보여 주었다. 김지하의 『황토』(1970)와 「오적(五賊)」(1970)을 시발점으로 신경림의 『농무(農舞)』(1973), 조태일의 『국토』(1975), 양성우의 『겨울 공화국』(1977), 고은의 『새벽길』(1978), 정희성의 『저문 강에 삽을 씻고』(1978) 등 시집과 박태순의 『정든 땅 언덕 위』(1973), 황석영의 『객지』(1974), 이문구의 『관촌수필』(1977), 윤흥길의 『아홉 켤레의 구두로 남은 사내』(1977), 송기숙의 『자랏골의 비가(悲歌)』(1977), 조세희의 『난장이가 쏘아올린 작은 공』(1978), 현기영의 『순이 삼촌』(1979) 등 소설(집)들은 후세에 남을 이 시대 참여문학의 '위대한' 성취였다고 말해도 좋을 것이다.

그런데 주목할 것은 1970년대가 정치적 억압의 시대인 동시에 억압적 현실에 대한 민중적 저항의 시대였다는 사실이다. 알다시피 박정희 정권은 1969년 삼선개헌의 강행으로 장기집권의 터전을 닦고 1971년 대통령 선거에서 승리하자 1972년에는 소위 '시월유신'

압축 진행된 우리 문학사의 이곳/저곳

이라는 것을 선포했다. 1972년 10월 17일 박 정권의 친위 쿠데타부터 1987년 10월 29일 직선제 개헌안 공포까지 15년 동안 국민의 선거권은 사실상 박탈되고 삼권분립은 껍질만 남았으며 언론·집회·결사·신념의 자유 등 기본권은 치명적 제약을 받았다. 한마디로 민주주의라는 형식조차 전면적으로 폐기된 정치적 암흑시대였다. 다른 한편, 1970년대는 '압축적 근대화'라고 일컬어지는 고도성장의 시대이기도 했다. 저곡가·저임금을 바탕으로 급속한 산업화가 진행되고 이에 따라 광범하게 농민분해가 이루어졌다. 어떤 면에선 일제강점기나 6·25전쟁 시기에 맞먹는 거대한 사회적 이동이 일어났는데, 이 과정에서 수많은 농민, 도시빈민, 노동자들이 생존의 벼랑 끝으로 밀려났다.

이러한 고통의 현실에 대해 각성된 민중은 학생과 지식인을 선두로 조직적이고 전면적인 항의에 나섰다. 문인들도 6·25 이후 처음으로 이 대열에 참가하기 시작했다. 1960년대에도 한일협정 비준을 반대하는 재경(在京) 문인 82명의 성명(1965. 7. 9 발표)이 있었으나, 후속타 없는 단발에 그쳤다. 반면에 1970년대에는 문인들의 직접적인 정치참여가 일상화되었다. 민주수호국민협의회 성명에 문인 12명 동참(1971. 4. 19) 및 개헌청원 운동을 지지하는 문인 61명의 성명 발표(1974. 1. 7) 등으로 현실참여가 빈발해지다가, 1974년 11월 16일 국제펜 한국본부 정기총회에서 31명 회원 명의로「표현의 자유에 관한 긴급동의」가 채택되었으며, 바로 이틀 뒤에는 광화문 네거리에서「자유실천문인협의회 101인 선언」의 발표와 동시에 가두시위가 시도되었다. 약칭 '자실'로 통했던 자유실천문인협의회는 민족문학작가회의

(1987~2007)를 거쳐 오늘의 한국작가회의에 이르기까지 40년 동안 '문학의 현실참여'를 상징하는 단체로서 활동을 계속해 오고 있다.

그런데 1970~1980년대 문학의 열쇳말은 단연 '민중'이었다. 과거 카프 시대에 계급이 슬로건이었음은 알려진 바와 같은데, 그러나 따지고 보면 그 시대에는 프롤레타리아 계급의 형성도 미미했을 뿐더러 카프 이론가들이 사용한 개념과 논리도 대부분 수입품이었다. 다시 말해 충분한 현실적 기반을 결한 활자 위의 혁명 프로그램이었다. 이에 비해 민중문학은 책에서 읽은 이론의 소산이 아니라 눈으로 보고 몸으로 겪은 실제현실의 작품화였다. 1970년대 민중문학 작품들의 생명성과 파급력은 바로 그 강력한 현실성에 기반한 것이었다.

하지만 이 시대 문학의 의의가 단지 당대 민중현실의 밀착된 묘사에만 있는 것은 아니었다. 1970년대 참여문학의 저항과 수난을 상징하는 존재는 단연 시인 김지하일 텐데, 그의 장시 「오적」은 권력집단의 부패를 공격한 통렬한 비판정신에서뿐만 아니라 그 특유의 형식미학에서도 주목받아 마땅한 문제작이었다. 그 무렵 그는 김수영 시의 역사성을 검토하는 논문을 통해 김수영 시에서 무엇을 계승하고 무엇을 극복할 것인가를 다음과 같이 지적함으로써 자신의 미학적 방법론을 제시한 바 있다.

그가 시적 폭력표현 방법으로서 풍자를 선택한 것은 매우 올바르다. 이것은 이어받아야 할 것이다. 그가 폭력표현의 방향을 민중에만 집중하고 민중 위에 군림한 특수집단의 악덕에 돌리지 않은 것은 올바르지 않다. …… 그의 풍자가 모더니즘의 답답한 우리 안에 갇혀 민요 및

압축 진행된 우리 문학사의 이곳/저곳

민예 속에 난파선의 보물들처럼 무진장 쌓여 있는 저 풍성한 형식가치들, 특히 해학과 풍자언어의 계승을 거절한 것은 올바르지 않다. 이것을 비판적으로 극복해야 한다. 민요·민예의 전통적인 골계를 선택적으로 광범위하게 계승하고 창조적으로 발전시켜 현대적인 풍자 및 해학과 탁월하게 통일시키는 것은 바로 젊은 시인들의 가장 중요한 당면과제이다.[11]

김수영의 문학에 대한 김지하의 이해가 과연 가장 깊은 곳까지 갔었느냐 묻는다면 대답은 의문이다. 그러나 어떻든 김지하가 민요와 민예의 전통미학을 올바르게 계승하여 창조적으로 현대화할 것을 동시대 젊은 예술가들에게 제안한 것은 중대한 역사적 의미가 있다. 그것은 제국주의 외세에 의해 훼손되고 상처받은 민족적 자아의 자기회복의 요구이기 때문이다. 그 자신의 「오적」은 판소리의 리듬과 수사법을 활용한 것이었지만, 1970~1980년대에 다른 많은 시인과 예술운동가들은 민요, 탈춤, 풍물, 마당극, 민화, 걸개그림, 민속놀이 등 다양한 전통장르들을 서구 모더니즘의 비판적 형식과 결합하여 예술적 활력의 새로운 모태로 삼았다. 그것은 '일과 놀이와 싸움'이 하나인 예술의 구현, 즉 운동성과 예술성의 통일을 지향하는 미학이었다.

그러나 쓰라린 경험이 말해 주듯 1990년대 접어들어 현실 사회주의가 붕괴하고 '세계화'라는 구호가 고창되면서, 특히 1997년 말부터 외환위기의 재앙으로 신자유주의가 강요되면서 우리 사회는 또다시 전환기를 맞았다. 경쟁과 효율성만이 삶의 지표가 되었고, 노무현의 말대로 "권력은 시장으로 넘어간"듯이 보였다. 이제 민중문화와 민족예술의 한 시대는 종막에 이르고 현실은 문학의 중심부에서, 동시에 문학도 현실의 중심부에서 축출된 듯한 상황이 현현되었다.

8 김남주를 생각하며

이 시점에서 떠오르는 시인이 김남주(1945~1994)이다. 그가 시인으로 등단한 것은 「잿더미」 등 여덟 편의 시를 발표한 1974년이다. 하지만 그는 처음부터 단순한 시인 지망생이 아니었다. 등단 전에도 반(反)유신 지하유인물 사건으로 감옥살이를 했고, 등단 후에도 자신의 정체성을 시인보다 행동가, 즉 혁명전사에서 구하고자 했다. 그것이 남민전(남조선민족해방전선) 가입으로 나타났는데, 그 결과 그는 주지하듯 국가보안법 위반 장기수가 되어 1980년대의 대부분을 감옥에서 보냈다. 역설적인 것은 이 유폐상황이 그를 가장 시적인 존재로 만들었다는 사실이다. 즉, 그는 현실의 혁명활동에 직접 참여하고자 했으나 바로 그 목표 때문에 시에만 몰두하는 환경에 놓이게 되었다. 9년 3개월의 옥중생활 동안 그는 360여 편의 시를 썼는데, 아마 이것은 세계 문학사에서도 유례없는 일일 것이다.

하지만 내가 여기서 생각해 보려는 것은 대강 알려진 이런 사실이 아니라 그가 감옥에서 내게 보낸 편지에 관해서이다. 편지는 감방용 누런 화장지에 볼펜으로 깨알처럼 빽빽하게 쓴 것으로, 1988년 5월 23일이라는 날짜가 적혀 있다. 편지는 대부분 시에 대한 자신의 소신을 피력한 것이어서 그의 글 어디선가 이미 읽은 내용이었지만, 다음 대목은 나로선 가슴 뜨끔한 바가 있었다. 그 부분을 원문대로 옮겨 보겠다.

솔직히 말씀드려서 백낙청 선생님과 염무웅 선생님이 80년대에 제도권 학원으로 복귀하신 것에 대해 저로선 불만이었습니다. 19세기 중엽 러시아에서 체르니솁스키와 도블로류보프가 러시아 혁명의 발전에 기여했던 역할을 (혁명적인) 두 평론가가 해 주기를 은근히 기대했기 때문입니다. 기대했다기보다는 마땅히 그러했어야 했겠지요. 두 분께서 그런 역할을 못 했다는 투정은 아닙니다. 제도권 밖에 있었다면 보다 전투적으로 하실 수 있을 터인데 하는 아쉬움이 남는 것이지요.

백낙청 교수는 1974년 말에, 나는 1976년 초에 대학에서 쫓겨났다가 박 정권이 무너지고 난 1980년 3월에 다시 강단으로 복귀했는데, 김남주의 편지는 이 점을 지적하며 실망을 표한 것이었다. 출옥 후 김남주를 여러 번 만났으나 피차 그 문제를 입에 올린 적은 없다. 하지만 물론 내가 그의 말을 잊은 것은 아니었다. 오히려 제도권으로 돌아가는 걸 서운해하는 수많은 김남주들의 눈길을 의식하면서 수시로 내 삶의 정당성 여부를 자문했다고 할 수 있다. 그럴 때마다 결론은 언제나 내가 어느 지점에선가 김남주의 기대와 다른 길을 갈 수밖에 없다는 쪽으로 났다.

김남주가 온몸을 바쳐 치열하게 살았던 1970~1980년대나 그 이전, 그 이후 어느 시대나 우리 사회가 근본적으로 달라져야 한다는 데는 나도 전적으로 동의한다. 한국 현대사의 모순에 대한 김남주의 가차 없는 비판은 읽을 때마다 폐부를 찌르는 감동을 준다. 하지만 혁명적 전환이 필요한 것은 한국 사회만이 아니고 한국의 지배계급만이 아닐 것이다. 모두가 함께 달라져야 할뿐더러 물질세계와 정신세계가 동시에 더 윤리적인 쪽으로 올라가야 한다고 생각되는 것이다. 그런 점에서 본다면 계급과 민족에 대한 김남주의 배타적 비타협적 집착은 어느 틈엔가 새로운 시대의 해방운동에 질곡으로 화해 있지 않았던가 여겨진다. 그로서는 그럴 수밖에 없는 시대를 살았다는 점을 인정하더라도 나는 그렇게 본다.

김남주는 기회 있을 때마다 자신의 시가 단지 혁명을 이데올로기적으로 준비하기 위한 수단일 뿐이고 시는 투쟁의 부산물에 불과하다는 일종의 목적론적 문학관을 피력하였다. 시에 관한 그의 이러한 자의식을 그의 시적 성취에 글자 그대로 적용할 수는 없다. 물론 김남주의 많은 시들은 그 자신의 언명대로 '이념'의 직접적·평면적 진술에 그친 것이 사실이다. 그러나 그의 더 많은 시들에 구사된 다채롭고도 활력에 넘치는 기법들은 자신의 주장과 달리 혁명운동의 성공을 위한 선전·선동으로서의 정치적 수사학의 차원뿐만 아니라 동시에 극히 예각적인 의미에서 예술적 완성을 위한 미적 수사학의 차원을 획득하고 있다. 예컨대, 광주항쟁의 비극을 최고의 시로 승화시킨 명작 「학살 1」을 읽어 보면 무엇보다도 거기 구사된 탁월한 예술적 기법에 감탄하게 된다. 이 작품은 가장 동시대적인 소재를 가장 직접적인 방식으로 다루었음에도 불구하고 긴박하게 파동 치는 호흡으로 학살극의 현재화·시각화에 성공하고 있고, 그럼으로써 광주학살

301

을 역사 속의 다른 수많은 학살 사건들의 연속 위에 위치시키고 있다. 즉, 작품 「학살 1」은 광주학살 사건의 시적 현재화를 통해 사건의 심오한 역사화에 성공하고 있다. 그가 좋아한 시인들, 하이네와 브레히트와 네루다가 그러했듯이 그 역시 단순한 정치 선동가가 아니라 뛰어난 언어예술가임을 입증한 것이다.

김남주 시의 서정성에 대해서도 그의 주장에 구애받을 필요는 없다. 때때로 그는 시의 서정성 자체를 거부하는 듯한 발언도 했으나, 실제로는 서정의 특정한 이념적 왜곡을 부인한 것이었다. 그는 부인 박광숙 여사에게 보낸 옥중편지에서, 자신은 시에서 의식적으로 서정성을 제거하려고 애썼다면서 서정성의 사회적 내용에 관해 다음과 같이 말하고 있다.

내가 제거하려고 했던 서정성은 소시민적인 서정성, 자유주의적인 서정성, 봉건사회에서 자연스럽게 이루어진 고리타분한 무당굿이라든가 판소리 가락에서 묻어나오는 골계적, 해학적, 한(恨)적 서정성이었습니다. …… 내가 시에서 무기로써 사용하고자 하는 서정성은 일하는 사람들의 서정성 중에서 진보적인 것, 전투적인 것, 혁명적인 것입니다.[12]

이 글에는 앞서 인용했던바 김지하 전통계승론에 대한 일정한 비판이 함축되어 있음을 어렵지 않게 간취할 수 있다. 김지하 미학에 대한 김남주의 비판은 물론 세계에 대한 그의 철두철미한 현실주의적 · 계급론적 인식에서 태어난 것이다. 그의 문학적 사유 속에는 적과 동지, 자본가 계급과 노동자 계급, 지배자와 민중, 제국주의 침략세력과 식민지 민족세력이 명쾌한 적대관계 속에 대치하고 있다. 이것은 김남주의 시에 강한 발화력과 탁월한 집중력을 결과하지만, 동시에 어떤 제약으로서도 작용한다. 그런데 김남주의 경우에도 역설적 사실은「옛 마을을 지나며」,「고목」,「개똥벌레 하나」같은 적지 않은 시들 자체가 그가 제거하고자 했던 전통적 서정의 감동적인 실례를 보여 준다는 점이다.

김남주는 9년 3개월의 감옥생활 끝에 1988년 12월 21일 형집행정지로 석방되었다. 출옥 후 그에게 닥친 것은 너무도 급격하고 엄청난 현실의 변화였다. 나라 안에서는 오랜 군사독재가 종식을 고했고, 나라 밖에서는 동유럽 사회주의 국가들이 붕괴하였다. 이것은 그에게 감당하기 힘든 도전으로 다가왔다. 실패한 노선을 그대로 답습하는 것도, 기존의 이념적 핵심을 버리는 것도 다 용납할 수 없었기 때문이다. 이 딜레마로부터 벗어나는 해결책은 어디에 존재하는가. 출옥 후의 시들이 보여 주듯 김남주는 얼마간의 방황 끝에 혁명시인·민주전사의 각오를 되찾았다. 그러나 그를 둘러싼 객관적 현실은 각오의 실천을 뒷받침할 만한 것이 아니었다. 출옥 후의 시들에 빈번히 나타나듯 '나는 어디에 서 있는가'라는 회의를 그는 끝내 털어 버리지 못했다. 이 역사적 미로 속에서 그는 고통스럽게 삶을 마감하였다. 그러나 돌이켜 보건대 그는 어떤 출구를 찾은 것은 아니었으나 안이한 해답에 굴복하지도 않았다. 그는 혼신의 질문 자체로서 여전히 우리 곁에 살아 외롭게 빛을 던진다. 유언처럼 들리는 시「개똥벌레 하나」를 읽어 보면 거기에는 패배의 현실을 견디는 자의 처절한 고독과 더불어 자연 속에서 노래하는 시인으로 사는 것을 유일한 구원으로 받

압축 진행된 우리 문학사의 이곳/저곳

아들이려는 체념적·초월적 감정이 아프게 새겨져 있음을 느끼게 된다. 김남주의 정신이 마침내 도달한 곳이 한없이 정화된 무욕(無慾)의 세계였음을 확인하는 것은 여전히 세속에 남아 있는 우리를 또다시 숙연하게 한다.

빈 들에 어둠이 가득하다
물 흐르는 소리 내 귀에서 맑고
개똥벌레 하나 풀섶에서
자지 않고 깨어나 일어나
깜박깜박 빛을 내고 있다

그래 자지 마라 개똥벌레야
너마저 이 밤에 빛을 잃고 말면
나는 누구와 동무하여
이 어둠의 시절을 보내란 말이냐

밤은 깊어 가고
이윽고
동편 하늘이 밝아 온다
개똥벌레는 온 데 간 데 없고
나만 남아 나만 남아
어둠의 끝에서 밝아 오는 아침을 맞이한다

풀잎에 연 이슬이 아침 햇살에 곱다
개똥벌레야 나는 네가 이슬로 환생했다고
노래하는 시인으로 살련다
먼 훗날 하늘나라에 가서

9 끝내는 말

이 글의 서론 부분으로 돌아가 마무리를 짓기로 하자. '문학의 현실
참여'라는 주제가 한국 근대문학의 출발 이후 오늘까지 한 번도 우리
곁을 떠난 적이 없다는 가정에서 이야기를 시작했고, 실제로 1900년대
의 이인직·이광수·한용운부터 2010년대의 젊은 시인과 작가들에 이
르기까지 현실연관성의 여러 양상은 그들의 문학을 이해하는 데 필수
적인 전제임이 분명하다. 그러나 '문학이 어떻게 현실에 관여하는가',
거꾸로 '현실로부터 문학이 어떤 제약을 받고 있는가'라는 물음은 특
정한 작가 또는 그의 구체적 작품을 앞에 놓고 시대와의 조응관계를
통해 실증적으로 분석해야 실속 있는 결과를 얻을 수 있지, 추상적인
논리만으로 일반화할 성질의 것은 아니다. 정치참여의 강도라든가 도
덕감정의 고귀성 같은 기준으로 문학의 우열을 판단하는 것은 문학
본연의 독립적 가치 창조와 때로는 미묘한 충돌을 일으킬 수 있다. 문
학과 예술은 삶의 일부이되 삶으로 환원되지 않는, 본질적으로 개별
성·구체성·특수성을 특징으로 하는 독자적 영역이기 때문이다.
　그러나 그럼에도 시인과 작가들의 직접적 관여를 요구하는 현실

사회의 호소와 압력은 언제나 그리고 어디에나 존재해 왔다. 권력의 불의와 이웃의 비참은 그렇게 현존한다는 사실 자체만으로도 시인의 마음을 아프게 하고 작가의 붓을 들게 할 수 있다. 불의와 비참에 대한 감응의 능력은 시적 감수성의 불가결한 구성요소이다. 그런 점에서 문학의 현실참여는 작가의 내면에서 솟아난 주체적 욕구이면서 동시에 외부현실로부터 작가에게 가해지는 객관적 요구이다. 그러나 물론 앞에서 누누이 검토했듯이 좋은 작품의 생산은 현실참여의 직접적 결과물이 아니며, 양자 간에는 간단하게 일반화할 수 없는 복잡한 변증법이 존재한다.

가령, 시인이자 국회의원인 도종환을 예로 들어 그 점을 살펴보자. 사실 나에게는 도종환이 국회의원이라는 사실이 아직 좀 낯설다. 첫 시집 『고두미 마을에서』(1985) 이래 30여 년 동안 그의 시를 읽고 좋아한 많은 독자들도 그를 정치인으로 여기는 데 익숙지 않을 것이다. 그런데 도종환에게 시와 정치의 관계가 문제화한 것은 교육 당국이 10여 년째 실려 오던 그의 작품을 중학교 교과서에서 빼려고 했기 때문이었다. 문인들은 당연히 여기에 강력하게 항의했고, 국회도 여야를 떠나, 그리고 소위 보수·진보를 넘어 한목소리로 "정치적 중립성을 빙자한 정치적 과잉"을 이유로 교육 당국의 처사에 반대했다. 이것은 시와 정치의 관계를 지금까지와는 다른 차원에서 들여다볼 기회로 되었다.

도종환의 자전적 산문 『꽃은 젖어도 향기는 젖지 않는다』(2011)를 읽어 보면 그의 시가 부드럽고 따뜻한 데 어울리지 않게 그의 삶은 뜻밖에도 차가운 시련과 고초의 연속임을 발견하게 된다. 어린 시절에만 그랬던 것이 아니라 교사가 되고 시인이 된 다음에도 그랬다. 유명해진 후에도 그는 교육운동가와 문화활동가를 겸하는 난코스를 마다하지 않았다. 그 보답으로 그에게 돌아온 것은 감시와 처벌, 해직과 감옥이었다. 1970년대의 김지하, 1980년대의 김남주를 연상케 하는 행보였다. 그런데 김지하·김남주와 다른 것은 그가 이 모든 난관을 흔히 말하는 강철 같은 투지보다는 부드러운 포용의 마음으로 넘어서고 있고 바로 그런 마음을 시로 표현하고 있다는 사실이다. 국민적 애송시 「담쟁이」가 전하는 메시지가 말하자면 그런 포용과 화합의 정신이다. 요컨대 도종환의 삶에서 시와 현실참여는 하나의 활동 안에서 일치를 이루는 것이다. 어쩌면 이 점이 도종환 문학에 이룩된 근원적 의미의 정치성이고 김지하·김남주 시대에는 가능하지 않았던 새로운 시대의 정치성이라고 할 수 있다. 그런 점에서 정치를 넘어선 정치의 실현 가능성을 시험하는 것은 도종환의 인생에 주어진 새로운 과제일지 모른다.

그러나 이제 민감한 사람이 아니더라도 우리 앞에는 지금까지의 정치-사회적 갈등과는 다른, 새롭고도 유례없는 도전이 닥쳤음을 실감하게 되었다. 자원의 고갈, 인구폭발, 기후변화, 종족갈등, 빈부격차와 양극화 —— 어느 것 하나 해결될 가망이 없고 오히려 가속적으로 악화되는 양상을 보이고 있지 않은가. 이 여러 요인들 중 한두 가지만 임계점에 이르러도 지구는 인류시대의 파국을 맞을 수 있다. 이제 한가하게 관망할 시간이 별로 남아 있지 않다는 경고가 과장이 아니게 되었다. 따라서 이런 시대에 우리가 직접적 현실활동에 뛰어드는 대신 그래도 문학을 붙들고 있어야 한다면 우리는 세계의 파멸에 저항

압축 진행된 우리 문학사의 이곳/저곳

하는 문학을 하는 수밖에 없다. 그것이 오늘의 참여문학이고 저항문학이다.

분명한 것은 문학이 행하는 현실참여가 특정한 이념이나 고정된 형식을 통해서만 이루어지는 것일 수 없다는 점이다. 국가·민족·계급 등 기존의 특정한 이념이나 고정관념에 얽매이는 것 자체가 오히려 해방의 가능성을 가로막는 질곡으로 화할 수 있다. 오직 자유롭고 독립된 정신, 진실에 헌신하는 치열함만이 문학에서든 정치에서든 구원의 길로 안내할 것이다. 그리하여 문학은 다음에 인용하는 이시영의 시가 강조하듯 때로는 우주의 사업에 동참할 수 있어야 하고 때로는 혹독한 고독을 견딜 수 있어야 한다. 그런 차원에서라면 이제 굳이 참여문학과 순수문학을 구별하는 것은 덧없는 일이라고 말할 수도 있다. 이시영의 시집 『무늬』(문학과지성사, 1994)에서 시인의 사명을 노래한 두 편의 시를 읽으며 '문학의 현실참여'에서 말하는 현실이 한없이 높고 넓고 깊은 것일 수 있고 또 그렇게 되어야 함을 되새기고자 한다.

시인이란, 그가 진정한 시인이라면
우주의 사업에 동참할 수 있어야 한다

그러나 내가 언제 나의 입김으로
더운 꽃 한 송이 피워 낸 적 있는가
내가 언제 나의 눈물로
이슬 한 방울 지상에 내린 적 있는가

내가 언제 나의 손길로

曠原을 거쳐서 내게 달려온 고독한 바람의 잔등을

잠재운 적 있는가 쓰다듬은 적 있는가

—「내가 언제」

고독을 모르는 문학이 있다면

그건 사기리

밤새도록 앞뜰에 폭풍우 쓸고 지나간 뒤

뿌리가 허옇게 드러난 잔바람 속에서 나무 한 그루가

위태로이 위태로이 자신의 전존재를 다해 사운거리고 있다

—「그대의 시 앞에」

압축 진행된 우리 문학사의 이곳/저곳

의례와
공유 지식의 생성

조직과 축제

마이클 S. 최

UCLA 정치학과 교수

(이경희 옮김)

2001년 출판된 『합리적 의례』[1]에서 나는 결혼식과 같은 공공 의례나 의식의 핵심 측면 중 하나는 '공유 지식(common knowledge)'을 만들어 내는 것이라고 주장한 바 있다. 공유 지식은 철학자 데이비드 루이스가 처음 사용한 전문 용어다.[2] 그에 따르면, 어떤 사실이나 사건은 그것이 모든 사람에게 알려진 지식이 되었을 때, 이 지식이 다시 모든 사람에게 알려진 지식이 되었을 때, 이 지식에 대한 지식이 다시 모든 사람에게 알려진 지식이 되었을 때[3] 공유 지식이 된다. 예를 들어 결혼식은 모든 사람에게 두 사람이 결혼했다는 사실을 알려 주는 데 그치지 않고, 이 사실을 모든 사람이 알고 있다는 사실을 또한 알게 한다.

또 다른 예로, 이메일 기능에서 '참조'와 '숨은 참조'의 차이가 바로 공유 지식이다. 수신자들은 각각 동일한 메시지를 전달받는다. 다만 참조란의 수신자는 자신 외 다른 수신자가 누구인지 알 수 있는 반면 숨은 참조란의 수신자는 자신 외 다른 수신자를 알 수 없다. 즉 참조든 숨은 참조든 정보를 전달하는 수단으로는 탁월하다. 그러나 참조는 공유 지식을 만들어 내는 반면 숨은 참조는 그렇지 않다.

이 글에서는 이 공유 지식 개념을 여러 실제 사례에 적용해 볼 것이다. 그동안 이 주장은 각종 의례뿐 아니라 성 불평등의 지속성,

의례와 공유 지식의 생성

2007년도 글로벌 금융 위기, '아랍의 봄'에서 널리 사용되었던 소셜 네트워크 서비스(SNS)의 역할 등 다양한 범위의 사회 현상을 이해하는 데 사용되었다. 이 주장은 이렇게 언뜻 이론에 불과해 보이거나 '철학적'으로만 보이는 개념이 어떻게 현실 세계에 직접적이고 유용하게 응용될 수 있는지 보여 준다.

공유 지식은 '조정 문제(coordination problem)'를 해결하는 데 유용하다. 조정 문제란 한 개인의 선택이 다른 사람들의 선택에 의해 달라지거나 달라질 수 있는 상황을 말한다. 예를 들어 시위 집회에 참여하고자 하는 한 개인은 시위대가 일정 규모에 이르는 경우에만 참가하고자 한다. 시위대의 규모가 클수록 더 흥이 날 뿐만 아니라 시위자가 연행될 위험도 줄어들기 때문이다. 또 다른 예로 신기술 수용을 들 수 있다. 온라인에는 사용자들이 메시지를 주고받는 메시징 플랫폼이 여러 개 있다. 새로운 메시징 플랫폼이 나올 경우, 인기가 좋은 플랫폼일수록 나도 가입할 확률이 높다.

시위 집회와 같은 조정 문제에서는 사람들에게 집회가 열린다는 사실을 알려야 할 뿐 아니라, 다른 사람들도 집회에 대해 알고 있다는 사실을 알려야 한다. 이는 다시 말해 집회 사실을 공유 지식화해야 한다는 것이다. 신기술의 경우, 1984년 세상에 나온 매킨토시 컴퓨터를 예로 들어 볼 수 있다. 당시 매킨토시 컴퓨터는 기존의 컴퓨터 시스템들과 호환이 되지 않았다. 이 컴퓨터가 많이 팔릴 것이라고 예상하지 않는 한 일반 소비자는 누구도 이 컴퓨터를 쉽게 살 수 없었다. 그리하여 매킨토시 컴퓨터는 1984년 '슈퍼볼' 미식축구 중계방송 도중 인상 깊은 광고를 통해 처음 대중에게 소개되었는데, 슈퍼볼은 미국에서 50퍼센트가량의 시청률을 기록하는 가장 인기 있는 텔레비전 프로그램으로 널리 알려져 있다. 슈퍼볼에 광고된 매킨토시를 본 시청자는 매킨토시를 알게 되었을 뿐 아니라, 많은 사람이 알게 되었다는 사실을 또한 알게 되었다. 즉 슈퍼볼 광고는 지식뿐 아니라 공유 지식을 만들어 낸 것이다. 이러한 의미에서 슈퍼볼은 미국에서 국가적인 연중 의례다. 세계적인 차원에서 이와 비슷한 행사는 FIFA 월드컵과 올림픽 대회를 들 수 있겠다.

1 눈 맞춤과 내부로 향하는 원

공유 지식을 생성하는 방법 중 하나는 눈 맞춤이다. 여러분 중 누군가와 제가 안내 방송을 함께 듣고 있고, 우리가 서로 눈을 맞추었다고 가정해 보자. 눈을 맞춤으로써 나는 상대방이 방송에 주의를 기울이고 있고, 그리하여 방송을 듣고 있다는 것을 알게 된다. 그뿐만 아니라, 눈을 맞춤으로써 나는 상대방이 내가 방송을 듣고 있다는 것을 알고 있다는 것을 안다. 상대방 또한 마찬가지이다. 반대로 만약 상대와 내가 서로 등을 돌리고 있다면, 우리는 둘 다 방송을 듣고 있을지 모르지만, 두 사람 중 누구도 상대가 방송을 듣고 있는지 알 수 없다.

2인 이상의 그룹에서 눈 맞춤에 가장 가까운 것은 원(圓)을 이루어 서로를 바라보는 것이다. 이런 식으로 구성원 개개인은 구성원 모두가 주의를 기울이고 있다는 것을 볼 수 있다. 원을 구성하여 서로를 쳐다볼 수 있는 의례 구조의 예는 많이 있다. 그중 하나가 키바(kiva)

의례와 공유 지식의 생성

다. 키바는 원형의 땅속 공간으로서, 현재의 뉴멕시코 주나 애리조나 주와 같은 미국 남서부 지역에 분포되어 있던 미국 원주민 문명에서 발견된다. 키바는 주로 의례 활동을 위한 공간으로 알려져 있다. 즉 사회적 유대감을 높이고 집단 활동을 조정하는 것을 돕는 활동을 위한 공간으로 이해된다.

정권의 권위를 인정하는 문제도 조정 문제다. 즉 한 개인이 어떤 정치 체제를 수용한다는 것은, 다른 많은 사람들이 그것을 수용하는 것을 전제로 한다. 어느 한 정권에 대한 개인적인 호불호를 떠나, 다른 많은 사람이 그 정권에 대한 합법성을 인정하지 않는다면, 나 역시 인정할 확률이 낮다.

그리하여 정치 권력은 사람들이 서로를 마주 보는 의례를 통해 권위를 강화하기 위해 노력한다. 그 한 예로 고대 아테네의 민주주의를 들 수 있다. 조사이어 오버에 따르면, 그리스의 여타 도시 국가에 비해 아테네가 월등히 성공적이고 번창했던 이유는 아테네의 경우 국가적 활동을 더 잘 조정할 수 있었기 때문이라고 한다.[4] 다른 도시 국가에 비해 아테네는 연중 최소한 총 120일은 공공 의례가 있을 만큼 국가 행사가 잦았다. 또한 타 도시 국가에 비해 참석자들이 서로를 바라볼 수 구조의 있는 공공시설이 월등히 많았다. 1만 7000명의 관중을 수용할 수 있었던 디오니소스 극장이 그 한 예이다. 동심원을 그리는 계단으로 만들어진 원형 극장은 바로 아테네에서 시작되었다.

유사한 차원에서, 성공적인 정치 혁명에 필수적인 것은 대중으로부터 혁명의 권위를 인정받는 것이다. 모나 오주프에 따르면, 프랑스 혁명 당시 원 형태는 혁명 세력이 주도하는 축제에서 이상적인 형태로 간주되었다고 한다.⁵ 당시 "원형 극장에 대한 강박 관념"이 있었는데, 원형 극장은 "관중들로 하여금 자신들의 감정을 동등하게 공유할수 있게 하고 완벽한 상호 관계 속에서 서로를 볼 수 있게 했기"때문이라고 한다. 유사한 맥락에서, 1900년을 전후로 유럽에서 남성 보통 선거권이 도입된 이후, 유럽 각국의 정권들은 정통성을 획득하기 위해 좀 더 큰 대규모 '관중'에게 지지를 호소해야 했다. 에릭 홉스봄에 의하면 런던의 웸블리 스타디움이나 베를린의 스포츠팔라스트와 같이 대규모 의례를 치를 수 있는 새로운 운동 경기장이 지어진 이유는 이러한 필요를 수용하기 위해서였다고 한다.⁶

2 광고

어떤 상품은 다른 사람이 많이 사야 나도 살 확률이 높다. 팩스와같은 네트워크 기기가 특히 좋은 예이다. 내가 만약 팩스기를 산다면, 그 유용성은 다른 사람들의 구매 정도, 즉 얼마나 많은 사람들이 팩스기를 사느냐에 달려 있다. 왓츠앱(WhatsApp), 카카오톡, 페이스북의사용자가 많다는 것을 아는 사람일수록 그것들을 사용할 확률이 높아진다. 비슷한 상품으로, 집단적으로 소비되는 맥주, 청량음료, 과자등이 있다. 맥주를 예로 들어 보자. 다른 사람들이 별로 마실 것 같지않은 새로운 브랜드라면 나는 그 맥주를 파티에 가져올 확률이 낮다. 영화, 책, 노래 등과 같은 문화 상품도 마찬가지다. 매슈 살가닉과 덩컨 와츠에 따르면, 한 개인이 온라인상에서 노래를 다운로드 할 때 그

의례와 공유 지식의 생성

선택 기준은 그 노래가 가지고 있는 내재적 '질'에도 달려 있지만, 얼마나 많은 사람들이 자신과 같이 이 노래를 다운로드 받았는가에도 달려 있다고 한다.[7] 전 세계적으로 가장 높은 유튜브 조회 수를 기록한 「강남 스타일」을 본 사람 중에서 상당수는 실제로 이 노래가 유명하다는 소문을 들었기 때문에 보았을 것이다.

맥주와 같은 상품을 구매하는 것이 조정 문제라는 것을 인식하게 되면, 우리는 맥주 광고가 의례 형식을 띨 것이라고 기대할 수 있다. 즉 맥주 광고는 공유 지식을 생성하도록 만들어진다는 것이다. 인기 있는 텔레비전 프로그램에서 맥주 광고를 본다면, 나는 그 맥주를 구매할 확률이 높다. 왜냐면 다른 사람들도 같은 광고를 본 것을 알기 때문이다. 반면 건전지, 탈취제, 세제 등과 같은 경우 구매자들은 아무도 누가 같은 제품을 사는가에 관심이 없다. 따라서 건전지, 탈취제, 세제 광고는 공유 지식을 만들어서 얻을 수 있는 이익이 아무것도 없다.

나는 1988년에서 1989년 사이에 미국 네트워크 텔레비전을 통해 광고가 나간 119개 상품 브랜드에 대한 조사 내용을 『합리적 의례』에서 소개한 바 있다. 나는 먼저 이 상품들을 '소셜 브랜드'와 '비소셜 브랜드'로 구분했는데, 소셜 브랜드는 주로 집단적으로 소비되는 상품이다. 소셜 브랜드군에서는 쿠어스 라이트(Coors Light) 맥주와 도미노 피자를 예로 들어 자세히 설명했고, 비소셜 브랜드군에서는 에너자이저 건전지와 클로락스 표백제를 예로 들었다. 그림 6-1에서 보는 바와 같이, 소셜 브랜드는 주로 시청률이 높은 텔레비전 프로그램에서 광고를 한다. 또한 소셜 브랜드는 비소셜 브랜드에 비해

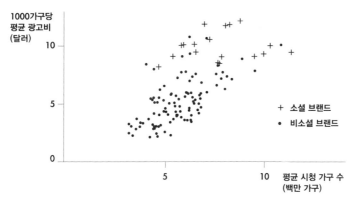

그림 6-1   소셜 브랜드와 비소셜 브랜드의 광고 비용
출처   마이클 S. 최, 「사람들은 어떻게 광장에 모이는 것일까?」, 85쪽.

시청 가구당 광고 가격이 평균 두 배 정도로 월등히 높다. 즉 시청 가
구 1000가구당 소셜 브랜드를 광고하는 데 드는 비용(CPT, cost per
thousand viewers)이 평균 두 배 더 높다. 예를 들어 쿠어스 라이트가
똑같은 돈으로 에너자이저와 같은 광고 전략을 쓴다면 두 배 더 많은
시청자에게 광고할 수 있다. 나의 결론은 소셜 브랜드 광고주들은 상
당히 높은 프리미엄을 치르면서도 시청률이 높은 방송 프로그램에
기꺼이 광고한다는 것이다. 그 이유는 인기가 높은 프로그램이 소셜
브랜드에 필요한 공유 지식을 생성하기 때문이다.

미국에서 공유 지식을 만들어 내는 최고의 '제조기'는 슈퍼볼이
다. 2014년 슈퍼볼 중계방송에서 30초 시간대 광고료는 400만 달러
였고, 약 5400만 가구가 시청했다. 따라서 시청자 1000가구당 광고
료는 약 74달러가 된다. 미국 네트워크 텔레비전 황금 시간대 30초 평
균 광고료가 시청자 1000명당 약 25달러인 것을 감안할 때, 슈퍼볼

319   의례와 공유 지식의 생성

프리미엄은 상당히 높다. 다시 말해 슈퍼볼에서 광고하는 광고주가 같은 돈으로 일반 네트워크 텔레비전에 광고를 한다면 슈퍼볼에서보다 약 세 배 정도 더 많은 시청자에게 광고할 수 있다. 광고주들이 왜 이렇게 높은 프리미엄을 감수하면서까지 슈퍼볼에 광고하는가에 대해서는 많은 의견이 제시되어 왔다. 그중 하나는, 슈퍼볼 방송에서 광고가 나간 후 사람들 사이에서 그 광고가 회자될 확률이 다른 광고에 비해 높다는 것이다. 그러나 슈퍼볼에서 광고되는 상품을 보면 맥주, 청량음료, 과자, 자동차가 압도적으로 많고, 이는 대중적으로 소비되는 전형적인 '소셜 상품'들이다. 이 외에 슈퍼볼 광고에서 자주 볼 수 있는 상품은 비자카드와 같은 금융 서비스, 티 모바일(T-Mobile)과 같은 통신 서비스다. 이동 전화 서비스나 금융 서비스의 경우, 다른 사람들의 가입률이 높을수록 나도 가입할 확률이 높아진다. 슈퍼볼 방송에서 광고를 잘 하지 않는 상품의 예로는 치약과 건전지를 들 수 있다. 슈퍼볼 프리미엄이 높은 이유가 광고 후 광고가 회자되는 것 때문이라면, 치약이나 건전지와 같은 상품도 슈퍼볼에 광고를 함으로써 이득을 취할 수 있을 것이다. 슈퍼볼 방송에서 소셜 브랜드만 광고를 한다는 사실은 슈퍼볼 프리미엄이 얼마나 공유 지식을 잘 만들어 내는가를 증명해 준다.

3 실험에 의한 입증

공유 지식의 중요성은 실험을 통해서도 볼 수 있다. 오디드 노브와 셰이자프 라파엘리는 적어도 총 여덟 명으로 구성된 회의를 개최하기 위해 몇 명의 수신자에게 이메일을 보내야 하는지 실험해 보았다.[8] 실험 참가자들은 숨은 참조를 사용하라고 했을 때, 참조를 사용하라고 했을 때보다 상당히 더 많은(48퍼센트에서 132퍼센트까지) 사람들에게 이메일을 보냈다. 다시 말해 참조는 숨은 참조에 비해 집단 참여를 더 잘 유도한다는 것을 실험 참가자들은 알고 있었던 것이다. 앞에서 이미 설명했듯이, 이메일 시스템에서 참조는 수신자들 사이에 공유 지식을 생성하지만 숨은 참조는 그렇지 않다.

아나니쉬 초드후리, 앤드루 쇼터, 배리 소퍼는 다른 실험을 실시했다.[9] 여덟 명을 대상으로 실시한 실험에서 참가자들은 각자 1에서 7까지의 번호 중 하나를 선택한다. 각각의 참가자는 자신이 선택한 번호 곱하기 10센트를 지불해야 하고, 대신 여덟 명이 선택한 번호 중 가장 낮은 숫자 곱하기 20센트를 받는다. 또 실험에 참가한 대가로 1회에 한해서 60센트를 받는다. 예를 들어 여덟 명 모두 숫자 7을 선택한다면, 모든 사람은 각각 $\{7 \times (-10)\} + (7 \times 20) + 60 = 130$센트를 받는다. 만약 내가 7을 선택하고 누군가 한 사람이라도 1을 선택한다면, 나는 $\{7 \times (-10)\} + (1 \times 20) + 60 = 10$센트를 받게 된다. 다시 말해 참가자 모두가 이익을 볼 수 있는 방법은 참가자들이 선택한 가장 낮은 숫자를 최대한 높은 숫자로 만드는 것이다. 그러나 어느 한 사람이라도 7 이하의 숫자를 선택할 경우, 그보다 높은 숫자를 선택하는 것은 나에게 불리하다. 이러한 문제가 조정 문제인 것이다. 모두 높은 숫자를 선택하는 것이 각자에게 유리하다. 그리하여 다른 사람들이 모두 7을 선택한다면 나 또한 7을 선택할 것이다. 그러나 나는 전

의례와 공유 지식의 생성

원이 다 7을 선택한다는 것을 알 때에만 7을 선택할 것이다. 만약 다른 사람들이 모두 1을 선택한다면, 나 역시 1을 선택할 것이고, 참가자들은 모두 '할 수 없이' 1을 선택하게 될 것이다.

실험 참가자들은 서로 의견을 교환할 수 없는 상황에서, 즉 서로 협력이 전혀 없는 상태에서 거의 대부분 숫자 1을 선택한다. 그 후 초드후리, 쇼터, 소퍼는 실험 참가자들이 차후 참가자들에게 조언을 남길 수 있도록 했다.(예를 들어 "7을 선택해! 서로를 믿어, 그게 바로 너에게도 도움이 될 거야!" 등과 같은 문구를 실험 안내지에 적을 수 있게 한 것이다.) 그러나 이전 참가자들의 이러한 조언은 이후 참가자들 사이에서 공유 지식을 생성해 내지 않기 때문에 썩 효과적이지 않다. 즉 참가자들은 각자 받아 든 종이에서 이런 문구를 읽고, 다른 참가자들이 안내지를 보기나 하는지, 그 내용을 과연 얼마나 집중해서 파악하고 있는지 알지 못하는 것이다. 그러므로 조언을 효과적으로 전달하기 위해서는 참가자들이 모두 모여 있는 자리에서 큰 소리로 말해야 한다. 다시 말해 조언을 하기 위해서는 그것이 공유 지식이 되게 해야 한다. 즉 참가자들 사이 상호 협력을 이끌어 내기 위한 조언은 '의례'를 통해 전달되어야 하는 것이다.

4   공유 지식은 때로 나쁘다

공유 지식이 항상 좋은 것은 아니다. 자선 사업 모금 활동을 예로 들 수 있다. 남이 기부할 때 기부할 가능성이 높아지는 어떤 사람이 있다고 하자. 이것은 조정 문제를 야기한다. 이러한 경우, 자선 사업 단체는 기부할 의향이 있는 잠재적 기부자들을 모두 한자리에 모아 놓고 모금 활동을 공개하여 자신들의 모금 활동을 공유 지식화해야 할 것이다. 그러나 잠재적 기부자 중에는 본인이 독특하고 특별하다고 느끼고 싶은 사람도 있을 수 있다. 그리하여 아무도 기부하지 않을 때 오히려 더 기부할 가능성이 높은 잠재적 기부자도 있을 수 있다. 자선 사업 단체는 이런 잠재적 기부자들에게 모금 활동을 공유 지식화해서는 안 된다. 오히려 이러한 잠재적 기부자는 개별적으로 만나, 왜 유독 그의 기부가 필요한지 설득해야 한다.

반대로 갈등 관계 속에 있는 두 국가가 있다고 가정하자. 이러한 상황은 조정 문제가 아니며, 당사자들은 공유 지식을 적극적으로 회피한다. 예를 들어 A라는 국가는 B라는 국가가 자국의 군사 무기 프로그램을 상대로 성공적인 스파이 활동을 전개했다는 것을 알게 되었다. 이럴 경우 A는 이러한 사실을 공개하고 싶지 않을 확률이 높다. 왜냐하면, A는 B의 스파이 활동을 A가 알고 있다는 것을 B가 알기를 원치 않을 수 있기 때문이다.

미국 흑인 민간 설화 『플로시와 여우』에서, 어린 소녀 플로시는 달걀 심부름을 하는 중에 여우를 만나게 된다.[10] 여우는 자신이 여우라는 사실을 강조함으로써 플로시가 공포감을 느껴서 순순히 자기에게 달걀을 줄 것을 노린다. 그러나 플로시는 여우에게, 나는 네가 여우라는 것을 믿지 않는다고 말한다. 또 플로시는 여우에게 자신은 여우가 어떻게 생겼는지 모른다고 말한다. 여우는 계속 이렇게 저렇게 자신이 정말 여우라고 설득하지만 플로시 역시 여우의 말에 계속 이

의례와 공유 지식의 생성

의를 제기한다. 플로시는 여우에게, 나는 네가 여우가 아니라 다람쥐라 생각한다고 말한다. 그러는 와중에 플로시는 드디어 자신의 목적지에 안전하게 도착한다. 그 후, 플로시는 자신이 처음부터 여우가 여우임을 알았다고 독자들에게 말한다. 다시 말해 플로시는 여우가 여우임을 알고 있었으나, 자신이 알고 있다는 사실을 여우에게 알리지 않았던 것이다. 플로시는 왜 공유 지식을 회피하였는가? 플로시는 여우로 하여금 자신은 여우가 다람쥐라 생각한다고 생각하게 함으로써, 자신이 공격받을 경우 달걀을 보호하겠다는 의지에 신빙성을 부여한다. 다람쥐와는 누구라도 싸워 이길 수 있기 때문이다. 다시 한번 정리하자면, 플로시와 여우의 상황은 조정 문제 상황이라기보다는 갈등 상황이다. 이러한 상황에서 플로시가 자신의 지식을 공유 지식화해서 얻을 수 있는 것은 아무것도 없다.

5 사회 변혁과 네트워크

대규모 사회 변혁에서 소통은 필수이다. 그러나 어떤 소통이어야 할까? 정권 타도는 조정 문제이다. 시위 집회에 참여하고자 하는 한 개인이 집회에 참여할 확률은 다른 사람들도 많이 참여할 것이라는 것을 알게 되면 더 높아진다. 이러한 경우 공유 지식을 생성하는 것은 필수이다. 정권이 벽 낙서(graffiti),[11] 깃발(flags), 전단지(flyers)와 같은 공개적인 소통 수단을 억압하는 이유는 바로 여기에 있다. 사람들은 주변 친구들에게 정권에 대한 불만을 늘어놓을 수 있다. 그러나 이

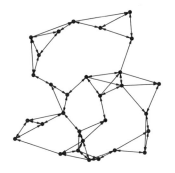

그림 6-2   소통의 네트워크
출처   마이클 S. 최, 『사람들은 어떻게 광장에 모이는 것일까?』, 95쪽.

런 식의 토로는 공유 지식을 만들어 내지 않고, 따라서 이러한 행동은
정권에 아무런 위협을 가하지 않는다.

소통은 종종 네트워크 개념으로 설명된다. 즉 사람들은 각각 자
신의 친구들과 소통하고, 이 친교(friendship)의 패턴은 각각 하나의
사회망이 되는 것이다. 그림 6-2에 두 개의 사례가 있다.

위에서 보는 각각의 네트워크는 동일하게 서른 명으로 구성되어
있고, 각 구성원은 점으로 나타나 있다. 각 구성원(친구) 사이의 소통
은 화살표로 표시되어 있다. 각 네트워크에서 한 개인은 세 명의 친
구로부터 연락을 받는다. 그리하여 소통의 '총량'은 두 그림에서 동
일하다. 그러나 왼쪽 네트워크는 좀 더 '지역적'이다. 즉 각각의 구성
원은 지리적으로 가장 가까운 세 명의 친구로부터 연락을 받는다. 오
른쪽 네트워크는 좀 더 '분산'되어 있다. 즉 각 구성원의 세 친구는 거
리와 무관하게 분산되어 있다. 왼쪽 네트워크는 좀 더 이행적(移行的,
transitive)이다. 즉 내 친구의 친구 역시 내 친구일 확률이 높다. 오른

325   의례와 공유 지식의 생성

쪽 네트워크는 전혀 이행적이지 않다. 즉 내 친구의 친구가 내 친구일 확률이 낮다.

사회학에서는 왼쪽과 같은 형태의 네트워크를 '강한 고리' 네트워크라 하고, 오른쪽과 같은 형태를 '약한 고리' 네트워크라 부른다. 여기서 강·약은 물론 개별 유대 관계의 강하고 약함이 아니라 네트워크의 유형을 지칭한다. 강한 고리 네트워크는 좀 더 이행적이며 지역적이고, 약한 고리 네트워크는 좀 더 넓게 분산되어 있다는 것을 의미한다. 강한 고리 네트워크는 마을과 비교할 수 있다. 마을에서 나는 내 이웃을 알고 있을 뿐 아니라, 내 이웃의 친구까지도 알고 있다. 약한 고리 네트워크는 도시와 비교할 수 있다. 도시에서 나의 많은 친구들은 각각 나와 알지만 서로는 알지 못하는 경우가 많다.

사회 변혁을 위해서는 어떤 네트워크가 더 좋을까? 정보를 널리 퍼뜨리기에는 오른쪽의 약한 고리 네트워크가 의심할 여지없이 더 좋다. 내가 내 친구에게 연락하면, 친구는 자신의 친구에게 연락하고, 그 친구들은 또 자신들의 친구들에게 연락해서 정보가 빠르게 퍼질 수 있다. 이렇게 보면 약한 고리 네트워크가 유리한 것 같다. 그러나 사회 변혁에서는 단순한 정보의 전달뿐만 아니라 공유 지식의 생성이 필요하다. 이러한 측면에서는 강한 고리 네트워크가 유리하다. 강한 고리 네트워크에서 나는 내 친구의 친구를 알 확률이 높다. 이런 상황에서는 내 친구들이 알고 있는 정보를 나도 알고 있을 확률이 높다. 반대로 약한 고리 네트워크에서 나는 내 친구들이 무엇을 알고 있는지 알 길이 없다. 그들의 친구들이 누구인지 모르기 때문이다.

정보를 전달하기 위해서는 약한 고리 네트워크가 신속하다. 그러나 사회 변혁에 필요한 공유 지식을 형성하는 데는 강한 고리 네트워크가 더 좋다. 실로 사회 변혁은 일반적으로 소규모의 지역적 하위문화에서 시작한다. 사회 변혁을 위한 최고의 네트워크는 공유 지식 생성의 장점을 가진 강한 고리 네트워크와, 속도의 장점을 지닌 약한 고리 네트워크의 결합일 것이다. 이러한 형태의 네트워크는, 예를 들어 강한 고리의 지역적 '덩어리'들이, 광범위하게 분포되어 있는 약한 고리와 연결되는 경우일 것이다.[12]

2006년 5월 1일 로스앤젤레스에서 있었던 이민자 권리 옹호 집회에 참여한 시위자는 50만 명이 넘었고, 이는 로스앤젤레스 역사상 규모가 가장 큰 집회 중 하나였다. 나는 동료 연구자들과 함께 이 집회에 참여한 시위자들을 상대로 설문 조사를 실시한 바 있다.[13] 그 결과 우리는 시위 참여자의 19퍼센트만이 인터넷을 통해 집회 소식을 접했다는 것을 알게 되었다.(이에 반해 59퍼센트가 텔레비전을 통해, 58퍼센트가 라디오를 통해 집회 소식을 들었다고 했다.) 2006년도의 이 집회에서는 인터넷 소통이 그리 중요한 역할을 하지 않았다. 그러나 2010년과 2011년, '아랍의 봄'을 불러온 튀니지와 이집트의 시민 혁명에서는 인터넷 소통이 필수적이었던 것으로 알려졌다.[14]

그렇다면 2006년과 2010년 사이에 어떤 변화가 일어난 것일까? 물론 이메일과 월드 와이드 웹(WWW, World Wide Web)은 2006년에도 이미 광범위하게 보급되어 있었다. 우리 질문에 대한 답은 아무래도 트위터와 페이스북과 같은 소셜 네트워크 플랫폼에 있는 듯하다. 트위터는 2006년 7월에 출범했고, 페이스북이 대중적으로 사용되기 시작한 것은 2006년 9월이다. SNS야말로 지역 커뮤니티에서

의례와 공유 지식의 생성

강한 고리를 통해 공유 지식을 생성하는 한편, 동시에 약한 고리를 통해 다수의 커뮤니티에 재빠르게 정보를 전달하는 데 탁월한 듯하다. 이에 비해 이메일이나 일반 웹사이트는 정보를 확산시키는 데는 훌륭하지만 공동체를 만들어 내지는 못한다. 다른 한편 이메일 리스트 서브(Listserv)[15]와 같은 기능은 공동체를 형성하는 데는 탁월하지만, 타 공동체들에까지 정보를 확산하는 데는 별 효력이 없어 보인다.

6 지속되는 것과 허약한 것

공유 지식이라는 개념은 사회적 행동에서 지속되는 것(persistence)과 허약한 것(fragility)을 이해하는 데도 유용하다. 여기서 핵심은 대중이 어떤 사안에 대해 알고 있다고 해도, 다른 사람도 모두 알고 있다는 것을 인지하기까지는 시간이 걸린다는 것이다. 다시 말해 어떤 사실에 대한 공유 지식, 혹은 '메타 지식'이 형성되기까지는 단순히 모든 사람들이 그 사실에 대해 '일차' 지식을 갖는 것에 비해 더 시간이 걸린다는 것이다.

2007년에 시작된 전 세계 금융 위기의 원인을 놓고 대부분의 사람들은 미국 주택 시장의 붕괴, 그중에서도 특히 주택 담보 대출(모기지론)을 기초로 한 모기지 증권의 붕괴를 꼽는다. 모기지 증권의 수익은 주택 담보 대출자들의 대출 상환 능력에 달려 있다. 2007년의 경우, 주택 소유자들은 점점 대출 상환금을 감당하기 어려워졌고, 모기지 증권의 가치는 하락했다.

그렇다면 모기지 증권의 붕괴가 어떻게 경제 전체에 영향을 미칠 수 있었던 것인가? 개리 고턴은 다음과 같이 설명한다.[16] 환매 조건부 채권 매매(Repo, repurchase agreement) 시장에서 거래자들은 모기지론을 광범위하게 사용했다. 이 과정에서 은행과 기타 금융 기관들이 모기지론을 조건부(담보)로 성사한 금융 거래의 총액은 연간 수조 달러에 달했다. 고턴에 따르면 이 시장의 많은 거래자들이 모기지 증권 가치의 하락세에 대한 우려를 가지고 있었지만, 그럼에도 계속해서 이를 단기 거래에서 담보로 받아들였다는 것이다. 왜냐하면 과거에 그랬듯이 이 시장에서 다른 거래자들이 이를 계속 받아들일 것이라고 기대했기 때문이다. 즉 거래자들은 이 불안정한 모기지 증권을 또 다른 어떤 매매자가 매입할 때까지 아주 짧은 기간 동안만 가지고 있을 것이라고 예상했기 때문에, 모기지 증권 가치의 하락세는 크게 문제가 될 것이 없었던 것이다.

고턴의 주장에 따르면 이 모든 것이 2006년 ABX 인덱스가 도입되면서부터 바뀌었다. ABX 인덱스란 거래소에서 거래되는, 주택 담보 대출 관련 파생 상품의 가격 지수이다. 이전까지만 해도 모기지 증권은 거래소에서 거래되지 않았고, 따라서 거래자들은 개인적으로 모기지 증권의 가치에 의심이 간다 하더라도 누군가는 여전히 이 증권을 사들일 것이라고 믿었던 것이다. 그러나 ABX 인덱스는 모기지 증권의 하락세를 공유 지식으로 만들었다.

다시 말해, ABX 인덱스가 존재하기 이전에 거래자는 자신이 거래하는 모기지 증권의 가치가 별 볼 일 없다는 것을 알면서도 이를 계속 담보로 받아들였다. 왜냐하면 누군가는 이 증권을 인수할 것이

의례와 공유 지식의 생성

라고 기대했기 때문이다. 즉 이때만 해도 거래자들은 개인적으로 모기지 증권의 가치가 별 볼 일 없다는 것을 알고 있었지만, 다른 사람들도 이를 알고 있다는 사실을 모르고 있었다. 그러나 ABX 인덱스가 도입되면서 모기지 증권의 가치가 공개되었고, 거래자들은 두려워하기 시작했다. 즉 내가 만약 모기지 증권을 담보로 채권을 발행하면, 이것을 다른 누군가에게 되팔 수 없게 되어 떠안고 가야 할 수도 있다는 생각을 하게 된 것이다. 그러면서 이들은 어느 순간 갑자기 모기지 증권을 더 이상 담보로 받아들이지 않았고, 연간 거래 규모가 수조 원에 달하는 환매 조건부 채권 매매 시장은 거의 완전히 붕괴하기에 이르렀다. 은행과 기타 다른 금융 기관들은 서로 거래를 할 수 없는 상황에 이르렀고, 결국 금융 체제의 작동 자체가 멈추게 된 것이다.

만약 ABX 인덱스가 처음부터 존재했더라면, 그리하여 모기지 증권의 하락 가치가 처음부터 공유 지식이 되었더라면, 부실한 모기지 증권을 담보로 받아들일 것인가 말 것인가에 대한 결정이 그렇게 갑작스럽게 뒤바뀌지는 않았을 것이다. 다시 말해 공유 지식의 부재는 부실한 모기지 증권이 더 이상 거래되어서는 안 되는 시점 이후에도 계속 광범위하게 받아들여지는 것을 가능하게 했다. 그리하여 시장을 매우 허약하게 만들고, 갑작스러운 '조정'에 매우 취약하게 만든 것이다. 부분적으로는 이러한 이유 때문에 향후 위기 방지를 위한 금융 체제 개혁안은 종종 유가 증권이 반드시 공개 거래소에서 거래되어야 한다는 규정을 포함한다.

이와 유사한 차원에서, 사회적 공동체의 정기적인 의례는 구성원 간의 갈등이 지속되는 것을 방지하기도 한다. 어떤 공동체에서든 특별한 원인 제공이 없는 상태에서도 얼마든지 갈등이 생길 수 있다. 다음과 같은 상황을 예로 들어 볼 수 있겠다. 실제로는 그렇지 않으나, 나는 당신이 나를 썩 훌륭한 사람이라고 생각하지 않는다고 생각하기 때문에 당신에게 쌀쌀하게 대하고, 그런 나에게 당신도 쌀쌀하게 대할 수 있다. 즉 선의에 대한 공유 지식이 없을 때 갈등은 지속될 수 있다.

세실리아 리지웨이의 주장에 따르면 성 불평등의 지속도 유사한 경우이다.[17] 개인적으로는 거의 모든 사람이 성을 기반으로 한 인간의 역할이 시대에 뒤처진 것이라고 믿지만 이러한 성 역할이 다른 사람들에게는 아직도 중요하다고 생각한다면, 성 역할은 여전히 나의 행동에 영향을 미치게 된다는 것이다. 이 연구 결과가 맞다면, 성 역할은 더 이상 존재해서는 '안 될' 시점을 넘어 지속될 것이긴 하나, 동시에 허약한 상태로 존재할 것이다. 이러한 상황은 사람들이 각자의 생각을 공유하고 개인의 생각을 공유 지식으로 만들어 낼 때 갑작스러운 변화를 맞이할 수 있을 것이다.

7 이론 개발의 중요성

공유 지식 개념은 원래 실제 세계의 현상에 대한 분석이 아니라 철학적 논의에서 시작되었다. 게임 이론은 인간의 행동을 수학적 방식으로 모델화한다. 따라서 그 논의가 상당히 추상적일 수도 있다. 이러한 게임 이론에서조차 연구자들은 종종 공유 지식 개념을 그 이론 수준이 까다로운 연구 주제라고 한다. 나의 희망은 이러한 공유 지식 개념을 대중화하는 것이다. 개인적으로 공유 지식에 대한 나의 연구는, 공유 지식이 조정 문제를 해결하는 데 도움이 된다는 가정하에 그 사례를 실제 세계에서 찾아보는 것으로 시작했다. 다시 말해 『합리적 의례』를 쓰게 된 주된 동기는 이론적 탐구였다. 처음부터 공공 의례, 광고, 금융 위기 등과 같은 사회적 현상에 관심을 갖고 이 책을 쓴 것은 아니다. 게임 이론 등과 같이 매우 추상적인 이론 연구는 과연 무슨 도움이 될까? 우리는 쉽게 의심할 수 있다. 하지만 이론도 때론 그 본분을 다할 때가 있다. 즉 현실의 다양한 현상에 새로운 시각을 제공하는 것이다.

변화하는 지식인의
모습과 역할 ─ 군중, 대중, 공중, 민중과의 대면

군중과 지식인

임현진

서울대학교 사회학과 교수[1]

"모든 사람이 지식인이며 그렇기 때문에 누구나 말할 수 있다. 그러나 모든 사람이 사회에서 지식인의 기능을 갖는 것은 아니다."

— 안토니오 그람시

1 머리말

한국 사회과학계에서 '대중과 엘리트' 혹은 '민중과 지식인'이라는 조합의 논의는 있어 왔지만, '군중과 지식인'이라는 주제로 다루어진 논의는 거의 없었다. 대중과 엘리트 사이에서 견제와 균형을 찾아야 하는 지식인의 역할, 피지배자로서 민중을 계도할 수 있는 지식인의 위상 등이 논의의 초점이었다고 볼 수 있다. 대체로 군중을 충동적인 집합으로 이해할 때 지식인은 그 영향으로부터 자유로워야 한다고 주장할 수 있지만, 군중도 합리적 집합 행동을 통해 사회 개혁의 주체로 나설 수 있다는 사실을 인정해야 할 것이다.

이 글에서는 한국 사회에 집합체로 존재하는 군중, 대중, 공중, 민중을 대상으로 지식인의 위상과 역할을 살펴보려 한다. 우선 지식인이란 누구인가라는 질문에서 시작할 필요가 있다. 최근 지식 정보 사회가 출현하면서 지식의 내용이 예전에 비해 엄청나게 복잡하고 탈

변화하는 지식인의 모습과 역할

중심화되고 있기에 그들에게 과거의 지식인상이라 할 고결하고 전인적이고 비판적인 모습을 기대하기가 어렵다. 진리가 상대화되는 탈근대적 상황 아래 지식도 복수화되고 지식의 성격도 진실성보다 실용성을 강조하는 방향으로 바뀌어 가고 있다.

이와 연관하여 우리 사회에서 과연 지식인이 존재하는가에 대해 의문을 제기하는 사람이 적지 않다. 분명 지식인은 존재하는데 이러한 지적이 나오는 이유는 한국 사회가 급속히 변화하는 와중에 지식인의 위상 자체도 바뀌고 있고 또한 그 역할에 대한 대중의 인식도 변화하고 있기 때문이다. 예전에는 지식인하면 때로 비겁하기도 하지만 고결하다는 것이 일반적 통념이었는데, 근자에 들어 일부에서는 중심이 없는, 심지어 천박(舛駁)한 집단으로 해석하는 경향마저 있다. 빛과 소금이 되기는커녕 '쓰레기'가 되어 가고 있다는 자학도 그 배경에서 이해할 수 있다.

우리의 경우 지식인을 흔히 예전 '선비'의 연장선 위에서 사용하는 경향이 있으나 이는 올바른 용법이 아니다. 원래 선비란 주자학을 신봉하는 학인으로서 사(士)의 단계에서 수기(修己)하여 대부(大夫)의 단계에서 치인(治人)하는 학자 관료를 지칭한다.[2] 그러므로 사대부란 대체로 양반 출신으로 정치적으로 지배층이며 경제적으로 지주층이다. 다만 우리 지식인의 이상적 모델로 조선조의 일부 실학자를 설정할 수 있겠으나,[3] 그들을 하나의 원형으로 일반화하기에는 무리가 있어 보인다. 반면에 서양에서 지식인이란 교육을 받은 사람들로서 공론 형성에 주도적인 역할을 한 집단을 가리킨다. 이들은 부르주아의 일부를 포함하기도 했지만 그들과는 다른 사회 경제적 출신 배경을 지닌 전문가 집단으로서 당시로서는 새로운 계층이다. 과거의 낡은 인습을 버리고 장래의 새로운 관행을 이끌어 내려 한 혁신의 추구가 그들의 특징이다. 따라서 근대 사회의 태동에 일조를 한 지식인은 구질서의 대변자인 성직자와는 정반대의 위상을 가질 수밖에 없었다.[4]

지식인 개념이 한국에 처음 등장한 것은 일제 치하로서 러시아의 인텔리겐치아(intelligentsia)라는 맥락에서 처음으로 쓰이기 시작했다. 당시는 민족 독립이 절체절명의 과제였던 제국주의 시대였기에 지식인으로서 인텔리겐치아가 지성인이라는 인텔렉추얼(intellectual)보다 적극적으로 수용된 것으로 이해할 수 있다.[5] 우리나라에서 무릇 지식인이란 그 성향에서 반체제적이며 적극적인 현실 비판의 자세를 견지해야 한다는 일반적인 통념도 당시 러시아라는 혼란스러운 반주변부 상황에서 연유한다. 일제 치하에서 고등 교육의 혜택을 통해 주로 서구적인 교양을 갖춘 청년들이 지식인의 모태가 되었다고 볼 수 있다. 이들 중에는 지주나 상공인 출신 배경을 가진 지식인이 적지 않았으며, 이는 지식 생산의 제도화에 필요한 물적 기반이 부재했던 그 시대의 또 다른 단면을 보여 준다. 식민 체제에 대항하여 이들은 강한 계몽주의, 혁명주의, 혹은 허무주의를 불태웠다.

지식인하면 좁게는 지식의 생산에 종사하는 사람들을 의미하지만 넓게는 지식의 적용에 관련된 사람들을 포함하여 인간사에 대해 고뇌하고 판단하는 능력을 지닌 모든 집단을 일컫는다. 나는 지식인을 넓은 의미로 쓰고자 한다. 지식인으로 교직자, 문학가, 언론인, 행정가, 예술인, 종교인, 변호사, 철학자, 과학자, 대학생 등을 모두 포괄할 수 있다. 이러한 지식인은 정도의 차이가 있지만 현실의 유지보다

개조를 위해 그 모순에 대해 부단히 고민하고 성찰하면서 보다 아름답고 건전한 사회를 만들려는 사람들이다.

흔히 지식인이란 하나의 계급이 되기에는 공통의 이해관계에 의해 결합하지 못하는 특징을 갖는다. 이는 지식인 구성원의 사회 경제적 출신 배경의 차이와 직업 구성의 다양성에서 주된 원인을 찾을 수 있다. 마르크스에 따르면, 지식 생산과 적용이 사회적 생산관계에서 차지하는 모호한 성격에서 계급적 혼란이 발생한다. 이러한 계급적 위치의 모호성은 거꾸로 지식인으로 하여금 아비투스(habitus)를 통한 자유로운 인식과 독자적인 공론의 형성을 허용한다. 여기서 지식인은 다른 계급의 이해를 자신이 만들어 낸 사상을 통해 조망하거나 대변하는 특이한 존재가 될 수 있다. 그러기에 지식인에게서 전체 총관(total perspective)의 가능성을 내다보고 이 계급 혹은 저 계급을 위해 사상과 권력을 결합시켜 주는 이데올로그로의 일탈을 눈여겨본 만하임의 해석은 다소 역설적이지만 틀린 지적이 아니다. 현실 초월적인 유토피아를 담아내지만 다시금 현실 구속적인 이데올로기로 되돌아가는 지식인의 '부정을 통한 긍정'이라는 자기모순적인 모습이 나타나는 것이다. 그러기에 '이익이 다중적으로 분화된 현대 사회에서 그람시가 말하는 공적 이해를 위해 노력할 수 있는 '전통적 지식인' 대신 특정 권력의 정당화 기능을 수행해 주는 당파적인 '유기적 지식인(organic intellectuals)'이 나타나게 되는 것이다. 우리의 경우에도 예외는 아니어서 푸코와 들뢰즈가 지적하는 '전문가 지식인'의 현장성과 기능성이 전통적 지식인의 비판성과 사상성을 침식하고 있는 실정이다.

해방 이후 역대 정권을 통틀어 지식인은 '빵과 자유'의 기본 문제에 대한 고발을 주저하지 않았다. 우리가 오늘 누리고 있는 경제 발전과 민주주의의 성취 이면에 지식인의 헌신과 희생을 빼놓을 수 없다. 자본주의적 산업화에 가려진 착취와 억압을 이겨 내려 한 것이나 민주화를 위한 참여와 평등을 신장하려 한 노력에서 우리는 한국 사회 지식인의 참다운 위상과 역할을 눈여겨볼 수 있을 것이다.

그러면 지식인의 언어와 행동에 대한 대중의 평가가 지난날의 고결함에서 근래에 들어 천박함으로 뒤바뀌고 있는 까닭은 무엇인가? 과거 산업화 과정에서 적지 않은 지식인이 자신의 이해관계를 뛰어넘어 전체 사회 발전을 위한 비판적 역할을 했던 것과 달리, 근래 민주화 과정에서 일부 지식인이 체제 개혁이란 명분 아래 전체보다 부분만 보는 당파적 역할에 머무르고 있는 것에 대한 일반 대중의 불신 탓이라 할 수 있다. 곡학아세를 질정했던 '비판적 지식인'과 달리 일부 '개혁적 지식인'의 견강부회에서 지식인의 이중성을 보고 있는 것이다. 이제 대부분의 지식인은 사회 문제 해결을 위해 적극적으로 나서기를 꺼리게 되었다. 산업화와 민주화 덕택에 '빵과 자유'의 문제가 해결되었다고 보는 관점에서는 지식인이 문제 해결을 위해 투쟁전면에 나설 이유가 없다는 것이다. 지식인 본연의 책무인 지식의 생산과 적용에 충실한 '전문가 지식인'이 오히려 바람직한 모습으로 득세하고 있다.

세계화의 압박 아래 오늘의 한국 사회에서는 효율과 경쟁이 강조되면서 사람 사이의 관계에서 공존보다 적대가 두드러지게 나타나고 있다. 이익 사회가 공동 사회와 공존하기보다 그것을 구축하는 경향이

변화하는 지식인의 모습과 역할

있다. 이렇듯이 사회관계가 메말라 가는 상황에서 지식인의 등불과 같은 책무는 매우 중요하다. 물론 지식인이 공자나 부처, 예수나 마호메트 같은 구도자는 아니다. '초월적 재능을 갖는 동시에 도덕적으로 무장한 철인왕'을 기대할 수는 없다. 그러나 지식인에게 사회 계몽과 개변을 위한 양심과 정의가 필요한 것은 아무리 강조해도 지나치지 않다. 에드워드 사이드가 지적한 대로 권력을 갖는 강자나 승자보다 소외받고 배제된 사람들의 편에 서서 자유와 도덕이란 보편적 가치에 기반을 두고 자신이 받을 불이익에 구애받지 않고 진실을 말할 수 있는 지식인이 필요하다. 어느 때보다 미래 한국 사회 발전을 위한 시대정신의 구현을 위한 지식 사회의 자기 검증이 필요한 시점이다.

이 글에서 나는 권위주의로부터 민주주의로의 이행과 그 이후 보수적 정권과 진보적 정권의 교체 과정에서 나타난 지식인의 기여와 한계를 검토하면서 미래 한국 사회의 발전을 위한 지식인의 과제를 도출해 보고자 한다. 이 글은 세 부분으로 구성되어 있다. 먼저 집합으로서 군중, 대중, 공중의 개념적 차이를 살펴보고, 다음으로 한국 사회에서 변화하는 지식인의 본질적 성격을 알아본다. 마지막으로 21세기 한국 사회에 기대되는 바람직한 지식인의 책무에 대해 전망한다.

2 군집의 분류 — 군중, 대중, 공중, 민중

다수의 사람들이 모여 있는 것을 군집이라 한다면, 그것은 군중

(crowd), 대중(mass), 공중(public), 민중(people)으로 구분할 수 있다. 일반적으로 군집에 의한 집합 행동은 한편 초보적 형태의 공황, 소동, 소요, 도락, 광분, 유행 등의 군중 행동이 있고, 다른 한편 지속적 형태의 사회 운동이 있다. 물론 사회 운동은 초보적 형태에서 출발하지만 이것이 조직화되면서 지속적 형태로 바뀐다.

1 군중

미국과 유럽을 배경으로 1960년대 전후를 풍미했던 대중사회론은 두 가지 서로 다른 이론적 경향을 갖는다. 하나는 대중의 등장이 프랑스에서처럼 전통적 가치를 파괴할 수 있다는 귀족주의적 관점이고, 다른 하나는 대중 동원에 기반을 둔 독일의 파시즘과 러시아의 공산주의와 같은 전체주의를 가져올 수 있다는 민주주의적 관점이다.[6] 대중사회론에는 일종의 '다수에 의한 폭정(tyranny of the masses)'에 대한 경계심이 깔려 있었다. 현대라는 원자화된 사회에서 카리스마를 갖는 지도자나 전위 정당에 의한 민주주의의 침식을 우려하면서 다원주의에 의한 자유 민주주의의 수호를 고민한 것이라고 할 수 있다.

데이비드 리스먼에 따르면 이제까지 인구의 성장 단계는 잠재적 성장 단계, 과도적 인구 성장기, 인구 감퇴기로 구분된다. 이 각각의 성장 단계마다 다른 사회적 성격이 나타난다. 전통적인 사회라 할 수 있는 잠재적 성장 단계에서는 '전통 지향형' 인간, 근대 산업 사회라 할 수 있는 과도적 인구 성장기에는 '내부 지향형' 인간, 그리고 산업이 보다 발전하여 서비스업이 지배적인 오늘날 현대 사회와 같은 인구 감퇴기에는 '타인 지향형' 인간 유형이 두드러진다.

변화하는 지식인의 모습과 역할

전통 지향형의 사람들은 자신이 속한 집단에 순응하며 개인의 개성 발휘는 최대한 억제된다. 내부 지향형의 사람들은 전통으로부터 완전히 자유로워지는 것은 아니지만 스스로 인생의 목표를 선택할 기회를 폭넓게 가지게 된다. 마지막으로 타인 지향형의 사람들은 자기 자신의 가치에 대한 확신이 없으며, 남들로부터 인정을 받고 싶어 한다. 타인 지향형 사람들이 추구하는 인생의 목표는 스스로 선택한 것이 아니라 타인이나 대중 매체에 의해 크게 영향을 받는다.[7]

고독한 군중은 바로 타인 지향형 인간 유형에서 나온다. 타인 지향형 인간들은 타인이 자기를 어떻게 생각하는가 하는 공포를 가지고 있으며 일생을 통하여 외부로부터의 신호를 받으면서 살아간다. 역설적으로 타인 지향형 인간은 타인과 격리되지 않기 위해 끊임없이 노력하면서 자신의 개성과 자율성을 상실함으로써 고독한 군중이 되는 것이다. 리스먼의 통찰은 1950년대 미국 사회를 배경으로 한 것이지만, 정보 통신 매체가 발달한 오늘날 우리 사회에도 시사하는 바가 있다. 오늘날 사람들은 인터넷, SNS, 스마트폰 등으로 타인과 소통할 시간과 기회를 그 어느 시대보다 많이 가지고 있지만, 정작 자기 자신의 내면은 비어 가고 있다. 이 와중에 비난과 조롱 심지어 자살에 이르는 광경까지 새로운 매체들의 부작용을 여기저기서 목격할 수 있다. 웹 3.0 아래 사람들은 쌍방적 소통을 통해 지식을 생산하고 공유하는 이른바 능동적인 '모니터 시민(monitorial citizenship)'으로 재탄생하고 있지만 자아를 잃어버린 타자 지향적 인간이 되어 가는 역설을 발견할 수 있다.

그렇다면 이 고독한 군중들은 이 상황을 어떻게 탈피할 수 있을까? 리스먼은 이 점에 대해 '자유(freedom)'를 찾아야 한다고 제시하였다. 그러나 그는 이 자유를 어떻게 찾아야 하는지에 대해서는 별로 다루지 않았다. 또한 그가 말하는 자유란 존 스튜어트 밀이나 토크빌과 같은 전통적 자유주의(traditional liberalism)에 가까운데, 이는 고독한 군중의 문제를 사회적으로 해결하는 방식으로 간주하기는 어렵다. 이런 점에서 고독한 군중에 대한 리스먼의 분석은 사회학적이었지만 그 처방은 반사회학적이라 평가받기도 하였다.[8]

리스먼의 '군중'은 대체로 스스로 인생의 경로를 선택하지 못하는 수동적인 존재로 묘사된다. 군중에 대한 수동적인 묘사는 당시 미국 사회학의 특징이기도 했다. 당시 미국에서는 대중 사회의 출현을 놓고 이를 어떻게 해석할지에 대한 논쟁이 벌어졌는데, 보수주의론자들이나 민주주의론자들은 대중 사회의 출현을 기존의 사회 질서를 어지럽히는 것으로 보았다. 예를 들어 오르테가는 사회가 소수의 엘리트 집단과 다수의 대중 집단이라는 두 집단으로 구성되어 있고, 대중은 비이성적이고 충동적인 존재이기 때문에 엘리트 집단에 의해 지도되어야 한다고 보았다.[9] 반면 라이트 밀스와 같은 비판적 사회학자들은 소수의 파워 엘리트들이 정치와 경제와 군부의 정점에서 국가의 권력을 장악하면서 대중들을 통제하고 조정하고 있다고 주장하였다.[10] 이 두 사람이 엘리트를 바라보는 시각은 정반대에 있지만, 공교롭게도 대중의 수동성에 대한 진단에서는 유사한 측면이 있다.

그렇다면 군중 혹은 대중은 본질적으로 수동적인 존재일까? 반드시 그렇지는 않다. 군중에 대한 능동적 개념화와 수동적 개념화는 역사적으로 동시에 존재하면서 변화해 왔고 지금도 논쟁 중에 있다.

343   변화하는 지식인의 모습과 역할

대체로 군중의 개념은 1950년대 이전까지 부정적 의미의 수동적 개념화가 강하였다면, 그 이후로는 적극적 의미의 능동적 개념화가 강화되어 왔다. 그리고 이러한 능동적 개념화의 시도를 표현하는 용어로 '공중'이나 '민중'이 등장하기도 한다.

개인들의 단순한 합이 아닌 집합체로서의 군중은 "매우 흥미롭고 순전히 사회학적인 현상"의 하나이다.[11] 그래서 많은 학자들은 군중 혹은 대중을 이해하려고 끊임없이 연구해 왔다. 그리고 이들의 성격을 어떻게 파악하느냐에 따라 다양한 용어가 만들어졌다. 대체로 오늘날의 사회학자들은 이를 군중, 대중, 공중으로 구분하고 있다. "군중은 단순히 모인 집합체에서 최소한의 친화 관계가 형성되면서 특정한 자극에 대해 공통의 관심이나 목표를 지니게 될 때 생겨난다. 대중은 일반적으로 군중보다 규모가 크지만 서로 분리되고 고립되어 존재한다. 공중은 일정한 공통 관심사에 대하여 서로 소통하고 토론하는 일군의 사람들을 말한다."[12] 이 세 가지 용어는 인간 집단의 성격을 규정하는 대표적인 개념들이다. 이에 더해 우리는 '민중'이라는 용어를 추가할 수 있다. 민중은 일반적으로는 한 나라 혹은 사회에 살고 있는 집단을 의미하지만, 지배층에 의해 억압되어 왔던 사람들이라는 의미를 담고 있는 독특한 개념이다. 이제 각 개념들에 대해 보다 자세히 살펴보도록 하겠다.

군중의 특성 인간의 집합 행동을 학문적으로 분석하려는 최초의 시도는 19세기 말 프랑스의 구스타브 르봉에 의해서 이루어졌다. 르봉은 『군중심리』(1895)라는 저서를 통해 군중에 대한 사회심리학적 분석을 시도하였다. 르봉에 따르면 군중이란 "국적과 직업, 성별을 불문하고, 또한 그들이 어떤 우연한 계기에 의해 모였든지 상관없이 (모여 있는) 어떤 개인들의 집합"을 의미한다.[13]

이 인간들의 집합체인 군중은 이 집합체를 구성하는 개인들의 특성과는 다른 새로운 특성을 갖게 된다. 르봉은 이러한 군중의 특성을 세 가지로 설명하고 있다. 첫째, 익명성이다. 사람들이 군중 속에 들어가게 되면 개인은 군중의 단순한 일원으로 행동하게 되고, 그동안 사회적 규범 등에 의해 억제되었던 본능적 충동이 쉽게 표출된다. 둘째, 상호 전염성이다. 군중 속의 개인들은 군중의 분위기에 의해 감정적으로 쉽게 빨려 들어간다. 셋째, 피암시성(被暗示性)이다. 군중들은 합리적인 판단을 하지 못하기 때문에 지도자나 다른 사람들의 지시와 암시에 쉽게 동조하여 행동한다.

군중에 대한 르봉의 이러한 이해는 당시 배경과 무관하지 않다. 프랑스는 1789년 프랑스 혁명부터 1871년 파리 코뮌에 이르기까지 오랜 기간에 거쳐 정치적 혼란에 휩싸여 있었고, 이 과정에서 군중의 정치적 역할을 인정하지 않을 수 없었다. 르봉의 저서가 나오기 전까지 군중이라는 의미는 비합리적이며 바람직하지 못한 부정적 의미로 자주 사용되었다. 예를 들어 군중은 폭도, 야만인, 원시 동물 등과 같은 의미로 사용되곤 하였다. 르봉도 군중을 비합리적이고 폭력적이며, 군중 행동을 반사회적이고 병리적인 사회 현상이라고 보았다는 점에서 크게 다르지 않았고 또 이 때문에 많은 비판을 받았다. 그러나 그는 이러한 비합리성 혹은 집단적 무의식의 원천을 이론적으로 규명하려고 했다는 점에서 학문적으로 평가를 받고 있다.

군중의 유형 사회심리학적으로 군중을 접근하는 또 다른 대표적인 접근으로는 허버트 블루머가 있다. 블루머는 인간의 집합 행동을 군중 행동과 사회 운동으로 분류하였는데, 군중 행동이란 우발적이고 일시적이며 비조직적인 집합 행동으로, 행동의 특성이 감정적이고 불안정하여 그 결과를 예측하기 곤란하다고 보았다. 반면 사회 운동은 행동의 목표와 정당성이 명백하여 상당한 시간 동안 지속성을 갖는 집합 행동으로 보았다.[14] 블루머에 따르면 군중은 모이게 된 관심의 대상과 성격에 따라 네 가지로 구분된다. 첫째, 임시적 군중(casual crowds)은 어떤 사건에 관심이 있어 임시적으로 모인 사람들의 무리를 일컫는다. 예를 들어 교통사고 현장에 모인 사람들을 들 수 있는데, 이러한 군중은 상호 일체감이 없고 내부 조직이 없다는 특징이 있다. 둘째, 인습적 군중(conventional crowds)은 음악회나 운동경기장에 모인 사람들로 관객 혹은 청중과 같은 집단이라 할 수 있다. 셋째, 표출적 군중(expressive crowds)은 특정 목적을 위해 모인 인습적 관중이 자신의 흥분된 감정을 겉으로 표현하는 군중들이다. 예를 들어 부흥회에 참석한 신도들이 열광할 때의 모습을 들 수 있다. 넷째, 능동적 군중(active crowds)은 집단행동이 폭력을 동반하는 극단적인 행동으로 나타났을 때의 군중이다. 이들은 폭도(riots or mobs)로 불리기도 한다.

사회심리학적 접근에 대한 비판 군중의 심리적 특성을 강조하는 논의들은 군중을 부정적인 측면에서 묘사함으로써 많은 비판을 받아 왔다. 첫째, 군중이 무조건 모든 암시에 약한 것은 아니다. 군중은 그들의 욕망에 반하는 암시는 거부하기도 한다. 둘째, 군중의 파괴적 성향은 군중만의 특성이 아니라 갈등 상황에서 발생되는 결과이다. 셋째, 군중을 비합리적으로 보는 것도 문제이다. 많은 경우 군중은 목표의 달성을 위해 효과적이라고 믿는 수단을 선택한다. 넷째, 군중의 감정성은 위험이나 위협 상황과 같은 특수한 군중 상황에서만 나타나는 것이다.[15]

2 대중

대중은 인간 집단을 기술하는 용어 가운데 친숙하면서도 복잡한 용어이다. 대중은 보수적인 사상에서는 대부분 경멸의 의미를 담고 있지만 사회주의 사상에서는 긍정적인 용어로 쓰이는 경우가 많았다.[16] 대중의 어원인 라틴어 massa는 '틀에 넣어 주조할 수 있는 원료 덩어리' 혹은 '큰 덩어리의 물질'을 가리켰는데 17세기 말 18세기 초에 사회적 의미를 획득하면서 사람들의 집합을 지칭하는 용어로 사용되었다. 현대에 들어오면 대중은 능동적 의미와 부정적 의미가 혼용되어 사용되고 있다. 한편으로 대중은 '머릿수 많은 군중'을 일컫는 용어로, 이것은 천하고 무지하며 불완전한 것으로 취급되었다. 다른 한편으로 대중은 능동적으로 또는 잠재적으로 적극적인 사회적 세력으로서, 무언가 공통의 사회적 목표를 위해 모인 사람들의 의미로 사용되고 있다.[17]

대중 사회와 대중 운동　대중의 두 가지 의미는 오랫동안 경합을 벌여 왔지만, 1950년대 미국에서 대중사회론이 대두되었을 때는 부정적 의미의 용법으로 자주 활용되었다. 콘하우저에 따르면 "대중 사회는 엘리트들이 대중들에 영향력을 행사하기가 쉽고, 대중들이 엘리트에 의해 쉽게 동원되는 사회 시스템"이다.[18] 그리고 대중 운동은 일반적으로 다음과 같은 특성을 가진다고 말한다. 첫째, 대중 사회에서 대중들의 관심은 주로 대중 매체에 의해 형성되기 때문에, 이들은 그러한 관심사에 대해 높은 책임감을 갖지 않는다. 그래서 대중 행동은 흔히 무책임하며, 엘리트에 의해 동원되는 경우가 많다. 둘째, 대중의 관심 대상이 원격적임에도 불구하고 그들의 행동은 직접적인 경우가 많다. 셋째, 대중 행동은 매우 불안정하다. 대중 행동의 관심의 초점이나 반응의 강도에 있어 쉽게 변화한다.[19]

대중 혹은 대중 운동에 대한 이런 부정적 용법의 사용은 당시 파시즘을 필두로 하는 전체주의 사회(totalitarian society)의 대두에 대한 우려와 연관되어 있다. 콘하우저는 이런 파시즘의 원인이 대중 사회의 출현에 있다고 분석하였던 것이다. 그렇다고 콘하우저가 모든 대중 운동이 전체주의로 귀결된다고 보지는 않았다. 그는 '엘리트의 비엘리트에 대한 접근 가능성'과 '비엘리트의 엘리트에 의한 이용 가능성'에 따라 네 가지 사회 유형을 구분하고, 엘리트의 접근 가능성이 낮고 비엘리트의 이용 가능성이 높은 경우 전체주의가 발생할 수 있다고 보았다. 그러면서 그가 생각하는 바람직한 사회인 다원주의 사회로 나아가기 위해서는 엘리트의 접근 가능성을 높이고 비엘리트의 이용 가능성을 낮추는 방향으로 가야 한다고 주장하였다.[20]

한국의 대중 사회 담론 한국 사회에는 1960년대 이후 대중과 대중 사회에 관련된 서구의 이론들이 소개되었다. 한국에서 대중사회론을 처음으로 소개한 이는 이만갑이었다. 이만갑은 《사상계》(1959년 7월호)를 통해 미국에서의 대중 사회 도래를 기정사실화하고 그 양상들을 기술한 후 이에 대해 미래에 대한 선망의 대상으로 다루었다.[21]

그렇지만 이때 대중 사회 혹은 대중이 학술적 방식으로 다루어지지는 않았기에 그 정확한 개념적 의미를 도출해 내기는 어려웠다.

대중 사회에 대한 최초의 학술적 논의는 1970년대에 벌어졌다. 한완상이 서구의 대중사회론을 한국 사회에 적용해 보고, 이에 대해 노재봉이 무비판적인 서구 이론 수용이라고 비판하면서 논쟁이 일어났던 것이다.[22] 이 논쟁에서 한완상은 한국 대중 사회의 특성으로 중산층은 증가하였으나 이 중산층의 영향력을 조직할 중간 집단이 부재하기 때문에 중산층이 대중 운동에 이용당할 가능성이 크다는 점을 지적하였다. 그리고 그런 점에서 한국은 미국보다 대중 사회적 성격을 더 많이 갖고 있다고 주장했다.[23] 이처럼 한완상의 대중 사회에 대한 논의는 콘하우저의 분석 틀을 도입하고 있으며, 대중들을 수동적이며 동원되는 대상으로 상정한다는 점에서 1950년대 미국 사회학의 대중 개념과 일치하고 있다.[24]

이때의 논쟁 이후 현재까지 한국 사회에서도 대중에 대한 논의가 발전하면서 대중에 대한 개념은 경합적 성격을 보이고 있다. 오늘날 대중이란 개념은 공중 혹은 민중과 연관·등치되면서 긍정성과 능동성이 부각되기도 하고, 대중문화에 휩쓸리는 획일적이고 수동적인 우매한 존재로 파악되기도 한다. 이처럼 대중은 복잡한 용어가 되었지만, 대중과 그로부터 파생된 여러 용어들, 예를 들면 대중 사회, 대중 매체, 대중문화가 지시하는 현상들은 우리의 현실이 되었으며, 이에 대해서는 앞으로도 계속 논의해야 할 것이다.

　　　　　　　　　　　　　　변화하는 지식인의 모습과 역할

3 공중과 민중

이상 살펴본 군중과 대중 개념의 차이가 있다면 군중은 거리적으로 근접해 있으면서 최소한의 상호 작용만을 하는 집단인 데 반해, 대중은 일정한 장소에 모여 있지 않은 이질적인 사람들이 모인 집합으로 대중 매체 등을 통해 상호 작용을 한다. 그러나 군중과 대중 개념 모두는 비합리적이며 감정적이고 때로는 폭력적인 성격을 갖는 부정적 의미로 자주 사용되었다. 그래서 군중과 대중을 부정적 의미로 보았던 학자들은 군중 행동이나 대중 행동을 사회 질서 혹은 민주주의에 위협이 되기 때문에 관리되거나 치료되어야 할 대상으로 보았다.

반면 공중과 민중은 사회를 구성하는 적극적 실체의 의미를 부여받아 왔다. 이들은 비합리적이거나 수동적인 존재들이 아니라 공동의 사안에 대해 참여하고 사회를 만들어 나가는 주체로 여겨졌다. 공중은 비교적 오랜 사회학적 연원을 갖고 있지만, 민중은 다소 한국적인 상황과 연관되어 있다.

공중　학술적 차원에서 공중 개념을 처음 도입한 이는 프랑스의 사회심리학자 가브리엘 타르드였다. 타르드 또한 르봉처럼 당시 프랑스 사회를 소용돌이치게 만들었던 군중의 등장에 대해 공포감을 공유하였지만, 그는 르봉과는 달리 군중을 새로운 사회 제도를 형성하는 주체로 인식하였다. 그래서 타르드는 군중을 병리적 현상으로 보지 않았으며 새로 등장하는 시대는 '군중의 시대'가 아니라 '공중의 시대'라고 주장하게 된다.

타르드는 공중을 "순수하게 정신적인 집합체로, 육체적으로 서로 떨어져 있으나 정신적으로는 결집되는 개인들이 분산되어 있는 상태"로 정의하였다.[25] 오늘날의 표현으로 풀어 쓰자면 공중이란 공동의 이익과 관심을 가지는 흩어져 있는 사람들의 집단인데, 이 공중은 구체적인 성원 의식을 갖는 것도 아니면서, 대중 매체 등을 통하여 간접적으로 상호 작용하면서 여론을 형성하게 된다. 공중 속의 사람들은 자율적이면서 합리적인 존재로 인식되고, 근대 사회의 민주주의는 공중을 기반으로 성립된다.

직접적인 대면적 상호 작용 없이도 공중이 군중과 구별되는 구체적인 성원 의식을 가질 수 있었던 것은 대중 매체의 성장이라는 조건이 있기에 가능했다. 근대 이전의 사회에서는 사람들이 최대한 모인다 해도 10만 명을 넘기가 어려웠지만, 타르드의 시대에 이르면 인쇄, 철도, 전보의 발명으로 수백 수천만의 사람들이 의견을 공유하는 것이 가능해졌던 것이다.[26]

민중 민중론은 한국 특유의 사회과학적 산물이다. 대중사회론과 달리 민중론은 다분히 계급적 접근이다. 한국 사회의 자본주의화에 따른 계급 분화의 와중에서 노동자, 농민, 도시 빈민을 기층 민중으로 파악하고 이들을 사회 변혁의 중심 세력으로 간주한다. 라틴 아메리카의 해방 신학의 연장선 위에서 한국의 민중 신학이 나타났다면, 그 영향 아래 민중론은 자본주의 체제하에서 "총제적으로 소외된 자"를 민중으로 규정한다. 여기서 지식인은 프롤레타리아트 헤게모니 강화를 위한 민중의 제휴 세력으로 인정되면서 지식인의 변혁적 역할이라는 측면에서 민중과의 관계가 설정된 바 있다.

민중은 사전적으로 한 나라 또는 사회에 살고 있는 대다수의 사람들이라는 중립적인 의미를 담고 있지만 한국 사회에서는 정치적

변화하는 지식인의 모습과 역할

의미를 띠고 있다. 민중이라는 말은 기미 독립 선언문의 "二千萬 民衆의 誠忠을 合하야(이천만 민중의 성충을 합하야)"라는 표현에서 보듯이 매우 일찍부터 확인되었고, 지배 세력에 대항하는 의미를 담고 있었다. 이러한 의미는 1920년대에도 확인되는데, 상해 임시 정부의 헌법은 "민중이 주인 되는 국가"라는 표현을 쓰고 있으며, 신채호는 『조선혁명선언』(1923)에서 "우리 조선 민족 생존의 적인 강도 일본을 구축하는 방법은 민중 직접 폭력 혁명뿐"이라고 말하고 있다. 그러나 1970년대 이전까지의 민중이라는 의미는 지식인과의 관계를 놓고 볼 때 지식인에 의해 계몽되고 지도되어야 한다는 수동적 의미를 함께 내포하고 있었다. 곧 민중은 지식인에 의해 대변되어야 하는 존재로 인식되었던 것이다.[27]

1970년대에 들어서면 민중 개념은 역사적·사회적으로 억압을 받고 있는 그래서 스스로 역사를 변혁해야 하는 주체로 사용되기 시작한다. 이는 1970~1980년대의 군부 권위주의 통치라는 시대적 상황을 반영하고 있다. 당시의 폭력적·억압적 사회 체제는 극복되어야 하는 것이었으며, 이를 실행하여 새로운 사회를 만들어 나가야 하는 핵심은 그 체제에 의해 억압을 받고 있는 사람들이었고, 이들은 민중으로 개념화되었던 것이다. 그래서 당시에 민족경제론, 민족 문학, 민중 신학, 민중 문화, 민중 교육 등 여러 분야에서 민중 담론이 확산되었고, 이때 민중은 스스로 역사를 창조하는 주인으로서 자리매김하게 되었다.

한완상은 이러한 민중 개념을 학문적으로 체계화하여 접근하였다. 그는 1980년 『민중과 사회』라는 책을 통해 민중사회학의 필요성을 주장하고, 이를 조금 더 다듬어 1981년 『민중사회학』을 출판한다. 여기서 한완상은 사회 구조를 지배 집단과 피지배 집단으로 구분하고, 이 피지배 집단을 민중으로 개념화한다.[28] 한완상의 민중 개념은 선언적이고 정치적인 의미를 넘어서는 부분이 있는데, 이는 그가 지배-피지배의 구조를 세 가지 차원에서 분석하고 있기 때문이다. 그에 따르면 지배와 피지배를 나누는 세 가지 기준은 정치적 통치 수단, 경제적 생산 수단, 명예 혹은 위신의 소유 여부였다. 이는 막스 베버의 지배 개념을 활용한 것으로 한완상은 이를 통해 민중에 대한 다층적인 접근을 제공할 수 있게 된다. 나아가 그는 마르크스의 계급 의식을 차용하여 민중 의식을 즉자적인 것과 대자적인 것으로 구분한다.

한편 김진균은 여기서 더 나아가 하나의 과학으로서 민중사회학의 정립을 추구하였다. 그는 1970~1980년대의 민중 담론들이 "과학이 아니라 암울한 현실에 대한 소박한 당위론적 비판과 도덕적 비난으로서의 구호에 머무는 것"이라는 한계를 지적하면서, 민중사회학이 과학이 되기 위해서는 민중에 대한 인식론적 근거와 자본주의 사회에 대한 구조적 분석이 결합되어야 한다고 제안하였다.[29] 이러한 제안은 1980년대 한국 사회의 성격을 규정하는 논의와 연관된 것으로서 민중과 계급과 민족의 관계를 어떻게 규명할 것인가라는 어려운 과제를 제기했던 셈이다.

　　　　　　　　　　　변화하는 지식인의 모습과 역할

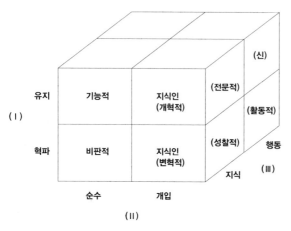

그림 7-1 지식인의 유형화

3 지식인의 성격 변화 — 역사적 궤적

해방 이후 한국 사회에서 나타난 지식인상을 추출하기 위해 그림 7-1은 이념형적 수준에서 두 가지 상위 형태와 여섯 가지 하위 형태의 유형화를 시도하고 있다. 첫째 기준은 현실 대응(對應)의 여부이고, 두 번째 기준은 현실참여의 여부이고, 끝으로 세 번째의 기준은 참여 방식의 차이를 가리킨다.

우리의 경우 대표적인 형태의 지식인은 기능적 지식인과 비판적 지식인이다. 전자는 현상 유지나 기득권을 옹호하는 사제적 역할을 수행하는 부류이고, 후자는 현상 타파나 신체제를 추구하는 예언자적 역할을 지향하는 부류이다. 이들의 역할에서 반드시 현실참여를 전제할 필요는 없다. 상아탑에 안주하여 학문을 위한 학문에 종사하지 않는 한 현상 유지 혹은 현상 타파를 위한 이론적 개입이 가능하기 때문이다. 다만 최근에 눈여겨볼 수 있는 개혁적 지식인과 변혁적 지식인은 어디까지나 현실 개입을 통해 이루어지는 것이기에 (II)의 우단에 위치시킬 수 있다. 또한 비판적 지식인 중에 개혁이란 이름으로 이루어지는 정치 참여를 지양하고 체제 바깥에 위치하면서 지식 활동을 통한 변화를 시도하는 성찰적 지식인과 적극적 행동을 통해 변혁을 갈구하는 활동적 지식인을 (III)의 하단처럼 구분할 수 있다. 그리고 기능적 지식인 중에 현상 유지를 위해 체제의 기득권 논리에 따라 실무적인 지식을 제공하는 전문적 지식인과 실용적 행동을 중시하는 신지식인을 (III)의 상단에 놓을 수 있다.

오늘의 한국 사회는 자유, 평등, 성장, 복지, 민족, 통일이라는 큰 이야기가 정치 및 이데올로기 지형에서 주된 담론의 쟁투를 낳고 있다. 1960년 4·19 학생 의거 전후를 공론 영역이 본격적으로 형성하기 시작한 것으로 간주하여, 이 시기를 근대적인 의미의 지식인이 본격적으로 등장하게 된 계기로 파악할 수 있다. 이러한 지식인의 위상은 5·16 군사 쿠데타를 거치면서 산업화와 민주화 과정에서 크게 보아 기능적 지식인과 비판적 지식인이라는 서로 대립되는 두 가지 전형적인 지성 내지 반지성상으로 표현되어 왔다고 언급할 수 있다. 이러한 두 가지 이질적인 지식인을 기본적 모형으로 하여 지금에 이르기까지 위에서 분류한 바 있는 여러 가지 유형의 지식인의 모습을 발견하게 된다. 현대 한국의 지식인들은 현실에 침묵하거나 도피적 행각을 보인 부류도 많지만 권력과 타협한 일부의 지식인과는 달리 체제에 대한 저항과 비판과 도전에 주저하지 않은 집단을 포함하고 있다는 점에서 해방 공간을 제외하고는 가장 역동적인 모습을 보여 왔다고 볼 수 있다.

1 권위주의 정권의 지식인상
── 기능적 지식인, 비판적 지식인, 진보적 지식인

해방 이후 1980년대까지 한국은 민간 권위주의 정권과 군사 권위주의 정권을 겪었다. 해방 공간에서 좌우 대립을 겪고, 한국 전쟁을 통해 동족상잔을 목도한 지식인 사회는 1950년대 내내 무기력하기만 했다. '예비 지식인'인 대학생을 포함하여 대학교수를 중심으로 한 지식인의 현실참여가 활발해진 것은 1960년 4월 혁명을 전환점으로 해서였다. 이승만 정권의 독재에 항거하는 교직자, 언론인, 종교인, 대학생 등의 현실 비판이 있었던 것이다.

5·16 군사 쿠데타로 집권한 박정희 정권은 '조국 근대화'를 새로운 국가 프로젝트로 추진했다. 이 과정에서 권력은 많은 '근대화 인텔리겐치아'가 필요했다. 1950년대 지식인은 현실 도피와 현실 저항 사이에서 고민했다. 이러한 지식인은 1960년대 들어 정권 참여와 정권 비판 사이에서 분열과 긴장을 더해 갔다. 국가 주도적인 위로부터 급속한 선진국 따라잡기식의 자본주의적 산업화를 추진한 박정희 정권은 실제로 많은 지식인을 동원했다. 당시 정권에 참여한 '기능적 지식인'은 크게 두 부류로 나눌 수 있다. 하나는 행정 관료를 비롯한 전문 기술 분야의 기술 관료(technocrat)이고, 다른 하나는 정권의 정당화 역할을 수행하는 이데올로그(ideologue)이다. 이와 달리 정권에 참여하지 않은 지식인은 '비판적 지식인'으로 자리 잡아 갔다. 비판적

지식인 집단은 한일 회담 반대 투쟁, 월남전 파병 반대 투쟁, 부정 선거 무효화 투쟁, 삼선 개헌 반대 투쟁 등을 거치며 서서히 하나의 정치 세력으로 결집되었다. 박정희 정권의 억압성에 저항하고 비판하는 일이야말로 지식인의 본분이라고 여기는 분위기가 대세였다.

유신 체제와 긴급 조치로 대변되는 1970년대에 기능적 지식인은 바람직한 지식인의 모델이 결코 아니었다. 실제로 근대화 과정에서 박정희 정권을 보필한 기능적 지식인에 비해 비판적 지식인을 보다 바람직한 역할 모델로 여기는 사회 풍조가 생겼다. 박정희 정권에 참여한 교수를 '어용 교수'라 질타하는 전통은 바로 이 시기에 생긴 것이다. 박정희 정권이 보다 억압적으로 바뀌고, 자본주의적 산업화의 폐해가 누적되면서 지식인은 권력 저항과 비판이라는 역할을 넘어 생산 과정에서 착취당하는 민중에 대한 깊은 관심을 추구하기 시작하였다. 이 시기 지식인은 '권력의 시녀'이기를 거부하고 '민중의 교사'는 못 되었지만 어떻게 하면 민중의 이해를 대변하는 정치적 결집이 가능할 것인가를 찾아 나섰다.

10·26으로 박정희 정권이 무너지고 또 다른 12·12 군사 쿠데타에 뒤이어 신군부에 의한 제5공화국이 들어섰다. 1980년 5월의 광주 학살의 경험은 대학가를 이념적으로 급진화시키는 직접적 계기가 되었다. 1980년대 대학가에는 단순히 비판적 지식인을 넘어 체제 자체를 송두리째 바꾸고자 하는 '진보적 지식인'이 대두했다. 비판적 지식인은 싫건 좋건 자유 민주주의와 시장 경제라는 틀 안에 남아 있었다. 진보적 지식인은 달랐다. 일부 대학생들은 자신을 예비 지식인이나 엘리트로 생각하기보다 민중의 일부로 자리매김했다. 대학 출신

의 진보적 지식인이 노동 현장에 직접 투신하여 활동가로 거듭나고자 했다. 문단의 김지하, 황석영, 그리고 정계의 손학규, 김문수, 노회찬 등이 대표적 예이다. 민주·민족·민중의 삼민 이념이 제창되기도 하였고, 남북 관계와 한미 관계를 재해석하려는 시도도 있었다. 나아가 친북·반미 지향도 생겨났다.

2 민주화 이후 지식인상의 변천
— 민주화/세계화의 이중 도전과 지식인의 분화

1987년 6월을 전환점으로 한국은 민주주의로 이행을 시작했다. 이에 따라 민주주의 이후 체제 형성에 대해 진보적 지식인 사이에 이념과 방향을 둘러싸고 균열이 일어났다. 지식인 중 일부는 일정하게 열린 정치권에 들어가 권력에 참여하면서 현실을 개혁하고자 했다. 지식인 중 다른 일부는 여전히 권력과 긴장 관계를 유지하면서 자본의 운동을 감시하고 비판하는 생활 정치에 뛰어들었다. 지식인 중 또 다른 일부는 여전히 체제 변혁적인 운동 정치를 추구했다. 서울대학교의 고(故) 김진균 교수가 대표적이라 할 수 있다. 이렇듯이 민주화 이후 지식인의 현실참여 양상은 다양했다. 지식인은 더 이상 민주주의라는 공통의 대의를 추구하는 단일 대오가 아니었다. 사회의 모순이나 문제를 어떻게 진단하고 어떠한 대안이나 프로그램을 추구하느냐에 따라 급격하게 분화되었다. 이제 과거처럼 보수적-진보적, 어용적-저항적, 체제 동조적-체제 비판적 지식인이라는 이분법은 통하지 않게 되었다.

1980년대 말과 1990년대 초 국내외로 급격한 정치 경제적 변화가 있었다. 먼저 안으로는 30여 년 만에 처음으로 민간인 출신 대통령이 취임했다. 이어 1998년 최초로 여야 간 수평적 정권 교체가 이루어졌다. 밖으로는 1989년 말 베를린 장벽의 붕괴를 시작으로 '현존 사회주의' 체제가 무너지는 대변혁이 일어났다. 한국은 소련 및 중국과 국교를 수립하는 한편, 북한과 유엔에 동시 가입했다. 세계무역기구(WTO) 및 경제협력개발기구(OECD)에 가입한 것도 이 시기이다. 그렇지만 1997년 외환 위기를 겪으면서 IMF의 관리에 들어가는 초유의 경제적 난관을 맞기도 했다.

'문민 정부'를 자임한 김영삼 정권과 '국민의 정부'라 지칭한 김대중 정권에서의 권력-지식 관계는 많은 변화를 겪었다. 30여 년에 걸친 이전의 군사 권위주의 정권이 항상적인 정당성 결핍에 시달렸다면, 이 두 민간 정부는 달랐다. 적어도 선거를 통해 절차적 정당성을 확보하고 있었다. 군사 정부 아래서 탄압받던 지식인 중 상당수가 떳떳하게 정권에 참여했다. 이제 정권에 참여하는 일이 더 이상 '어용 교수' 시비에 휘말리는 빌미가 되지는 않았다. 1970년대와 1980년대를 거치면서 민중론을 전개한 한완상 당시 서울대학교 교수가 통일부 장관으로 입각한 것이 한 보기이다. 또한 1990년대에 들어서 각종 시민 사회 단체들이 급증했다. 일부 지식인이 이를 주도하면서 새로운 유형의 사회 참여가 확대되었다. 이들 시민 사회 단체들은 1980년대의 '변혁 지향적인 민중 운동'과 차별화되면서 자유주의 노선에 따라 '개혁적인 시민운동'으로 자리 잡았다. 환경운동연합을 주도한 최열, 참여연대를 이끈 박원순이나, 경실련의 핵심이었던 서경석, 유재현 등을 후자의 보기로 들 수 있다.

　　　　　　　　　　변화하는 지식인의 모습과 역할

이 시기에는 민주화와 더불어 신자유주의적 세계화(neo-liberal globalization)의 도전이 거셌다. 1960, 1970년대 지식인의 역할이 주로 억압적인 국가 권력과의 관계에서 설정되었다면, 1980년대에는 경제 자본에 대한 감시와 비판이 추가되었다. 이어 1990년대 들어 권력-지식 관계의 대립축은 한국의 국가, 국내 자본, 해외 자본, 지식인 사이의 연합과 대립 등 복잡하게 바뀌었다. 여기에 민주화, 세계화와 결합되면서도 구분되는 정보화 진전이 가져온 권력-지식 관계의 변형도 주목할 필요가 있다. 과거 지식인은 한국 사회를 총체적으로 인식하는 특권적 지위에 있는 것으로 간주되었다. 외환 위기는 이러한 지식인상이 허구였음을 폭로했다. 대학교수를 비롯한 대부분의 지식인이 다른 여타 제도나 조직의 구성원과 마찬가지로 자신들의 좁은 전공 영역에 매몰된 전문가에 불과하다는 인식이 빠르게 사회 전체로 확산되었다. 전체 총관이 가능한 지식인상은 의문시되기에 이르렀다. 사회 전체를 조망하는 총체적 시각이 불가능하다면 이제 남은 것은 각자 자기 위치에서 관찰하고 서로 소통하는 길뿐이다. 이러한 공적 담론의 생산과 유통, 그리고 소비 과정에서 지식인의 역할 나아가 대학이라는 제도적 장의 역할은 물론 여전히 남아 있다. 그렇지만 공적 담론은 대학의 전유물이 더 이상 아니다. 인터넷이나 시민운동 단체들에 의해 공적 담론이 더욱 활발히 소통되고 있기 때문이다. 지식인이고자 한다면 정치 권력과 경제 자본과 긴장을 유지해야 할 뿐 아니라, 한국 사회의 소통의 장에서 여론을 선도하고 대중에게 인정받아야 하는 시기가 도래한 것이다.

3 참여 정부의 지식인상 — '유연한 진보' 혹은 '무늬만 진보'?

'참여 정부'는 민주화, 세계화, 그리고 정보화의 흐름이 매우 독특하게 결합하면서 탄생했다. 국가가 주도하는 강압적인 동원 정치 시대가 끝나고, 시민 사회 안에서 자발적으로 모이는 다중(多衆)의 참여 정치 시대가 열린 것처럼 보이기도 한다. 참여 정부는 군사 권위주의 정권에 대항해 싸우면서 선홍빛 저항의 기억을 간직한 '386 세대', 그리고 '붉은 악마'와 촛불 시위 등을 통해 흥겨운 직접 참여의 추억을 간직한 '2030 세대'의 뜨거운 성원 아래 출범했다. 이들 젊은 세대 외에도 우리 사회에서 소외된 세력의 광범한 지지가 노무현 정권 창출에 기여했음은 물론이다. 그렇지만 환호는 쉽게 야유로 변한다. 즉 정권 창출과 정권 유지는 별개이다. 창업과 수성은 전혀 다른 통치 기예를 요구한다. 선거를 통해 참여 정부를 탄생시킨 지지자들의 열망이나, 참여 정부의 탄생을 반대쪽에서 바라본 기득권층의 질시는 노무현 정권 집권 동안 줄곧 부담과 걸림돌로 작용했다.

참여 정부는 정책기획위원회, 사람입국·일자리 위원회, 동북아시대위원회, 정부혁신·지방분권위원회, 국가균형발전위원회, 저출산고령사회위원회, 지속가능발전위원회, 빈부격차·차별시정위원회, 교육혁신위원회 등 많은 위원회를 두고 전반적 개혁을 추진한 바 있다. 이런 위원회에 대학교수를 포함한 다양한 지식인이 참여하였다. 대통령 자문 정책기획위원장을 지낸 이종오 교수, 청와대 정책실장을 지낸 이정우 교수나 김병준 교수, 그리고 국가균형발전위원장을 맡은 한림대학교의 성경륭 교수 등이 대표적이다. 이미 앞에서 지적한 것처럼 민주화 이후 지식인은 반드시 정권 참여가 아니라 하더라도

변화하는 지식인의 모습과 역할

여러 갈래의 시민 사회 단체들과 인터넷을 비롯한 다양한 채널을 통해 현실참여와 질정을 하여 왔다. 참여 정부가 이러한 복합적 흐름을 좀 더 제도화하여 지식인의 참여 폭을 넓혀 나가고자 노력한 것은 물론이다. 그렇지만 참여 정부는 출범 초기에 이미 한국군 이라크 파병 문제, 후기에 평택 미군 기지 이전과 한미 자유무역협정(FTA) 체결을 둘러싸고 적지 않은 지식인의 거센 도전과 비판을 받은 바 있다. 참여 정부가 인재 등용에 관해 협애한 연고에 얽매임으로써 '코드 인사'니 '회전문 인사'와 같은 비난으로부터 자유롭지 못했던 것도 사실이다. 특히 미국과의 FTA 체결 과정에서 참여 정부에 참여했던 지식인조차 등을 돌리는 현상을 목도한다.

노무현 정권의 국내외 정책은 진보와 보수를 넘나들었다고 볼 수 있다. 교육의 '삼불 정책', '세금 폭탄'으로 이어지는 부동산 정책, 전시 작전 통제권 환수, 과거사 정리 등에서 볼 수 있듯 진보적 정책과 아울러 이라크 파병, 출자 총액 제한 제도의 완화, 노동계의 이해에 대립하는 비정규직법 처리, 한미 FTA 타결 등 보수적 정책이 뒤섞여 있었다. 진보 진영이 보기에는 오른쪽으로 기운 정책이 두드러진 반면, 보수 진영이 보기에는 왼쪽으로 기운 정책이 대부분이라 할 수 있다. 이에 대해 구진보적 지식인이 노무현 정권을 '무늬만 진보'라고 비판하였다면, '참여적 지식인' 중 진보적·비판적 분파는 '현실적 진보'로 이해하고 있다. 흥미로운 사실은 노무현 대통령 자신이 경직된 이론 체계를 넘어 국익을 위해서는 좌우파 어느 정책도 활용할 수 있다는 '유연한 진보'를 자처했다는 것이다. 세계화 시대에 국내외 정책을 진보와 보수로 이분화하는 것이 과연 적실성을 가지는가를 따

져 볼 필요가 있다. 국경을 넘어 사람과 상품과 자본이 넘나드는 초국
적 자본주의(transnational capitalism)아래에서 진보와 보수를 신자유
주의의 수용 여하에 따라 구분하는 것이 과연 타당할 수 있는가라는
점이다. 왜냐하면 우리가 당면하고 있는 신자유주의가 거역하기 어
려운 대세라면 이것에 대해 무조건 반대하는 것보다 대안적 방향과
노선을 제시하는 것이 지식인에게 부과된 책무의 하나이기도 때문이
다.

4 이명박 정부의 지식인상
— 지식인의 권력화 혹은 지식인의 죽음?

2007년 이명박 정권의 당선은 무엇보다 한국 사회에서 경제가
차지하는 위상을 다시 한 번 확인해 주었다. 선거 운동 당시 각종 의
혹과 도덕성 논란이 끊이지 않았지만, 이명박 대통령은 서울 시장 시
절의 '청계천 신화'와 CEO 출신이라는 경력을 내세우면서 '경제 대
통령'으로 승부를 걸었고 이는 적중했다. 그렇지만 한미 FTA 추진과
개발 중심의 경제 정책은 임기 내내 논란의 대상이 되었고, 사회의 양
극화는 갈수록 심해졌다.

이 시기 지식인들은 사회적 위상은 높아진 듯했지만 지식인 본연
의 의미는 퇴색하는 경향을 보였다. 이명박 후보의 선거 운동에는 무
려 1000명이 넘는 교수들이 싱크탱크에 참여하여 그의 당선을 뒷받
침했다. 과거 김영삼 정권 출범 당시 정권 창출에 기여한 일부 교수들
이 민주화를 구체화한다는 명분 아래 참여하긴 하였으나 이름이 노
출되는 것을 두려워한 것과 달리, 이들은 학자의 정치 참여를 당연한

변화하는 지식인의 모습과 역할

국가(기능적 지식인 선호)

1960년대

자본주의적 산업화
기능적 지식인 탄생
(행정 관료+테크노크라트)

유신체제
1972~1979

1970년대

권위주의 정권 탄생
기능적 지식인 분화
(체제 이데올로그+테크노크라트)

광주 항쟁
전두환 정권
1981~1987

1980년대

권위주의 정권 강화
기능적 지식인 강화

6월 항쟁

1987 자유화

노태우 정권
1988~1993

1988 민주화 이행(전기)

사회주의권 붕괴

개혁적 지식인

1 제도권: 정부, 정당   2 시민운동: 제도 개혁

김영삼 정권
1983~1998

1993 민주화 이행(후기),
세계화 흐름

기능적 지식인 재강화
(테크노크라트+자유주의 이데올로그)

기능적 지식인 등장

외환 위기
김대중 정권
1998~2003

1997 민주주의 공고화 좌절,
신자유주의적 세계화 압도

기능적 지식인 세분화
(테크노크라트+신자유주의 이데올로그
+보수적 지식인+신지식인)

남북정상회담

2000

노무현 정권
2003~2008

기능적 지식인 세련화
(신자유주의 테크노크라트
+신보수적 지식인)

참여적 지식인 강화
(보수적 비판적
+진보적 비판적)

한미 FTA

2007

이명박 정권
2008~2013

쇠고기 파동

2008

박근혜 정권
2013~현재

?

세월호 참사

2014

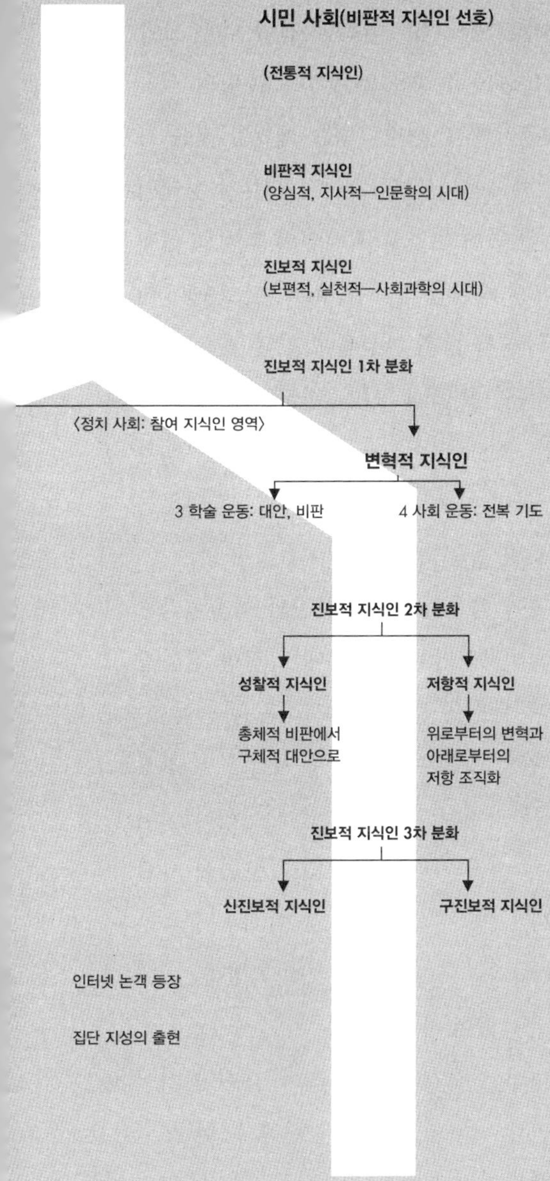

시민 사회(비판적 지식인 선호)

(전통적 지식인)

비판적 지식인
(양심적, 지사적—인문학의 시대)

진보적 지식인
(보편적, 실천적—사회과학의 시대)

진보적 지식인 1차 분화

〈정치 사회: 참여 지식인 영역〉

변혁적 지식인

3 학술 운동: 대안, 비판   4 사회 운동: 전복 기도

진보적 지식인 2차 분화

성찰적 지식인   **저항적 지식인**

총체적 비판에서   위로부터의 변혁과
구체적 대안으로   아래로부터의
                        저항 조직화

진보적 지식인 3차 분화

신진보적 지식인   **구진보적 지식인**

인터넷 논객 등장

집단 지성의 출현

그림 7-2 지식인의 존재 양식 변모

것으로 간주하고 당당하게(?) 싱크탱크에 가담하는 전혀 다른 모습을 보였다. 이는 폴리페서(polifessor) 논쟁을 일으키며 80명의 서울대 교수들이 서울대 총장에게 폴리페서 윤리 규정을 제정할 것을 촉구하는 계기가 되기도 하였다. 한국에서 교수들의 정치 참여 형태의 독특한 점은 단순히 정책 자문을 넘어 스스로 정치인이 되기도 한다는 점이다. 모두 훌륭한 학자이긴 하지만 정운찬, 조국, 안철수가 대통령 후보로 갑작스럽게 거론되면서 많은 관심을 받았던 것은 한국 사회에서 차지하는 교수의 위상을 대변하고 있다. 한국 사회에서 지식인, 특히 교수들은 현실을 연구하여 지식을 생산하는 역할만이 아니라 그들의 지식 자본을 활용하여 사회를 직접 지도하고 관여하는 막강한 지위를 획득한 것처럼 보인다.

그러나 이러한 상황과 더불어 역설적으로 지식인의 죽음이라는 진단이 거론되었다. 여기서 죽은 지식인이란 권력에 일정한 거리를 두고 시대를 냉철하게 해부하여 새로운 전망을 제시하는 비판적·진보적 지식인을 의미한다. 지식인의 죽음은 두 가지를 배경으로 하고 있다. 한편으로 국가와의 관계를 가지지 않거나 기업에 실용적인 이익을 제공하지 않는 지식인들은 존경의 대상이 아니라 무능한 사람들로 폄하되었다. 다른 한편으로 인터넷의 보급으로 이제 대중들은 지식인들이 생산한 지식에 대한 의존도가 갈수록 약화되었다. 이에 따라 지식인의 위상은 역사상 유례없이 하락하였다.

이 시기 독특한 현상의 하나가 소위 '인터넷 논객'에 대한 인기이다. 이는 전통적 지식인의 종언과 인터넷 확산과 관련된다. 한 포털 사이트 카페에서 경제를 분석하면서 정부 비판적인 글을 썼던 '미네

르바'는 대중들에게는 폭발적인 인기를 받았고, 이에 심기가 불편한 정부는 그를 허위 사실 유포라는 혐의로 구속하기에 이르렀다. 이외에도 기성 정치를 풍자했던 「나는 꼼수다」라는 팟캐스트도 대중들을 열광시켰다. 이와 같은 현상은 대중들이 여전히 사회에 대한 날카로운 조망을 추구하고 있으며, 이러한 바람을 대학이나 학술 기관들이 아닌 인터넷을 통해 충족한다는 점을 보여 주었다. 이와 함께 어떤 학자들은 '집단 지성' 개념을 제기하면서 이제는 위계적이고 엘리트적인 사유 방식에서 벗어나 대중을 근원에 두는 새로운 지식인상을 창출할 때라고 주장하기도 하였다.

4 바람직한 지식인상을 찾아서
── 지사형, 투사형, 군자형

현대 한국 사회의 가장 큰 변화는 괄목할 만한 산업화와 민주화이다. 경제적으로 규모 면에서 세계 15위에 위치하고, 정치적으로 절차 면에서 민주주의가 자리 잡고 있다. 그럼에도 해외 시장이나 자본에 대한 과도한 대외 의존성을 넘을 수 있는 자가 충전적인 지식 집약적 발전으로 나아가야 하고, 경쟁과 참여가 보장되는 최소주의를 넘어 사회적·경제적 시민권을 향유할 수 있는 민주주의의 실질화가 요청되고 있는 것이 작금의 현실이다. 우리는 여전히 '삶의 양'이 중요하면서도 동시에 '삶의 질'이 중시되는 사회에 살고 있다. 사회적 양극화로 인해 먹고사는 문제에 사활을 걸 수밖에 없는 빈자들이 있

변화하는 지식인의 모습과 역할

는가 하면, 명품이나 웰빙의 가치를 추구하는 중산층 이상의 부유한 사람들이 공존한다.

이러한 가운데 지식인이 사라지고 있다는 우려의 소리가 곳곳에서 들린다. 지식인 전체가 멸종되어 가는 것은 아니지만, 개인으로서 지식인은 아직 존재하면서도 집단으로서 지식인은 이제 부재하다는 얘기이다. 돌이켜 보면 우리 사회가 미흡하나마 이 정도의 건강성을 그나마 유지하고 있는 배경에는 전체 사회 발전을 위해 헌신해 온 지식인의 역할이 매우 컸다. 이들은 개인의 잘못을 따지기에 앞서 구조의 파행성을 지적하고 인간 해방과 사회 발전의 열쇠를 체제의 개혁 내지 변혁에서 찾으려 하여 왔다. 그러나 지식인은 근래에 들어와 여러 가지 다양하고 복잡한 면모를 보여 주고 있다. 기성 질서에 대한 도전과 비판보다 방관 내지 협조로 나아가고 있다. 이제 지식인의 사회 참여는 물론이고 정치 참여조차 당연한 것으로 여기는 발상도 나오고 있는 실정이다. 이제 지식인에게서 과거와 같은 체제 혁파의 주도 세력으로서 집합적 주체 형성을 기대하는 것은 더 이상 가능해 보이지 않는다. 지식인의 프티(petit)화가 진행 중에 있다. 1950·1960년대의 지사형(志士型) 지식인이나 1970·1980년대의 투사형(鬪士型) 지식인이 사라지고 있는 주요한 배경이다. 과거의 지식인이 권력과의 관계에서 권력을 직접 담당하고자 하거나, 권력을 정당화하고 운영하는 데 일조하거나 또는 권력을 비판하는 일에 앞장서거나, 권력에 저항하여 새로운 사회를 만들려고 하였다면 지금의 양상은 사뭇 복합적이다. 지금 한국 사회는 독립적인 지식인도 필요하고, 일정하게 민주화되고 세계화된 권력을 위해 조언하고 지식을 산출해 줄 지식인도 요구한다. 지구적 경쟁에서 살아남을 지식과 교양으로 무장한 학생들을 배출할 대학의 지식인도 긴요하다. 그런가 하면 전문 과학 분야나 대중문화 영역에서 활동할 지식인도 없어서는 안 될 지식인의 유형이다.

오늘날 지식인 중 대다수는 체제 타협적인 참여를 일방적으로 매도하려 하지도 않지만, 그렇다고 체제 비판적인 도전을 무조건 바람직하다고 수긍하지도 않는 다소 양가적(兩價的)인 양상을 보여 주고 있다. 그리고 이러한 양가적 이중성은 장년 세대보다 청년 세대로 내려갈수록 보다 확연하게 나타나고 있는 것 같다. 여기에서 우리는 지성의 중화(中和) 경향을 엿볼 수 있다.

이제 민주주의는 가장 기본이 되는 시대정신이다. 자유, 평등, 복지, 연대, 환경, 안전 등 여러 가치가 민주주의의 내용을 이룬다. 그러므로 국민에 의해 민주적으로 선출되어 정당성을 가진 정권이라고 해서 공정성과 효율성의 측면에서 비판과 질정으로부터 자유로울 수 없다. 모든 사회 구성원의 인식과 관점의 차이를 인정하면서도 서로 합리적으로 대화할 수 있는 소통의 장을 열어 주는 것이 결국 이 시대 지식인의 온전한 몫으로 남아 있다.

민주주의 체제에서는 다수와 소수가 항시 바뀔 수 있다는 전제 아래서 정치 게임을 한다. 다수가 소수를 지배하기도 하지만, 소수가 다수를 극복할 수도 있다. 민주화는 역설적인 입장 전도(顚倒)를 낳고 있다. 특히 보수 진영과 진보 진영 사이의 수평적 권력 교체는 비판하는 사람과 비판받는 사람의 입장을 서로 바꾸어 놓고 있다. 과거 비판하던 사람이 비판받는 처지가 되고, 또한 과거 비판받던 사람은 비판하

변화하는 지식인의 모습과 역할

는 처지가 될 수 있다. 그러한 입장이 다시 서로 바뀌기도 한다. 참여적 지식인 중에서 진보적 참여적 지식인도 있었다면, 반면 보수적 참여적 지식인도 나타나고 있는 것이다. 여기에 이른바 '신보수적 지식인'이 라는 달갑지 않은 이름을 갖는 지식인도 있었다. 물론 보다 근본적인 입장에서 권력과 자본을 비판하고 견제하는 진보적 지식인도 건재하다. 여기에는 유토피아를 지향하는 '구진보적 지식인'과 시대 변화를 따르려는 '신진보적 지식인'이 공존한다. 지식인은 여러 가지 서로 다른 사회 발전의 미래 비전에 대해 일반 대중이 공론장(public sphere)에서 대화하고 소통할 수 있도록 이끌어 주는 역할을 해야 한다.

한국의 대학은 지식 생산의 장소로서 어려운 국면에 놓여 있다. 저출산에 따른 대학 진입생의 감소로 인해 적지 않은 대학들이 고등 교육의 구조 조정이란 논리 아래 문을 닫을 전망이다. 폴리페서와 논문 조작과 표절에 관한 논란으로 인해 대학의 권위도 추락하고 있다. 요즈음 교수를 두고 "불의는 참아도 불이익은 참지 못한다."라는 힐난도 있다. 학문 후속 세대의 생존 자체가 어려운 실정은 중앙과 지방, 국립과 사립을 불문하고 공통적이다. 일부 교수들은 세일즈맨이 되거나 폴리페서라고 비난의 대상이 된다. 문제는 세계관이 다르다 하더라도 지식의 공공성을 지키고 키워 나가야 할 교수들이 입신과 명리에 빠져 절제의 모습을 보여 주지 못하고 있다는 사실이다.

이제 대학은 지식 재생산 구조에서 서구적 종속을 넘을 수 있도록 모방과 이식에서 창조와 발명으로 가야 한다. 기초 학문과 응용 학문이 함께 갈 수 있도록 자유 교육(liberal education)도 강화되어야 한다. 대학은 차세대의 인재를 길러 낼 뿐 아니라 교양 있는 시민을 길러 내는 곳이기도 하다. 한국처럼 주요 자원으로 인적 자본밖에 내세울 것이 없는 국가에서 교육의 중요성은 아무리 강조해도 지나치지 않다. 그렇지만 대학생이라는 이유만으로 예비 지식인으로 인식되고, 대학교수가 전통적 지식인의 대표인 것처럼 보이는 이미지는 더 이상 유지되기 어렵다. 지식인이 개인으로서 현실 정치나 사회 운동에 직접 참여하는 것은 우리 사회가 아직도 정부의 책임성이 약할 뿐만 아니라 시민 사회의 다양한 이해를 정당이나 비정부기구(NGOs)가 제대로 표출하여 주지 못하고 있다는 반증이기도 하다.

지금 '대한민국 주식회사'는 세계화라는 거센 파도를 헤쳐 나가고 있다. 그런데 세계화라는 동전의 다른 측면은 개인화이다. 대한민국 주식회사는 더 이상 큰 배 한 척이 아니다. 한국 사회 성원 개개인이 각자의 계급·계층적인 위치에 따라 크고 작은 배로 나눠 타고 있는가 하면, 적지 않은 국민은 뗏목에 간신히 의지하고 있는 형국이다. 오케스트라와 같은 지휘가 필요한 것이다. 지식이 없는 권력이나, 권력이 없는 지식은 둘 다 무용하거나 완전하지 않을 수 있다. 권력과 지식은 서로 적당한 거리를 유지하면서도 서로 적절한 관계를 맺음으로써 서로를 실현할 수 있다.

이제 박근혜 정권에 들어와 권력-지식 관계는 바뀔 것이다. 어떠한 새로운 거버넌스 양식이 나타날지 알 수 없다. 그러나 메타거버넌스, 즉 거버넌스에 대한 거버넌스라는 성찰적 접근이 요구된다. 직간접적인 정권 참여나 비판적인 목소리를 높이는 것도 지식인의 사회 참여 방법이다. 그렇지만 지식인이 권력-지식 관계에서 자신의 정체성을 잃지 않으면서도 사회 참여를 할 수 있는 방법은 바로 공론장에

변화하는 지식인의 모습과 역할

서 거버넌스에 대한 성찰 작업을 수행할 때가 아닌가 싶다. 당파성을 넘어 공공성과 책임성 아래 사회 정의를 추구하면서 사회 성원을 묶어세울 연환계(連環計)를 제시하는 지식인의 소통자적 역할이 아쉽다. 서로의 차이를 내장한 연대야말로 한국 지식인이 제시하고 추구해야 할 목표가 아닐까 한다. 성현은 이를 "군자(君子)는 화이부동(和而不同)"이라 이르지 않았던가. 바로 군자형 지식인에 거는 기대이다.

1 무서운 복수의 허와 실

1 Leo N. Tolstoy, *What is Art?*, Almyer Maude (trans.) (New York: Bobbs-Merril, 1960), pp. 81~82.

2 Walter Benjamin, "The Paris of the Second Empire in Baudelaire", Howard Eiland and Michael W. Jennings (eds.), *Walter Benjamin: Selected Writings*, Vol. 4(Cambridge: The Belkap Press, 2003), p. 17.

3 Ibid.

4 Stephen Greenblatt, *The Swerve: How the World Became Modern*(New York: W.W. Norton, 2011), pp. 8~13. 이하의 부분은 필자의 요약이다.

5 George Steiner, *The Poetry of Thought: From Hellenism to Celan*(New York: New Directions, 2011), p. 46.

6 유럽의 문화 민족주의는 최초의 근대 소설이 각각 자기 나라 작품이라고 주장한다. 그러나 소설이 근대 사회의 산물이기 때문에 근대화 측면에서 가장 선진국이었던 영국의 주장은 일단 타당성이 있어 보인다. 또 『패멀라』 이전에도 스위프트의 『걸리버 여행기』, 드포의 『로빈슨 크루소』 등이 있으나 소설 전사(前史)로 취급하는 것이 보통이다. 한편 바흐친처럼 소설 장르를 그리스 시대로 소급해서 적용하는 이도 있다.
한편 이하에서 다룬 것 중 영문학사에서 상식이 되어 있는 사항에는 일일이 주를 달지 않았다.

7 Raymond Williams, *The Long Revolution*(Harmondsworth: Penguin Books, 1966), pp. 254~259.

8 장폴 사르트르, 정명환 옮김, 『문학이란 무엇인가』(민음사, 1998), 22~27쪽.

9 Maurice Z. Schroder, "The Novel as a Genre", Philip Stevick (ed.), *The Theory of the Novel*(New York: Free Press, 1967), p. 14.

10 Bildungsroman이란 말을 처음 쓴 이는 빌헬름 딜타이라고 흔히 알려져 있다. 그러나 1820년대 초에 카를 모르겐슈테른이 최초로 썼다 한다. Martin Swales, *The German Bildungsroman from Wieland to Hesse*(Princeton: Princeton University Press, 1978), p. 12 참조.

11 Annette T. Rubinstein, *The Great Tradition in English Literature from Shakespeare to Shaw*, Vol. 1(New York: Modern Reader Paperbacks, 1953), p. 329.

12 Theodor W. Adorno, *Prisms*, Samuel and Sherry Weber (trans.) (Cambridge: The MIT Press, 1981), pp. 40~41.

13 김학주, 『중국문학개론』(신아사, 1977), 404~407쪽.

14 Online source: Google, Wikipedia.

15 John Carey, *What Good are the Arts?*(Oxford: Oxford University Press, 2006), pp. 36~37.

16 Gore Vidal, "Maugham's Half and Half", *New York Review of Books*(1990. 2. 1), pp. 21~24. 작가 몸에 관한 신상 정보는 이 글과 David Leavitt, "Lives of the Novelists: Somerset Maugham", *New York Times*(2010. 7. 25) 서평에 의존하였다.

17 William York Tindall, Forces in Modern British Literature 1885–1956(New York: Vintage Books, 1956), pp. 148~149.

18 Fintan O'Toole, "Joyce: Heroic, Comic", *New York Review of Books*(2012. 11. 7), pp. 46~47.

19 Edmund Wilson, *Classics and Commercials*(New York: Vintage Books, 1962), pp. 319~326.

20 Jonathan Spence, "The Question of Pearl Buck", *New York Review of Books*(2010. 10. 14), pp. 51~52.

21 Theodore Dreiser, "As a Realist Sees it", *Of Human Bondage*(New York: The Modern Library, 1999), p. XXIX.

22 K. K. Ruthven, *Critical Assumptions*(Cambridge: Cambridge University Press, 1979), p. 193.

23 Georg Simmel, "The Metropolis and Mental Life", Donald N. Levine (ed.), *Georg Simmel: On Individuality and Social Form*(Chicago: Chicago University Press, 1971), p. 330.

24 Peter L. Berger, *The Capitalist Revolution*(New York: Basic Books, 1986), p. 86.

25 Peter L. Berger, *Facing up to Modernity*(New York: Basic Books, 1977), pp. 77~78. 에리히 프롬이 『자유로부터의 도피』란 표제로 분석하고 파시즘의 심리적 기반 이라고 기술한 괴상한 정치적 질병을 진단한 최초의 관찰자는 알렉산더 게르첸이라고 E. H. 카는 말한다. E. H. Carr, *Studies in Revolution*(New York: Grosset & Dunlap, 1964), p. 61.

26 Leo Lowenthal, *Literature, Popular Culture, and Society*(Palo Alto: Pacific Books, 1961), pp. 2~3.

27 Blaise Pascal, *Pensées*, A. J. Kralisheimer (trans.) (New York: Penguin Books, 1995), p. 120.

28 Walter Benjamin, "On Some Motifs in Baudelaire", Howard Eiland and Michael W. Jennings (eds.), op. cit, p. 322.

29 Elias Canetti, *Crowds and Power*, Carol Stewart (trans.) (New York: The Viking Press, 1963), pp. 15~17.

30 Anthony Storr, *Human Aggression*(New York: A National General Company, 1972), pp. 34~35.

31 Georg Simmel, "Fashion", Donald N. Levine (ed.), op. cit, pp. 304~305.

32 Milan Kundera, *The Art of the Novel*, Linda Asher (trans.) (New York: Harper & Row, 1988), p. 121.

33 Ibid., p. 130.

34 Milan Kundera, *The Joke: Definitive Version*(New York: HarperPerennial, 1993), pp. vii~xi.

35 Charles Rosen, *Freedom and the Arts: Essays on Music and Literature*(Cambridge: Harvard University Press, 2012), pp. 74~75.

2 현실의 예술적 재구성: 현실과 형상

1 Lutz Lippold, *Macht des Bildes — Bild der Macht: Kunst zwischen Verehrung und Zerstöung*(Leipzig: Leipzig Edition, 1993).

2 Lars Werdelin, "King of the Beasts", *Scientific American*(November 2013).

3 Scott Horton, "Philosophers Rumble Over Van Gogh's Shoes", *Haper's Magazines*,

http://harpers.org/print//pid=5828; Martin Heidegger, "Der Ursprung des Kunstwerkes", *Holzwege*(Frankfurt am Main: Vittorio Klostermann, 1952), p. 22~23 참조.

4   Martin Heidegger, Ibid., p. 27.

5   Ibid., p. 28.

6   Ibid., p. 44.

7   Meyer Schapiro, "The Still Life and a Personal Object: A Note on Heidegger and Van Gogh", *Theory and Philosophy: Art, Style, Artist, and Society*(New York: Goerge Braziller, 1994), p. 139.

8   Ibid., p. 140.

9   Ibid.

10 Jacques Derrida, *The Truth in Painting*, Geoff Bennington and Ian McLeod (trans.) (Chicago and London: 1987), pp. 303~304. Scott Horton, Ibid.에서 재인용.

11 Jacques Derrida, Ibid., p. 53 외.

12 Ibid., p. 315.

13 Ibid., p. 268.

14 Ibid., p. 311.

15 Ibid., p. 349.

16 Ibid., p. 353.

17 Martin Heidegger, op. cit, p. 31.

18 Ibid., p. 32.

19 Ibid.

20 Ibid., p. 33.

21 Ibid., p. 51.

22 Ibid., p. 52.

23 Ibid., p. 31.

24 Rudolf Arnheim, *The Dynamics of Architectural Form*(Berkely, Los Angeles, London: University of California Press, 1977), p. 33.

25 Ibid., p. 38.

26 Ibid., p. 35.

27 Ibid.

28 Ibid., p. 17.

29 Ibid., p. 15.

30 김광언, 『한국의 주거 민속지』(민음사, 1988), 39~53쪽.

31 Rudolf Arnheim, op. cit, pp. 40~44.

32 자크 데리다, 김성도 옮김, 『그라마톨로지』(민음사, 2010), 75쪽. 여기의 논지에 맞게 김성도 교수의 번역을 약간 수정하였다. 인용부 안에 들어 있는 것은 헤겔의 Enzylopaedie der philosophischen Wissenschaften in Grundrisse(Frankfurt: Suhrkamp, 1970), pp. 273~276으로부터의 인용.

33 자크 데리다, 앞의 책, 51쪽 참조.

34 영어판 Ernst Haeckel, Art Forms in Nature(Munich: Prestel, 1998)에 실린 생물철학자 올라프 브라이트바흐(Olaf Breidbach)와 인간 행태학(human ethology) 연구자 이레노이스 아이비-아이비스펠트(Irenäs Eibl-Eibesfeldt)의 평문 참조.

35 헤켈의 작업은 1862년의 Die Radiolarien 등의 책을 비롯하여, 여러 출간물을 통하여 널리 알려졌다. 비네의 책의 연대가 여기에서 참고한 Kunstformen der Natur에 앞서는 것은 이 책의 출판 연대에 앞서는 것일 뿐이다.

36 Ernst Haeckel, op. cit, p. 14.

37 Ibid.

38 Ibid., pp. 28~29.

39 Hermann Weyl, Symmetry(Princeton University Press, 1952, 1982), p. 8.

40 Ibid., pp. 44~45.

41 Sidney R. Nagel, "Shadows and Ephemera", Critical Inquiry, Vol. 28, no. 1(Autumn 2001), p. 24.

42 Ibid., p. 27.

43 Richard P. Taylor, "Order in Pollock's Chaos", Scientific American(December 2002).

44 Sidney R. Nagel, op. cit, p. 27.

45 Ibid., p. 30; Wallace Stegner, "Wilderness Letters", Page Stegner (ed.), Marking the Sparrow's Fall: The Making of the American West(New York, 1998), p. 112.

46 Sidney R. Nagel, Ibid., p. 30.

47 John D. Barrow, Impossibility: The Limits of Science and the Science of Limits (Vintage Books, 1999), p. 5.

48 Martin Heidegger, "Bauen Wohnen Denken", *Vortraege und Aufsaetze*(Pfullingen: Neske, 1954) p. 161.

3 사유란 무엇인가

1 마르틴 하이데거, 권순홍 옮김, 「사유란 무엇인가」(길, 2005), 53쪽 및 여기저기. "사려되기를 바라는 우리들 시대에 가장 깊이 사려되기를 바라는 것은 우리가 아직도 사유하고 있지 않다는 사실이다."

2 예외적인 경우가 있다면, 그것은 박동환의 3표론이다. 그의 저작 「안티 호모 에렉투스」(길, 2001) 참조. 3표론에 대한 자세한 논의로는 김상환, 「철학과 인문적 상상력」(문학과지성사, 2013), 4부 4장 참조.

3 하이데거의 번역 개념에 대해서는 마르틴 하이데거, 앞의 책, 281쪽 이하 참조. 데리다의 번역 개념에 대해서는 김상환, 「해체론 시대의 철학」(문학과지성사, 1996), 2부 7장 참조.

4 김학주 역해, 「시경」(명문당, 2010), 「용풍 상서」, 205쪽 참조.

5 마르틴 하이데거, 앞의 책, 56, 127쪽.

6 C. A. van Peursen, "Creativity as Learning Process", D. Dutton and M. Krausz (eds.), *The Concept of Creativity in Science and Art*(The Hague: M. Nijhoff, 1981), pp. 157~185 참조.

7 G. Labouvie-Vief, "Dynamic Development and Mature Autonomy", *Human Development*, Vol. 25(1982), pp. 161~191; G. Labouvie-Vief, "Wisdom as Integrated Thought: Historical and Developmental Perspectives", R. J. Sternberg (ed.), *Wisdom: Its Nature, Origins, and Development*(Cambridge: Cambridge University Press, 1990), pp. 52~83 참조.

8 A. Koestler, *The Act of Creation*(New York: Macmillan, 1964) 참조.

9 임마누엘 칸트, 이한구 편역, 「추측해 본 인류 역사의 기원」, 「칸트의 역사철학」(서광사, 2009), 83쪽.

10 롤랑 바르트, 김희영 옮김, 「사랑의 단상」(동문선, 2004) 참조.

11 I. Kant, "Was heißt sich im Denken orientieren?", AK. VIII, p. 133; A. Philonenko 의 프랑스어 번역과 상세 해설 *Qu'est-ce que s'orienter dans la pensé?*(Paris: J. Vrin,

1993), p. 75.

12 지그문트 프로이트, 박찬부 옮김, 「쾌락 원칙을 넘어서」, 『쾌락 원칙을 넘어서』(열린책들, 1997), 36~40쪽.

13 앞의 책, 39쪽.

14 지그문트 프로이트, 「자아와 이드」, 앞의 책, 103쪽. "우리는 의식이 정신 기관의 '표면'이라고 말해 왔다. 다시 말해서 우리는 그것을 한 기능으로서 외부 세계에서 온, 공간적으로 첫 번째인 조직에 기반을 둔 것으로 보았다. 공간적이라는 말은 기능적 의미뿐만 아니라 이 경우에는 해부학적 의미로도 쓰였다. 우리의 연구 또한 이 지각적 표면을 출발점으로 삼아야 할 것이다."

15 앞의 책, 111쪽. "자아가 지각-의식의 매개를 통해 외부 세계의 직접적인 영향에 의해 수정된 이드의 일부라는 사실을 알아차리기는 쉬운 일이다. 어떤 의미에서 그것은 표면 분화의 한 연장이다."

16 지그문트 프로이트, 「쾌락 원칙을 넘어서」, 앞의 책, 34~35쪽. 강조는 인용자.

17 질 들뢰즈, 이정우 옮김, 『의미의 논리』(한길사, 1999), 18장 외 여기저기. 가령 238쪽. "철학자는 더 이상 동굴의 존재도 플라톤의 영혼/새도 아니다. 철학자는 표면들의 평평한 동물, 진드기, 이다."

18 임마누엘 칸트, 백종현 옮김, 『순수 이성 비판 1』(아카넷, 2006), 320~329(A98~110)쪽.

19 앞의 책, 338~339(A124)쪽. "그러므로 우리는, 모든 선험적 인식의 기초에 놓여 있는, 인간 영혼의 기본 기능인 순수 상상력을 가지고 있다. 이 상상력을 매개로 해서 우리는 한쪽의 직관의 잡다와 그리고 다른 쪽의 순수 통각의 필연적 통일의 조건을 결합한다. 두 끝인 감성과 지성은 상상력의 초월론적 기능을 매개로 해서 필연적으로 결합해야 한다."

20 앞의 책, 213(A15/B29)쪽. "인간 인식의 두 줄기가 있는데, 그것들은 아마도 공통의, 그러나 우리에게 알려져 있지 않은 **뿌리로부터** 생겨난 것으로 감성과 지성이 그것이다. 전자를 통해 우리에게 대상이 주어지고, 반면에 후자를 통해 사고된다." 같은 책, 957(A836/B863)쪽. "우리는 여기서 오로지 순수 이성에 의한 모든 인식의 건축술을 기획하는 일의 완성에 만족하고, 오직 우리의 인식 능력의 **보편적 뿌리가** 나뉘어, 이성이 그것들 중 하나인, 두 줄기를 내뻗는 곳에서 시작한다." 강조는 인용자. 이 두 구절의 중요성에 대한 강조로서 M. Heidegger, *Kant und das Problem der Metaphysik*(Frankfurt am Main: V. Klostermann, 1973), pp. 33~35 참조.

21 임마누엘 칸트, 앞의 책, 296(A78)쪽. "종합이란 것은 영혼의 맹목적인, 그럼에도 불가

결한 기능인, 그러나 우리가 드물게 어쩌다 한 번 의식할 뿐인, 상상력의 순전한 작용 결과다. 이 기능이 없다면, 우리는 도무지 아무런 인식도 가지지 못할 것이다."

22 앞의 책, 336(A121)쪽. "그러나 잡다의 이 포착조차도 …… 그 앞 지각을 후속하는 지각들에 대해 환기해 주는 상상력의 재생적인 기능이 없다면, 혼자서는 어떠한 상도 또 인상들의 어떤 연관도 지어내지 못할 것이다." 같은 책, 334~335(A118~119)쪽. "상상력의 순수한 (생산적) 종합의 필연적 통일의 원리는 통각에 앞서 모든 인식의 기초다. …… 그런데 통각의 근원적 통일은 모든 인식 가능성의 기초에 놓여 있으므로, 상상력의 종합의 초월론적 통일은 모든 가능한 인식의 순수 형식이고, 따라서 이것을 통해서 가능한 경험의 모든 대상들은 선험적으로 표상될 수밖에 없다. 상상력의 종합과 관계 맺고 있는 통각의 통일이 지성이다." 이성에 대한 상상력의 선도적 역할에 대해서는 앞의 각주 11 참조.

23 앞의 책, 336(A121)쪽. "……마음이 한 지각에서 다른 지각으로 옮겨 갈 때 그 앞의 지각을 후속하는 지각들에 대해 환기시키고, 그렇게 해서 **지각들의 전 계열을 눈앞에 그려 주는 주관적 근거,** 다시 말해서 상상력의 재생적인 기능이 없다면……." 강조는 인용자.

24 앞의 책, 337(A123)쪽. "그러므로 한 의식(근원적 통각)에서 모든 (경험적) 의식의 객관적 통일은 모든 가능한 지각의 필수적 조건이기도 하고, (통각에 기초한) 모든 현상들의 근친성은 — 가깝든 멀든 — 선험적으로 규칙들에 기초하고 있는, 상상력에서의 종합의 필연적 귀결이다."

25 게오르그 빌헬름 프리드리히 헤겔, 박병기 · 박구용 옮김, 『정신철학』(울산대학교출판부, 2000), 410절, 226쪽. "습관이라는 형식은 정신 활동의 모든 종류와 단계를 포괄한다. 직립이라는 개체의 가장 외면적인 규정은 개체의 의지에 의해 습관이 되어 있다. 이 규정은 항상 여전히 개체의 지속적인 의지의 사태인 직접적이고 무의식적인 자세다. …… 마찬가지로 본다는 것 등도 구체적인 습관이다. 이런 습관은 감각, 의식, 직관, 오성 등의 수많은 규정을 하나의 단순한 행위 안에서 직접적으로 통일하는 것이다. 자기 자신의 순수한 지반에서 활동하는 완전히 자유로운 사유도 마찬가지로 습관과 능숙함을 필요로 한다. 사유는 직접성의 이런 형식에 의해 어떤 방해도 받지 않고 삼투된 나의 개별적 자기가 가지고 있는 소유물이 된다. 이런 습관에 의해 비로소 나는 생각하는 존재로서 나에 대해 실존한다."

26 아리스토텔레스, 이창우 외 옮김, 『니코마코스 윤리학』(이제이북스, 2006), 51~53쪽.

27 『논어』; 류종목, 『논어의 문법적 이해』(문학과지성사, 2000), 「양화」 17장 2절. "性相近也 習相遠也."

28 질 들뢰즈 · 펠릭스 가타리, 김재인 옮김, 『천 개의 고원』(새물결, 2001), 11장 참조.

29 『주역』; 김석진, 『대산 주역 강의 1』(한길사, 1999), 49장 택화 혁괘, 357~359쪽. "大人虎變, 未占有孚. 大人虎變, 其文炳也."; "君子豹變, 小人革面. 君子豹變, 其文蔚也."

30 Aristotle, *Physics*, IV, 211b, J. L. Ackrill (ed.), *A New Aristotle Reader*(Oxford: Clarendon Press, 1987), p. 121.

31 Ibid., p. 122(212a).

32 『주역』; 김석진, 『대산 주역 강의 2』(한길사, 1999), 52장 중산 간괘 상사, 395쪽. "兼山, 艮. 君子以思不出其位."

33 마르틴 하이데거, 앞의 책, 56, 339쪽 본문과 역자 해설 참조.

34 『주역』; 『대산 주역 강의 1』 10장 천택 이괘 괘사, 367쪽. "호랑이 꼬리를 밟더라도 사람을 물지 않으니 형통하다.(履虎尾 不咥人 亨.)" 이 괘사가 말하는 것처럼 『주역』에서 행동은 호랑이 꼬리를 밟는 것처럼 위험한 것으로 간주된다.

35 이동환 역해, 『대학』(현암사, 2008), 「경문」 1장, 21쪽. "大學之道 在明明德 在親民 在止於至善."

36 앞의 책, 「경문」 2장, 39쪽. "知止而后 有定 定而后 能靜 靜而后 能安 安而后 能慮 慮而后 能得."

37 앞의 책, 「전문」 3장, 75쪽. "詩云 邦畿千里 惟民所止, 詩云 緡蠻黃鳥 止于丘隅, 子曰 於止知其所止 可以人而不如鳥乎."

38 임마누엘 칸트, 백종현 옮김, 「순수 실천 이성의 변증론」, 『실천 이성 비판』(아카넷, 2002) 참조.

39 『대학』, 「전문」 6장, 89쪽. "詩云 於戱 前王不忘 君子 賢其賢而親其親 小人 樂其樂而利其利 此以沒世不忘也."

40 앞의 책, 「전문」 4장, 78쪽. "詩云 穆穆文王 於緝熙敬止 爲人君 止於仁 爲人臣 止於敬 爲人子 止於孝 爲人父 止於子 與國人交 止於信."

41 『주역』; 『대산 주역 강의 1』 26장 산천 대축괘 단사, 608쪽. "大畜 剛健篤實輝光, 日新其德."; 산천 대축괘 상사, 610쪽. "天在山中, 大畜. 君子以多識前言往行 以畜其德."

42 앞의 책, 26장 산천 대축괘, 615쪽. "猿豕之牙, 吉."

43 김미영 옮김, 『중용』(홍익출판사, 2005), 25장 2~3절. "誠者物之終始, 不誠無物. …… 誠者非自成己已而也, 所以成物也. 成己, 仁也, 成物, 知也."

44 『주역』; 김석진, 『대산 주역 강의 2』, 52장 중산 간괘 상사, 395쪽. "兼山, 艮. 君子以思不出其位."

45 마르틴 하이데거, 앞의 책, 56, 339쪽 본문과 역자 해설 참조. 그러나 무엇보다 트라클의 시에 대한 하이데거의 글을 여는 *Unterwegs zur Sprache*, GA 12(Frankfurt am Main: V. Klostermann, 1985), p. 33 이하 참조.

46 『주역』, 52장 중산 간괘, 393쪽. "艮止也. 時止則止, 時行則行. 動靜不失其時, 其道光明."

47 앞의 책, 52장 중산 간괘, 400쪽. "艮其輔, 言有序, 悔亡."

48 앞의 책, 52장 중산 간괘, 392쪽. "艮其背 不獲其身, 行其庭 不見其人, 無咎."

49 『논어』, 「술이」 7장 37절. "君子坦蕩蕩, 小人長戚戚."

50 『논어』, 「자한」 9장 31절. "唐棣之華, 偏其反而. 豈不爾思, 室是遠而. 子曰, 未之思也, 夫何遠之有."

51 『대학』, 「경문」 1장 6절. "自天子以至於庶人, 壹是皆以修身爲本."

52 프랑수아 줄리앙, 허경 옮김, 『맹자와 계몽철학자와의 대화』(한울, 2004), 11장 「자유 관념의 부재」 참조.

53 김상환, 『철학과 인문적 상상력』, 1부 3장 「프로이트, 메를로퐁티, 그리고 새로운 신체 이미지」 참조.

54 박기봉 역주, 『맹자』(비봉출판사, 1992), 「고자 상」 11장 15절. "從其大體爲代大人, 從其小體爲小人."

55 『맹자』, 「진심 상」 13장 38절. "形色, 天性也. 惟聖人然後可以踐形."

56 진례 엮음, 이승연 옮김, 『한대 사상 사전』(그물, 2013), 77쪽. "禮, 體也. 得其事體也. 儀, 宜也. 得其事宜也."

57 앞의 책, 77~78쪽. "禮者, 體也. 履也. 統之於心曰體, 踐而行之曰履. …… 禮之爲言履也. 可履踐而行. …… 體之謂聖, 履之謂賢."

58 마르틴 하이데거, 앞의 책, 131쪽.

59 앞의 책, 246, 254쪽 등 참조.

60 J. Derrida, *Le toucher, Jean-Luc Nancy*(Paris: Galilé, 2000), p. 176, p. 218.

61 『논어』, 「태백」 8장 8절. "興於詩 立於禮 成於樂."

62 『논어』, 「자한」 9장 30절. "可學共學 未可與適道, 加與適道 未可與立, 可與立, 未可與權."

63 『맹자』, 「이루 상」 7장 17절. "男女授受不親 禮也. 嫂溺. 授之以手者, 權也."

64 진례 엮음, 앞의 책, 294쪽. "조기의 『맹자장구』에 말하기를 '권(權)이란 변함없는 경(經)을 위반하지만 선한 것이다.(權者, 反經而善也.)'라고 했다."

65 앞의 책, 296쪽. "『춘추번로』에서 또 말하기를, '일반적으로 사람들이 행위를 하는데 처

음에는 옳지 않았으나 나중에 도의에 맞게 되는 경우가 있는데, 이를 일러 중권(中權)이라 한다.(凡人之有爲也, 前枉而後義者, 謂之中權也.)'라고 했다."; 이토 진사이, 최경열 옮김, 『동자문』(그린비, 2013), 340~341쪽 옮긴이 주. "이토 진사이의 『중용발휘』에는 중(中)에 대한 상세한 설명이 보인다. '……그러므로 중은 반드시 권(權)이 필요한 뒤에 합당할 수 있다. 중을 잡는데(執中) 권도가 없으면 고정불변하려는 폐단이 있게 된다. …… 그러므로 중은 반드시 권도를 요체로 한다.'"

66 임마누엘 칸트, 백종현 옮김, 『판단력 비판』(아카넷, 2009), 서론 4절 참조.

67 M. Heidegger, "Platons Lehre von der Wahrheit", *Wegmarken*, GA 9(Frankfurt am Main: V. Klostermann, 1976), pp. 203~238 참조.

68 하이데거의 경우만 인용하면, 그는 니체의 말을 옮기는 가운데 이렇게 말하고 있다. "우리는 도약을 통해서만 사유의 마을에 안착할 수 있다. …… 이와는 달리 도약은 우리를 놀라게 할 만큼 모든 것이 달라지는 그러한 곳으로 우리를 돌연히 데려다 줄 것이다. 가파른 벼랑이나 낭떠러지는 …… 우리를 경악하게 할 것이다."(마르틴 하이데거, 앞의 책, 127~128쪽. 그 외 281쪽 참조.) 여기서 도약이나 용솟음은 손이 아니라 발과 다리에 의한 것임을 기억해 두자. 그러나 그 발과 다리는 유가적 전통에서처럼 멈춤(止)과 점진적 이행(履)에 그치는 것이 아니라 돌연한 용솟음을 준비하고 있다. 들뢰즈도 니체와 키르케고르의 편에 서서 그들의 공통점을 사유를 춤으로 실행한다는 점에서 찾았다. 물론 그 사유의 춤은 운동과 도약을 중심으로 한다. 어깨춤이 아닌 것이다. 질 들뢰즈, 김상환 옮김, 『차이와 반복』(민음사, 2004), 41~46쪽 참조.

69 마르틴 하이데거, 앞의 책, 177쪽 이하 및 299쪽 이하.

70 앞의 책, 281, 340쪽.

71 M. Heidegger, "Brief üer den Humanismus", *Wegmarken*, pp. 338~339 참조. 여기서 존재 망각은 고향 상실로, 존재 사유는 귀향으로 설명된다.

72 가스통 바슐라르, 정영란 옮김, 『공기와 꿈』(민음사, 1993) 참조.

73 보들레르, 『파리의 우울』 중에서. 유종호, 「문학과 시장」, 네이버 열린연단: 문화의 안과 밖 강연문(2014. 4. 19), 1쪽에서 재인용.

74 김우창은 서양의 건축과 한국의 건축을 비교하면서 동서양 건축 문법의 차이를 수직선과 수평선의 대비를 통해 인상적으로 설명했다. 즉 서양의 건축에서는 수직선이 주도적인 위치에 있고 수평선은 그 수직적 구도를 보완하는 역할을 한다. 반면 동아시아의 건축에서는 수평적 구도가 주도적이고, 수직선은 수평선을 보완하는 위치에 있다. 김우창, 「현실의 예술적 재구성: 현실과 형상」, 네이버 열린연단: 문화의 안과 밖 강연문(2014.

4. 26), 38~48쪽 참조.

75 J. Derrida, *Marges de la Philosophie*(Paris: Minuit, 1972), p. 299 이하 참조.

76 『주역』; 「대산 주역 강의 1」 2장 중지 곤괘 문언전 2절, 250쪽. "夫玄黃者 天地雜也 天玄而地黃."

77 앞의 책, 중지 곤괘 문언전 1절.

78 최진석 역해, 『도덕경』(소나무, 2001), 1장. "此兩者 同出而異名, 同謂之玄, 玄之又玄, 衆妙之門."

79 M. Heidegger, *Sein und Zeit*(Tüingen: M. Niemeyer, 1976), p. 133 외 여기저기; M. Heidegger, *Holzwege*(Frankfurt am Main: V. Klostermann, 1972), p. 25, p. 42, p. 44 등 참조.

80 우실하, 「'아리랑' '쓰리랑'의 의미와 어원에 대한 연구」, 《한국음악사학보》 제30집 (2003년 6월) 참조. 이 논문은 중국 동북방 소수 민족인 에벵키(Ewenki) 족의 언어와 한국어의 연관성에 착목하여 아리랑의 어원을 밝히고 있다.

81 『주역』, 52장 중산 간괘, 398쪽. "艮其限. 列其夤, 厲薰心."

4 절망의 시대, 선비가 걸어가는 길

1 은둔과 출사는 출사 은둔(出仕隱遁)으로도 표현된다. 또 출처(出處), 진퇴(進退), 거취(去就) 혹은 출처 진퇴(出處進退)로도 표현된다. 오늘날식으로는 '참여와 은퇴'로 번역할 수 있다. 다양한 표현법에도 불구하고 그 요지는 '지식인이 공직에 나아가고 물러나는 정치적 행동'을 가리킨다는 점에서 대동소이하다.

2 여기에서 '지식인'이란 유교적 교양을 닦은 선비(士)를 지목하는 것이다. 이들은 공직 진출을 기대하며 학문과 몸을 닦는 사람들이란 점에서 정치가, 혹은 공직 후보자로도 표현할 수 있다.

3 『중용』. "其人存, 則其政擧. 其人亡, 則其政息."

4 '사람 쓰는 일이 정치의 전부에 해당한다.'라는 뜻이다.

5 『논어』, 「옹야(雍也)」. "공자의 제자 자유(子游)가 무성(武城)의 원님이 되었다. 공자 말씀하시다. '너는 사람을 얻었느냐(得人)?' 자유가 말했다. '담대멸명이라는 사람이 있습니다. 그는 일을 집행할 적에 지름길(徑, 편법)을 쓰지 않고, 한 번도 공무(公事)가 아닌 일로 제 관사로 찾아온 적이 없는 사람입니다.'"

6 『논어』, 「위령공(衛靈公)」. "子曰, 君子疾沒世而名不稱焉."

7 은둔자의 처지에서도 현세주의적 세계관은 관철된다. 동아시아의 은둔자는 서양, 또는 인도와 같은 종교적 내세를 지망하면서 숨는 자가 아니다. 다음 인용문은 이 점을 잘 밝히고 있다. "서양의 은둔자(hermit)나 인도의 은둔자(sannyasin)와는 달리 중국의 은사(隱士)는 결코 종교적 목적 때문에 은거한 것이 아니다. 중국에 도교를 신앙하는 은사와 불교를 믿는 승려는 엄격하게 말하자면 은사가 아니다. 중국의 은사는 원래 속세에 살던 사람이었으니, 이 점은 서양이나 인도의 종교적 은사와는 큰 차이점이다. 이런 차이의 원인은 중국 문화의 세속성 때문이다. 중국 은사 문화도 이런 세속적 문화의 일종이다. 은사가 자신은 세상을 떠나 속세를 초월했다고 말할지라도 실제로 은사가 추구했던 최고의 이상은 역시 사회에 근거하는 세속 정신이다. 은사에게는 '상제(上帝)'나 '신'이라는 초자연적인 의식이 없다. 그들이 이루고자 하는 도(道)는 언제나 사회 조직을 기초로 한 목표였다. 종교를 신앙하는 은사라고 할지라도 내심에는 여전히 인간 사회에 대한 의식을 지니고 있었다."(마화ㆍ진정굉, 강경범ㆍ천정홍 옮김, 『중국은사문화』(동문선, 1997), 61〜62쪽)

8 『논어』, 「선진(先進)」. "子路使子羔爲費宰. 子曰, 賊夫人之子. 子路曰, 有民人焉, 有社稷焉, 何必讀書, 然後爲學? 子曰, 是故惡夫佞者."

9 『논어』, 「헌문(憲問)」. "子路問君子. 子曰, 脩己以敬. 曰, 如斯而已乎? 曰, 脩己以安人. 曰, 如斯而已乎? 曰, 脩己以安百姓. 脩己以安百姓, 堯舜其猶病諸?"

10 『논어』, 「이인(里仁)」. "不患無位, 患所以立."

11 『논어』, 「자로(子路)」. "섭공이 정치를 물었다. 공자 말씀하시다. '가까운 사람들은 기뻐하고(悅), 먼 곳 사람들이 몰려오는(來) 것입니다.'(葉公問政. 子曰, 近者說, 遠者來.)"

12 『논어』, 「자한(子罕)」. "子貢曰, 有美玉於斯. 韞匵而藏諸? 求善賈而沽諸? 子曰, 沽之哉! 沽之哉! 我待賈者也."

13 그런데 은둔자의 처지에서 '삼고'를 기다리기는 쉽지 않다. 은둔자의 경제 사정은 힘겹고 허기져 있기 때문이다. 이 점을 놓쳐서는 안 된다. 빈곤에 시달리는 지식인(선비)에게 세 번의 내방을 기다리기는 결코 쉽지 않다는 점을 말이다. 다음 일화는 '삼고'가 쉽지 않음을 보여 주는 역사적 사례다.

"송대 선화(宣和) 연간, 진강(鎭江)에 이형(李逈)이라는 유명한 은사(隱士)가 살았다. 그 명망이 높아 진강땅의 교관, 동분(董枌)이 지부(知府)인 우섭(虞燮)에게 그를 추천하였다. 우섭이 술과 음식을 들고 이형을 찾아가 보니 깨끗하고 수려한 용모가 마치 고상한 선비 같았다. 음식을 다 먹고 나자, 이형이 갑자기 자신을 황제에게 추천하여 총애를 받게 해 달라고 제안하였다. 이에 우섭이 그냥 대답만 하고 돌아갔는데, 다음 날 동분이 이형을 찾아와 몹시 질책하였다.

'그대는 어찌하여 지부가 벼슬을 주겠노라고 할 때까지 기다리지 못하고, 먼저 벼슬을 요구하였소?' 그러자 이형이 부끄러운 듯 자신의 성급함을 후회하며 말했다. '난 지부께서 다시는 찾아주지 않을까 걱정이 되어 그리하였소!'"(마화 · 진정광, 앞의 책, 101쪽)

14 『중용』, "天下國家, 可均也, 爵祿, 可辭也, 白刃, 可蹈也. 中庸, 不可能也."

15 『논어』, 「태백(泰伯)」, "曾子曰, 士不可以不弘毅, 任重而道遠. 仁以爲己任, 不亦重乎? 死而後已, 不亦遠乎?"

16 『맹자』, 「양혜왕(梁惠王) 상」, "고정된 재화가 없어도 고정된 마음을 유지할 수 있는 자는 오직 선비뿐이려니!(無恒産而有恒心者, 惟士爲能!)"

17 『맹자』, 「진심(盡心) 상」, "왕자 점이 물었다. '선비란 무엇인가?' 맹자가 말했다. '가치를 숭상하는 사람이외다.' '무슨 가치를 숭상한다는 말이오?' '오로지 인의(仁義)일 따름이지요.'"

18 『맹자』, 「만장(萬章) 하」, "이윤은 천하 백성 가운데 한 남자, 한 여자라도 요순의 은택을 함께 입지 못한 자가 있으면 마치 자신이 그를 도랑물 속으로 떠밀어 넣은 것처럼 여겼으니, 그는 천하의 짐을 스스로 짊어진 사람이었다."

19 『맹자』, 「만장 하」, "백이는 은나라 폭군 주(紂)의 시대를 맞아 북해의 바닷가에 숨어 살면서 천하가 맑아지기를 기다렸다. 그러므로 백이의 풍격을 전해 들은 사람들 가운데 완악한 자는 염치를 알고 나약한 자는 올바른 뜻을 세웠다."

20 『맹자』, 「만장 하」, "可以速則速, 可以久則久, 可以處則處, 可以仕則仕, 孔子也."

21 부득이(不得已)는 군주(선발자)와 선비(후보자) 양편에 모두 적용된다. 군주는 부득이 사람을 등용해야 하고(『맹자』, 「양혜왕 하」, "國君進賢, 如不得已.") 선비도 역시 '부득이 출사할(삼고초려)' 때라야 공공성이 살아난다. 품사에 비유하자면, 공공성은 명사(무엇)가 아니고, 동사(투쟁)도 아닌 부사(부득이)에서 확보되는 것이다.

22 『맹자』, 「등문공(騰文公) 하」, "천하의 넓은 집(仁)에 거처하면서, 천하의 올바른 지위(禮)에 서며, 천하의 큰길(義)을 걷는다. 세상이 뜻을 알아주면 백성들과 함께 걸어가고, 알아주지 않으면 홀로 그 길을 걸을 뿐! 부귀도 그 뜻을 빼앗지 못하고 빈천도 바꾸지 못하며, 위세도 무릎 꿇게 하지 못한다. 이런 사람을 대장부라고 일컫는다.(居天下之廣居, 立天下之正位, 行天下之大道, 得志, 與民由之, 不得志, 獨行其道. 富貴不能淫, 貧賤不能移, 威武不能屈, 此之謂大丈夫.)"

23 『맹자』, 「등문공 하」, 집주. "或曰, 居今之世, 出處去就, 不必一一中節. 欲其一一中節, 則

道不得行矣. 楊氏曰, 何其不自重也. 枉己其能直人乎. 古之人寧道之不行, 而不輕其去就. 是以孔孟雖在春秋戰國之時, 而進必以正, 以至終不得行而死也. 使不恤其去就, 而可以行道 孔孟當先爲之矣. 孔孟豈不欲道之行哉."

24 이 대목이 큰 분란을 낳았다. 이 부분의 원문을 특기하면 이렇다. "慈殿塞淵, 不過深宮之一寡婦, 殿下幼沖, 只是先王之一孤嗣."

25 「남명집」 권2, 「을묘사직소(丹城疏)」. 다음은 조식의 상소문에 대한 명종의 분노에 찬 답변이다. "설령 임금이 어질지 못하다 해도 신하로서 차마 욕하는 말을 할 수 있겠는가? …… 이런 말을 그래도 받아들일 수 있다만 '과부'라는 불경한 말이 대비에까지 미쳤으니 매우 통분하다. 임금에게 불경스럽게 군 죄를 다스릴 것이지마는 그가 '숨은 선비(隱士)'라고 하니 불문에 부치고자 하노라. 이조에 명하여 그를 빨리 단성현감 직에서 파면하도록 하라. 내가 덕이 없는 임금인 줄을 스스로 모르고서 위대한 어진 분에게 조막만 한 고을을 다스리라고 했으니 그를 욕되게 한 것이구나. 이는 내가 영민하지 못해서 그렇게 된 것이니, 승정원에서는 그렇게 알아라."(「명종실록」 권19, 10년 11월조)

26 "그대(이황)는 날카로운 통찰력을 지니셨는데 저는 항아리를 뒤집어쓴 듯 아무런 식견이 없어 안타깝습니다. 그대에게서 가르침 받을 길이 없고 게다가 저는 몇 년 동안 눈병이 있어 사물을 볼 수 없게 되었습니다. 그대에게 발운산(撥雲散, 눈을 밝게 해 주는 약)이 있으시다면 제 눈을 좀 밝게 해 주십시오."(「남명집」 권2, 제1장, 「퇴계에게 답하는 글(答退溪書)」)

27 「논어」, 「미자(微子)」. "선비가 출사하지 않는 것은 의롭지 못하다. 선후배 간의 사회적 예절조차 폐지할 수 없거늘, 군신 간의 정치적 의리를 어떻게 폐지할 수 있을까. 자기 한 몸을 깨끗하게 하고자 해 대륜을 어지럽힐 수는 없는 일! 군자의 출사는 그 자체로 의를 실천하는 일이다.(不仕無義. 長幼之節, 不可廢也, 君臣之義, 如之何其廢之? 欲絜其身, 而亂大倫. 君子之仕也, 行其義也.)"

28 당시 퇴계는 매양 신병을 이유로 출사를 거부했다.

29 "良由求退無路而致." 강조는 인용자.

30 퇴계는 스스로의 정치적 처신을 이렇게 평가한다. "어떤 때는 벼슬에 나아가기도 하고, 어떤 때는 고향에 그대로 있기도 하고 어떤 때는 오래 벼슬에 있다가 어떤 때는 잠시 동안만 있기도 했다."(「퇴계문집」 권10, 「여조건중(與曹健仲)」)

31 「논어」, 「태백」. "天下有道則見, 無道則隱."

32 「논어」, 「미자」. "不降其志, 不辱其身, 伯夷 · 叔齊與!"

33 공자가 선비의 처신법으로서 "천하에 도가 없으면 은둔한다.(無道則隱.)"라고 한 말을 거

꾸로 읽으면 선비가 은둔하는 것은 천하에 도가 없다(정치가 잘못되었다)는 증거가 된다.

34 율곡 이이는 퇴계 이황의 제문에 이렇게 썼다. "덕행이 온 나라에 통달하니 아름다운 명성이 성대했으며 임금님(명종)은 마음을 비우고 기다리시며 총애하시는 명령을 계속 내리셨습니다. **은거하시는 도산(陶山)을 그림으로 그리어 대궐에 높이 걸어 두시니** 뒤이으신 임금(선조)께서도 자리를 편안히 못 하시고 목마른 사람이 물을 찾듯 하셨습니다."(이이, 「퇴계선생 제문(祭文)」) 강조는 인용자.

35 『논어』, 「위정(爲政)」. "或謂孔子曰, 子奚不爲政? 子曰, 書云, '孝乎惟孝, 友于兄弟, 施於有政.' 是亦爲政, 奚其爲爲政?"

36 『맹자』, 「고자(告子) 하」. "三者不同道, 其趨一也. 一者何也? 曰, 仁也."

5 압축 진행된 우리 문학사의 이곳/저곳

1 신형철, 「가능한 불가능 — 최근 '시와 정치' 논의에 부쳐」, 《창작과비평》(2010년 봄호).

2 이광수, 「여(余)의 작가적 태도」(1931).

3 이광수, 「심적 신체제와 조선 문화의 진로」(1940).

4 이광수, 「나의 고백」(1948).

5 김동인, 「춘원연구」(1935).

6 이 부분은 임헌영 엮음, 『문학논쟁집(文學論爭集): 한국문학대전집 부록 1』(태극출판사, 1976)과 홍신선 엮음, 『우리 문학의 논쟁사』(어문각, 1985)를 많이 참고했고 인용도 주로 그 책들에 의존했다.

7 유진오, 「'순수'에의 지향」, 《문장》(1939년 6월호).

8 김동리, 「'순수'이의('純粹'異議)」, 《문장》(1939년 8월호).

9 이어령, 「이종익 사장과 세계전후문학전집」, 우촌이종익추모문집간행위원회 엮음, 『출판과 교육에 바친 열정』(우촌기념사업회출판부, 1992).

10 앞의 임헌영 엮음, 『문학논쟁집』과 홍신선 엮음, 『우리 문학의 논쟁사』를 참고하되 다른 자료들을 보충하여 1960년대의 이른바 '순수문학 대 참여문학' 논쟁 목록을 작성해 보았다. 주요 참가자가 누구이고 전체 흐름이 어떤지 짐작할 수 있을 텐데, 물론 목록에 빠진 것도 많을 것이다. 여기 보면 알 수 있듯이 대략 1971년경에 논쟁은 종결되고, 그 후에는 논쟁을 이론적으로 정리하는 논문이 몇 편 나왔다.

이어령, 「분노의 미학」, 《신세계》(1960년 3월호).

이어령, 「사회참가의 문학 ─ 그 원리적인 문제」, 《새벽》(1960년 5월호).

신동엽, 「60년대의 시단 분포도 ─ 신저항시 운동의 가능성을 전망하며」, 《조선일보》 (1961년 3월 30일).

정명환, 「작가의 정치참여」, 『현대인 강좌 3: 학문과 예술』(1962. 8).

김우종, 「파산(破産)의 순수문학」, 《동아일보》(1963년 8월 7일).

서정주, 「사회참여와 순수개념」, 《세대》(1963년 10월호).

신동문, 「오늘에 서서 내일을 ─ 참여문학을 대신한 잡문」, 《세대》(1963년 10월호).

김병걸, 「순수와의 결별」, 《현대문학》(1963년 10월호).

김우종, 「유적지(流謫地)의 인간과 그 문학」, 《현대문학》(1963년 11월호).

김진만, 「보다 실속 있는 비평을 위하여」, 《사상계》(1963년 12월호).

이형기, 「문학의 기능에 관한 반성 ─ 순수 옹호의 노트」, 《현대문학》(1964년 2월호).

홍사중, 「작가와 현실 ─ 서정주 씨의 글을 읽고」, 《한양》(1964년 4월호).

김우종, 「저 땅 위에 도표를 세우라」, 《현대문학》(1964년 5월호).

장일우, 「참여문학의 특성」, 《한양》(1964년 6월호).

홍사중, 「젊은 작가와 정치 감각」, 《한양》(1964년 7월호).

김우종, 「순수와 자기기만」, 《한양》(1965년 7월호).

조동일, 「순수문학의 한계와 참여」, 《사상계》(1965년 10월호).

백낙청, 「새로운 창작과 비평의 자세」, 《창작과비평》(1966년 겨울호).

김붕구, 「작가와 사회」, 세미나 발표(1967. 10. 12), 《세대》(1967년 11월호).

임중빈, 「반사회참여의 모순 ─ 김붕구 교수의 소론에 이의 있다」, 《대한일보》(1967년 10월 17일).

선우휘, 「문학은 써먹는 것이 아니다」, 《조선일보》(1967년 10월 19일).

이호철, 「작가의 현장과 세속의 현장」, 《동아일보》(1967년 10월 21일).

김   현, 「참여와 문화의 고고학」, 《동아일보》(1967년 11월 9일).

이철범, 「한국적 상황과 자유 ─ 문제 설정부터 올바르게」, 《경향신문》(1967년 11월 22일).

김수영, 「참여시의 정리」, 《창작과비평》(1967년 겨울호).

이어령, 「'에비'가 지배하는 문화 ─ 한국 문화의 반문화성」, 《조선일보》(1967년 12월 28일).

김수영, 「지식인의 사회참여」, 《사상계》(1968년 1월호).

이어령, 「누가 그 조종을 울리는가 ─ 오늘의 한국 문화를 위협하는 것」, 《조선일보》 (1968년 2월 20일).

김수영, 「실험적인 문학과 정치적 자유」, 《조선일보》(1968년 2월 27일).

이어령, 「문학은 권력이나 정치 이념의 시녀가 아니다」, 《조선일보》(1968년 3월 10일).

이어령, 「서랍 속에 든 '불온시'를 분석한다 — 지식인의 사회참여를 읽고」, 《사상계》(1968년 3월호).

김수영, 「불온성에 대한 비과학적 억측」, 《조선일보》(1968년 3월 26일).

이어령, 「불온성 여부로 문학을 평가할 수는 없다」, 《조선일보》(1968년 3월 26일).

임중빈, 「한국 문단의 현황과 그 장래」, 《현대문학》(1968년 1월호).

정명환, 「문학과 사회참여」, 흥사단 강좌(1968. 4. 26).

문덕수, 「현실참여의 진의(眞意)」, 《현대문학》(1968년 5월호).

임중빈, 「참여문학의 재인식」, 《정경연구》(1968년 6월호).

선우휘, 「근대 소설 · 전통 · 참여문학」, 《신동아》(1968년 7월호).

김병걸, 「참여론 백서」, 《현대문학》(1968년 12월호).

선우휘, 「현실과 지식인 — 증언적 지식인 비판」, 《아세아》(1969년 2월 창간호).

김붕구, 「작가와 사회 재론」, 《아세아》(1969년 2월 창간호).

박태순, 「젊은이는 무엇인가 — 선우휘 씨에 대한 반론」, 《아세아》(1969년 3월호).

원형갑, 「지식인과 지적 매저키즘 — 「현실과 지식인」을 읽고」, 《아세아》(1969년 3월호).

장백일, 「참여문학의 현실적 의의」, 《월간문학》(1970년 11월호).

김병걸, 「문학의 참여성 시비」, 《시문학》(1971년 2월호).

김양수, 「참여문학의 자기 미망」, 《현대문학》(1971년 5월호).

최일수, 「참여문학은 시녀인가」, 《현대문학》(1971년 6월호).

김양수, 「참여문학의 문학학살」, 《현대문학》(1971년 8월호).

김병걸, 「사회성과 의식과 상상」, 《현대문학》(1971년 8월호).

김양수, 「사회참여, 그 악몽의 문학」, 《비평문학》(1971년 여름호).

김흥규, 「정치와 문학」, 《창작과비평》(1975년 겨울호).

김팔봉, 「정치와 문학의 갈등」, 『문학논쟁집: 프로문학 논쟁 해설』(태극출판사, 1976).

정명환, 「사르트르의 문학참여론에 대한 비판적 고찰」, 『문학을 찾아서』(민음사, 1994).

11 김지하, 「풍자(諷刺)냐 자살(自殺)이냐」, 《시인(詩人)》(1970년 6~7월호).

12 김남주, 『불씨 하나가 광야를 태우리라』(시와사회사, 1994).

6 의례와 공유 지식의 생성

1   Michael Suk-Young Chwe, *Rational Ritual: Culture, Coordination, and Common Knowledge*(Princeton: Princeton University Press, 2001), 한국어판은 마이클 S. 최, 허석재 옮김, 『사람들은 어떻게 광장에 모이는 것일까?』(후마니타스, 2014)이며 본문에서는 원제의 의미를 살리기 위해 『합리적 의례』로 표기했다.

2   David K. Lewis, *Convention: A Philosophical Study*(Cambridge, Massachusetts: Harvard University Press, 1969); Morris F. Freidell, "On the Structure of Shared Awareness", *Behavioral Science*, Vol. 14(1969), pp. 28~39도 참고.

3   이론상, '모든 사람'이 아는 공유 지식에서 지식의 층위는 무한히 확대된다.(옮긴이)

4   Josiah Ober, *Democracy and Knowledge: Innovation and Learning in Classical Athens*(Princeton: Princeton University Press, 2008).

5   Mona Ozouf, *Festivals and the French Revolution*, Alan Sheridan (trans.) (Cambridge, Massachusetts: Harvard University Press, 1976), p. 130.

6   Eric Hobsbawm, "Mass-Producing Traditions: Europe, 1870-1914", Eric Hobsbawm and Terence Ranger (eds.), *The Invention of Tradition*(Cambridge: Cambridge University Press, 1983).

7   Matthew J. Salganik and Duncan J. Watts, "Leading the Herd Astray: An Experimental Study of Self-fulfilling Prophecies in an Artificial Cultural Market", *Social Psychology Quarterly*, Vol. 71(2008), pp. 338~355.

8   Oded Nov and Sheizaf Rafaeli, "Measuring the Premium on Common Knowledge in Computer-Mediated Coordination Problems", *Computers in Human Behavior*, Vol. 25(2009), pp. 171~174.

9   Ananish Chaudhuri, Andrew Schotter and Barry Sopher, "Talking Ourselves to Efficiency: Coordination in Inter-generational Minimum Effort Games with Private, Almost Common and Common Knowledge of Advice", *Economic Journal*, Vol. 119(2009), pp. 91~122.

10   Patricia C. McKissack, *Flossie and the Fox*, Rachel Isadora (illus.) (New York: Dial Books for Young Readers, 1986); Michael Suk-Young Chwe, *Jane Austen: Game Theorist*(Princeton: Princeton University Press, 2013).

11   대자보와 벽화도 여기에 포함될 수 있을 것이다.(옮긴이)

12 Jack A. Goldstone, "Toward a Fourth Generation of Revolutionary Theory", *Annual Review of Political Science*, Vol. 4(2001), pp. 139~187.

13 Kim Yi Dionne, Darin DeWitt, Michael Stone and Michael Suk−Young Chwe, "The May 1 Marchers in Los Angeles: Overcoming Conflicting Frames, Bilingual Women Connectors, English−Language Radio, and Newly−Politicized Spanish Speakers", Working paper, UCLA(2014).

14 Philip N. Howard, Aiden Duffy, Deen Freelon, Muzammil Hussain, Will Mari and Marwa Mazaid, "Opening Closed Regimes: What Was the Role of Social Media During the Arab Spring?", Working paper, Project on Information Technology and Political Islam(2011).

15 리스트서브(http://www.lsoft.com)는 이메일 발송 프로그램이다. 관리자 1인이 다수의 구독자에게 동시에 이메일을 보낼 수 있다. 이때 구독자 목록은 투명하게 공개된다. 1980년대 처음 개발되어 사용되기 시작했고, 현재는 유료 판매 중이다.(옮긴이)

16 Gary B. Gorton, *Slapped by the Invisible Hand: The Panic of 2007*(Oxford: Oxford University Press, 2010).

17 Cecilia L. Ridgeway, *Framed by Gender: How Gender Inequality Persists in the Modern World*(Oxford: Oxford University Press, 2011).

7 변화하는 지식인의 모습과 역할 — 군중, 대중, 공중, 민중과의 대면

1 이 글은 다음 두 논문을 참고하고 있다. 임현진, 「지성의 변조: 민주주의로의 이행과 시민사회의 성장」, 이만열 외, 『한국의 지성: 개화사상가에서 지시게릴라까지』(민음사, 2001), 227~257쪽 및 임현진, 「지사와 투사에서 군자로」, 《철학과 현실》 통권 73호(2007), 63~77쪽. 또한 이 글의 작성에 도움을 준 서울대학교 사회학과 박사 과정 황현일 님에게 감사의 인사를 드린다.

2 조선 시대 선비는 '과거'를 통해 입신하거나 혹은 '산림(山林)'으로 특채되거나, '음직(蔭職)'을 통해 새로운 관직을 얻거나 아니면 평생을 '은일(隱逸)'하는 등 여러 가지 방식으로 사회에 진출하거나 세상을 등지고 살았다.(정옥자, 『역사에서 희망 읽기』(문이당, 1998), 161~162쪽)

3 하곡 정제두, 반계 유형원, 다산 정약용 등에서 현대 지식인의 바람직한 모델을 찾을 수

있지만, 이를 위해서는 조선 사회 전반의 사대부의 한계, 주자학과 양명학과 실학 사이의 관계, 그리고 정도전이라든가 신숙주, 성삼문, 혹은 허균 같은 인물을 입체적으로 배열하여 비교할 필요가 있다.

4 중세의 성직자가 지식인의 기원임은 사실이지만 당시 이교적인 반론을 허용하지 않았던 사회 분위기로 인해 이들에 의한 전면적인 비판은 불가능했다. 그러므로 비판적 지식인의 등장은 자유 시민과 근대 과학이 출현한 이후이다.(Martin E. Malia, "The Intellectuals: Advesaries or Clerisy?", S. N. Eisenstadt and S. R. Graubard (eds.), *Intellectuals and Tradition*(New York: Humanity Press, 1973), pp. 208~209)

5 그럼에도 지성인이 지식인보다 더욱 근원적인 문제에 매달려 사고하는 집단이라 할 수 있다. 호프스태터는 "지식은 아주 좁고 즉각적이며 가시적인 한계 안에서 활용되는 정신의 탁월함이다. 그것은 조작적이고 조정적이며 어김없는 실용적 자질이다. 지식은 제한된 하지만 명백히 선언된 목표의 구조 안에서 작용하며 그 목표를 이루는 데 아무런 도움을 주지 않는 것처럼 보이는 회의적 사고는 재빨리 팽개쳐 버린다. 반면 지성은 비판적이고 창조적이며 정신의 명상적 측면이다. 지식이 포착하고 조작하며 재정리하고 조정한다면 지성은 음미하고 사색하며 회의하고 논리화하며 비판하고 상상한다. 지식은 상황 안에서 즉각적인 의미를 포착하여 그것을 평가한다. 지성은 평가를 평가하고 전체로서의 상황의 의미를 탐구한다."(김병익, 『지식인됨의 괴로움』(문학과지성사, 1997), 215쪽에서 재인용)

6 William Kornhauser, *The Politics of Mass Society*(New York: The Free Press, 1959).

7 David Riesman, *The Lonly Crowd*(New Haven and London: Yale University Press, 1961).

8 Wilfred M. McClay, "Fifty Years of The Lonely Crowd", *Wilson Quarterly*, Vol. 22 no. 3(1998), p. 41.

9 José Oretega y Gasset, *La révolte des masses*(Paris: Gallimard, 1961).

10 C. Wright Mills, *The Power Elite*(New York: Oxford University Press, 1956).

11 Georg Simmel, "Fundamental Problems of Sociology: Individual and Society", K. H. Wolff (ed.), *The Sociology of Georg Simmel*(New York: Free Press, 1950).

12 비판사회학회 엮음, 『사회학: 비판적 사회 읽기』(한울, 2012), 569쪽.

13 Gustave Le Bon, *Psychologie des Loules*(Paris, 1895), 구스타브 르봉, 이재형 옮김, 『군중심리』(문예출판사, 2013), 31쪽.

14 Herbert Blumer, "Collective Behavior", Robert E. Park (ed.), *An Outline of the Principles of Sociology*(New York: Barnes & Nobles, 1939).

15 Carl J. Couch, "Collective Behavior: An Examination of Some Stereotypes", *Social Problems*, Vol. 15(1968), pp. 310~322; 임희섭, 『집합행동과 사회운동의 이론』(고려대학교출판부, 1999), 7~8쪽.

16 Raymond Williams, *Keywords: A Vocabulary of Culture and Society*(London: Fontana, 1976, paperbanks), 레이먼드 윌리엄스, 김성기 · 유리 옮김, 『키워드』(민음사, 2010), 291쪽.

17 앞의 책, 294~299쪽.

18 William Kornhauser, op. cit, p. 39.

19 임희섭, 앞의 책, 15쪽.

20 William Kornhauser, op. cit, pp. 37~39.

21 송은영, 「1960~1970년대 한국대중사회 논쟁의 전개과정과 특성」, 연세대학교 국학연구원 비교사회문화연구소 주최 학술대회 '대중의 이름, 얼굴, 욕망의 문화정치' 자료집(2012), 101쪽.

22 조강석, 「대중사회 담론에 잠재된 두 개의 간극이 드러내는 '담론의 욕망'」, 《한국학연구》 제28집(2012), 12~16쪽.

23 한완상, 「한국도 대중사회인가」, 《동아일보》(1971년 7월 5일).

24 이후 살펴볼 것이지만 한완상은 초기의 이러한 견해에서 탈피하여 이후 '민중사회학'을 제창한다.

25 Gabrie Tarde, *L'opinion et la foule*(Paris: PUF, 1901, 1989), p. 31.

26 조창호, 「가브리엘 타르드의 미세지각과 공중의 사회학에 대한 연구」, 서울대학교 사회학과 석사학위논문(2005), 38쪽.

27 장상철, 「1970년대 '민중' 개념의 재등장: 사회과학계와 민중문학, 민중신학에서의 논의」, 《경제와 사회》 제74호(2007), 114~138쪽; 강정구, 「진보적 민족문학론의 민중 개념 형성론 보론」, 《세계문학비교연구》 제27집(2009), 45~66쪽.

28 한완상, 『민중사회학』(종로서적, 1981), 16~27쪽.

29 김진균, 「민중사회학의 이론화 전략」, 『한국의 사회현실과 학문의 과제』(문화과학사, 1991, 2008), 286쪽.

참고 문헌

7 변화하는 지식인의 모습과 역할 — 군중, 대중, 공중, 민중과의 대면

강정구, 「진보적 민족문학론의 민중 개념 형성론 보론」, 《세계문학비교연구》 제27집(2009), 45~66쪽.

김병익, 『지식인됨의 괴로움』(문학과지성사, 1997).

김진균, 「민중사회학의 이론화 전략」, 『한국의 사회현실과 학문의 과제』(문화과학사, 2008(1991)).

비판사회학회 엮음, 『사회학: 비판적 사회 읽기』(한울, 2012).

송은영, 「1960~1970년대 한국대중사회 논쟁의 전개과정과 특성」, 연세대학교 국학연구원 비교사회문화연구소 주최 학술대회 '대중의 이름, 얼굴, 욕망의 문화정치' 자료집 (2012).

임희섭, 『집합행동과 사회운동의 이론』(고려대학교출판부, 1999).

장상철, 「1970년대 '민중' 개념의 재등장: 사회과학계와 민중문학, 민중신학에서의 논의」, 《경제와 사회》, 제74호(2007), 114~138쪽.

정옥자, 『역사에서 희망 읽기』(문이당, 1998).

조강석, 「대중사회 담론에 잠재된 두 개의 간극이 드러내는 '담론의 욕망'」, 《한국학연구》 제28집(2012), 1~26쪽.

조창호, 「가브리엘 타르드의 미세지각과 공중의 사회학에 대한 연구」, 서울대학교 사회학과 석사학위논문(2005).

한완상, 「한국도 대중사회인가」, 《동아일보》(1971년 7월 5일).

한완상, 『민중과 사회』(종로서적, 1980).

한완상, 『민중사회학』(종로서적, 1981).

C. Wright Mills, *The Power Elite*(New York: Oxford University Press, 1956).

Carl J. Couch, "Collective Behavior: An Examination of Some Stereotypes", *Social*

Problems, Vol. 15(1968), pp. 310~322.

Christian Borch, *The Politics of Crowds: An Alternative History of Sociology*(Cambridge: Cambridge University Press, 2012).

David Riesman, *The Lonly Crowd*(New Haven and London: Yale University Press, 1961).

Gabrie Tarde, *L'opinion et la foule*(Paris: PUF, 1989(1901)).

Georg Simmel, "Fundamental Problems of Sociology: Individual and Society", K. H. Wolff (ed.), *The Sociology of Georg Simmel*(New York: Free Press, 1950).

Gustave Le Bon, *Psychologie des Loules*(Paris, 1895); 구스타브 르봉, 이재형 옮김, 『군중심리』(문예출판사, 2013).

Herbert Blumer, "Collective Behavior", Robert E. Park (ed.), *An Outline of the Principles of Sociology*(New York: Barnes & Nobles, 1939).

José Oretega y Gasset, *La révolte des masses*(Paris: Gallimard, 1961).

Martin E. Malia, "The Intellectuals: Advesaries or Clerisy?", S. N. Eisenstadt and S. R. Graubard (eds.), *Intellectuals and Tradition*(New York: Humanity Press, 1973).

Raymond Williams, *Keywords: A Vocabulary of Culture and Society*(London: Fontana, 1976, paperbacks); 레이먼드 윌리엄스, 김성기 · 유리 옮김, 『키워드』(민음사, 2010).

Wilfred M. McClay, "Fifty Years of The Lonely Crowd", *Wilson Quarterly*, Vol. 22 no. 3(1998), pp. 34~42.

William Kornhauser, *The Politics of Mass Society*(New York: The Free Press, 1959).

유종호

서울대학교 영어영문학과를 졸업하고 뉴욕 주립대(버펄로) 대학원에서 수학했다. 공주사범대학교, 이화여자대학교를 거쳐 2006년 연세대학교 특임교수직에서 퇴임함으로써 교직 생활을 마감했고 현재 대한민국 예술원 회장이다.

지은 책으로 『유종호 전집』(전5권) 외에 『시란 무엇인가』, 『한국근대시사』, 『나의 해방 전후』, 『그 겨울 그리고 가을』, 『과거라는 이름의 외국』 등이 있고 옮긴 책으로 『파리대왕』, 『그물을 헤치고』, 『문학과 인간상』, 『미메시스』(공역) 등이 있다. 현대문학상, 대산문학상, 인촌상, 만해학술대상 등을 수상했다.

김우창

서울대학교 영어영문학과를 졸업하고 미국 코넬 대학, 하버드 대학에서 수학했다. 1965년 《청맥》에 「엘리어트의 예」로 등단했고 서울대학교 영어영문학과 교수, 고려대학교 영어영문학과 교수, 고려대 대학원장을 역임했다. 현재 고려대학교 명예교수로 있으며 대한민국 예술원 회원이다.

지은 책으로 『김우창 전집』(전5권) 외에 『심미적 이성의 탐구』, 『정치와 삶의 세계』, 『행동과 사유』, 『사유의 공간』, 『시대의 흐름에 서서』, 『풍경과 마음』, 『체념의 조형』, 『깊은 마음의 생태학』 등이 있고 옮긴 책으로 『미메시스』(공역) 등이 있다. 팔봉비평문학상, 대산문학상, 금호학술상, 인촌상 등을 수상했다.

김상환

연세대학교 철학과를 졸업하고 프랑스 파리 제4대학(소르본)에서 철학 박사 학위를 받았다. 현재 서울대학교 철학과 교수이며 한국프랑스철학회 회장과 고등과학원 초학제독립연구단 연구책임자를 맡고 있다.

지은 책으로 『예술가를 위한 형이상학』, 『니체, 프로이트, 맑스 이후』, 『철학과 인문적 상상력』

등이 있고 엮은 책으로 『라캉의 재탄생』 등이 있으며 옮긴 책으로 『헤겔의 정신현상학』(공역), 『차이와 반복』 등이 있다.

배병삼

경희대학교 정치외교학과를 졸업하고 동 대학원에서 다산 정약용의 정치 사상에 관한 연구로 정치학 박사 학위를 받았다. 유도회(儒道會) 한문연수원에서 홍찬유 선생과 한학 원로들로부터 한문과 고전 독법을 배웠으며 동양의 여러 사상들을 오늘날의 시각으로 풀고 해설하는 일을 과업으로 삼고 있다. 한국사상사연구소 연구원을 거쳐 현재 영산대학교 자유전공학부 교수로 재직 중이다.

지은 책으로 『우리에게 유교란 무엇인가』, 『공자, 경영을 논하다』, 『논어, 사람의 길을 열다』, 『한글세대가 본 논어』 등이 있다.

염무웅

서울대학교 독어독문학과와 동 대학원을 졸업했다. 1964년 《경향신문》 신춘문예에 문학 평론이 당선되어 등단했으며 1967년 가을부터 《창작과비평》 편집에 참여했다. 자유실천문인협의회 창립에 관여했고 그 후신인 한국작가회의 상임고문을 맡고 있다. 영남대학교 독어독문학과 교수를 거쳐 현재 영남대학교 명예교수로 있다.

지은 책으로 『한국문학의 반성』, 『민중 시대의 문학』, 『혼돈의 시대에 구상하는 문학의 논리』, 『모래 위의 시간』, 『문학과 시대 현실』 등의 평론집이 있다. 단재상(문학 부문), 팔봉비평문학상, 요산문학상, 현대불교문학상(평론 부문), 대산문학상(평론 부문) 등을 수상했다.

마이클 S. 최

미국 캘리포니아 공과 대학 경제학과를 졸업하고 노스웨스턴 대학에서 경제학 박사 학위를 받았다. 시카고 대학, 뉴욕 대학, 유타 대학을 거쳐 현재 캘리포니아 주립대 로스앤젤레스 캠퍼스(UCLA)에서 정치학과 교수로 재직 중이다. 게임 이론을 사회적 네트워크, 통화 이론, 집단행동, 소수자 권리, 물리적 폭력 등 다양한 주제에 적용해 왔다.

지은 책으로 『사람들은 어떻게 광장에 모이는 것일까?(Rational Ritual: Culture, Coordination, and Common Knowledge)』, 『Jane Austen, Game Theorist』가 있다.

임현진

서울대학교 사회학과를 졸업하고 동 대학원에서 사회학 석사 학위를, 미국 하버드 대학에서 사회학 박사 학위를 받았다. 서울대학교 사회과학대학장, 한국사회학회장, 한국NGO학회장, 국제개발협력학회장 등을 역임했다. 현재 서울대학교 사회학과 교수이며 한국사회과학협의회 회장, 경제정의실천시민연합 공동 대표를 맡고 있다.

지은 책으로 『지구시대 세계의 변화와 한국의 발전』, 『21세기 한국 사회의 안과 밖』, 『한국의 사회운동과 진보정당』, 『세계화와 반세계화』, 『지구시민사회의 구조와 역학』, 『뒤틀린 세계화』(공저), 『Global Challenges in Asia: New Development Models and Regional Community Building』 등이 있다.

문광훈(머리말)

고려대학교 독문학과와 동 대학원을 졸업하고 독일 프랑크푸르트 대학에서 독문학 박사 학위를 받았다. 고려대학교 아세아문제연구소 연구교수를 역임했으며 현재 충북대학교 인문대학 독어독문학과 교수이다.

지은 책으로 김우창론인 『구체적 보편성의 모험』, 『김우창의 인문주의』, 『아도르노와 김우창의 예술문화론』과 대담집 『세 개의 동그라미: 마음−지각−이데아』 외에 『시의 희생자, 김수영』, 『정열의 수난』, 『숨은 조화』, 『영혼의 조율』 등이 있고 옮긴 책으로 사진집 『요제프 수덱』, 아서 쾨슬러의 소설 『한낮의 어둠』, 페터 바이스의 희곡 『소송/새로운 소송』 등이 있다.

이경희(6장 번역)

미국에서 총 네 대학을 다니며 인류학과 여성학을 공부하고 뉴욕 시립대 헌터 칼리지에서 학사 학위를 취득했다. 이후 미국 캘리포니아 몬트레이 국제 대학원에서 국제회의 통역 석사 학위를 받았다. 미국연합감리교, 미국 국무부, 한국기자협회, 르노삼성자동차, 주한외국은행단, 세계화장실협회 등 여러 정부 및 비정부 기관과 기업에서 다양한 업무를 수행했다.

저자 소개

3 문화의 안과 밖

시대 상황과 성찰

예술과 삶에 대한 물음

문화예술과 현실

1판 1쇄 찍음 2014년 8월 8일
1판 1쇄 펴냄 2014년 8월 18일

지은이   유종호, 김우창, 김상환, 배병삼, 염무웅, 마이클 S. 최, 임현진
발행인   박근섭·박상준
편집인   장은수
펴낸곳   (주)민음사

출판등록 1966. 5. 19. 제16-490호
주소   (135-887) 서울시 강남구 도산대로 1길 62(신사동)
          강남출판문화센터 5층
대표전화 515-2000 | 팩시밀리 515-2007
홈페이지 www.minumsa.com

© 유종호, 김우창, 김상환, 배병삼, 염무웅, 마이클 S. 최, 임현진, 2014.
  Printed in Seoul, Korea

ISBN 978-89-374-5723-4 (94100)